국어 문법 연구 II
: 국어학사 외

국어문법연구 II

: 국어학사 외

이광정 지음

도서출판 역락

머리말

이 책의 내용은 30년 전 것부터 금년에 쓴 것까지를 포함하여 20여 편의 논문을 모아 정리한 것이다. 그리하여 낡은 것도 있고 새 것도 있다. 새 것이라고 하여 낡은 것보다 낫다는 얘기도 아니다. 다만 그 시간대에 쓴 결과물로 더 나을 것도 모자랄 것도 없는 변변치 못한 연구물이라는 것이다. 남들처럼 화려하고 앞서가는 논문을 많이많이 쓰고 싶은 것은 학문을 업으로 삼는 사람들에게는 가장 큰 소망이다. 그러나 그것은 소수의 사람에게 해당하는 일이고, 나 같이 재주가 없는 사람에게는 먼 나라의 얘기와 같다. 아니면 시행착오라도 여러 번 하며 습작과정이라도 많아야 하는데 필자는 이것도 저것도 아닌 채, 다만 기라성 같은 선후배를 부러워하기만 했다.

그러나 한편 보잘 것 없는 내용들이지만 없는 재주로 그때그때 최선을 다했던 일들이라 생각하여 공간을 하기에 이르렀다. 그리고 한편 까마득히 잊었던 옛글은 다시 보니 반갑고, 신통한 일면도 있어서 용기를 갖게 되었다. 어줍지 않은 내용에 몇 마디 설명을 덧붙이면 다음과 같다.

「국어문법연구 I : 품사」

품사에 대한 논의는 이미 시대적으로 구시대의 유물일지 모른다. 그러나 품사는 2,300여 년의 전통과 함께 아직도 전 세계 문법의 공통분모이기도 하며 통로로서의 구실을 하고 있다. 그리고 전 세계의 언어가 공유하고 있는 중요한 문법 채널의 대명사라고 할 수 있다. 지난 시대의 분류사에 얽매일 것은 아니나 품사는 아직도 문법연구의 중요한 수단으로 활용할 수 있다는 것이 기본 생각이다. 그리하여 희랍문법에서부터 선교사문법을 거쳐 오늘에 이르기까지의 시간적 변화를 더듬었다. 그리고 통일시대에 대비한 북한문법과의 통합을 염두에 두고 북한문법을 살펴보았다.

「국어문법 II : 국어학사 외」

"국어학사"를 주로 하고 "특수어휘, 중세국어" 그리고 "민족어의 통일과 교육문제"를 살펴보았다.

"국어학사"를 밝히는 일은 조상들의 유전자의 우수성을 밝혀 자기 과시를 하려는 일부 얄팍한 보학(譜學)과는 다른 것이다. 보학이 가지는 긍정적인 의미처럼 "국어학사"는 우수 유전자에 해당하는 학풍과 학맥의 발견하여 계승해야 한다는 중요한 의미가 있다. 이탁(李鐸), 이능화(李能和), 정태진(丁泰鎭), 김민수(金敏洙)에 대한 고찰은 시작으로서의 의미가 크고 앞으로도 계속할 과제다.

"한민족 모두에게 올바른 민족어 교육을"이란 표어는 우리 교육계가 당면한 21세기의 중대한 과제다. 남북의 대치된 언어가 그렇고 전 지구상에 흩어져 있는 우리 민족의 핏줄을 잇는 수단으로서의 민족어 교육이 그렇다. 1년 간 체험한 미국의 사례와 북한의 실정을 살펴보았다.

필자는 이 책이 새로운 모습으로 선보일 것을 예상하지 않았다. 그것은 몇 가지 이유가 있지만 중요한 것은 과거의 낡은 원고를 다시 뒤지어 활자화하는 일에 대한 의미도, 작업에도 자신이 없었다. 그런데 여러 사람들의 힘을 입어 그것이 가능하게 되었다. 한 예로 필자의 석사학위논문은 30년이 지난 것이다. 그런데 그것의 출간을 오래 전부터 권고한 학형 김수형 박사가 있었다. 그리고 그 당시 낡은 유인 인쇄물을 말끔한 도표를 넣어 새로운 모습으로 꾸며준 제자 이태환 군이 있다. 새로운 모습으로 다시 보니 대견한 생각이 든다. 시대가 변해도 논리는 변하지 않는다는 사실을 다시 확인하는 계기가 되었다.

낡은 문헌에서 물고기 이름을 뒤지며, 어부들과 고기 이름을 묻고 기록하던 때가 있었다. 문헌어는 대부분 한자로 되었고, 그것도 벽자(僻字)가 많아 컴퓨터로 문자화하는 일은 수월치 않았는데, 이러한 일에서부터 1,000페이지에 가까운 책자를 토씨 하나까지 바르게 재현하느라고 온 심혈을 기울여 준 이군, 그리고 그 선후배 나의 제자들이 있었기에 가능했다. 어디 그뿐이겠는가. 지금껏 성실한 가르침을 행함으로 보여주시는 난대(蘭臺) 이응백(李應百) 선생님, 약천(若泉) 김민수(金敏洙) 선생님이 계시다. 아직도 제자들보다 많은 활동을 하고 계심은 우리에게 큰 자랑이자 힘이다. 역락출판사의 이대현 사장의 고마움을 잊을 수 없다. 늘 서글서글하고 막힘이 없는 곧고 바르며 봉사하려는 그에게서 여러 번의 신세를 졌다. 끝으로 우리 식구들에게도 고맙다. 책이 나오면 내년에 구순이 되시는 어머니, 밤이 늦더라도 대하 드라마 "제국의 아침"은 꼭 보고 주무신다며 장황한 설명을 해주시는 어머니께도 보여드리고, 멀리 뉴욕에 사는 세 살짜리 손녀 수빈(秀彬)이에게도 보내줄 것이다.

2003년 2월
이광정

차 례

국어문법연구 Ⅰ: 품사

제 *1* 부

국어학사의 재조명

주시경의 구문연구

1. 서 론

　주시경의 학문에 대한 본격적인 관심과 연구의 실적이 이루어진 것은 1960년대 초에 시작되어 1970년대에 들어와서이다.1)

　그 동안의 연구의 개략은 문법 연구사의 일부로서와 주시경 학문의 자료발굴 및 생애, 사상의 발견 등과 그의 학문에 대한 현대적인 의미의 조명이었다. 김민수의 「주시경 연구」와 이기문의 「주시경 전집」으로 해서

---

1) 김민수(1961), "늣씨와 morpheme", 「국어국문학」 24.
　　──(1977), 「주시경 연구」, 탑출판사.
　　이기문(1970), 「개화기의 국문연구」, 일조각.
　　김민수(1976), 「주시경 전집」, 아세아 문화사.
　　김민수(1976), 주시경의 학문에 대한 새로운 이해, 「한국학보」 5.
　　허　웅(1971), 「주시경 선생의 학문」, 「동방학보」 12.
　　김석득(1975), 「한국어연구사」 하, 연세대학출판부.
　　이병근(1979), 「주시경의 언어이론과 늣씨」, 「국문학」 8.

연구 및 자료의 일단락을 얻었다.

본 소론에서는 이제껏 연구에서 언급된 주시경의 언어 이론을 구문분석의 단위와 연관지어 간략히 현대적 입장에서 재조명해 보고 그의 문법의 총결산이며, 절정이라고 할 수 있는 구문론 '짬듬갈'에 나타난 그의 구문분석(圖解)을 살펴보려는데 목적을 두고 있다. 나아가 주시경 당시의 구문에 대한 다른 학자들의 연구를 살펴 비교 및 계승관계를 살피고자 한다.

2. 언어분석의 단위

주시경의 국어연구는 크게 음학(음운론)과 문법의 두 영역으로 나누어지는 바2) 이는 다시 「국어문법」(1910)과 조선어문법(1911, 1913)의 체제와 내용에 따르면 삼분법으로 나눌 수 있다.3)

> 음운론(phonology) :   음학, 소리 - 음성학.
> 형태론(morphology) : 자학, 자분학, 변체학, 기난갈 - 품사론.
> 구문론(syntax) :   격학, 격분학, 도해학, 짬듬갈.

이들 세 영역은 상호 계층적 층위를 이루어 구문론(짬듬갈)에서 그 해결 및 절정을 이루고 있는데, 이들 세 영역은 각 층위마다 언어분석의 단위가 설정되어 있다.

이들 분석단위들의 결합을 통하여 차상위(次上位)의 구성단위를 설정하는 극히 체계적이며 과학적 분석에 의하여 이루어진 계층구조(hierarchical structure)를 형성하고 있다. 그러나 이들 계층 간에 특히 '기난갈(품사

---

2) 이기문, '한힌샘의 언어와 문자이론', 「어학연구」 제17권 제2호.
3) 김민수, 앞의 책, p.124 참조

론)'과 '짬듬갈(구문론)'사이에 부분적으로 품사 설정의 기준이 일치되지 않음이 지적되고 있다.4)

　첫째 음운론(음학, 소리 ： phonology)의 기본분석 단위는 단음·음소(phoneme)의 개념을 가진 '원소(元素)'(「국어 문전 음학」, p.26), '홋소리'(「말의 소리」, p.2), 즉 '고나'가 된다.5)

　이 고나(단음)가 합하여 '낫내'(음절 ： "소리의 낫으로 나는 도막을 이름이니라." 「말의 소리」, p.72)를 이룬다. 즉 음운론의 기본단위로 구조주의 언어학에서 언어 분석의 제1단위로 삼는 음소(고나)를 발견한 것은 현대 언어학의 선구적인 것으로 평가되고 있다. 또한 그의 음운에 대한 투철한 인식으로 지적되는 것은 '본음'과 '임시음'의 구별이다. 이는 이른바 생성음운론에서 기저표시(underlying representation)와 음성표시(phonetic representation)에 대비하여 볼 수 있는 것으로 해석된다.

　그러나 이 점에 대하여 이병근님은

　" "ㅌ와 ㄷ를 굿소리로 두로 씀"의 한 예로서 '맡으면'과 '맡고'에서의 '맡'과 '맛'이 형태소 설정을 위한 기저형에는 관심을 보여 주지 않을 뿐 아니라, ㅌ·ㅍ 등을 ㄸ(ㅀ) ㅃ(　)로 재분할함이 '홋소리'들로써 형태 음소론적 현상들까지도 철저한 분석에 의하여 설명하려는 지극히 추상적인 언어분석이론"이라고 비판하고 있고, 또한 " '본음'은 원소적 분석을 위한 개념이고 '임시의 음'은 표기를 위한 개념"이라고 비판하고 있다.6) 그러나

　　法 맡아도 맡아도 맡고 맡는
　　　　마타도 마트면 맛고 맛는
　　俗 맛하도 맛흐면 맛고 맛는

---

4) 이병근, 앞의 논문, p.35.
5) 기본음운 단위 음소(phoneme)의 발견은 1931년 국제음성학회 협정보다 20년이나 앞선 것이라 함. 김민수 "'고나'는 말의 소리의 늣이니 입의 것으로 소리가 다르게 됨을 이름이니라."
6) 이병근, 앞의 논문, pp.33~34.

맛타도 맛트면 맛고 맛는

의 어례가 형태론적 음소설정을 위한 기저형에 관심을 보여주었다는 단적인 예가 된다. 속음에서 발음하는 바와 같이 "맛하도"로 기저형을 삼지 않고 '맡아도'로 '법칙'을 삼음은 '맡'을 형태의 기저형으로 삼은 것이다.

ㅌ·ㅍ 등의 음소재분할은 상기와 같은 비판을 받을 수 있으나 일면 현대국어의 기본모음체계를 /i, ə, a/와 glide /w/와 /y/와의 결합에 의해서 해결해 보려는 기도(企圖)[7]와 같은 입장에서의 형태음소적 설명으로 받아들일 수 있다. 또한 통시적 입장에서 "곧ㅎ다 〉 같다", "만ㅎ다 〉 많다", "놉ㅎ다 〉 높다", "암ㅎ개 〉 암캐"… 등의 어례가 보여주듯 음소재분할은 전부의 예가 적용되는 것은 아니나 부분적으로   (ᄩ), ㄸ (ㅎㄷ), ㄱㅎ (ㅎㄱ)의 어원적 기원을 밝히려는 시사적인 예가 됨을 알 수 있다.

" 본음(本音)은 원소적(元素的) 분석을 위한 개념이고 '임시의 음'은 표기를 위한 개념이란"해석은

① 국물 〉 궁물, 격리 〉 경니, 칼날 〉 칼랄, 접는 〉 점는 ……
② 락원 〉 낙원, 로인 〉 노인, 리화 〉 이화 ……
③ 낫 〉 낟, 낱 〉 낟, 낮 〉 낟, 녘 〉 녁, 낫이 〉 나시, 낱을 〉 나들 ……

등의 예에서 보이듯 앞에 음이 '본음'으로 되어 있음 보아 '본음'은 기저음으로 해석함이 타당하다.

특히 "감기 〉 강기, 감가 〉 강가"와 같은 수의변이(隨意變異)의 예들에서 '본음'대로 발음해야 한다고 한 것은 분석이나 표기상의 개념이 아니라 기저형과 도출형으로 이해되어야 할 것이다.

'본음'과 '임시의 음'에 대한 구별은 뒤에 언급된 기저 의미와 표면 의미

---

7) CHIN-WU KIM(1968), "The vowel system of Korean", Languages.

에 대한 인식과 함께 탁월한 것이라 아니할 수 없다.

둘째 형태론(기난갈, 字學, 變體學 : morphology)의 분석의 최하위 바탕은 morpheme의 개념과 유사한 '늣씨'가 되고 이 '늣씨'의 결합인 단어(기, 씨)가 중심단위가 되고 있다. '늣씨'의 개념에 대해서는 구조언어학에서 뜻하는 morpheme(형태소)의 개념이 아닌 morph(형태)란 개념에 불과하다고 하는 논의가 있으나(이병근, 1979, pp.43~48) 비록 최소의미단위(smallest meaningful unit)란 개념에 미흡하나, 이미 지적된 바와 같은 예외로 '-이, -으'의 분석이 있다 할지라도 형태분석의 기본단위로서 의미와 가치가 상실되는 것은 아니다. '으'와 '이'의 개입으로 인한 형태음운론적 이형태(allomorph)의 수많은 출현을 고려한다면 이러한 국어의 특수성을 고려하여 '으'와 '이'를 독립 형태로 분석해야함은 주시경다운 당연한 귀결이 된다. 형태론의 주요 구성단위는 이 늣씨의 결합인 기(씨 : 단어)가 중심이 되고 다음은 중권점(中圈點)에 의하여 표시된 어절 단위가 되고 있는 것을 알 수 있다.

> "닷○소리。의○거듭)하。는。일○……
> 거듭 〉 하 〉 ㅁ。의○세○가지。가○있○
> 나니라。"(「말의 소리」, p.ㅁ)

위의 예문에서 볼 수 있는 바와 같이 언어분석의 각 단위의 경계(boundary)표시를 위하여 morpheme boundary 표시에 해당하는 (+) 기호 대신에 '벌잇())'을 사용하고, internal word 표시(#)에 해당하는 우권점(右圈點)(。)을 사용하고 full word boundary 표시 (##)기호 대신에 중권점(中圈點)(○)을 사용하고 있다. 이는 그의 언어분석이 얼마나 용의주도하였나를 보여주며, 또한 그의 기호사용의 선구적이며, 독창성을 들지 않을 수 없다.

형태소 경계 표시의 벌잇()), 단어 경계 표시의 중권점(○), 어절 경계 표시의 우권점(。)은 현대적 의미의 언어분석의 편의를 위하여 사용된 기호일 뿐 아니라 언어의 기호성에 대한 인식으로 보여진다.

이 중에서 우권점(。)에 의하여 토와 어미를 분석해 내고, 이들을 각각 독립품사로 설정하고 있고 자립형(free form)과 의존형(bound form)으로 어휘체계를 설정함 역시 뛰어난 것이다.

그는 또한 형태론적으로 규정된 이형(morphologically conditioned allomorph)을 '기결에의 아래' 음운론적으로 규정된 이형(phonologically conditioned allomorph)을 '소리아래'라고 분류하여 보이고 있어8) 이형태에 관한 인식도 뚜렷하였다고 할 수 있다.

셋째로 구문론(짬듬갈)에서는 '드'(sentence)가 구문분석의 기본단위가 되고 있다. 모든 구문은 단문을 바탕으로 하여 접속(conjoining)과 내포(embedding)로 이루어지는데 이는 흡사히 초기 생성문법이 구절구조에 의한 핵문(核文, kernel), 곧 복잡한 동사구나 명사구가 없는 단문·평서문(declarative), 능동문(active)에만 한정하고 그밖에 모든 문은 변형구조에서 다루는 것과 유사하다.9)

구체적인 내용은 다음 장에서 다루기로 한다.

3. 구문분석의 실제

3.1 구문단위 및 설정태도

주시경은 구문론을 "다(集合語)가 꾸미어지는 여러 가지 법을 배호는 것"이라 하여 품사론의 바탕 위에서 구문단위를 확장하고 있다.

---

8) 김민수(1977), 앞의 책, p.183.
9) "국어의 구문 구조", 아세아 연구 XI권.

말을 크게 양분하여 기(품사, 단어)와 다(집합어)로 나누고 '다'를 다시
세분하고 있다.

  ◦말(言語) ─────── ◦기(품사, 단어)
               ◦다(집합어) ─────── ◦모(句 phrase)
                              ◦드(sentence)
                              ◦미(文章 utterance)

먼저 이들 용어의 정의부터 살펴보자(괄호 속의 한자와 영문은 김민수
님의 용어해설에 의거함).

  ◦다(集詞, 集合語) - "꿈인 말 곧 조직어를 이르는 기(씨)로 씀이라"
                  "둘로붙어 둘, 더 되는 기(씨)로 짠말을 다 이름이라"
                  (『국어문법』, p.27, 『조선어문법』, p.28)
  ◦모(句, phrase) - "한 짠 말에 남이가 없음을 다 이름이라" (국 38, 조 38)
  ◦드(文, sentence) - "드는 한 낫 꿈인 말이 아모리 적어도 남이가 있음을 이름
                  이라" (국 43, 조 46)
  ◦미(文章, utterance) - "한 일을 다 말함을 이름이라" (국 37, 조 39)

위의 정의에서 알 수 있듯이 지금 우리가 뜻하는 바 '구(phrase)'나 '절
(clause)'이나 '문장(sentence)'의 개념과 일치하지 않음을 볼 수 있는
데, 이는 주시경 문법의 구문개념의 단위에 어떤 결함이 될 수 없고 오히
려 그의 언어 분석에 합당한 단위로 설정되고 있음을 알 수 있다. 일례로 현
재 우리가 쓰는 Sentence개념의 언어 단위가 언어 표현을 설명하는데 적
합치 않다 하여 Functional Grammar에서10) Sentence란 용어를 되도
록 피하고 Linguistic expression이란 용어를 사용하는 것을 보아도 현
재의 개념 및 단위가 언어를 설명하는데 꼭 적합한 것은 아니다.

---

10) Simon C. Dik(1978), *Functional Grammar*.

단어(기 · 씨)들이 모여서 이루어지는 집합어(集合語) – '다'의 개념 속에는 그 크기에 따라 즉 의미의 단위에 따라 구분되는 '모, 드, 미'의 개념이 내포되는데 특기할 것은 기술언어학에서와 같이 표면에 나타난 언어재료를 기준으로 하여 phrase, clause, sentence 등과 같은 구문단위가 설정된 것이 아니라, 「숨은 말」(기저형 : underlying form)까지를 바탕으로 하여 설정하고 있다는 것이다. 예로 "모(phrase)"를 정의함에 있어서 '남이(敍述語)'가 없는 연어(連語)를 뜻한다고 하였으니 이는 서술어 단독으로 이른바 절 또는 문장의 기능을 가진다는 뜻이다. 그런 뜻에서 '드(Clause또는 Sentence)'의 정의에서

"아모리 적어도 남이(敍述語)가 있음을 이름이라"

하였다. 이는 서술어가 있을 경우는 반드시 주어가 있어야 한다는 전제를 두고서 이루어진 말이다. 즉 서술어가 없는 단순한 단어들의 집합체는 "모"가 되고, 서술어가 있는 연어(連語)는 "드"가 된다는 명확한 정의가 된다.

이 구별은 생략형 처리문제에서 야기되는 구와 절의 구분의 혼동을 가져오는 기술문법의 구절의 개념보다 명절한 것이다.

이와 같이 단어의 기능이나 어휘 자질 등을 고려한 태도는 언어현장에 산재한 무한수의 언어재료를 기술하려한 기술언어학의 모순을 극복하고 인간의 어휘 능력을 기술하려하는 생성이론의 기본정신과도 일맥 상통하는 것이라 하겠다.

주시경의 문법이 기술언어학에서와 같이 철저하게 자연과학적이며, 분석적이었음에도 불구하고 구문 기술의 대상을 기저형(underlying form)까지도 다루고 있음은 특기되어야 할 것으로 보인다.

3.2 문장의 구성성분

　주시경의 구문분석은 늣씨(morpheme)를 기본단위로 하여 평면적인 선형구조(linear Structure)로 기술된 것을 IC분석에 따른 정연한 분석단위들에 의해 계층구조를 수립하고 있다. 그 한 예를 분석해 보이면 다음과 같다.

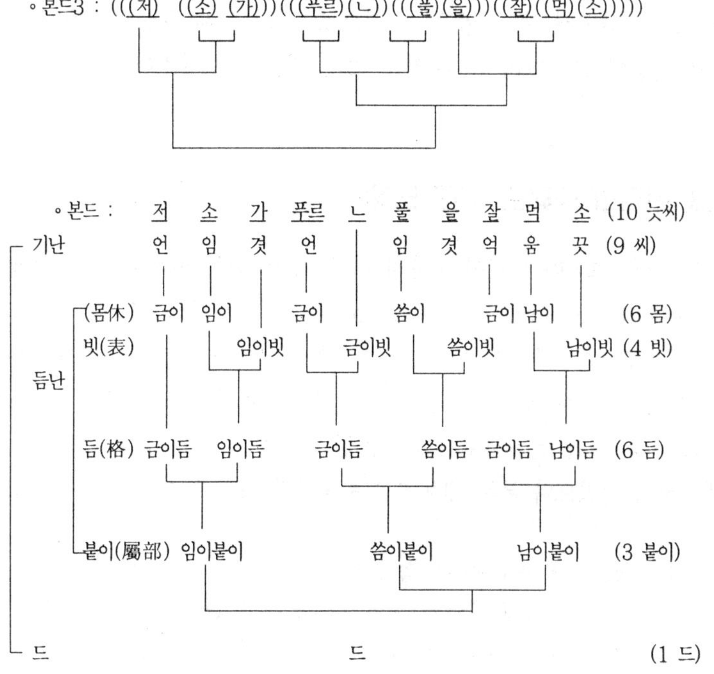

　┌ 줄기결(原體部) : 소, 풀, 먹(임, 씀, 남)
　├ 만이결(職權部) : 가, ㄴ, 을, 소(임이빗, 남이빗, 금이빗, 씀이빗, 남이빗)
　└ 금이결(枝葉部) : 저, 푸르, 잘(임이금, 씀이금, 남이금)

위의 도표에서 보이는 바와 같이 늦씨를 바탕으로 하여 씨(單語), 몸(體), 듬(格), 붙이(部), 드(文章)의 정연한 계층구조를 형성하는데, 이들을 5종의 구성요소(Constituent)로 나누고 있다. - 主語(임이듬), 서술어(남이듬), 객어(씀이듬), 수식어(금이듬), 연결어(잇이듬)

이 중 금이듬(수식어)은 '관형어', '부사어'를 포함하고, 씀이듬(객어)에는 개념상 보어를 포함시킬 수 있겠으나 보어에 해당하는 어례를 부사어나 서술어 속에 포함시키고 있다. '잇이듬(연결어)'은 대등접속문의 대등접속어 "-고, -의면서" 등을 뜻하는 것으로 구문 도해에서 살피겠거니와 현대적인 입장에서도 그리 큰 무리가 없는 것으로 보여진다.

3.3 문장의 종류와 구문 도해

이미 앞에서 말한 바와 같이 구문의 기본단위를 단문(Simple Sentence)으로 하여 접속(conjoining)과 내포(embedding)로 구문처리를 하는 것으로 해석할 수 있다. 「국어문법」(「조선어문법」)에는 '보기드' 10개, 버금보기드 10개, 붙이보기드 1개 등 도합 21개의 예문을 도해 설명하고 있고, 익힘드 142개를 열거하고 있다. 문장의 구문 종류를 유형별로 표제화하여 예시하지 않았으나 본문 내용에서 추출하면 다음과 같다.

```
드(文) ┌ 홋드 : 임이드(주어문), 씀이드(객어문)
       │        남이드(서술어문), 금이드(한정문)…억드(부사문)와 언드(관형문)
       └ 뭇드 : 뭇금이드, 뭇남이드, 뭇씀이드, 뭇임이드
```

김두봉은 그의 「조선어문법」(1916)에서 문장의 종류를 1) 홑월(단문) 2) 줄월(병렬문) 3) 겹월(복문 : 주어절, 목적절, 서술절이 있는 문) 4) 덧월(관형절, 부사절이 있는 문) 5) 모월(혼문)의 5가지로 분류하고 있는데 구문의 성격상 주시경의 예와 같은 것들을 상세히 기술하고 있다.

주시경의 구문분류는 상기 분류를 김두봉의 분류 속에 포함시킬 수 있다.
먼저 구문도해의 대표적인 범례를 보이면 아래와 같다.

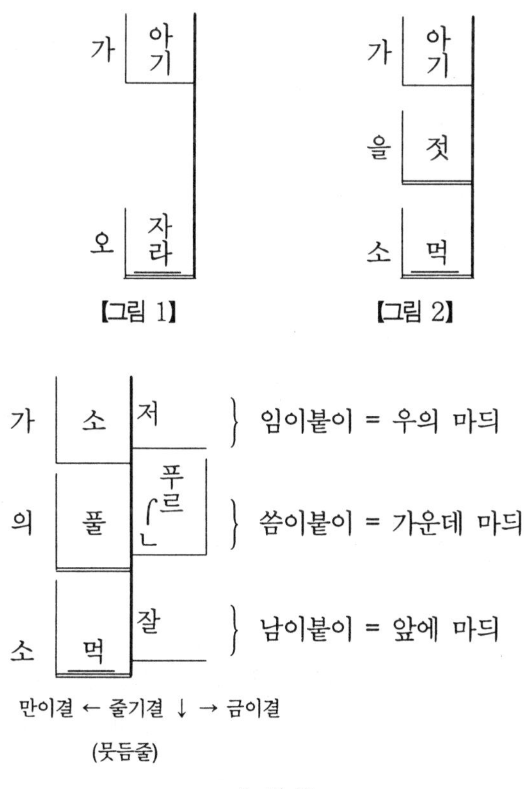

【그림 3】

　　【그림 1】은 〈보기드―〉의 '아기가 자라오'의 문장을 도해한 것이다.
옆으로 한 줄을 그은 것은 주어의 자리표시, 두 개를 그은 것은 목적어의
자리, 세 개를 그은 것은 서술어의 자리를 표시하는 것인데 이 문장에서
는 주어와 서술어만이 있다.

"다 된 다는 아모리 적어도 이 두 듬은 잇나니라" (朝 p.43)

하여 문장이 성립하기 위해서는 이른바 변형문법의 S → NP+VP와 같이

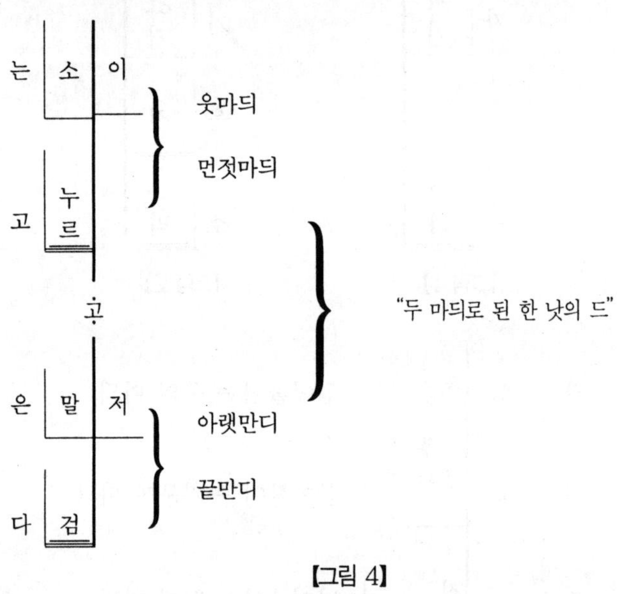

【그림 4】

NP(임이)와 VP(남이)의 기본요소가 있어야 함을 밝히고 있다.
【그림 2】는 〈보기드, 二〉 '아이가 젓을 먹소'에 대한 도해이다.

"된 다는 아모리 크어도 이 세듬에 더함이 없나니라"
"씀이가 잇는 다의 남이는 반듯이 남움이 되나니라" (朝 P.44)

고 하여 문장의 근간성분은 주어, 목적어, 서술어의 세 요소임을 밝히고
동사의 어휘자질을 미세하나마 보여주고 있는 것으로 해석할 수 있다.
【그림 3】은 〈보기드 三〉의 '저 소가 푸른 풀을 잘 먹소'의 예를 도시
한 것이다.

여기서 특기할 것은 「푸르…ㄴ」에 대한 해석이다.

"「푸르」는 따로 줄기가 되어 남이 노릇할 것의 뜻이 있음을 보임이요"

라고 했으니 이에 대하여 이미 "푸른"은 「풀이 푸르다」의 문장이 변형을 일으킨 것이라 지적하고 있다(허웅, 1971, p.56, 남기심, 1977, p.395).
이와 같은 유형의 변형을 일으키는 영어 구문의 예를 들어보자.
"The tall man came late"는
「The man is tall」과 「The man came late」의 두 문장의 내포로 본다.
「The man who is tall came late」로 관계대명사 변형을 일으킨 뒤에 'be동사 삭제변형(削除變形)과 도치변형(倒置變形)'을 일으켜서 처음 문장이 된 것으로 해석하고 있다. 마찬가지로 「푸른 풀」은 「풀이 푸르다」는 문장의 내포(embedding)가 이루어진 것이란 해석이 가능하다. 이런 관계를 주시경은 이미 인지하고서 도해와 설명에서 「푸르」가 서술어가 된다고 한 것은 놀랄 만하다.

【그림 4】 = 〈보기드 四〉"저 소가 누르고 저 말은 검다."

자연 언어에서 복합문을 만드는 방법은 내포(embedding)와 접속(conjoining)으로 들고 있다.
내포의 예는 앞의 문장에서 설명되었고, 접속의 예에 해당할 수 있는 것이 바로 이 〈보기드 四〉이다.
먼저 영어 구문의 접속의 예를 수형도로 보고, 예문을 보도록 하자.

"The sparrow is flighty and the lion is a beast."

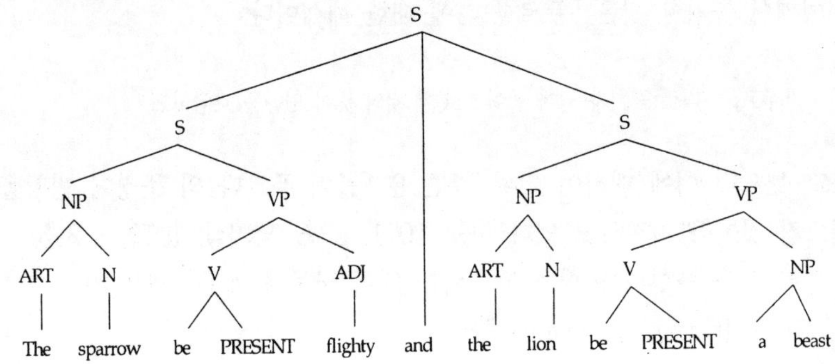

　수형도에서 보여지듯이 두 개의 Sentence가 한 개의 큰 Sentence로 연결되어 있고, 그 연결은 접속사 and에 의하여 이루어지고 작은 S는 다른 작은 S에 포함되지 않는 대등한 것이다. 즉 작은 두 개의 S는 등위구조가 되어 전체구조 속에 포함된다.

　〈보기드 四〉의 예문도
　　(a) 저 소가 누르다.
　　(b) 저 말은 검다.

의 두 개의 문장이 접속사 '고'에 의하여 conjoining됨을 알 수 있다.

　(a)와 (b)문장이 결합할 때 접속사(conjunction)가 들어가면 그 접속사는 (b)문장의 시제와 문장어미가 (a)와 같을 경우 (a)문장의 끝에 대치해 들어가는 것으로 생성이론에서 설명하고 있다. 주시경은 등위구조의 연결을 【그림 4】와 같이 보였을 뿐 아니라, 접속사의 문장어미 대체에 대해서도 다음과 같이 설명하고 있다.

　　"우에 마듸의 남이는 남이빗이 없고 그 만을 잇씨 '고'가 아우르어 가짐으로 우에 마
　　듸는 다 못 일운 마듸라 함" (朝 p.48)

또한 '저 말은 검고 이 소는 누르다'라고 도치하여도 일에는 먼저와 나중이 없는 것이라 관계가 없으나 말은 한 줄 뿐이라 먼저와 나중이 있게 마련이란 언어의 선조성(線條性)을 밝히고 있다.

〈보기드 五〉 "저 사람이 노래하면서 가오"
　　뒤의 (그림풀이 a)에서 보이듯 기저형으로 아래와 같이 잡고 있다.
　　"저 사람이 노래하면서 (저) (사람)(이) 가오"
　　　　　　(a)　　　　　　　　　　　(b)

〈보기드 四〉에서와 같이 (a)문장과 (b)문장이 "면서"에 의하여 접속되고 있는 것을 알 수 있는데 ( ) 속에 '숨은 뜻'이라 한 것은 기저의미로 해석할 수 있다고 이미 설명하였다. (a) (b) 두 문장이 접속화하면서 "-면서"가 어미에 대치해 들어가고, 동일 체언구 삭제변형(identical Np delation transformation)이 적용되었다는 변형이론을 그대로 적용시킬 수 있는 도해로 해석할 수 있다. 또한 아래의 도해(그림 c)에서

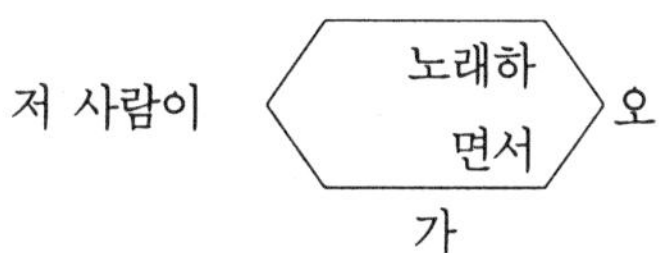

로 풀이 해석한 것은 심층구조에 대한 구절접속(phrasal conjunction)이나 문장접변(sentencial conjunction)이냐의 주장 중 전자로 해석할 수 있는 도해로 볼 수 있다. 동일한 문장에 대하여 아래와 같이 네 가지로 그림풀이 하고 있는 바 그의 구문에 대한 철저한 이해와 통찰력에 주의를 기울이게 된다. (그림 A)는 기저형 (그림 B, C, D)는 도출형으로 볼 수 있다.

〈보기드 六〉 "소와 말이 풀을 먹으오"

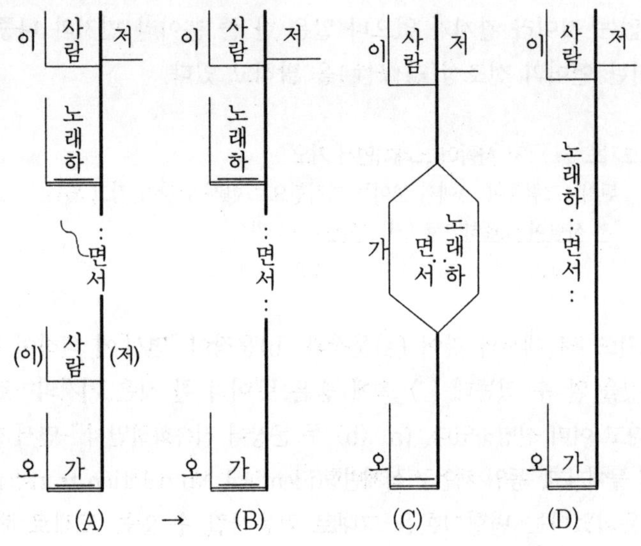

그림풀이 설명에서

"옳은 쪽으로 보면 소가 풀을 먹소요 왼쪽으로 보면 말이 풀을 먹소니라" "가와 이는
한 가지로 임이 빗이 되는 것인대 가는 홀소리의 앞에 쓰이고 이는 닷소리 앞에 쓰이나
니라" (朝 51)

이 설명 역시 기저 의미로 두 개의 문장이 접속되었다는 것을 인식하였
다는 것 음운론적 제약에 의한 이형태를 알았다는 것을 살필 수 있다. 이
와 같은 문장법으로 해석할 수 있는 것으로 병렬목적어(뭇씀이듬)의 예로
"내가 소와 말과 닭과 오리와 거위를 기르오"를 들고 있다.

〈보기드 八〉 "저 붉은 봄 꽃이 곱게 피오"

〈보기드 三〉에서 설명한 바와 같이 여기서도 「붉은」, 「곱게」가 underlying

form으로는 sentence란 사실을 밝히고 있다. 그림풀이에서 「곱」과 「붉」은이 서술어가 될 수 있음을 밝히기 위하여 밑에 3개의 줄을 긋고 있다. 그러나 "곱게는 억이니 게는 엇씨 곱을 억씨의 몸이 되게 하는 빗이라"하였는 바 「곱」이 본디 형용사였으나 「게」로 인하여 부사로 품사가 전성되는 것으로 설명하고 있다. 이는 「곱」은 형용사로, 「고운」은 관형사로, 「곱게」는 부사로 분류하는 철저한 직능위주의 품사분류관을 볼 수 있으며 또한 비판의 소지를 안고 있다.

「봄꽃」도 「봄의 꽃」이 바탕이 되어야 하고 「붉은」이란 관형어의 수식을 받을 때 "붉은 봄의 꽃"같이 꽃을 수식해야 한다는 의미론적 고려에 따른 철저한 분석을 볼 수 있다. 꽃을 꾸미는 요소가 「봄, 붉은, 저」의 세 가지인데 이들의 Ordering 적용은 되지 않는다는 것을 잊지 않고 있다.

주시경의 문법이 형태위주가 아니고 직능위주였음은 "이마가 붉은 두름이가 소리가 길게 울더라"의 〈보기드 九〉의 문장을 보면 알 수 있다.

앞 문장에서는 「붉은」, 「곱게」의 「은」과 「게」를 품사를 전성시키는 '빗'으로 처리하였으나, 「이마가 붉은」의 「붉」과 「소리가 길게」의 「길-」은 빗(어미)이 없고 「은」과 「게」가 붙여져 각각 「금이드-언드」와 「금이드-억드」를 만든다고 하였다. 이는 같은 「은」과 「게」이지만 Clause뒤에 연결된 「은」과 「게」는 이른바 현대문법의 보문소(補文素, complementizer)로 이미 인식하고 구별한 것이라 생각된다.

「소리가 길게」가 원칙이나 「소리를 길게」로도 변형될 수 있음을 지적하고 있다.

　　　〈보기드 十〉"그 사람이 맘이 착하오."

겹주어를 가진 서술어 내포문인데 여기에 대한 설명을 보면

(1) 「그 사람이 착하다」에 「맘이 착하다」가 embedding한 것으로 그림풀이 하고
    있다.
(2) 「그 사람이 착하다」란 기본문형에 「맘이」가 「착하다」를 한정하는 것으로도
    해석하였고
(3) 「그 사람이 맘이 착하오」 → 「그 사람의 맘이 착하오」로 변형처리하고 있다.

이중에서 3번째 변형문은 2중주어문에서 일반화되는 변형규칙의 발견
이란 점에서 주목된다.

(a) 한강이 물이 불었다. → (a′) 한강의 물이 불었다.
(b) 철수가 키가 크다. → (b′) 철수의 키가 크다.
(c) 토끼는 앞발이 짧다. → (c′) 토기의 앞발이 짧다.

비록 변형규칙을 세워 설명하지는 않았으나 이미 변형관계를 숙지한
것으로 보인다. 언어기술에만 그치지 않고 의미의 비중에까지 그는 언급
하고 있다.
「그 사람의 맘이」 했을 경우는
「그 사람이 맘이」 했을 경우에 비해

"그 일은 바꾸임이 없으나 그 말의 힘은 잃어버리나니라"
"힘은 勢와 한 뜻으로 씀이라" (朝 p.56)

하였다. 「말의 힘」은 의미의 비중, 강세의 뜻으로 생각되고 나아가서는
음성언어(spoken language)의 경우는 어세(stress)에까지 적용되는 해
석으로 생각된다.

"세고 여림은 소리의 나는 힘을 이룸이오" (「말의 소리」 p.70)

지금까지 〈보기드〉의 10개 문장을 살펴보았는데 〈버듬보기드〉에서 생

략형을 보자.

> 붙음보기드 : (ㅅ)(ㅅ) (ㅅ)(ㅅ) 먹는다.
> 버금본드十 : 달(ㅅ)빗이 회기가 눈같으오.
> 버금본드七 : 한 사람이 낙시를 들고 내에 와서 고기를 잡으오.
>   → 한 사람이 낙시를 들고 (그) (사람) (이) 내에 오아서 (그) (사
>   람) (이) 고기를 잡으오
> 버금본드十 : 노가 움직이면 바람이라고 하나니라 → 노가 움직이면 (조선사람)
>   (이) (그) (움직이는) (노)(를) 바람이라고 하나니라.

이미 여러 연구에서 지적되었듯이 「숨」은 '생략'의 뜻으로 「속뜻」은 기저 의미로 해석되는데 이에 대하여 김민수(1977)는 Saussure의 영접미사(Suffix Zéro)보다도, 하케드의 영형태(Zero morph)보다도 앞선 연구라고 하였다. 예문에서 볼 수 있듯 철저하게 기저의미를 의식하고 있음을 알 수 있다. 그가 「숨은 뜻」을 나타내기 위하여 (ㅅ)부호를 사용한 것은 우권점(。), 중권점(○), 벌잇(〉)과 함께 언어의 기호성을 철저하게 인식한 것으로 보인다.

특히 본항에서 살펴 본 주시경의 「그림풀이 – 구문도해」는 문장의 이해를 돕기 위한 보조 수단이 아니라 「언어기호」로 생각되어야 한다. 짬듬갈 말미에서의 다음 말이 그 단적인 증거가 될 수 있다.

> "말로 그 뜻을 밝게 풀어 나이기가 어렵음은 그림으로 풀 것이오, 그림으로도 밝게 하기가 어렵음은 말로 풀 것이오, 이 두 가지로 다 풀 수가 없음은 그 일의 뜻을 맘으로 살피어 풀지니라" (「국어문법」 p.64, 「조선어문법」 p.72)

이상 살펴본 바 같이 주시경의 구문 분석의 바탕이 표면구조가 아닌 내면구조에 의해서 이루어지고 있음은 언어수행의 목적이 의미표현(semantic expression)이란 기능을 고려한 분석주의 언어관이라고 결론지을 수 있겠다.

4. 영향관계와 전승

주시경의 구문론에 대한 이해를 돕기 위하여 주시경 당시의 다른 학자의 구문 연구를 살펴보고, 주시경의 구문 이론이 그의 후계자들에게 어떻게 전승되고 있는가를 간략히 살피고자 한다.

주시경 당시의 국어문법에 대한 연구자는 국내 학자로 극소수에 불과하니 1908년 최광옥의 「대한문전」(실제는 유길준의 저서)을 필두로 하여 유길준, 김규식, 김희상 등이다. 먼저 이들의 구문 연구의 개략을 보자.

최광옥의 「대한문전」의 개고판(改稿版)이 유길준의 「대한문전」인데 이 두 저서에서의 구문론은 아직 초보단계의 구문분류에 그치고 있다. 복문의 예를 들어보면

"孝悌忠信은 身을 立ᄒᆞᄂᆞᆫ 大本이오"
　主主主主　　客　　說明

이라 하여 예문 자체도 국한문문장을 들고 있는 것이 많고 구문분석도 이루어지지 않은 미분화 상태이다.

	최광옥 1908 「대한문전」	유길준 1909 「대한문전」	김규식 1909 「대한문법」	김희상 1911 「조선어전」
문장의 정의	문장은 언어가 相集ᄒᆞ야 一思想의 완결ᄒᆞᆫ 時는 基長短을 不拘ᄒᆞ고 皆曰 一篇의 문장이라 ᄒᆞᄂᆞ니라	是故로 문장ᄋᆞᆫ 基長短에 拘치 아니ᄒᆞ고 一個 사상을 완결ᄒᆞᆫ者이라.	詞字가 모아 한 完全한 思想을 發表하는 것을 句語라함.	句語(文章)ᄂᆞᆫ 詞와 吐가 集ᄒᆞ야 完全ᄒᆞᆫ 思想을 發表ᄒᆞᄂᆞᆫ 것이라.

구문단위	句。文章	句節。文章	句節。文章	詞·成分·部分·文章
성 분	주어·수식어·객어·설명어	주어·수식어·설명어·객어	제목어·설명어·목적어	주어·설명어·객어·수식어
문장종류	單位·複文·聯構文	單文·複文·聯合文	單純句語·複雜句語	單句語·複句語

김규식과 김희상의 문법에서도 「구문론」이라 하기 어렵도록 문장의 예문을 간략히 열거하고 그들의 구성에 대하여 논하는 것에 그쳤다. 그래도 김희상의 경우가 비교적 폭넓게 문장의 성분, 정서법, 도치법, 생략법, 문장의 종류 등에 대하여 논하고 있다. 그러나 도해의 경우도 간단한 문형의 성분을 구분하는데 그치고 있다. 더구나 어떠한 언어이론은 찾아보기 어렵다.

유길준의 문법에서도 「문장의 해부」란 항목이 설정되어 있으나 도해의 성격에까지 못 미치고 있다.

주시경 이후의 그의 제자들의 구문연구를 살펴보자.

        1916년 김두봉 「조선말본」
        1922년 김두봉 「깁더 조선말본」
        1922년 이규영 「현금조선문전」
        1925년 강매, 김진호 「잘 뽑은 조선말과 글의 본」
        1934년 최현배 「중등조선말본」
        1936년 이규방 「신찬조선어법」
        1949년 정인승 「표준중등말본」

이 중에서 문장론이 본격적인 체계와 이론 아래서 전개된 것은 김두봉의 두 저서에 불과하다. 「강매, 김진호」의 책은 김두봉의 「조선말본」에서 뽑은 것이기에 말할 것이 없고, 최현배와 정인승의 저서는 교과서의 성격을 띠고 있으므로 제약 때문에 충분히 기술되지 못했을 것으로 생각된다.

이규영의 「현금조선문전」은 80여 쪽에 불과한 소책자인데 그 일부분에서 「월(文)」을 다루고 있으나 내용이나 체제는 김두봉의 「조선말본」 축소와 같다. 이규방의 저서의 문장론은 8쪽에 불과한 것으로 별다른 특색이 없다. 강매의 「조선어문법제요」에서는 아예 문장론 부분이 없다.

김두봉의 「조선말본」은 월갈에서

- 文章成分(감)의 種類   · 成分排列
- 成分의 省略   · 文章의 節   · 文章의 種類

등을 기술하고 있는데 상기 어떤 책보다도 체계적이며, 윤리적이고 또한 풍부한 어례를 들고 있다.

주시경의 문법과 비교하여 진일보하였다고는 할 수 없으나, 체계적인 면에서의 기술은 앞서고 있다. 내용적인 면에서 보면 주시경 문법에서 기술된 사항을 풍부한 예를 제시하면서 조직화한 것으로 보여지는데 주시경 문법의 언어 이론은 찾아보기가 어렵다.

문장성분에서 객어를 두지 않음은 구문 도해에서 차이점을 가져오나 「그림풀이」의 원칙은 주시경의 것을 따르고 있다. 주시경 문법에서 underlying semantic representation으로 중시되는 '숨은 말'도 생략으로 처리되고 그림풀이에서도 몇 개의 흔적이 보일 뿐이다. 그러나 성분 분류에 따른 문형의 정리는 매우 정연한 것이다. 「깁더 조선말본」의 내용도 대동소이한데 「붙임」부분의 「좋은글 월 감의힘」의 「감의힘」은 독창적인 것으로 연구의 소지가 있다고 보여진다.

주시경의 문법은 그의 당대에도 누구의 영향없이 이룩된 독창적이면서도 방대한 업적이며, 그의 언어 이론 및 문법은 후계자들에게 전승·발전되지 못하였다고 할 수 있다. 단적인 예로 1934년 최현배 문법에서도 주시경의 독창적인 발견인 「늣씨」가 무시된 채

"씨란 것은 월의 成分의 單位이니, 그 以上은 더 가를 시 업는 소리의 한 덩어리
이다" (중등조선말본 p.54)

라고 하였다. 주시경의 구문 도해에 대한 계승도 후대로 내려오면서 점점
간략해지고 형식적인 것으로 전승되는데 이것 또한 주시경 문법의 계승
되지 않은 한 부분이 될 것이다.

5. 결 론

1. 주시경 문법은 '음운론, 형태론, 구문론'의 세 부문이 각각의 언어분
석 단위들에 의하여 분석되며, 이들이 결합하여 상위 계층의 구조를 이루
는 논리적인 계층구조로 이루어지고 있다.

1) 음운론의 언어단위는 '고나(元素)'와 '낫내'이다.

2) 형태론의 언어단위는 늣씨(morpheme)와 기, 씨(單語, 品詞)와
중권점(中圈點)에 의하여 구별되는 어절이다.

3) 구문론의 언어단위는 '다(集合語)'의 개념 속에 내포되는 '모
(phrase)', '드(sentence)', '미(utterance)'이다.

2. 벌잇(〉), 중권점(ㅇ), 우권점(。), 속뜻(ㅅ), 구문 도해 등의 기호
사용은 선구적이며, 독창적인 것으로 현대 언어학에서의 기호사용의 정신
과 같으며, 언어기호의 구실까지 하고 있다.

3. 언어의 기호성 뿐만 아니라 자의성(용어 정의에서 보임), 선조성(線
條性), 계층구조 등의 언어관이 뚜렷이 나타나 있다.

4. 구문론에서의 '다, 모, 드, 미'의 용어정의는 그의 언어분석이 표층
구조가 아닌 내면구조를 대상으로 하였기에 합리적이며 적절한 것이 되
고 있다.

5. 구문에 대한 인식은 생성이론의 도출형과 기저형에 대한 언구관과 같으며 구문의 생성이론은 단문을 바탕으로 한 접속과 embedding으로 해석이 가능하고 이미 보문소를 발견하고 있으며, 변형이론이 발견된다.

6. 구문분석은 그의 문법의 결산이며 구문도해는 다만 이해의 편의를 위한 기호라기보다 정교한 언어기호다.

7. 그의 문법은 당시로 보나 현재로 보아 독창적인 것으로 후계자에게 전승되지 못하였다.

※「관동 어문학」 제2집, 1983, 관동대학 국어교육학과.

참고 문헌

김민수(1961), "늣씨와 morpheme", 「국어국문학」 24.

────(1976), 「주시경 전집」, 아세아 문화사.

────(1976), "주시경 학문에 대한 새로운 이해", 「한국학보」 5.

────(1977), 「주시경 연구」, 탑출판사.

──── "국어의 구문구조", 「아세아연구」 XI권.

이기문(1970), 「개화기의 국어연구」, 탑출판사.

허웅·박지홍(1980), 「주시경 선생의 생애와 학문」, 과학사.

이병근(1979), "주시경의 언어이론과 늣씨", 「국어학」 8.

남기심 외, 「언어학 개론」, 탑출판사.

이기백 공역, *An Introduction to Transformational Grammar-Jacobs.*
　　　　Rosenbaum」

CHIN-WU KIM.(1968), "The Vowel System of Korean", *Language* 44.

Ronald W. Langacker.(1973), *Language and its Structure,*
　　　　University of California.

Simon C Cik : Functional Grammar 1978.

석인 정태진 연구 (1)

─ 방언과 어원을 중심으로 ─

1. 서 론

석인 정태진 선생은 연희전문학교를 졸업하고, 일찍이 미국에 유학하여 학문적인 기반을 쌓고 귀국하여, 중등교육의 현장에서, 우리말 큰사전 편찬 사업에, 대학에서 강의와 저술에 힘쓰다가 순직하신 애국자이며, 선각자이며, 교육자이며, 한글운동의 실천가이다. 과거에 그에 관한 연구는 한글학회사건과 사전 편찬 사업 등 한글 운동사와 관련된 논의가 대부분이었고 그의 학문에 대한 관심과 탐구는 미흡한 편이었다. 그러다가 1998년 10월, 문화의 달 인물로 선정된 뒤 그의 학문을 위시하여 생애 전반에 대한 집중 조명이 이루어졌다.[1] 이때에 그의 생애를 위시하여 학

---

[1] 「새국어 생활」(1998 · 제8권 · 제3호 · 가을 · 국립국어연구원) : "특집 · 석인 정태진 선생의 학문과 인간"에서 석인 정태진 선생의 생애와 학문(장세경), 석인 선생과 문법(이남순), 석인 정태진과 방언연구(이병근), 석인 선생의 옛말 연구(서상규), 석인 선생과 조선어학회 사건(이응호), 석인 선생과 사전 편찬(이강로), 나의 아버지 석인 정태진(정해동),

문 분야에 대하여 전반적이고도 비교적 상세한 검토가 이루어졌으나 논문을 위시한 논설과 저서에 대하여 개략적인 서술에 그친 것이 많았다. 이러한 이유로 본 논고에서는 그의 학문 세계 전반에 대하여 국어학사적 재조명하여 보되, 평가보다는 보다 구체적으로 그가 제시한 여러 가지 언어자료를 위시하여 그의 학술적 주장, 논거 등을 가능한 한 구체적으로 살펴서, 그의 학문적 업적에 대한 의의를 밝히고자 한다. 특히 그의 논문 13편의 내용을 집중적으로 살펴보고 그의 일반 저술과 유고집에 수록된 논문과 저술에 대해서도 상세히 검토하고자 한다. 본고에서는 석인 선생의 학문세계를 전반적으로 기술한 후 지면적인 제약으로 "방언과 어원부분에 대하여" 집중적으로 살피기로 하겠다.

2. 약력과 그의 인간됨

　석인 정태진 선생은 1903년 7월 25일(음력)에 경기도 파주군 금촌읍 금릉리에서 태어났다. 호는 쇠돌 석인(石人)이다. 개략적인 약력을 살펴보면 아래와 같다.

1914~1918 교하공립보통학교.
1917~1921 경성고등보통학교(4년제).
1921~1925. 3. 연희전문학교 문과 졸업.
1925. 4.~1927 함경남도 함흥의 영생고등여학교 교사.
1927. 5. 미국유학.
1930. 6. 미국 우스터 대학(Wooster College) 철학과 수석 졸업.
1931. 6. 3. 미국 컬럼비아(Columbia University) 대학원에서 교육학 석사학위 취득.
1931. 9.~1941. 6. 함흥 영생고등여학교 교사로 재부임.

석인 선생을 추모하며(영생여고 제자 좌담회), 연보 및 연구 목록.

1941. 6. 조선어학회의 〈조선말 큰사전〉 편찬위원.
1942. 9.~1945. 7. 1. 조선어학회 사건으로 홍원 경찰서에 구금되었다가 징역 2
            년을 선고받고 함흥감옥에서 옥고.
1945. 8. 한글학회로 돌아와 〈조선말 큰 사전〉 큰 사전 편찬을 다시 하는 한편 연세
            대학교, 중앙대학, 홍익대학, 동국대학, 국학대학 등에서 국어학 강의.
1952. 11. 2. 서울로 돌아와 「큰사전」 속간에 전념하던 중 교통사고로 순직.
1962. 3. 1. 대한민국건국 공로 훈장 추서

(석인 정태진 전집의 '해적이' 등에 의거)

　석인 선생의 인간됨과 생애는 "특집·석인 정태진 선생의 학문과 생애 (1998)"에 장세경, 이응호, 이강로, 정해동 등의 글을 위시하여 임옥인 (1954), 조용욱(1952), 유제한(1983) 등에 자세히 나와 있다. 그의 인 간됨에 관해서는 "태연자약하고 안분자락(安分自樂)하는 의리와 정의의 군자, 효성과 우애가 뛰어난 사람 - 조용욱", "근검과 과묵 - 유제한", "대 꼬챙이처럼 꼿꼿한 성격 - 정인승" "밝은 지혜, 깊은 덕, 높은 정서 - 임 옥인", "거룩하고 깨끗한 선비, 말이 적고 모든 일을 자신이 판단하여 몸 소 실천하는 장자지풍 - 이강로" 등 수많은 찬사가 따른다. 한마디로 세 상의 명리를 쫓지 않은 행이불언(行而不言)하는 실천적인 지사라고 해 석된다. 이들 찬사는 다만 찬사가 아닌 사실이라고 생각된다. 우리는 짧 은 생애에서 증거를 찾아볼 수 있다. 그는 당시 몇 명되지 않던 미국에 유학한 신분이었고, 명문 컬럼비아 대학에서 석사학위를 받은 신분이었 다. 서울의 전문학교와 여러 중학교에서 교사로 모시려했음에도 불구하고 멀리 함흥의 영생여학교에 다시 부임하여 교육에 전념한 일, 안정된 신분 으로 학문에 전념할 수 있는 대학전임 자리를 마다하고 오로지 사전편찬 사업에 매달리던 일, 미국유학의 경력 때문에 미군 군정청, 외무부, 문교 부 등에서 요직을 맡아달라는 요청을 역시 거절하고, 이른바 어렵고, 따 분하고, 경제적으로 도움이 되지 않는 「큰사전」 편찬사업에만 매달린 우 직한 쇠돌(石人)같은 분이셨다.

그의 학문적인 성장 배경을 간략히 살펴보면, 그는 경성보통학교를 졸업하고 연희전문학교 문학부를 졸업하였다. 2년간의 함흥 영생여고의 교직생활을 청산하고 선교사 빌링스의 3차에 걸친 권유와 추천으로 미국유학을 떠나 우스터 대학에서 철학과를 수석 졸업하고, 이듬해 컬럼비아 대학원에서 교육학 석사과정을 수료한다. 이 동안에 언어학, 문학, 역사학 등 인문학의 기초가 튼튼하게 다져졌을 것으로 장세경(1998)은 평하고 있다. 그는 한글학회이사로 재직하여 사전편찬에 전념하는 한 편 연세대학교, 중앙대학, 홍익대학, 동국대학, 국학대학 등에 출강하는 동안 여러 가지 연구업적을 이룩한 것으로 보인다.

3. 연구업적

석인 선생은 49년의 길지 않은 생애 동안, 「조선말 큰사전」 편찬이란 큰 족적과 함께 여러 가지 연구업적을 남기었다.

그의 학문적 업적은 유고집에 있는 저서를 포함해서 11권의 저서와 2권의 번역서가 있다. 그리고 논설 및 논문은 19편이 있다. 이들을 살펴보면 아래와 같다.

1) 저서
(1) 「받침공부」(1946. 5) 조선어학회감수 서울 신생한글연구회
(2) 「漢字안쓰기 問題」(1946. 6) 아문각
(3) 「중등국어독본」(1946. 10) 김원표 공저, 한글사
(4) 「아름다운 江山」(1946. 12) 김종환 공편, 신흥국어연구소
(5) 「고어독본」(1947. 4) 연학사
(6) 「조선 고어 방언 사전」(1948. 12) 김병제 공저, 일성당
2) 유고집(정태진 전집 하권)[2]

(1) 「말의 본」(209~242) : 소리갈

(2) "우리말 연구"(243~287) : 어원

(3) "우리말과 글"(288~289) : 특징

(4) "옛말과 옛글"(290~291)

(5) 「언어학 개론」(292~333)

(6) 「국어학 개론」(334~348)

(7) 「국어문법론」(349~411)

(8) 「방언학개론」(412~501)

3) 번역서

(1) 「어떻게 살가?」(1951. 11초판, 1953. 6재판) C·G·촤펠

(2) 「성경교안」(TEACHING THE WORD TRUTH)(1952. 4초
판, 1957. 11. 3판) D.G 반하우스, 대한성서공회

4) 논문 및 논설(연대순)

(1) "비슷하고 다른 말" 「한글」 11권 1호, 1946. 4.

(2) "재건 도상의 우리 국어" 「한글」 11권 2호, 1946. 5.

(3) "시골말을 캐어 모으자" 「한글」 11권 3호, 1946. 7.

(4) "일본 사람들은 왜 한자폐지를 못 하였던가?" 「한글」 11권 4호,
1946. 9.

(5) "주시경 선생" Ⅰ 「한글」 12권 1호, 1947. 3.

(6) "시골말 캐기" Ⅱ 「한글」 12권 1호, 1947. 3.

(7) "주시경 선생" Ⅱ 「한글」 12권 3호, 1947. 7.

(8) "시골말 캐기" Ⅲ 「한글」 13권 1호, 1948. 1.

(9) "말과 글을 피로써 지키자" 「한글」 13권 2호, 1948. 6.

---

2) 정태진 전집 하권에 실려있는 유고집 모두 8종류로 되어 있는데, 저서 형식으로 된 것은 「말의
본」(209~242) : 소리갈, 「언어학 개론」(292~333), 「국어학 개론」(334~348), 「국어
문법론」(349~411), 「방언학개론」(412~501)이고, "우리말 연구"(243~287)는 논문,
"우리말과 우리글"(288~289)은 간략한 논설, "옛말과 옛글"(290~291)은 저술계획서다.

    (10) "옥치정님이 지은 '가로쓰기 새 교본'을 읽고" 「한글」 13권 2
        호, 1948. 6.

    (11) "방송기념 좌담기" 「한글」 14권 2호, 1949. 12.

    (12) "세계 문화사상으로 본 우리 어문의 지위" 「신세대」 1호,
        1946. 3.

    (13) "Korean Alphabet"(발표지와 시기 미상)

    (14) "조선어학회가 걸어온 길" 「경향신문」, 1945.

    (15) "말을 사랑하는 마음" 「홍익대 신문」, 1952. 1.

    (16) "우리말의 어원" 「교통부 교양지」 한글강좌, 1952. 9.

4. 학문세계

  앞서 말한 바와 같이 석인 선생의 생애와 학문에 대한 검토는 1998년
이전까지는 일반에게 잘 알려지지 않았고, 학문적인 검토도 미흡했었다.
그의 맏아드님인 정해동 교수가 주관이 되어 「석인 정태진 전집」 상
(1995. 4), 하(1996. 4)권이 출간되고 1998년 10월 석인 선생이 〈문
화의 인물〉로 선정되면서 비로소 조명을 받게 되었다. 먼저 그의 학문 및
생애에서 특기할 일은 1) 조선어학회 사건 발단의 장본인이었다는 것[3]
2) 정통적으로 인문학을 전공하고 귀국하여 국어학 연구에 평생을 전념
한 최초의 미국유학생이라는 점[4] 3) 평생을 교육과 우리말 연구에만 전

―――――――――――――――

3) 석인 선생이 〈조선어학회 사건〉 발단의 장본인이라 함은 석인 선생의 가르침을 받은 영
  생여고 학생 박영희의 일기장이 발단이 되어 사건이 왜곡 확대되었음을 지칭하는 것이다.
4) 미국 최초의 유학생으로는 유길준이다. 그는 1881년 일본의 慶應義塾에 유학한 한국인
  최초의 유학생이며, 1883년 7월에 도미하여 마사츄세츠 세일럼시의 피바디 박물관장인
  모스의 개인지도를 받고, 이듬해인 1894년 가을 세일럼부근에 있는 바이필드에 있는 더
  아카데미에서 한국 최초의 유학생이 된다. 다음으로 미국 유학생은 김규식을 들 수 있다.

넘한 국어학자라는 점 4) 한글을 수호하기 위하여 사전편찬 사업에 목숨
을 받쳤음은 물론 한글실천운동가로서 평생을 살아왔다는 점 5) 그리고
그의 학문적인 성과는 출판되지 못한 채 유고로 남아 있어서 빛을 보지
못한 결과이나, 선구적이면서 극히 과학적이면서 실증적인 연구물의 대표
라는 점이다. 본 논고에서는 그의 학문적인 수월성에 대하여 집중적으로
살펴보고자 한다.

　석인 선생의 학문분야는 방언, 어원, 문법, 언어 정책, 문자론, 국어학
사, 언어 일반 이론 등 다양한 범위에 걸쳐 이루어지고 있다. 서술의 편
의상 그의 학문세계를 아래와 같이 분류하여 살피기로 한다.

4.1 연구분야

1. 방언 연구
  (1) "시골말을 캐어 모으자"(1946)
  (2) "시골말 캐기" Ⅱ(1947)
  (3) "시골말 캐기" Ⅲ(1948)
  (4) 「조선 고어 방언 사전」(1948)
  (5) 「방언학개론」(유고집 : 412~501)
2. 어원 연구
  (1) "우리말의 어원"(1952)
  (2) "우리말 연구"(유고집 : 243~287)
3. 우리말 연구
  (1) "우리말과 우리글"(유고집 : 288~289)

1897~1903년까지 버지니아주에 있는 로어록크 대학에서 수학을 하고, 이듬해 프린스턴
대학원에서 석사학위를 받고 귀국한다. 이 두 분을 국어문법연구에 큰 공헌을 남기었으나
국어학자로 일관된 삶을 산 것은 아니다.(「한국인물대사전」 - 중앙일보사)

    (2) "말의 본"(유고집 : 209~242)

    (3) 「국어학 개론」(유고집 : 334~348)

    (4) 「국어문법론」(유고집 : 349~411)

    (5) "세계 문화사상으로 본 우리 어문의 지위"(1946)

    (6) "Korean Alphabet"(시기미상)

4. 주시경 연구

    (1) "주시경 선생" I (1947)

    (2) "주시경 선생" II (1947)

5. 언어 일반

    (1) 「언어학 개론」(292~333)

6. 국어 교육

    (1) "옛말과 옛글"(유고집 : 290~291)

    (2) 「중등국어독본」(1946)

    (3) 「고어독본」(1947)

    (4) 「아름다운 江山」(1946)

7. 한글 운동(국어 정책)

    1) 우리말 사랑

        (1) "말을 사랑하는 마음"(1952)

        (2) "재건 도상의 우리 국어"(1946)

        (3) "말과 글을 피로써 지키자"(1948)

        (4) "조선어학회가 걸어온 길"(1945)

    2) 한글 전용

        (1) 「漢字안쓰기 問題」(1946)

        (2) "일본 사람들은 왜 한자폐지를 못 하였던가?"(1946)

        (3) "방송기념 좌담기"(1949)

        (4) "옥치정님이 지은 '가로쓰기 새 교본'을 읽고"(1948)

    3) 우리말 바로 쓰기

(1) 「받침공부」(1946)
(2) "비슷하고 다른 말"(1946)

5. 방언 연구

　석인 선생의 학문 세계 가운데 가장 심혈을 기울였던 부분은 방언 연구다. 그의 방언 연구의 학문적인 고찰은 이병근(1998)에서 비교적 상세히 언급되었다. 이 글에서는 보다 직접적으로 그의 언어관을 비롯하여 방언에 대한 견해, 그리고 그가 수집한 방언 조사내용을 살펴보고 이들의 학문적 의의를 검토함을 목적으로 한다. 그러나 비판적인 입장에서의 성과를 논하기보다는 그의 방언 연구의 내용을 순차적으로 검토하는 입장을 취하고자 한다.

　그의 방언 연구는 5가지 글에서 살펴볼 수 있다. 1) "시골말을 캐어 모으자"(1946)에서는 그의 언어 및 방언에 대한 견해를 살필 수 있고, 실질적인 방언 수집의 사례를 보여주는 것은 2) "시골말 캐기"Ⅱ(1947), 3) "시골말 캐기"Ⅲ(1948)이다. 그리고 김병제와 공저인 4) 「조선고어방언사전」(1948)에서 종합적인 그 결과를 찾을 수 있다. 그리고 미완성이며, 책의 구상 단계였고, 많은 방언 자료를 보여주는 유고집 「방언학 개론」에서는 방언에 대한 그의 학문적 계획과 포부를 살필 수 있다. 위의 순서에 따라 이들 내용을 살펴보기로 한다.

5.1 "시골말을 캐어 모으자" (「한글」 11권 3호, 1946. 7.)

석인 선생은 1931년부터 1952년까지 20년 간 방언수집에 힘을 기울이셨다(정해동, 1998, p.134). 이 글은 방언연구에 대한 공식적으로 처음 발표된 논문으로 석인 선생의 언어관과 학문적 주요 관심 분야였던 방언 연구에 대한 견해를 생각을 알 수 있는 글이다. 나아가 언어 연구의 방법론과 실제를 보여주는 글이다.

1) 그는 모든 과학은 비교에서 시작되고, 우리가 무엇을 안다는 것은 어떤 일이나 사물을 다른 것과 비교하여 그 차이점을 아는 것이라고 하였다. 그리고 객관적이면서 타당한 언어과학법칙을 수립하기 위해서는 비교연구가 우선해야 하고, 그러기 위해서 현대어와 고대어, 우리말과 자매어를, 표준말과 시골말을 비교 연구해야 한다고 하였다. 자매어란, 우리말과 동일계통에 속하는 언어를 지칭하는 것으로 일본어와 여진어, 퉁구스어에 대하여 언급하고 있다.

2) 시골말은 향토문화의 중요한 유산이기도 하지만, 그보다는 시골말에는 고어의 원형이 그대로 보존되어 있는 경우가 많다. 중앙 언어의 경우는 정치적 변천과 문화적 접촉 그리고 여러 가지 이유로 급속한 변천한다. 그리고 우리 나라는 모화 사상과 외구의 침입으로 고유 언어를 기록해 놓은 문헌이 대단히 적다. 이 문헌학적인 결점을 보충해주는 '시골말 캐기'야말로 중요한 일이며, 우리말 연구를 하려는 학도들에게 이보다 더 큰 보배는 없다고 강조하고 있다.

3) 우리 인생은 철저한 자기의식을 떠나서는 참된 지식을 얻을 수 없다고 주장하였다. 이는 개인의 경우나 국가의 경우나 마찬가지다. 우리의 역사, 우리의 말과 글을 모르고 국가 문화의 향상을 기대하기는 어렵다. 말이 있어야 교육이 있고, 예술이 있고 생활이 가능하다.
'시골말 캐기'는 교육상으로 보아 가장 긴급한 일의 하나다.

4) 비록 소박한 방법이기는 하지만 그는 방언수집의 방법을 제시하고 있다.
(1) 직접 질문하는 형식을 통하여 메모를 하는 습관을 가질 것. (2) 조사 어휘항목(천문, 지리, 동물, 식물, 의식주, 인체, 생리, 연중행사, 풍속, 습관, 관혼상제와 같은 여러 가지 방면의 어휘)을 미리 선정하여 둘 것. (3) 제보자(다른 지방의 사람)를 만나는 경우 미리 선정한 어휘에 대하여 그 지방의 말을 물어 볼 것 등이다.
이러한 기록들은 뒷날에 큰 법칙을 발견하는 한 계단이 되며, 국어 과학의 큰 건물을 세우는 데 필요한 벽돌들이 된다고 하였다.

5) '세상의 모든 것은 변한다(Panata Rei)'고 전제하고 언어의 변천, 특히 표준어

의 대량 보급은 시골말을 빠른 속도로 변하여 없어지게 할 것이다. 그러므로 빨리 시골말을 캐어야 한다고 하였다.

6) 표준어 교육은 중요하고 절대적이다. 그러나 표준말을 더 잘 알기 위해서는 시골말을 연구해야 한다. 언어 연구를 과학적으로 역사적으로 바르게 하기 위해서는 비교 연구가 중요하다고 하였다. 영남의 방언을 연구하면 고대 신라의 향가를 연구하는데 큰 빛을 던져 줄 뿐 아니라 우리 국어와 일본어를 비교 연구하는데 큰 참고가 될 것이요, 관북의 방언을 연구하면 여진어나 퉁구스어와 우리말을 비교 연구하는데 없지 못할 자료가 될 것이라고 하였다. 이는 명쾌하게 공시적 언어 연구의 필요성과 동시에 통시적 언어 연구의 필요성을 강조한 것이다. 나아가 대조언어학(contrastive linguistics)이 아닌 비교언어학(comparative linguistics)적 연구의 필요성을 강조한 탁견들이다.

이들 요점을 정리하면 아래와 같다.

1

'모든 과학은 비교에서 시작된다.'

우리의 무엇을 안다는 것은 결국 한 가지의 일이나 물건을 다른 일이나 물건에 비교하여 그 다른 점을 안다는 것이다.

언어 과학에 있어서 객관적 타당성을 가진 언어 과학의 법칙을 수립하기 위해서는…

…우리는 우리의 시골말을 될 수 있는 대로 많이 모아서 우리 국어를 재건하는 데 큰 도움이 되도록 하기를 간절히 바라는 바이다.

2

비교적 중앙에서 떨어져 있는 지방에 우리의 고어가 원형 그대로 보존되어 있는 경우가 많다… 우리 국문으로 우리의 고유언어를 시대에 따라 기록한 문헌이 대단히 적다. 이러한 문헌적인 결점을 보충하는 의미에서 '시골말 캐기'는 중요한 의미를 가진다.

3

네가 먼저 네 자신을 알아라!

우리의 말과 글을 모르고서는 문화의 향상이란 기대하기 어렵다. 우리의 말은 교육과 예술과 생활에 있어서 절대적으로 소중한 것이다. 우리말을 가장 과학적으로 연구하자면 무엇보다 먼저 표준말과 시골말, 또는 옛말과 시골말과의 비교 연구로부터 시작하여야 되는 것이니, 우리의 국어교육상으로 보아 '시골말 캐기'는 가장 긴급한 일의 하나가 되는 것이다.

4

이 세상에 쉬운 일은 하나도 없다.

시골말 캐기의 방법 - 메모를 하는 버릇. 천문, 지리, 동물, 식물, 의식주, 인체, 생리, 연중행사, 풍속, 습관, 관혼상제와 같은 여러 가지 방면의 어휘를 각각 몇 개씩 수첩에 적어두었다가 다른 지방의 사람을 만나는 경우 그 지방의 말을 물어 보라.

5

세상의 모든 것은 변한다.

우리의 말도 쉬지 않고 변하여 간다. 표준말의 보급에 따라서 시골말은 가속도로 줄어질 것이다. 이러한 말들이 없어지기 전에 될 수 있는 대로 캐어서 모아두자는 것이다.

6

우리는 물론 표준말 교육의 절대 필요성을 인정한다. 표준말을 더 철저히 알기 위해서 시골말을 연구하여야 되는 것이요, 고대어나 자매어와 비교 연구하는데 재료로 쓰기 위하여 시골말을 연구하여야 된다. 영남의 방언을 연구하면 고대 신라의 향가를 연구하는데 큰 빛을 던져 줄 뿐 아니라 우리 국어와 일본어를 비교 연구하는데 큰 참고가 될 것이요, 관북의 방언을 연구하면 여진어나 퉁구스어와 우리말을 비교 연구하는데 없지 못할 자료가 될 것이다.

7

사람의 모든 지식은 결코 고립한 것이 아니다. 시골말은 그 지방의 역사와 밀접한 관계가 있는 것이며, 그 지방의 풍속을 배경으로 생겨난 것이며, 그 지방의 문화의 밭 위에서 피어난 꽃이니 역사 풍속 문화 각 방면의 지식을 넓히는 데 막대한 도움이 될 것이다.

이 글에는 "시골말 캐기(제1회)"라 하여 연희전문학교 문학부 학생들이 수집한 방언을 수록하고 있다. 모두 18어휘를 선정하여 지방별로 방언형을 정리하였다.

1) 선정 어휘는 ① 벙어리(啞-4개 방언형) ② 귀머거리(聾-17) ③ 대머리(禿頭-19) ④ 가을(秋-6) ⑤ 겨울(冬-15) ⑥ 새우(蝦-10) ⑦ 달팽이(蝸牛-21) ⑧ 무우(蘿蔔-9) ⑨ 달걀(鷄卵-18) ⑩ 흙(土-9) ⑪ 팥(小豆-11) ⑫ 오이(胡瓜-11) ⑬ 고양이(猫-18) ⑭ 게(蟹-7) ⑮ 가위(鋏-15) 16) ⑯ 턱(顎-20) ⑰ 아우(弟-8) ⑱ 냉이(薺-14) 등으로 조사된 어휘의 총수는 240어휘다.

2) 조사 지역은 도(道) 단위로 조사되었다. ① 전남 ② 전북 ③ 경남 ④ 경북 ⑤ 충남 ⑥ 충북 ⑦ 강원 ⑧ 황해 ⑨ 평남 ⑩ 평남 ⑪ 함남 ⑫ 함북의 12개 지역으로 '제주'와 '경기·서울' 지역이 제외되었다. 제주의 경우는 제주출신의 제보자가 없었던 것으로 생각되고, 경기·서울 지역은 표준어 지역권이어서 제외시킨 것으로 생각된다. 즉 표준어는 바로 서울말 내지는 경기 지방 말이란 관점에서 제외되고 있으나 서울 지역 역시 다양한 방언형을 가지고 있으므로 마땅히 조사 대상에 포함되어야 했을 것이다.

3) 어휘의 선정 기준은 천문, 지리, 동물, 식물, 의식주, 인체, 생리, 연중행사, 풍속, 습관, 관혼상제와 같은 여러 가지 방면의 어휘들이다. 이들은 비교적 다양한 방언형을 가진 신체, 계절, 동식물 등 기초적인 어휘들이다. 이들은 고어형을 가진 방언들로 우리말의 어휘, 또는 음운변천을 짐작케 하는 어휘들이 다수 포함되어 있다. 예로 단모음화 현상(오이, 게), ㅣ모음 역행동화(고양이), 반치음의 변천(가을, 겨울, 무우, 아우, 냉이, 가위), 순경음ㅂ(새우) 등이다.

4. 이들 조사 어휘에 대한 해석 평가가 없는데 이는 앞의 이론 편에서 언급하고 있듯이 먼저 시골말을 캐는데 우선하고 훗날 이들에서 법칙을 발견하자는 것으로 해석된다.

5.2 "시골말 캐기" II (「한글」12권 1호 1947. 3)

제1회의 시골말 캐기와는 달리 구체적으로 그 제보자들이 명시되었다.

1) 선정 어휘는 ① 감기(感氣-14개 방언형) ② 거울(鏡-14) ③ 그네(鞦韆-26) ④ 누에(蠶-14) ⑤ 누이(姉-7) ⑥ 다리미(熨斗-16) ⑦ 대야(盥-26) ⑧ 도마(俎-19) ⑨ 두부(豆腐-10) ⑩ 맨드라미(鷄冠花-8) 1 ⑪ 모기(蚊-8) ⑫ 바위(岩-12) ⑬ 빰(頰-25) ⑭ 벼룩(蚤-29) ⑮ 비누(石험-6) ⑯ 사닥다리(梯子-11) ⑰ 애꾸눈이(片目-50) ⑱ 여우(狐-15) ⑲ 언청이(缺脣-31) ⑳ 파리(蠅-4) 등 20개 어휘다. 이들의 방언형 총 329개가 조사되었다.

2) 조사 지역은 제1회에서 도(道) 단위 12개 지역이었던데 비하여 진일보하여 구체적인 지명이 명시되었다. 전국적으로 공통적인 것을 명기하고, 도 단위로 공통적인 방언형도 명기하고 있음도 보다 진전한 일면이다.

조사 지점(62개 도시)을 정리하면 아래와 같다.

제주, 경남(고성, 울산, 사천, 마산, 의령, 밀양, 진주, 함양), 경북(대구, 김천, 성주, 영주, 영덕), 전남(나주, 벌교, 보성, 장성, 군산, 여수, 구례), 전북(고창, 김제), 충남(당진, 부여, 대덕, 아산), 충북(청주, 충주, 영동, 진천, 음성, 괴산), 경기(양주, 부천, 광주, 개성, 평택), 황해(옹진, 황주, 은율, 겸이포, 연백, 수안, 서흥), 강원(홍천, 통천, 평강), 평남(안주, 평양), 평북(철산, 영변, 의천, 정주), 함남(영흥, 북청, 함흥, 단천, 원산), 함북(청진, 성진, 정평)

제1회 조사에서는 경기지역과 제주지역이 제외되었는데, 이를 포함시킨 것이나 조사 지역이 구체화된 것이 큰 진전이다.

3) 제보자는 제주도 - 고임규, 경남(사천) - 김기열, 경남(밀양) - 이희봉, 경남(고성) - 김종문, 경남(밀양) - 신학상, 경남(진주) - 이갑도, 경북(성주) - 이영택, 경북(김천, 상주) - 강백수, 전남(나주) - 이찬영, 충남(대전) - 서인석, 충남(대덕) - 한헌교, 충북(충주) - 안효열, 황해

(연백) - 유인만 등 모두 13명이다.

조사지점이 62개이고 제보자는 단 13명에 불과해 이들 제보자가 없는 곳은 석인 선생이 직접 또는 간접적으로 조사한 것으로 판단된다.

4) 조사 어휘는 제1회 18개 어휘에서 20개로 2개가 많다.

제1회 조사시에는 18개 어휘에 240개의 방언이 수집되었는데, 2차에서는 20개의 어휘에 329개로 많이 조사된 것은 선정지역의 확대된 까닭일 것이다. 방언형을 많이 가지고 있는 어휘는 ⑰ 애꾸눈이(片目-50) ⑲ 언청이(缺脣-31) ③ 그네(鞦韆-26) ⑦ 대야(盥-26) ⑬ 뺨(頰-25) 등이다. 이들 어휘 중 대부분이 현대 생활에서 잊혀져 가는 어휘이고, 표준어로 통용어화 되고 있다는 점에서 이들 어휘의 수집을 서두르고, 중요시하던 석인의 학문적 관심을 우리는 알 수 있다.

5.3 "시골말 캐기" III (「한글」 13권 1호 1948. 1)

1) 조사 어휘는 ① 가랑비(細雨-16), ② 강아지(小犬-9), ③ 거미(蜘蛛-2), ④ 기와집(瓦家-16), ⑤ 고구마(甘藷-12), ⑥ 노루(獐-7), ⑦ 나비(蝶-4), ⑧ 도마뱀(虫析 虫易-27), ⑨ 뒷간(便所-23), ⑩ 모내기(移秧-15), ⑪ 미끼(釣餌-14), ⑫ 무릎(膝10), ⑬ 부엌(廚-17), ⑭ 바둑(碁-3), ⑮ 바다(海-3), ⑯ 버섯(蕈-7), ⑰ 병아리(鷄雛-19), ⑱ 보늬(粟內皮-18), ⑲ 잠자리(蜻蜓-31), ⑳ 토끼(兎-13) 등 20개다.(괄호 속의 숫자는 조사된 방언형의 수임. 총 256어휘).

2) 조사 지점은 경기(강화), 경남(남해, 하동, 고성, 통영, 창원, 창녕, 진해, 상주, 밀양, 의령, 양산), 경북(경주, 금천, 김천, 영주, 군위, 성주), 전남(광양, 구례, 순천, 영암), 전북(순창, 부안, 김제), 충남(논산, 예산, 전의, 강경, 연기), 충북(옥천, 영동, 보은, 청주, 대덕, 청원), 황해(해주, 벽성, 황주), 강원(강릉, 통천, 양양), 평남(평양, 개천), 평북

(의주), 함남(단천, 정평, 함주, 북청), 함북(청진) 등 50개 지역으로 서울과 제주도는 조사지역에서 제외되었다.

  3) 제보자 : 서울 - 조봉순, 대전 - 손망월, 개천 - 최창성, 순창 - 황한주, 고성 - 김종문, 논산 - 윤야중, 청주 - 이재전, 보은 - 안광호, 창원 - 우동하, 광양 - 박상훈, 김천 - 진우석, 성주 - 여영택, 예산 - 이희윤, 담양 - 신학상, 대덕 - 한헌교, 의령 - 한환석, 남해 - 고재천, 순천 - 목일신, 하동 - 정호태, 하동 - 정원용, 하동 - 최재용, 창원 - 우정구, 통영 - 김재원, 통영 - 옥치정, 경주 - 황호근, 경주 - 정현자, 청주 - 안효렬 등 22개 지역에 27명의 제보자가 있다.

  시골말 캐기는 본래 4회로 계획되어 3회를 실시하고 4회는 미완으로 어휘항목만 선정한 상태다. 이들에 대한 조사어휘수, 조사지역, 제보자를 종합해 보면 아래와 같다.

  1. 조사 어휘 : 1회 18어휘   240단어
               2회 20어휘   329
               3회 20어휘   256   총 : 58개 어휘 - 825개 단어
  2. 조사 지역 : 1회 - 도단위(제주, 경기, 서울제외) 12개
               2회 - 도시(제주 등 62지역)
               3회 - 도시(50개 도시) - 서울, 제주는 제외
  3. 제 보 자 : 1회 명시하지 않음(연희전문학교 문학부 학생)
               2회 13명
               3회 27명(22개 지역담당)

  석인의 방언 연구의 목적은 앞에 본인의 진술에서도 나타났듯이 고대어와 현대어, 표준어와 시골말, 우리말과 자매어(일본어, 여진어, 퉁구스) 등의 비교 연구를 목표로 하는 것이다. 특히 방언 연구는 중앙어의 과거형을 재구하는 단서가 되며, 과거 우리말에 대한 문헌학적 결점을 보

완해 주는 자료로 높이 평가하였다.

그의 연구는 당시의 역사주의적 방법론에 입각한 것으로 방언 연구의 초기의 소박한 모습을 보이고 있다. 조사 어휘는 일정한 원칙이 있는 것이 아니고, 과거의 유해류의 예에서와 같이 천문, 지리, 동물, 식물, 의식주, 인체, 생리, 연중행사, 풍속, 습관, 관혼상제와 같은 여러 가지 분야에서 선정한 어휘들로 이들은 국어발전사적인 측면에서 음운변화의 법칙을 발견하려는데 궁극의 목표를 두고 있다. " …이러한 기록들은 뒷날에 큰 법칙을 발견하는 한 계단이 되며, 국어 과학의 큰 건물을 세우는 데 필요한 벽돌들이 된다"고 하였다.

이러한 법칙을 발견하려는 시도는 「방언학 개론」에서 엿보인다.

참고로 그가 조사한 지역을 종합하면 아래와 같이 101개이고, 서울은 제외되었는데 서울이 제외된 것은 서울은 바로 표준말이라는 입장 때문이다.

제주 : 제주(1)
경남 : 고성, 남해, 진해, 상주, 밀양, 의령, 양산, 울산, 사천, 마산, 의령, 밀양,
　　　진주, 창원, 창녕, 통영, 하동, 함양(18)
경북 : 경주, 금천, 김천, 영주, 군위, 성주, 대구, 성주, 영덕(9)
전남 : 광양, 구례, 순천, 영암, 나주, 벌교, 보성, 장성, 군산, 여수(10)
전북 : 고창, 순창, 부안, 김제(4)
충남 : 논산, 예산, 전의, 강경, 연기, 당진, 부여, 대덕, 아산(9)
충북 : 옥천, 영동, 보은, 청주, 대덕, 청원, 충주, 진천, 음성, 괴산(10)
경기 : 강화, 양주, 부천, 광주, 개성, 평택(6)
황해 : 해주, 벽성, 황주, 옹진, 황주, 은율, 겸이포, 연백, 수안, 서흥(10)
강원 : 강릉, 통천, 양양 홍천, 평강(5)
평남 : 평양, 개천, 안주(3)
평북 : 의주, 철산, 영변, 의천, 정주(6)
함남 : 단천, 정평, 함주, 북청, 영흥, 함흥, 원산(7)
함북 : 청진, 성진, 정평(3)

총 101지역

제4회로 캐어 모으려던 시골말은 아래와 같다.

① 갈가마귀(鸞) ② 고수머리(卷髮) ③ 꽈리(酸漿) ④ 꽹과리(錚) ⑤ 그리마(蚰蜒) ⑥ 너이집(汝家) ⑦ 도토리(木斛 實) ⑧ 메추라기(鶉) ⑨ 무푸레(秦皮) ⑩ 복어(河豚) ⑪ 생쥐(鼠) ⑫ 송기(松內皮) ⑬ 쐐기(車轄) ⑭ 쇠똥구리(蜣蜋) ⑮ 수수께기(謎) ⑯ 숨박국질(隱戲) ⑰ 씨아(去核機) ⑱ 주걱(飯重) ⑲ 질경이(車前) ⑳ 찔레(野薔薇)

5.4 「조선고어방언사전」 (1948. 12)(김병제 공저) 일성당

이 책은 김병제와 공동으로 저작한 것이다. 그러나 대표 저자는 정태진으로 판단된다. 공동 저자의 이름에 앞서 표기되고 판권에도 "태진"이란 인장만 사용되었다.

책의 구성은 1. 고어부 2. 이두부 3. 방언부로 구성되었다. 이들의 어휘 통계를 살펴보면 고어부에는 2,069 단어, 이두부에는 1,716단어, 방언부에는 9,512단어로 총13,297 어휘가 수록되었다.

우리말의 대한 방언연구는 일본인학자 소창진평(小倉進平)과 하야육랑(河野六郎)에 의하여 주도적으로 연구되었었다.5) 그러나 사전의 형식을 빌어 「조선방언학사전」은 방언관계 사전으로는 최초의 것으로 생각된다. 그러면 방언부에 수록된 9,512개의 단어는 모두 어떻게 하여 수집된 것인가. 이는 먼저 본인이 수집한 방언캐기 Ⅰ,Ⅱ, Ⅲ의 것이 모두 포함되었고, 석인 선생이 관여하였던 「큰사전」 편찬을 위하여 수집되었던 자료들이

---

5) 小倉進平 : 「南部朝鮮의 方言」(1924. 3), 「平安南北道의 方言」(1929. 3), 「咸鏡南道及 黃海道 方言」(1930. 4), 京城. 「朝鮮語方言槪要」(*The Outline of the Korean Dialects*)(1940), 「朝鮮語 方言의 硏究」상하(1944. 9) 東京.
河野六郎 : 「朝鮮方言學 試攷」1945. 5 京城.(김민수, 1997, 「신국어학사」268~9)
小倉의 저서(1944)에는 1,320개의 방언이 수록되었고, 河野(1945)도 사전이 아닌 어휘집임.

포함된 것으로 판단된다.6)

　참고로 사전편찬의 머리말과 일러두기를 보면 아래와 같다.

　　우리는 수천 년 동안 전해 내려온 훌륭한 문화재를 가지고 있다. 그러나 과거 수십
년 동안은 이를 캐고 밝히기에는 너무나 괴로운 환경이었다. 여러 선인들이 이에 대한
꾸준한 노력과 분투가 없었던 바 아니었으나 아직도 개척하지 못한 황무지가 적지 않
다. 해방 이후 여러 방면으로부터 우리의 문화적 유산을 힘차게 개간하고 있는 이 때에
조그마한 보탬이 될까하여 이 변변치 못한 책을 엮어 보았다. 우리의 과거를 연구한다
는 것은 다만 사라져 없어진 옛 자취를 더듬어 본다는 것으로써 만족하는 것이 아님과
같이 옛말을 연구한다는 것도 옛말을 캐어 아는 것으로 그칠 것이 아니라, 현재 우리가
쓰고 있는 현대어와의 연관성을 살펴본다는 것에 더욱 의의가 있다고 생각한다.　현대
어떤 지방에 쓰고 있는 사투리가 옛말 그대로임을 찾아낼 수도 있거니와, 또한 현재의
사투리에 의하여 옛말의 뜻을 바로 해결할 수도 있을 것이다. 그러므로 옛말을 연구하
려면 모름지기 여러 지방의 사투리를 두루 캐어 모은다는 것이 옛말을 연구함에 있어서
중요한 과제의 하나라고 생각한다.

　　이제 여기에 실은 옛말과 사투리는 오래 동안 힘써 모은 것이기는 하나, 넓은 범위에
미치지 못하여 사전이라고 이름 붙이기에는 과한 듯도 하나, 지은이들은 참으로 더욱
연구하여 완전한 것을 만들고자 노력하오니 많은 가르침이 있기를 바란다.

지은이 씀

　1) 이 책에 실는 고어와 방언은 각 음절 단위의 자모 차례를 따라 벌리
었다.

　2) 이두는 한문의 글자획수에 따라서 벌리었다.

---

6) 이병근(1998)은 「한글」 3권 8호(1935년 10월호)의 광고문을 보이며 그 관계를 확인하
　고 있다.

　◎ 방언수집 : <조선어사전회>에서 각 지방 방언을 수집하기 위하여 4, 5년 전부터 부
　내 각 중등학교 이상 학생을 총동원하야, 하기방학 시 귀향하는 학생으로 하여금 방언을
　수집하였던 바 이미 수집된 것이 만여점에 이른지라. 이것을 장차 정리하여 이것을 사전
　어휘로 수용할 예정입니다. 그런데 여기에 방언 조사란을 특설하였으니, 누구시든지 이 난
　을 많이 이용하여 주시기를 바랍니다.

3) 옛말은 옛 책에 실린 그대로 적되 현대말을 대조하였을 뿐 그 글의 출처를 일일이 밝히지 아니하였다.

4) 옛말에는 그 어휘의 문법상 형태를 보이기 위하여 명사는 명, 동사는 동, 형용사는 형, 부사는 부, 토는 토, 어미는 어미 따위로 표시하였다.

5) 방언의 지방별은 군을 단위로 하는 것이 가장 이상적이라 할 수 있는데, 여기서는 도별로 하였으며, 같은 도 가운데도 강원도는 영동, 영서의 말이 서로 다르므로 이는 강동, 강서로 나누었으며, 제주도 방언은 특수한 바 있으므로 전라남도에 넣지 않고 따로 나누었다.

6) 삼남지방에서 공통으로 쓰이는 말은 삼남이라 표시하였다.

7) 방언과 대조한 표준어에는 알기 쉽게 하기 위하여 괄호 안에 한자를 붙이었다.

5.5 「방언학개론」 (석인 정태진 전집 하권 412~489)

「방언학개론」은 석인 선생의 육필 원고로 메모 형식으로 기록한 아직 정리되지 않은 계획서이자, 집필과정 바로 전 단계의 비망록이다. 그러나 여기에는 수많은 구체적인 방언자료들이 제시되어 있고, 이들 방언자료의 내면적인 변화와 방언간의 상호비교 과정에서 나타나는 음운변화의 양상을 통하여, 음운규칙을 발견하려는 시도가 담겨 있는 책이다. 우리는 여기에 제시된 수많은 방언자료들의 사례를 검토함으로써 석인이 의도한 학문적 목적을 간파할 수 있을 것이고 나아가 그가 의도한 학문적 성과를 우리는 얻을 수 있을 것이다. 책의 목차를 살펴보면 아래와 같다.

Ⅰ. 방언이란 무엇인가?
Ⅱ. 방언학의 발생
Ⅲ. 방언과 표준어는 어떻게 다른가?

　　1. 어원 다른 동음이의어
　　2. 어원 같은 동음이의어
　　3. 어원 다른 이음동의어
　　4. 어원 같은 이음동의어
　　5. 음운의 차이
　　6. 문법의 차이
　Ⅳ. 방언과 고어와의 관계
　Ⅴ. 방언과 자매어와의 관계

위와 같이 계획하였다가 일부 수정을 하고 있다.7)

　위와 같은 목차를 제시하고 각 주제에 대하여 전체적으로 약 90면에 걸쳐 방언의 사례들을 제시하고 있다. 그리고 말미에서 〈시골말캐기〉의 용례가 367어휘에 대한 조사표가 수록되었다.

　본문에서 서술한 순서에 따라 내용을 살펴보면 1) 각 방언간의 운운의 차이 2) 문법의 차이 3) 방언과 고어와의 차이 4) 방언과 자매어, 외래어를 발견하려는 것이었다. 3)의 방언과 고어와의 차이에서는 고어를 간직하고 있는 각 지방 방언의 예시하면서 문법, 음운, 어휘의 차이를 방언별로 구분하려고 하였다. 때로는 문헌에 나타나는 말들을 예시하고 있는데, 인용한 문헌으로는 「월인석보」, 「이륜행실도」, 「두시언해」 등이 나타난다. 이러한 의도는 방언연구를 통하여 우리말의 옛모습을 알아내려는 그의 의도를 짐작할 수 있다. 나아가 그가 대비표에서 보이는 수많은 종류의 그리고 수많은 용례들은 우리말 생성 발전의 법칙을 발견하려는 것으로 판단할 수 있다. 이는 궁극적으로 우리말 생성 변화에 대한 음운규칙

---

7) Ⅰ. 방언과 외래어의 관계, Ⅱ. 방언학의 발생, Ⅲ. 방언과 표준어는 어떻게 다른가?, Ⅳ. 방언과 외래어와의 관계, Ⅴ. 방언과 인접어와의 관계, Ⅵ. 방언에 나타난 음운변천상 - "모음현상으로 본 제주도 방언", "자음탈락현상으로 본 제주도 방언", "자음탈락으로 본 한일 양국어의 비교"

을 수립하는 것이라 해도 좋을 것이다. 그가 보인 음운변화현상에 대한 기술을 보면 다음과 같다.

이 책의 내용을 간략하게 항목 중심으로 다음과 같다.

1) 모음변화

(1) 후설모음의 초(稍)전설모음화. (2) 초(稍)후설모음의 전설모음화 (3) 복모음의 단모음화. (4) ㅣ 음의 역행동화. (5) ㆍ의 소실

2) 모음탈락

(1) 표준말에서 줄어진 것. (2) 시골말에서 줄어진 것. (3) 표준말과 시골말에서 함께 줄어진 것.

모음의 변화와 탈락에 대한 예들을 비교적 정연하게 방언에 따라 대비하여 예시하고 있으나 이들은 단어들의 단순 대응 비교여서 어떤 경향이나 법칙으로의 제시로는 미약한 예들이 많다. 또 한가지 특기할 것은 아래의 18가지 어휘를 열거하고, 이들의 생성 변화 과정을 수형도 형식으로 또는 둥글게 원형으로 그림 표시를 하고 있다는 것이다. 이는 이미 河野의 「조선방언학시고」에서 논의된 것과 같은 지적이 있다.(이병근, 1998, p.57) 이들은 여러 가지 단어들의 "역사적 - 통시적", "지리적 - 공시적" 변천을 찾아보려는 의도에서 시도된 유익한 내용들이다.

① 구유, ② 냉이, ③ 가위, ④ 여우, ⑤ 시다, ⑥ 모래, ⑦ 올챙이, ⑧ 노루, ⑨ 닭, ⑩ 가루, ⑪ 모래(⑥과 중복이나 자세히 기술), ⑫ 머루, 도라지, ⑬ 벌레, ⑭ 가을, 가위, ⑮ 흙, 닭, ⑯ 내, ⑰ 개울, ⑱ 바위

3) 자음의 변화 : 자음의 변화에 대한 현상도 여러 가지로 각 지방의 방언을 열거하여 그 변화상을 보이고 있다. 대표적인 것을 보이면 아래와 같다.

(1) 비음의 역행동화. (2) ㄴ ㄹ 음의 상호교환. (3) 기타

4) 방언에 나타난 음운변천상

   (1) 자음탈락 ㅂ, ㅅ, ㄱ, ㄹ. (2) 자음변화 : 경음의 평음화, 평음의 기음화, 설단음의 구개음화, 후두음의 구개음화 기타. (3) 모음탈락. (4) 모음변화.

5) 방언과 인접어와의 관계 : 방언상호간의 비교로 소수의 예만을 들고 있다.

6) 방언에 나타난 음운 변천상

   1) ㄱ 자음의 탈락. 2) ㅂ → ㅸ → ㅇ(ㅂ 탈락). 3) ㅅ → ㅿ → ㅇ(ㅅ 탈락). 4) ㄺ → ㄱ(ㄹ 탈락). 5) ㄺ → ㄹ(ㄱ 탈락). 이외에도 ㄱ 탈락(모음간), ㅁ, ㅇ, ㅈ, ㅎ 등과 복합탈락의 예.

7) 모음현상으로 본 제주도 방언.

여기에서는 주로 제주도 방언에서의 ᆞ의 보존과 타방언에서의 ᆞ의 변화의 예를 추적하고 있다. 일찍이 제주도 방언에 많은 관심과 음운변화에 주력한 그의 공적을 인정해야 할 것이다. 비교를 한 어휘는 '스내, 툭, 흙, 눌개, 눌라가다,' 등이다.

제주도 방언에 한한 것은 아니나 그는 이 부분에서 경음화 "ㄱ → ㄲ"의 예를 전국방언에 걸쳐 67개의 예를 제시하고 있다.

기타 음운변화의 예로 ㅕ →ㅣ, ㅖ →ㅣ, ㅣ → ㅡ, ㅚ →ㅣ, ㅓ →ㅣ, ㅐ →ㅣ, ㅟ → ㅜ, ㄹ → ㅈ의 방언의 예를 들고 있으나 이들 예는 소수에 불과하다. 이는 보편성을 가지는 음운 현상으로 인정에는 의문이 가고, 일시적 또는 개인어의 변이음으로 생각할 수도 있는 것들이다.

ㅟ →ㅣ, ㅕ →ㅣ, ㅡ →ㅣ, ㅕ → ㅏ, ㅑ → ㅐ, ㅕ → ㅔ, ㅐ → ㅏ, ㅜ → ㅗ, ㄹ → ㄷ, ㅜ →ㅣ, ㅘ → ㅏ, ㅘ → ㅐ, ㅡ → ㅓ, ㅘ → ㅑ, ㅗ →ㅣ, ㅕ → ㅓ, ㅕ, ㅣ → ㅓ 등 더 많은 용례를 제시하고 있으나 역시 단

순한 변이음들의 다양한 형태 제시일 뿐 일정한 경향으로 인정하기 어려운 예이다.

8) 자음 탈락으로 본 제주도의 방언 : 이 글 역시 완성된 것이 아니다. 다만 제주도의 어휘에 나타나는 음운현상들을 예문을 통하여 보이고 있다. 예로 ㄱ 탈락을 보면

　　나묵신 → 남신, 나막신, 나목신, 나묵신, 나무신
　　　‖
　　난붐신 → 나박신

이 외에 "ㄴ, ㄹ, ㅇ, ㅂ, ㅅ"이 탈락하는 방언의 예를 찾아 위의 경우와 같이 방사형으로, 또는 직선으로 변화과정을 도형화하고 있다. 탈락 이외에 ㅁ의 삽입현상도 예시하고 있다.

9) "자음탈락 현상으로 본 한일 양어의 비교." : ㄱ, ㄴ, ㄹ, ㅁ, ㅂ, ㅅ, ㅇ, ㅎ음의 탈락의 예들을 들고 있다.

이 책의 말미에서 자음과 모음이 다른 음으로 변하는 여러 가지 예를 간단한 용례와 함께 제시하고 있는데 이 책의 여러 부분에서 도시하고 있는 음운현상에 대한 변화를 정리한 것으로 보인다. 그 순서대로 옮겨보면 아래와 같다.

ㅂ → ㄱ, ㅟ → ㅘ, ㅓ → ㅗ, ㅡ → ㅣ, ㄹ → ㄴ, ㅜ → ㅔ, ㅟ → ㅐ, ㅟ → ㅔ, ㄹ → ㄷ, ㅐ → ㅏㅣ, ㅟ → ㅙ, ㅟ → ㅔ, ㅣ → ㅡ, ㅜ → ㅣ, ㅢ → ㅣ, ㅕ → ㅓ, ㅏ → ㅐ.

부록으로 〈시골말캐기〉의 실례가 3개 덧붙어 있다. 각기 다른 100개, 100개, 167개 등 모두 367어휘에 대한 조사다.

시골말 캐기(1)

가깝다(近), 가렵다, 가루, 가리마, 가마뚜껑, 가볍다, 가위, 가을, 가져오다, 까치, 간지럽다, 갈기, 갈퀴, 깜부기, 감자, 갓모, 강아지, 개구리, 개똥벌레, 거머리, 거북, 거스름돈, 거위(虫回), 거위(鵝), 거지, 거짓말, 거품, 건너가다, 게, 게으름뱅이 등 100개의 어휘에 대한 방언형 제시 출전이나 지방이 명시되지 않았다. 순서는 가나다순으로 배열되었다.

명사뿐만 아니라, 동사, 형용사, 부사(구구 – 呼鷄聲, 그러니까) 등도 조사하였고, '너와 나와'(汝及余) 등도 포함되었다.

시골말 캐기(2)

'성냥, 소꿉질, 소라, 앙감질, 숨바꼭질, 애꾸눈이, 어금니' 등 100개의 어휘다. 돼지를 부르는 '오래오래'(呼豚聲), 대답하는 소리 '예'에 대한 '양, 야, 네' 등 방언이 조사되었다. 조사 지역이 표시되지 않았고, 이직 가, 나, 다 순으로 정리되지도 않았다.

시골말 캐기(3)

'굴뚝, 권련, 귀때기, 꽹과리' 등 167개의 어휘에 대한 조사가 이루어졌고, 조사 지역을 도, 군, 면, 이름을 적도록 되었다.

명사, 동사는 물론 용언의 활용형까지 조사에 포함시키고 있음을 일보 진전한 모습이다.

-아이 뱄다, 가둬서, 가꿔서, 가 보시오, 무엇하겠느냐

가, 나, 다 순으로 정리되었다. 특기할 것은 1과 2는 석인 선생의 필체로 되었으나 3은 다른 사람의 필적이다.

5.6 학문적 성과

우리말 방언에 대한 관심은 조선 후기의 이덕무, 홍양호 등의 관심 이후 본격적인 관심을 가지기 시작한 것은 「한글」 2호(1932)에 수록된 이상춘의 "관북 사투리 몇"을 비롯하여 최현배, 나완이, 이희승 등의 단편적인 연구를 들 수 있다.

한글학회에서는 제1회로 방언조사를 실시하여 「한글」 제27호(1935. 10)에 "방언 조사 (1) 전북 익산을 중심으로." 김용운(8~9쪽) 이후 「한글」 제72호(1939. 11)에 "시골말(38) 강원 춘천·울진, 강릉(3)" 신숙철, 정태윤(16~19쪽)까지 38회에 걸쳐 조사수록 하였다.[8]

이러한 조사 내용들은 「우리말 큰사전」 내지는 석인의 방언사전에 수

---

8) 「한글」 제27호(1935)~75호(1939)까지에는 '방언' 혹은 '시골말'이라는 제목 아래 연재된 논문들이 있다. (1) 김용운, '전북 익산을 중심으로', (2) 장지용, '평북 벽동을 중심하고 ①', (3) 이강수, '전남 함평을 중심으로', (4) 전몽수 '평북 선천 지방을 중심으로', (5) 이용환, '경남 하동 진교를 중심하고', (6) 김여진, '함북 길주·성진 지방을 중심하고', (7) 김성환, '광복 강계를 중심으로 ①', (8) 이호춘, '경북 영천 지방', (9) 장지용, '평북 벽동을 중심하고 ②', (10) 천혁, '함남 고원 지방을 중심으로 ①', (11) 지봉욱, '함남 정평 지방 ①', (12) 지봉욱, '함남 정평 지방 ②', (13) 지봉욱, '함남 정평 지방 ③, (14) 양원화, '황해 송화·은율 지방', (15) 김득룡, '경북 대구 지방', (15) 김귀인, '함북 경원을 중심으로', (16) 안창섭, '함북 경성 지방', (17) 채대원, '평남 용강을 중심하고', (18) 공석주, '평북 벽동 지방을 중심하고', (19) 김효성·장필관, '문화, 평북 칠평시', R생, '함남 원산', (20) 백남종, '전북 정읍 중심', 이상인, '경북 풍산 지방', (21) 김규환, '북간도 지방', (22) 천혁, '함남 고원을 중심하고 ②', 이상인, '경북 안동 지방', (23) 김여진, '함북 길주군 동해면', (24) 천영희·김성환, '전남 광주, 평북 강계 ②', (25) 안영준, '평북 용천', (26) 최상수, '경남 동래 지방' (27) 박종주, '함남 함흥', (28) 최상수, '경남 동래 지방', (29) 천혁, '함남 고원 지방 ③', (30) 천혁, '함남 고원 지방 ④' (31) 김여진·최영해, '함북 길주 지방, 경상도', (32) 장지용, '평북 창성 지방', (33) 전길성, '평남 개천 지방 ①', (34) 전길성, '평남 개천 지방 ②', (35) 허철, '함북 회령 지방', (36) 최금용, '평북 의주 지방', (37) 신숙철·정태윤, '강원 춘천·울진, 강릉 ①', (38) 신숙철·정태윤, '강원 춘천·울진, 강릉 ③' 등이 그것이다. 많게는 5쪽의 분량, 적게는 1쪽의 분량으로 이루어진 이 논문들은 해당 지방의 방언에 대해 아주 간략하게 다루고 있을 뿐이다.

록된 것으로 추정된다. 석인의 방언 연구는 비록 미완성으로 끝났으나 그의 방언 연구의 이론적 배경과 방법론 등은 방언 연구사에 중요한 획을 긋는 것이다. 우리말 방언의 연구가 일본인 학자에 의하여 개척되기는 하였으나 석인은 이들에 못지 않게 일찍이(1931) 방언 연구에 뜻을 두고, 우리말 최초의 방언사전으로 편찬하는 위업을 이룩해 냈다. 그의 방언 연구가 미완성으로 끝났다고 탄식하는 것은 그가 집필을 계획했던 「방언학개론」이 완성되지 못한 것에 대한 아쉬움이라고 할 수 있다. 「방언학개론」에는 수많은 당시의 방언의 용례와 그가 시도하던 음운규칙들이 결론을 보지 못한 채 정지된 상태에서 잠자고 있다. 그가 시도하던 음운규칙은 당시 방언형들의 비교의 상태에 머물러 있는 것이 대부분이지만 그가 시도하던 방법론은 이제나 그제나 변할 수 없는 사실이다. 우리는 석인 선생이 추구하려던 방업론과 당시의 언어자료에 대하여 세심한 재검토가 있어야 할 것이다. 즉 역사적인 과정으로서의 의의가 아닌 방언 연구의 절대적 가치에 중점을 두어 계승·발전시켜야 할 것이다.

6. 어원 연구

석인 선생의 어원에 대한 연구는 "우리말 연구."(유고집 243~287)와 "우리말의 어원(一)(1952)"을 위시하여, 「방언학개론」 등 여러 곳에서 나타난다. 유고집의 "우리말 연구"에는 51개 낱말 짝에 대한 어원을 추적하고 있는데, 이중 ㄱ계열에 속하는 23개의 어휘를 선별하여 「교통부 교양지」의 한글교양강좌에 발표한 것이다. 나머지 28개 어휘에 대한 어원 추적은 출판되지 않은 채 친필 유고로 남아 있었다. "우리말의 어원(一)"이란 제목에서도 알 수 있듯이 석인은 우리말의 어원을 탐구하는 일에 많은 관심과 계획을 가지고 있었던 것을 짐작할 수 있다.

석인 선생은 어원을 밝히는 방법으로 서상규(1998)는 "형태적 관련어와의 분석을 통한 공통된 밑말의 추정, 사투리와의 대조를 통한 공통된 밑말의 추정, 외국어와의 비교를 통한 공통된 밑말의 추정, 의미적 관련어와의 대조를 통한 공통된 밑말의 추정"이라고 하였다. 즉 석인의 어원 추적은 의미적, 형태적 유사성에 의거하였고, 그 근거를 옛말과 방언 등에서 추적하고 있다. 일본어와 영어 때로는 중국어 등과의 비교 연구를 통해서 우리말 어원을 밝히려는 방법을 원용하고 있다. 그리고 실제로 여러 가지 면에서 긍정적인 결과를 밝혀주고 있다. 그는 우리말끼리만 맞추어 놓고 보면 분명하지 않은 것들도 외국말과 비교하여 보면 분명하게 드러나는 것이 많은데 이는 인류 사회의 언어 심리에는 공통점이 있기 때문이라고 설명하고 있다.

1) 한글강좌에 발표한 어원이 같은 말의 짝은 〈가없다와 가엾다〉, 〈가늘다와 가냘프다〉, 〈가랑눈과 가랑비〉, 〈가르다와 가닥〉, 〈가로와 세로〉, 〈가와 이〉, 〈가시와 가스나〉, 〈까지와 끝〉, 〈가위와 까뀌〉, 〈그림과 글씨〉, 〈갓과 갈〉, 〈길과 길다〉, 〈겨누다와 겯다〉, 〈감과 거리〉, 〈곰보와 바보〉, 〈꼬챙이와 고자질〉, 〈꾸부정하다와 고지직하다〉, 〈거웃과 수염〉, 〈그제께와 그러께〉, 〈깃과 짓〉, 〈가랭이와 가다리〉, 〈가랫톱과 호도〉, 〈가지와 댕거지〉 등이다.

그리고 발표되지 않은 것들은 아래와 같다.

〈너와 나〉, 〈내것 네것〉, 〈눈과 귀〉, 〈닿다와 대다〉, 〈따다와 떼다〉, 〈단단하다와 든든하다〉, 〈나다와 낳다〉, 〈누리다와 뉘〉, 〈날과 낮〉, 〈남과 놈〉, 〈남다와 넘다〉, 〈놀음과 놀이〉, 〈논과 밭〉, 〈배와 배다〉, 〈빼랍과 서랍〉, 〈밝다와 붉다〉, 〈어느와 어디〉, 〈마누라와 며느리〉, 〈봉오리와 봉우리〉, 〈붙다와 부쩝못하다〉, 〈빛과 소리〉, 〈사귀다와 섞다〉, 〈사람과 사랑〉, 〈살림과 살림살이〉, 〈달무리와 돌갓〉, 〈남진과 겨집〉, 〈니다와 가다〉, 〈-다와 -까〉

이 가운데 발표된 용례를 몇 가지 살펴보면 다음과 같다.

〈'가'와 '이'〉 : 주격조사 "가, 이"에 대하여. 우리말의 경우도 '가'의 출현은 오래지 않았는데 이는 일본어의 경우도 '가'가 근래의 책에 만나오는 것으로 보아 같은 어원이 아닐까하는 추정.

〈'가늘다'와 '가냘프다'〉 : '가냘프다'는 '가늘다'에서 파생. '가느'+'얄프다' '얄프다'는 '얇다' +'프다'. '기쁘다, 바쁘다, 아프다, 슬프다'에서 '쁘다', '프다' 형 추출가능.

〈'가랑눈'과 '가랑비'〉 : '가는 눈(細雪)', '가는 비(細雨)', '가는'이 '가랑'으로 변한 것임. ㄴ이 ㄹ로 변한 이유를 활음조 현상이라 하지는 않았으나 '안음(抱)'-'아름', '한아버지'-'할아버지'의 예와 같은 것이라고 설명. 지금도 평안도 방언에서는 '가는눈', '가는비', '한아버지'로 발음된다고 설명.

〈'가래톳'과 '호두'〉 : 불두덩이 곁에 생기는 멍울을 '가래'가라고 하는데 이것을 '가래톳'이라고 하는 이유다. 함경도에서는 '가래토시'라고 함. 가래는 호두나무의 일종인 가래나무 열매를 뜻하는 말일 것임. 멍울의 모양이 '가래'와 같다고 해서 생긴 이름으로 추정된다고 함. 같은 예로 발목뼈에 '복숭아뼈'로 부르는 것, 선반을 고이는 나무를 '까치발'이나 '노루발'이라고 그 생김생김이 같은 데서 부르는 것과 유사한 것임. '톳' '토시'는 밤을 헬 때 한 톨, 두 톨, 또는 외톨, 도토리의 밑말과 같다고 함.

〈'가랭이'와 '가다리'〉 : 함경도에서는 '가다리'라 함. 처용가의 '가랄이 네히어라'의 예로 보아 '다리(足)'는 '가다리'의 준말이 아닐까.

가랄 → 가랭이

가달 → 가다리 → 다리

〈'가르다'와 '가닥'〉 : 같은 어군으로 '가랭이, 갈기갈기, 가리사니, 갈피, 갈래, 가리다, 간추리다, 가락' 따위. 그리고 '가지(枝), 가장귀'도 같다.

〈'가로'와 '세로'〉 : '가로'는 '가다'에서, '세로'는 '서다'에서 이는 일본어의 경우에서도 같은 언어심리학상으로 보아 대단히 재미있는 현상이다. '모로' 는 '모(方)'에서 나온 것이 분명하다.

〈'가시'와 '가스나'〉 : '가시'는 아내라는 뜻. 경상도에서 여자를 '가스나', 함경도에서는 남자를 '스나'. 여자를 뜻하는 말에는 '가'가 붙음. '각시, 간

난위, 갈보, 간나니'

〈'가지'와 '댕노지'〉 : 가지는 중국말 茄子에서 변한 말. 댕거지, 당가지 (함경도에서 고추를 말함)

〈'까지'와 '끝'〉 : 같은 밑말인 듯. 꼭지, 꼭대기, 고리, 꼭 뒤, 꽁지.

〈'갓'과 '갈'〉 : 갓의 옛말은 '갈'인 듯. 갈은 가리다(蔽)에서 나왔을 듯.

〈'거웃'과 '수염'〉 : 수염의 옛말은 '입거웃', 속눈섭을 '눈거붓지'라는 지방도 있음. 수염을 나룻이라 하니 '나룻(날웃)' 웃이 같은 어원인 듯.

〈'고자질'과 '꼬챙이'〉 : 곶다, 꽂다.

〈'꾸정꾸정하다'와 '고지직하다'〉

곧다 → 꼿꼿하다 → 꼬장꼬장하다

    → 꿋꿋하다 → 꾸정꾸정하다

    → 고지직하다

〈'곰보'와 '바보'〉 : 곰은 '알곰삼삼의 '곰', 바보의 바는 '바새기(팔삭)'의 바인 듯.

〈'그림'과 '글씨'〉 : 긋다, 긁다에서

〈'깃'과 '짓'〉 : 깃, 깃들이다. 함경도에서는 사람의 집을 '짓'이라 함.

    깃 → 짓 → 집

위의 설명에서 알 수 있듯이 석인 선생의 어원 추적은 대부분 상당한 근거를 가지고 있다. 물론 '가' 주격조사의 어원이 일본어와의 같은 어원이라는 데는 이론이 있다. 그의 독창적인 해석으로는 아래와 같은 것들이다. 〈너와 나〉는 같은 선상에서 나온 말로 음상으로 보아 '나'는 작은 말로 겸손을 나타내는 것이고 '너'는 큰말로 상대를 높이는 의미로 해석하였다. 〈눈과 귀〉도 영어와 일어를 비교하면 같은 밑말로 서로 통한다. '바늘귀'를 영어로는 'the eye of the needle' 감자의 눈을 영어로는 'the eye of the potato'다. 〈마누라와 며느리〉가 군혼(群婚)시대에는 같은 어원이었다가 분화되었다는 사회언어학적인 추적도 흥미있는 지적이다. 〈날과 낮〉

의 항목에서 일어와 영어의 어휘를 비교하면서 우리말은 "날(day)과 낮(day)과 해(sun)"가 우리말은 분리되나 한문의 경우는 日 하나로 사용함을 예시하고 있다. 이들 어원의 유사성에 대한 해석은 서상규(1998)에 비교적 상세히 언급되었다.

 2) 어원을 추적하는 일은 잃어버린 말의 고리를 찾는 중요한 국어학의 연구 분야다. 어원을 밝힘으로 해서 우리말의 역사를 밝힐 수 있고, 우리말의 계통을 추적할 수 있고, 낱말 상호간의 연관과 영향관계, 언어의 차용 등을 밝히는 중요한 단서가 될 것이다. 그러나 어원을 추적하여 말의 고리를 연결시키는 일은 깨어진 그릇의 조각을 맞추는 것처럼 단순한 일도 가시적인 성과가 증명되는 것도 아니다. 의미란 추상적이기도 하거니와 끝없이 순간 순간 변화를 거듭하고 있기 때문이다. 석인 선생은 비교적 설득력 있는 근거를 제시하며 상호연관성을 밝히고 있다. 그것은 비교적인 방법, 형태적, 의미적 유사성, 음운적 유사성, 사회언어학적 추정, 방언에서의 용례, 문헌에서의 용례를 동원하여 역사적으로, 사회적으로 연관이 있음을 근거로 제시하고 있기 때문이다. 위의 용례들에 대한 해석에는 다른 견해를 가질 수 있는 것이 적지 않겠지만 이러한 방법론은 더욱 심화·발전시키어 우리말 어원탐구의 열쇠로 삼아야 할 것이다.

※ 「김상대교수정년기념논문집」, 2003.

참고 문헌

김계곤(1993), "한글학회 수난의 전말", 「얼음장 밑에서도 물은 흘러」, 한글학회.

김민수(1997), 「신국어학사」, 일조각.

리의도(1982), "조선어학회 사건의 줄거리", 「한글 새 소식」 122호, 한글학회.

───(1997), "건재 정인승 선생의 애국운동", 「나라사랑」 95집, 외솔회.

───(1998), "석인 정태진의 말글 정책론에 대한 고찰",
　　　　　　「한흰샘 주시경 연구」 10·11호, 한글학회.

───(1998), "석인 선생과 조선어학회 사건", 「새 국어생활」 8-3,
　　　　　　국립국어연구원.

서상규(1998), "석인 선생의 옛말 연구", 「새 국어생활」 8-3, 국립국어연구원.

小倉進平 : 「南部朝鮮의 方言」 1924. 3, 「平安南北道의 方言」 1929. 3,
　　　　　　「咸鏡南道及 黃海道方言」 1930. 4 京城.
　　　　　　「朝鮮語方言槪要」(*The Outline of the Korean Dialects*)
　　　　　　1940, 「朝鮮語 方言의 硏究」 상·하 1944. 9 동경.

유제한(1955), "6.25사변 이후 한글학회의 걸어온 길"(1),
　　　　　　「한글」 110호, 한글학회.

이강로(1998), "석인 선생과 사전 편찬'", 「새 국어생활」 8-3, 국립국어연구원.

이남순(1998), "석인 선생과 문법", 「새 국어생활」 8-3, 국립국어연구원.

이병근(1997), "석인 정태진과 방언연구", 「새 국어생활」 8-3, 국립국어연구원.

이응호(1974), 「미군정기의 한글 운동사」, 성청사.

장세경(2001), 「석인 정태진 선생의 생애와 학문」.

정해동 엮음(1995), 「석인 정태진 전집」(상), 나주정씨 월헌공파 종친회.

────(1996), 「석인 정태진 전집」(하), 나주정씨 월헌공파 종친회.

정해동(1998), "나의 아버지 석인 정태진", 「새 국어생활」 8-3, 국립국어연구원.

좌담회기록(1998), "석인 선생을 추모하며", 「새 국어생활」 8-3, 국립국어연구원.

河野六郎 : 「朝鮮方言學 試攷」 1945. 5 京城.

한글학회 기관지 「한글」 86호(1941. 5)부터 112호(1955. 4)까지

한글학회(1971), 「한글학회 50년사」, 한글학회.

석인 정태진 연구 (2)
― 국어학사, 국어교육, 문자정책을 중심으로 ―

1. 서 론

이 글은 앞의 "석인 정태진 연구(1)"의 속편이고, 장차 계획하고 있는 "석인 정태진 연구(3)"의 전편이 된다.

석인 선생의 학문분야는 방언, 어원, 문법, 언어정책, 문자론, 국어학사, 언어일반이론 등 다양한 범위에 걸쳐 연구되었다. 서술의 편의상 그의 학문세계를 아래와 같이 분류하여 검토하고자 한다.

1) 방언 연구, 어원연구
2) 국어학사(주시경), 국어교육(교재편찬), 국어정책(문자)
3) 국어문법 및 언어연구, 우리말과 우리글 사랑.

2. 주시경 연구

석인 선생은 주시경 선생에 대하여 두 편의 글을 「한글」에 발표하였다. 첫 번째는 한글 반포 500주년 기념일을 맞이하여 "주시경 선생의 생애와 인격"에 대한 글이고, 두 번째는 "우리 어문학계에 끼친 주시경 선생의 공적"을 기술한 글이다. 먼저 이 두 편의 글의 내용을 각각 살펴보기로 한다.

2.1 "주시경 선생" I – 그의 생애와 인격
(「한글」 12권 1호, 1947. 3.)

부제에서 밝혔듯이 한글 반포 500주년을 맞이하여 '주시경 선생의 생애와 인격'을 추모한 글이다. 글 서두에서 말하였듯이 당시로는 주시경 선생의 이름을 모르는 이가 많이 있을 것이나 10년 뒤에는 그의 이름을 모르는 이가 별로 없을 것이라고 예언하였다. 과연 50여 년이 지난 지금에 그의 이름은 더욱 빛나고 있다.

당시만 해도 주시경 선생에 대한 글은 단편적인 회고나 추모의 글이 대부분이었다. 석인은 비교적 많은 지면을 할애하여 선생의 일생에서 중요한 단서들을 뽑아 평이하고 간결하게 그러면서도 누구의 글보다 진솔하고 감동적으로 적고 있다.

석인 선생은 주시경 선생의 인격에 대하여 "덕은 몸을 윤택하게 한다"는 말을 실천한 분이라고 평하고 있다. 글의 끝부분에서는 주시경 선생의 인간됨을 더욱 실감할 수 있도록 문하생인 "권덕규, 이병기, 백남규, 정열모, 신명균, 최규동, 최현배, 신영철"과 그리고 자제인 주왕산의 회고담을 발췌하여 수록하였다.

"… 선생이 나서지 아니 하시었던들 세종대왕께서 만드신 세계적인 자랑인 우리 위대한 한글의 가치를 우리가 어찌 분명히 알게 되었으며, 선

생이 밝히지 아니하였던들 흙 속에 파묻히었던 한글의 보옥을 누가 있어
오늘날같이 아름답게 갈아내었으랴?"하고 주시경 선생의 업적은 다음과
같이 정리하였다.

1) 배재 학당 재학시에 우리 어문을 연구하기 위하여 동지들과 함께
   협성회(協成會)를 조직함.
2) 독립 신문사 재직 중에 동문동식회(同文同式會)를 조직함.
3) 상동학원에 국어국문과를 개설함.
4) 의학교 안에 국어연구소를 창설함.
5) 학부 안에 있는 국문연구소의 중추가 됨.
6) 외인(外人)간에 설립된 한어(韓語)연구소의 선생이 됨.
7) 조선 광문회에서 문서교정과 사전 편찬사업을 지도함.
8) 조선어 강습원을 병립하여 교도(敎導)에 진성(盡誠)함.

2.2 "주시경 선생" II – 우리 어문학계에 끼친 그의 공적
(「한글」 12권 3호, 1947. 7.)

이 글은 주시경 선생의 학문적인 공적을 전반적으로 기술한 글이다.

그는 주시경 선생의 학문적인 공적을 널리 알리기 위하여 이 글을 쓴다
고 전제하고 다음과 같이 아홉 가지로 그의 업적을 찬양하고 있다.

첫째, 선생의 우리말 연구의 동기가 애국심에서 발로한 것이기에 더욱
위대하다.

둘째, 연구태도가 순 조선적이었다. 중국이나 인도의 음운학, 서양 또
는 일본적인 연구 방법이 아닌 우리 어문의 독특성에 근거하여 연구하였다.

셋째, 우리 어문에 대한 이전의 연구는 단편적이며 부분적인 연구이었
다. 주시경 선생은 이를 전체적으로 통합하여 집대성할 뿐 아니라 다시
이를 귀납 분석하여 큰 체계를 이루었다. 그리하여 정음학(正音學), 음

성학(音聲學), 품사론(品詞論), 문장론(文章論) 분야에서 깊은 연구업적을 이룩하였다.

넷째, 고식적인 것을 지양하고, 혁명적인 태도로 원칙에 입각하여 연구하였다. 예로 받침 문제에서도 ㅆ, ㄲ 등을 사용하였을 뿐 아니라 음리에 맞으면 과거의 습관을 끊어버리고 음리대로 사용할 것을 주장하였다.

"조선문을 영영 오용하게 함은 결코 불가하니 습속(習俗)을 고치고 음리의 어체에 정당하게 기용하여 가히 만세에 법 될 만한 조선문을 성하게 하자 하였노라."(「음학」 49항)

다섯째, 국어정화 운동의 선구자였다. '한글'이란 글자 이름을 지음은 물론(세계에서 가장 큰 글이요, 밝은 글이요, 바른 글이요, 하나인 글) 모음(vowel)과 자음(consonant)을 우리말 음리에 맞도록 홀소리(홀로 나는 소리), 닿소리(닿아서 나는 소리)로 번역한 것은 지극히 과학적인 태도다.

여섯째, 한자 안쓰기 운동의 선구자였다. 최후의 저서인 1914년 「말의 소리」는 전부가 한글로 되었다. 그는 혁명가이며, 선구자이다. 그는 세종대왕과 같은 근본사상을 가지고 있다고 하였다.

"조선이 적당하지 아니한 한문을 이용하므로 지자(智者)라도 그 문자를 학습하느라 세월을 태비(太費)하여 더 지(智)하여 찔 도(道)가 전연 막히어 인민의 학식과 재예가 일어나지 못하고 국가의 정사가 미흡하여 전국에 막심한 해가되고 타국문학을 영용(永用)하면 이 해도 영구하여 민국 만세에 대폐(大弊)가 될 것이다."(「음학」 10)

일곱째, 주시경 선생은 한글 풀어쓰기를 처음으로 주장하고 이를 시행한 분이다. 그는 이상가이며, 실행가이며, 개척자이며, 용감한 투사이었다.

여덟째, 선생은 그 일생을 통하여 오직 우리말과 글을 연구하고 정리하고 보급하는 일에 그의 몸과 마음 전부를 희생하였다. 삼순구식(三旬九食)의 가난 속에서도 오직 우리말과 글의 연구에 전 생애를 바쳤다.

아홉째, 선생의 가르침을 받아 상당한 어문학자가 많이 나왔다. 김두봉(金枓奉)〈깁더조선말본〉, 김윤경(金允經)〈조선문자급어학사(朝鮮文

字及語學史)〉, 최현배(崔鉉培) 〈우리말본〉, 〈한글갈〉, 이윤재(李允宰)
〈한글철자사전〉를 위시하여 우리 어문학계에 중진이 되는 학자들이 직접
간접으로 선생의 영향을 받았다.

　이상과 같이 주시경의 업적을 예찬하고, 이어 주시경의 공적은 참으로
바다와 같이 깊고, 하늘 같이 높다고 하고, 다음과 같이 주시경의 업적을
요약 정리하였다.

　1) 선생의 민족애
　2) 순 조선적인 연구태도
　3) 우리 어문의 전반적인 연구
　4) 선생의 철자 혁명
　5) 국어 정화운동의 선구자
　6) 한자 안쓰기 운동의 창도자
　7) 한글 풀어쓰기 운동의 선봉
　8) 일생을 어문 연구에 바친 선생
　9) 제자를 통하여 나타나는 선생의 공적

　그리고 부록 격으로 〈조선어문법〉을 소리갈(音聲論), 기난갈(品詞
論), 짬듬갈(文章論)의 세 가지로 나누어 도표식으로 독자들에게 소개
하였다.

　이 글이 쓰여지던 1947년 당시만 하여도 주시경 선생에 대한 일반의
인식과 그의 학문에 대한 인식은 일부학자들 특히 그의 제자들을 사이에
만 알려졌었다. 석인 선생의 예언처럼 주시경의 인격과 학문에 대한 인식
은 시간이 지날수록 더욱 빛나서 지금은 헤아리기 어려울 정도로 많다.

　석인 선생이 주시경 선생의 학문에 대한 이해가 선구적이었고 탁월했
음을 밝히는 방증으로 주시경 선생의 학문에 대한 일반의 연구과정을 간
략히 살펴보자.

주시경 선생의 학문에 대한 일반 학자들의 연구는 김민수(1961)의 "늣 씨와 morpheme"이 시초가 된다. 그리고 70년대에 들어와서도 주시경 선생의 학문에 대한 연구는 10편을 넘지 않는다. 그리고 주시경 선생의 학문이 여러 사람에 의해 본격적으로 조명을 받기 시작한 것은 80년대부 터다. 1987년에 한글학회는 「주시경 선생에 대한 연구논문 모음집」을 발 간했는데 모두 30편으로 80년대 이전에 9편, 80년대 21편으로 되어 있 다. 이들 논문이 주시경 선생에 대한 연구의 대부분의 결과물이었다. 개 인적으로 대표적인 연구는 허웅(1971)의 「주시경 선생의 학문」과 김민 수(1977)의 「주시경 연구」가 될 것이다. 김민수는 주시경의 학문세계가 독창적이며, 세계적으로도 선구적인 연구임을 밝히고 주시경 연구소를 설 립하여 「주시경 학보」를 13권이나 발간하였다. 이기문(1976)이 「주시경 전집」을 펴내고, 주시경 선생의 학문에 대한 새로운 이해를 촉구한 것도 주시경 연구의 학문 연구에 박차를 가하는 결과가 되었다. 앞에 말한 바 와 같이 석인 선생은 이미 1947년에 주시경 선생의 학문을 꿰뚫어 보았 다는 것은 탁월한 그의 학문적 인식이라고 하겠다.

석인 선생의 이 두 편의 글은 사실적이고 실증적인 기술이라는 것을 우 리는 주목하여야 한다. 그의 글들은 대개 1, 2, 3 등 개조식으로 조직적 으로 이루는 특색을 갖는데 이는 그의 치밀한 계획과 과학적 분석을 중시 하는 태도로 생각할 수 있다. 추모의 글에 있어서도 자신의 감상에 치우 침을 우려한 듯 여러 제자들의 글을 인용하여 실감을 더하게 하고 있다. 위의 글 두 편은 각각 8개, 9개로 정리하고 있는데, 두 번째 글에서의 각 항들은 후세에 주시경 문법의 특색으로 규명되는 사실들이다.

이 가운데에서도 특기할 것은 주시경의 학문의 방법론과 독창성을 강 조한 점이다. 주시경의 학문은 중국이나 인도의 음운학, 서양 또는 일본 적인 연구 방법이 아닌 우리 어문의 독특성에 의거하였다고 하는 점, 우 리말 전반에 걸친 종합적인 연구라는 점을 강조하고 있다.

석인 선생은 주시경 선생의 학문적 업적을 9가지로 평가하였다. 이들 중에서 "1) 선생의 민족애. 2) 국어 정화운동의 선구자. 3) 한자 안 쓰기 운동의 창도자. 4) 일생을 어문 연구에 바친 선생." 등은 석인 선생의 경우에도 그대로 적용되는 사항이다.

석인 선생은 주시경 선생과 직접적인 학문적 전수는 없었음에도 불구하고 주시경 선생의 정신과 학문적 전통을 가장 잘 계승한 분이라고 판단된다.

3. 국어교육 — 교재편찬

석인 선생의 생애는 사전편찬, 한글전용 등 문자정책에 많은 관심을 두고 이들 활동에 많은 시간을 보내는 것으로 보통 이해되지만, 실은 중등교육에 많은 열정을 쏟고 긴 세월을 보냈다. 그는 교육자로서의 경력의 대부분을 중등교육에 속한다. 함흥 영생여고에서의 11년은 그의 미국유학 5년 간을 제외하고 남은 20년의 생애 중에서 절반이 넘는다. 해방 직후 우리 교육계도 여러 가지 문제에 직면하였는데, 그 선결 문제의 하나가 무엇을 가르쳐야 하느냐? 교과내용 즉 교재가 문제로 대두되었다. 이 시기에 석인은 중등교육의 바탕이 되는 3종의 교재를 개발하여 출판한다. 그리고 "옛말과 옛글"이란 교재를 출판하려는 계획을 계획한다. 짧은 기간에 이처럼 교재를 개발하였다는 것은 그의 국어교육에 대한 투철한 사명감의 결과라고 보아야 할 것이다. 이들 교재 내용을 살펴 석인 선생이 시도한 국어교과의 내용과 그의 국어 교육관 및 교육철학을 살펴보기로 하자.

1) 「중등국어독본」(1946) 김원표 공저 한글사
2) 「고어독본」(1947) 연학사
3) 「아름다운 江山」 김종환 공편 신흥국어연구소
4) "옛말과 옛글"(석인전집 하권 290~291)

3.1 「중등국어독본」(1946)

석인 선생은 이 책의 머리에서 "우리의 말은 자연의 꽃이요, 우리의 글은 문화의 꽃"이라는 서시를 쓰고 있는데 이는 단적으로 이 책을 편찬하려는 기본정신을 반영한 것이다. 즉 해방된 우리 민족문화의 새로운 꽃을 피우기 위하여서 책을 편찬하는 것이고, 새로운 문화의 꽃을 피우는데 보탬이 되고자 했던 것으로 짐작할 수 있다.

머리말에서 밝히고 있듯이 이 책은 중등학교 국어과 부독본으로 편찬한 것이다. 전체 138쪽은 본문 31과(114쪽)와 부록 24쪽으로 되었고, 표기체계는 한글을 주로 하였고, 중요한 한자 어휘는 괄호 속에 한자를 병기하였다.

내용의 구성을 장르별로 살펴보면 다음과 같다.

1) 시 - (1) 시인의 가슴. (2) 풀밭. (3) 첫가을.
   (4) 귀향곡(歸鄕曲 : 鷺山).
2) 수필 - (1) 이른봄. (2) 때를 아낌. (3) 화계(華溪)에서 해 떠오름
   을 봄. (4) 안심사(安心寺)로부터 상원암(上院庵)까지.
   (5) 지은(知恩 : 전래설화).
3) 고전시가 - (1) 청산별곡(2연까지). (2) 백제의 가요 : 서동요와
   정읍사에 관한 호암 선생의 글.
4) 고시조 - (1) 고시조(一) : 9수 정몽주, 성삼문, 유응부, 김수장 등.
   (2) 고시조(二) : 10수 지은이를 밝혀 적고 있음.
   (3) 시조(三) : 17수 성삼문, 길재, 정몽주 어머니, 박팽
   년, 황진이, 안평대군 등.
   (4) 고시조(四) : 40수 길재, 변계량, 맹사성, 김종서 등.
5) 현대시조 - (1) "이 몸이 울어" 민세의 연시조. 〈백두산 천왕봉에서〉
   연시조 3수 民世.

　　　　　(2) "한양의 가을" 〈고루〉 작이라고 한 연시조 3수.

6) 전기 - (1) 정몽주 : 인물 소개 정몽주에 대한 傳記.

　　　　　(2) 주시경 선생 전기. 글의 말미에 〈한힌샘 스승님〉이라는
　　　　　　　 제목의 〈가람〉의 연시조 6수 수록.

　　　　　(3) 한메 이윤재님 무덤의 비문.(한결 김윤경 지음)

7) 속담 - (1) 속담(一) : 갖에서 좀 난다(가까운 터에 일 낸다) 등
　　　　　　　　　　　　총 45개

　　　　　(2) 속담(二) : 총 179개의 속담 수록.

8) 옛말 - (1) 옛말과 이젯말(一) : 고어와 현대어를 짝을 지어 제시
　　　　　　　　　　　　　　함. 200개의 어휘 수록.

　　　　　(2) 옛말과 이젯말(二) : 199어휘 수록 상긔-아직 등.

9) 설명문 - (1) 조선의 문화(文化) : ① 우리의 미술 ② 조선의 과
　　　　　　　 학 ③ 조선의 활자(活字) ④ 고려의 자기(磁器)
　　　　　　　 ⑤ 합천 해인사에 있는 팔만대장경 ⑥ 충무공 이순
　　　　　　　 신의 거북선.

　　　　　(2) 조선의 자연(自然) : 여섯 가지 자랑이라 하여 수필
　　　　　　　 형식으로 쓴 설명문임. ① 조선의 흙. ② 조선의 기
　　　　　　　 후. ③ 조선의 금강산. ④ 조선의 소. ⑤ 조선의 쌀.
　　　　　　　 ⑥ 조선의 무궁화 : 글의 내용으로 보아 미국의 예를
　　　　　　　 들고, 일본과의 비교 등 정태진 선생의 글로 짐작이 됨.

　　　　　(3) 제주도 해녀(海女)

10) 문법 - (1) 비슷하고 다른 말. ① 소리는 같고 맞춤법이 다른 것.
　　　　　　　 ② 홀소리가 비슷하고 뜻이 다른 것. ③ 닿소리가 비
　　　　　　　 슷하고 뜻이 다른 것. ④ 위의 여러 가지가 섞어진 것.

　　　　　(2) 우리말과 우리글.

　　　　　(3) 새받침 찾아보기 : ㄷ, ㅈ, ㅊ, ㅋ, ㅌ, ㅍ, ㅎ, ㄲ,
　　　　　　　 ㄳ, ㄵ, ㄶ, ㄺ, ㄻ, ㄼ, ㄽ, ㄾ, ㄿ, ㅀ, ㅄ, ㅆ의 예들

> 을 제시하고 겹받침으로 불가한 것으로는 ㄳ,   , ㅄ,
> 어을 예를 듬.
>   (4) 벗어난 쓸말(變格用言) : 변격용언으로 ㄹ, ㅅ, ㅎ,
>   ㄷ, ㅂ, 여, 르, 러, 으, 우, 거라, 너라 변칙 등 12종.

교재 내용을 보면, 문학적인 내용보다는 어학적인 면이 강조되었고, 현대어 자료보다는 고어를 대상으로 한 것이 많다. 이러한 구성은 머리말에서도 말하였듯이 우리 국어국문학의 재건을 위하여 고시조와 옛말을 많이 수록한다고 하였다. 속담을 179개나 싣고 있는 것도 같은 이유로 보아야 할 것이다. 이 책은 우리 어문의 재건뿐만이 아니라, 우리 문화와 우리 국토, 자연의 아름다움을 예찬하고 있는 것도 석인 선생의 교재 선정의 정신이 어디에 있는가를 알 수 있게 하는 대목이다. 석인 선생은 선인들의 애국 애족의 정신, 나아가 우리말의 중요성을 중등교육에서 고취시켜야 함을 주장한 것으로 판단할 수 있다. 그 예로 우리 고유의 시가인 고시조를 76수를 수록하고 있는데, 고시조의 작가들이 정몽주, 길재, 성삼문, 박팽년, 김종서, 유응부 등 우국지사의 것이 다수를 차지하고 있다. 전기의 인물로 소개되는 정몽주, 주시경, 이윤재 선생의 우국 정신도 같은 맥락에서 읽어야 할 것이다. 이 가운데 주시경 선생과 이윤재 선생은 우리말 연구에 평생을 바치신 분이고 한징 선생은 조선어학회 사건으로 순국하신 분이다.

석인 선생은 "한글맞춤법"과 "우리문법"을 배우는 이를 위하여 맞춤법, 문법 관계의 단원을 두었다고 하고, 우리말과 글을 역사적으로 연구하는 이를 위하여 부록으로 4가지를 넣었다고 하였다.

석인 선생이 우리말과 글뿐 아니라 문화와 국토에도 각별한 애정을 기울였다. 그 한 가지로 우리 역사상의 인물들의 인간됨을 전기나 고시조 3 등을 통하여 소개하고 있다. 그리고 한국문화 유산의 우수함을 6가지로 들어 설명하고 있다. : ① 우리의 미술, ② 조선의 과학, ③ 조선의 활자

(活字), ④ 고려의 자기(磁器), ⑤ 합천 해인사에 있는 팔만대장경, ⑥ 충무공 이순신의 거북선 등인데 이 글은 석인 선생이 지은 글로 구체적이면서도 외국과의 비교를 통해 우리 문화의 우수성을 강조하고 있다.

그리고 한국 자연의 아름다움을 ① 조선의 흙, ② 조선의 기후, ③ 조선의 금강산, ④ 조선의 소, ⑤ 조선의 쌀, ⑥ 조선의 무궁화를 들고 있다. 이 글은 "무궁화 제2호에서"란 출전만 있어 작가를 알 수 없으나 미국의 예를 들고, 일본과의 비교 등으로 보아 정태진 선생의 글로 추측이 된다. "제주도 해녀" 역시 강인한 한국인의 모습을 강조한 것이다.

부록으로 1) 훈민정음(訓民正音) 2) 한글 중요 연대표 3) 국문해설(國文解說) 4) 한글 연구의 연혁(沿革)을 첨부하고 있다. 이들의 개략을 보면 아래와 같다.

1) 〈훈민정음〉은 세종어지(世宗御旨)와 자음과 모음의 음가, 연서법, 병서법, 부서법 부분을 한글로 옮긴 것이다.

2) 〈한글 주요 연대표〉에서는 훈민정음의 창제, 반포, 용비어천가, 동국정운, 사서언해 등을 비롯하여 유길준, 최광옥 등의 「대한문전(大韓文典)」과 1942년 조선어학회사건까지 수록하고 있다.

3) 〈국문해설〉에서는 국문관련 여러 가지 저서, 시가 등 33개항을 간략히 설명하고 있다.9)

4) 〈한글연구의 연혁〉에서는 훈민정음의 연혁 즉 국어학사의 기술방법에 대하여 두 가지 기술을 하고 있다. 첫째는 훈민정음의 각 부문을 통하여 문제본위로 서술하는 것이다. 예를 들면 (1) 정음의 기원에 관한 연혁, (2) 정음의 문자학적 연구의 연혁, (3) 정음의 음성학적 연구의 연혁

---

9) (1) 歌曲源流란 무엇이냐? (2) 江南樂府, 鷄林類事, 古今歌曲, 關東別曲, 奎章全韻, 均如大師傳, 南薰太平歌, 老乞大, 杜詩諺解, 思母曲, 思美人曲, 三國遺事, 書童謠, 松江歌辭, 樂章歌詞, 樂學軌範, 與民樂, 女唱類聚, 龍飛御天歌, 月印千江之曲, 井邑詞, 彰善感義錄, 春香傳, 處容歌, 靑丘永言, 靑山別曲, 海東歌謠, 海東樂府, 訓蒙字會, 訓民正音, 洪吉童傳.

등으로 기술하는 것이다.

둘째는 각 시대를 통하여 인물본위로 서술하는 것이다. 예를 들면 (1) 정인지의 정음에 관한 학설. (2) 신경준의 정음에 관한 학설. (3) 유희의 정음에 관한 학설 등인데 이곳에서는 편의상 둘째 번을 취한다고 하였다. 국어학사의 시대구분은 한메 이윤재님의 분류법을 따랐다.10)

이상에서 우리는 석인 정태진 선생의 국어 교육 학자로서의 또 다른 일면과 그의 국어 교육관, 교재관 등을 간접적으로 알 수 있다. 또한 국어학사에 대한 기술과 국어학사 기술의 방법론을 제시하고 있는 것도 석인 선생의 학문의 다양함을 알게 하는 부분이다.

3.2 「조선향토예찬 아름다운 강산」(1946)

「조선향토예찬 아름다운 강산」은 1946년에 정태진 선생이 편집하여 출판한 시가집이다. 2000년 12월에 같은 내용을 〈석인 정태진 기념사업회〉에서 새로 발간하였다. 제목의 앞에 '조선향토예찬'이란 말에서 알 수 있듯이 우리 국토의 아름다움을 예찬한 시가만을 뽑은 것이다. 석인은 어학자로만 머무른 것이 아니라 문학에도 많은 관심이 있었던 것으로 추정된다. 그의 자작시로는 한시(漢詩) 홍원에서 고향을 그리워하는 것이 있고, 저서의 앞머리에 '서시' 형식으로 된 시가 있다. 이 책의 머리에도 '아름다운 강산'이란 시를 수록하고 있다. 이 시가집은 편찬한 이유는 머리말에 잘 나타나 있다. 한마디로 그의 문학적인 관심과 후세들의 문학교육에 도움을 주고자 편찬된 것으로 생각된다.

---

10) 1. 정음시대(세종~성종) : 약 50년 간. 훈민정음 해례의 개략적인 내용을 소개함.
　　 2. 언문시대(연산군~갑오경장) : 약 400년 간. 전후기로 나누어서 영조이전을 침체시대 이후를 부흥시대로 나누어 설명함.
　　 3. 국문시대(갑오경장~경술국치) : 17년 간
　　 4. 한글시대(경술~해방) : 36년 간

머 리 말

조선은 자연의 성경(聖境)이요 문화의 낙원이다.

북에는 백두산의 장엄한 봉우리가 하늘을 뚫을 듯이
높이 솟고, 남에는 대동, 낙동, 한강, 금강의 비단같이
아름다운 물이 곱게 곱게 흐르나니 이 땅에 태어난
우리 또한 얼마나 행복스러우랴!

조선의 청년들아!
읽으라! 아름다운 우리 강산을 읊은 귀여운 구슬같은 시를!

조선의 학생들아!
노래를 부르라! 삼천리 금수강산은 그대들의 아름답고 우렁찬
노래 곡조를 듣고 싶어 몹시도 그리워하나니……

(태 진)

이 책에는 현대시가 46편(작가는 34명) 수록되었고, 고시조 64수, 원문과 함께 한역한 고대시가 13편 등 모두 123편이 수록되어 있다. 이들 모두는 한결같이 우리 국토를 예찬하는 내용으로 되었다. 이는 석인 선생의 나라 사랑, 국토 사랑의 정신의 단적인 표현이라 할 수 있다. 그리고 머리말에서 노래하였듯이 조선의 청년들!, 학생들에게! 우리 국토의 아름다움을 노래한 시가를 읽고, 마음껏 노래하게 하여, 국토사랑, 애국심을 고취하려는 시가집이라고 생각된다. 「중등국어독본」에서 미흡하였던 우리의 국토사랑, 향토예찬을 보완하기 위하여 부교재로 편찬한 단행본이라고 볼 수 있다.

현대시편에 등장하는 작가들은 일제 당시에 활약하던 우국지사, 그리고 여러 문사들이다. 작자들이 모두 밝혀져 있으나 개중에는 필명을 쓰거나 익명으로 된 것도 있다. 이들 작품의 출전은 일부 밝혀져 있으나 작가들에 대하여는 알려지지 않은 이도 많다. 작가별로 시가의 제목을 살펴보

면 다음과 같다.

〈현대시편〉
권상로 - 석왕사 12경.
김광균 - 고도의 기억.
김어수 - 범어사, 관동팔경, 절영도에서.
김지룡 - 청천강을 지나며.
김태오 - 불국사, 석굴암.
김해강 - 오! 나의 모악산아.
민동선 - 모란대에서.
민병균 - 초등의 금수산.
박귀송 - 조선의 영혼.
반도인 - 옛날의 삼방(三訪).
변영만 - 백두산 가는 길에.
석대은 - 태고사행.
신단재 - 금강산.
안재홍 - 천지 가에서, 虛項嶺에서, 삼지연 가에서.
양운한 - 대동강.
염주용 - 해운대의 달밤.
유도순 - 금강산이 좋을시고, 압록강 뱃사공.
유문 - 남강곡.
유병우 - 백두산.
유항선 - 북한산.
이극로 - 백두산.
이억 - 백두산 천지 눈이 녹아.
이은상 - 대자연에 바치는 귀행곡, 해중선부 탐라국.
이해월 - 금강산기.
장두한 - 촉석루.
장정심 - 박연폭포, 영월행.
적구 - 협천에 배를 띄워.
정희준 - 총석정, 삼일포, 해금강.

조영출 - 포석정에서.
파랑새 - 청진 예찬가.
한죽송 - 두만강의 서정. 사공의 노래. 규중한.
홍순옥 - 평양가.
홍준표 - 가야산음.
황오 - 천지 가에서.

참고로 〈현대시가〉, 〈고시조〉, 〈한역시〉에 소재로 등장하는 지명을 정리하면 다음과 같다.

〈현대시〉

가야산, 개성, 관동팔경, 금강산(3), 금수산, 남강, 대동강, 대자연, 두만강, 모란대, 모악산, 박연폭포, 백두산(3), 범어사, 북한산, 불국사, 삼방(三訪), 삼일포, 삼지연, 석굴암, 석왕사(釋王寺 - 운봉산, 벽송대, 영월루, 조계문, 등안각, 약수천, 백련암, 승선교, 단속문, 사기리, 만춘각), 압록강, 영월, 절영도, 조선, 천지(3), 청진, 청천강, 촉석루, 총석정, 탐라국, 태고사, 평양, 포석정, 해금강, 해운대, 협천(43)

〈고시조〉

皆骨山, 開城滿月臺, 鏡浦臺, 慶會樓, 高山九曲, 關東八景, 廣州光德山, 金化金城, 鼉岩, 大洞江, 頭流山, 萬壽山, 白頭山, 蓬萊山, 三水甲山, 새원, 西湖, 雪嶽山, 城津, 首陽山, 鴨綠江, 藥山東臺, 陽德孟山, 練光亭, 完山萬景臺, 往十里, 龍山산개, 月出山, 梨花亭, 紫霞洞, 長白山, 終南山, 天寶山, 天雲臺, 鐵嶺, 淸冷浦, 淸凉山, 淸流壁, 叢石亭, 漢江, 寒松亭, 淮陽金城, 訓練院, 南山, 三角山, 閑山섬, 花開洞(47)

〈한시〉

高陽, 滿月臺, 北漢山, 三田渡(廣州), 西將臺, 西將臺(廣州), 善竹橋, 松都, 驪江(驪州), 鼉頭峰, 漢江, 南山, 三角山(13)

〈종합〉

가야산, 개성(松都 : 2), 開城滿月臺(2), 鏡浦臺, 慶會樓, 高山九曲, 高

陽, 關東八景(2), 廣州光德山, 금강산(개골산, 봉래산 : 5), 금수산, 金化金城, 남강, 南山(2), 矗岩, 大洞江(2), 頭流山, 두만강, 萬壽山, 모란대, 모악산, 박연폭포, 白頭山(長白山 : 5), 범어사, 北漢山(三角山 : 4), 불국사, 삼방(三訪), 三水甲山, 삼일포, 三田渡(廣州), 삼지연, 새원, 西將臺(廣州2), 西湖, 석굴암, 석왕사, 善竹橋, 雪嶽山, 城津, 首陽山, 鴨綠江(2), 藥山東臺, 陽德孟山, 驪江(驪州), 練光亭, 영월, 完山萬景臺, 往十里, 龍山삼개, 月出山, 梨花亭, 紫霞洞, 鼇頭峰, 絶影島, 전국토, 조선, 終南山, 天寶山, 天雲臺, 천지(3), 鐵嶺, 淸冷浦, 淸凉山, 淸流壁, 청진, 청천강, 촉석루, 叢石亭(2), 탐라국, 태고사, 평양, 포석정, 漢江(2), 閑山섬, 寒松亭, 해금강, 해운대, 협천, 花開洞, 淮陽金城, 訓練院

우리 시가에 가장 많이 등장하는 자연은 백두산과 금강산이고, 도시는 서울과 개성이 된다.

　　백두산(9) : 백두산(4), 장백산(1), 삼지연, 천지(3)
　　금강산(8) : 금강산, 개골산, 봉래산(5), 총석정(2), 해금강
　　서울(12) : 漢江(2), 慶會樓, 南山(2), 北漢山(三角山 4), 往十里, 龍
　　　　　　　山산개, 訓練院
　　개성(6) : 개성, 송도, 만월대(2), 박연폭포, 만수산
　　평양(5) : 평양, 대동강(2), 모란대, 練光亭

앞에서 언급했듯이 이 책에 대하여 주목해야 할 것은 수록된 123수 모두가 우리 국토를 소재로 한 것이고, 우리 국토의 아름다움을 예찬한 것이란 사실이다. 이는 36년 동안 빼앗겼던 국토의 소중함을 알게 하고 우리 것을 지켜야 한다는 결의를 일깨우려는 의도도 포함되었을 것이다. 이 책처럼 우리 국토를 소재로 한 시가만을 발췌하여 출판한 책은 석인 선생 이전에도 이후에도 없을 것이다. 우리는 석인 선생이 우리의 모든 시가집을 뒤지면서 국토의 아름다움을 통하여 조국애, 국토애를 2세들에게 교육하려는 깊은 뜻을 헤아려야 할 것이다.

우리가 어떠한 학자의 학문 세계를 연구하려 할 때 일반적으로 중시하는 것은 그의 학문적인 결과와 그것을 도출해 낸 어떠한 독창적인 방법론이다. 그러나 학문이란 어떠한 특유의 방법론으로 이루어낸 성과에 모두를 걸기보다는 오히려 그 학문이 이루고자 하는 목표가 정당한가 또 그것을 성취하려고 하는 과정에서 보여지는 기본 정신, 철학이 타당한가를 중시해야 할 것이다. 우리는 이것을 학풍이라고 하여도 좋을 것이다. 우리는 이 책이 주는 의미로 2세 교육을 위한 석인 선생의 성실하고 정성스러운 학자적 풍모를 깨달아야 할 것이다.

앞으로 남은 과제는 이러한 석인 선생의 정신을 이어받는 것과 함께 이들 작가와 작품에 대한 조사 연구와 평가가 뒤따라야 할 것이고 이러한 교재 편찬의 정신은 시대를 초월하여 계승되어야 할 것이다.

3.3 「古語讀本」(1949)

이 책의 편찬 목적은 잊혀진 우리 옛말을 재건하려는 문화적인 욕구요 자연스러운 시대적인 요구라고 하였다. 두 권의 책 - 「노걸대언해(老乞大諺解)」와 「첩해신어(捷解新語)」를 대본으로 하여 고전 학습교재를 편찬한 것이다.

상·하 1책으로 하여 상권에는 「노걸대언해」 중에서 51편을 수록하였는데, 당시의 한글 원문과 이에 대한 한글 해독문만을 수록하였다.

하권에서는 「첩해신어」 10권 중에서 일부를 발췌한 것으로 17편을 수록하였다. 「노걸대언해」의 경우와 같이 한글로 된 원문과 이에 대한 후세의 한글 해독문을 수록하고 있다. 이들 모두 68편을 일련번호로 하여 수록하였다. 이 가운데 어려운 낱말들을 일련번호를 붙여 본문에 표시하였고, 이들을 가나다순으로 재정리하여 〈낱말찾아보기〉라는 색인표를 만들어 뒷 편에 실었다. 여기에서 정리한 낱말은 모두 618어휘다.

책의 앞머리에 「노걸대언해」와 「첩해신어」에 대한 해제가 수록되었다.11)

〈낱말찾아보기〉 다음에 부록1과 부록2를 수록하고 있다.

부록(一)은 「화어유초(華語類抄)」에서 뽑은 우리말 모음 자료집이다. "「화어유초」라는 책은 저자와 연대가 모두 자세하지 못하다. 이 책의 내용인 즉 天文, 時令, 氣候, 地理 등 55개 부분으로 나뉘어 각각 어휘를 배열하고, 각 어휘에는 중국음을 달고 그 아래에 한글로 우리말을 써 놓은 것이니, 원래 중국말을 공부하기 위하여 지은 책이나, 지금에 와서

---

11) 「老乞大諺解」 해제

노걸대는 조선 사람이 중국 구어를 배우기 위하여 만든 최초의 중국어독본이니 序도 없고 跋도 없고 刊記도 없는 까닭으로 저자와 연대가 다 분명하지 아니하다. 이 노걸대를 중종 때에 대어학자 최세진이 언해하였다 하는데 그것이 전하지 아니하며, 영조 27년에 邊憲이 「노걸대」를 개수하여 「노걸대신해」를 짓고 동 39년에 그 언해를 지었다 하는데 이 언해도 역시 전함이 없다.

그리고 「중간 노걸대언해」는 정조 19년 校檢官 李洙, 張濂, 金倫瑞 등이 노걸대를 고쳐 중간한 「重刊老乞大」를 언해한 책이니 본문 각자의 아래에 왼쪽에는 종래의 역사적 맞춤법으로, 오른쪽에는 새로운 발음식 맞춤법으로 한글을 나란히 쓰고 한 도막마다의 아래에는 당시의 조선말로 그 뜻을 달아 놓았으니 이것이 우리의 고어를 연구하는데 큰 보배의 하나가 되는 것이다.

"이 독본의 재료는 1944년에 발행한 경성제국대학 법문학부판 규장각 총서 제9영인본에서 발췌한 것이다." 정태진

「捷解新語」에 대한 해설
선조 때에 康遇聖이 임진왜란으로 인하여 일본으로 사로잡혀감이 되어 10년동안 일본에 묵다가 돌아와서 지은 책이다. 이 책에는 서와 발이 없는데 다만 卷10의 끝에 開板 年號를 붙여 적었을 뿐이다.

이 책의 체제는 글줄의 가운데에 平假名으로 일본의 어구를 적고 그 오른쪽 옆에 가명과 평행하여 한글로 그 음을 적고 그 어구의 아래마다에 한글로 그 뜻을 적었다.

「노걸대」와 함께 회화체로 된 고서의 하나로 전부 10권으로 되었는데 우리의 고어를 연구하는데 큰 참고 자료가 될 뿐 아니라 당시 일본의 고어를 연구하는데 있어서도 또한 큰 보배의 하나가 되는 것이다.

"이 독본의 재료는 1934년 판 경성제국대학 藏本 영인본에서 발췌한 것이다." 정태진

는 우리 옛말을 연구하는데 좋은 참고 자료가 되는 것이라 하였다. 이 곳
에는 그 전부를 싣지 아니하고 다만 옛말과 이젯말이 뚜렷하게 달라진 것
만을 추리어 실어서 우리의 옛말을 연구하시는 이에게 참고자료로 이바
지하려 한다고 하였다.

부록(二) 이두일람(吏讀一覽)

"吏讀는 吏頭, 吏道, 吏吐, 吏套, 吏札이라고도 쓰이는 것인데, 한
자의 음이나 새김으로 우리나라 말을 적던 방법을 이르는 것이다. 한자가
우리나라에 들어온 뒤에 오랜 세월을 지내는 동안에, 우리의 말을 적기
위하여 여러 사람의 손으로 조금씩 조금씩 발달되어 오다가 설총 때에 이
르러 거의 완성된 것이다.

신라 시대의 향가는 이두문학의 꽃이라고 볼 수 있으며, 관민간의 공사
문첩에 있어서는 최근까지 이두를 사용하였으니 우리의 고어, 고가를 연
구하는데 있어서도 또한 대단히 중요한 자료가 되는 것이요, 우리 문자의
발달의 역사를 연구하는데 있어서는 실로 무엇보다도 큰 연구의 대상이
되는 것이다."라고 하였다. 이두일람이라고 하여 〈가르혀(貌如) 같이〉의
예와 같이 먼저 이두로 쓰인 우리말을, 다음은 괄호 속에 이두표기를, 다
음은 한글로 뜻을 적어 놓았다. 이와 같은 방식으로 가나다순으로 390어
휘를 정리하여 부록으로 수록하였다.

이 교재의 편찬의 목적은 고어사전 편찬과도 연관하여 연구되어야 할
것이고 이에 대한 연구는 서상규(1998)에서 검토되었다. 흔히 우리가 국
어학사를 연구하는 일이 흔히 낡은 족보를 뒤적이며 죽은 조상의 이름을
들먹이는 일처럼 과거 지향적이거나 퇴영적인 것이란 인상을 가질 수 있
다. 그러나 석인 정태진의 업적을 살피면서, 그는 그 시대에서 자신이 해
야할 과업을 올바르게 찾아, 가장 성실하게 자기의 과업을 수행한 인물이
란 결론을 내리게 되었다. 이는 국어학사의 학문적 과제란 무엇보다 과거
의 역사 속에서 전통의 맥으로 삼아야 할 정신을 찾아내어 이를 새로이
현대에 계승하게 하는 일, 학풍의 탐구라는 과제를 깨닫게 한다.

3.4 「옛말과 옛글」(요고집 290~291)

이 글은 「옛말과 옛글」이란 책을 구상한 계획서로 생각할 수 있다. 단두 면에 불과하지만 많은 내용을 담고 있다.

처음에 아래와 같이 계획을 하고 2차에서는 이를 보다 구체적으로 계획한다.

〈1차 계획서〉

Ⅰ. 머리말.

Ⅱ. 옛말을 찾을 곳.

Ⅲ. 옛글에 나타난 옛말.

Ⅳ. 옛말과 현대말의 다른 점.

   1. 소리.(音韻)

   2. 낱말.(單語)(*말본 문법은 써 놓았다가 삭제함)

Ⅴ. 맺는 말.(참고서)

〈2차계획서〉

Ⅰ. 머리말.

   옛말과 옛글을 배우는 목적

     a) 옛말의 자취를 찾아보기 위하여.

     b) 새로운 문화를 건설하기 위하여.

Ⅱ. 옛날을 찾을 곳.

   1. 시골밭에서 - 한새, 나한이, 한숨, 한밤이(多栗里),

            기새울(瓦洞)

   2. 땅이름에서 - 한밭, 솝리, 미리내, 두만강, 大川, 大橋

   3. 민요와 속담에서 - 긁에 든 뱀, 갗에서 좀난다.

                내일 바빠 한댁 방아. 초생달,

항우도 댕댕 덩굴에.

4. 외국말에서
5. 무당, 소경, 심메마니들의 말에서
6. 여자, 중 농부, 어부들의 말에서
7. 옛글에서

제주도 : ᄀᆞ모기, 고장, 굴메, 납, 넙다, 네기다, 돝, 동곳, 보미, ᄇᆞ룸, 소로기, 기게문, 지새, 하외욤.

III. 옛글에 나타난 옛말.

1. 외국의 옛글 중국 - 三國志, 鷄林類事
   일본 - 古事記, 日本書紀, 倭漢三才圖會
2. 우리나라의 옛글 이두 - 三國遺事, 均如大師傳, 儒胥必知
   한글 - 번역체 - 언해,
   노래체 - 龍歌, 月印, 時調
   편지체 - 한중록, 인현왕후전
   소설체 - 홍길동전, 춘향전

IV. 옛말과 현대말의 다른 점.

1. 소리의 다른 점.
   a) 홀소리 ᆞ, ᆡ 따위의 소리가 없어졌음.
      ㅢ, ㅟ, 가 ㅣ로 바뀜.
      ㅗ → ㅜ 감토, 고초, 바독
   b) 닿소리
      (1) 입술 가벼운 소리 : ᄝ, ᄫ, ᄬ, ᅗ
      (2) 된비음과 된시옷 : ᄠ, ᄡ, ᄧ, ᄩ, ᄭ, ᄯ, ᄲ, ᄢ, ᄣ
      (3) 그 밖 : ᅙ, ᅀ, ᅘ, ᅇ, ᄔ
      (4) ㄱㅂ→ㅋㅌㅍ(코, 칼, 탓, 듯글, 팔)
   c) 소리마디.
      (1) ㄷ, ㅌ + ㅑ ㅕ ㅛ ㅠ ㅣ → ㅈ, ㅊ + ㅑ ㅕ ㅛ ㅠ ㅣ

> (2) ㄴ, ㄹ + ㅑ ㅕ ㅛ ㅠ ㅣ → ㅑ ㅕ ㅛ ㅠ ㅣ
> (3) ㅁ, ㅂ, ㅍ + ㅡ → ㅁ, ㅂ, ㅍ, + ㅜ
> (4) ㅅ, ㅈ, ㅊ, + ㅡ → ㅅ, ㅈ, ㅊ, + ㅣ
> (5) 수효가 주어짐.
> 2. 낱말의 다른 점.
>   (a) 말이 없어진 것 : 드르, 거우루, 가비얍고
>   (b) 뜻이 변한 것 : 놈, 어리다, 하다

〈2차계획서〉에서 살필 수 있듯이 그는 우리 옛글과 옛말에 대하여 상당히 구체적이면서도 방대한 계획을 세운다. 우리의 고문헌은 물론 외국의 문헌, 방언자료, 지명어, 민요, 속담 등 여러 자료를 계획하였다. 그는 구체적으로 기술되지 못한 채 구상단계에서 끝난 미완성이지만 그의 우리 옛글 옛글에 대한 연구와 그 결과는 여러 곳에서 발견된다. 그 대표적인 것이 「방언고어사전」과 「고어독본」이다.

4. 국어문자정책 – 한글전용

석인 선생은 생전에 여러 가지 국어국문을 위한 활동을 전개한다. 그 가운데 두드러진 것은 해방된 조국의 우리어문을 바로 세우기 위하여 어떠한 문자정책을 수립해야 하는가의 문제다. 그는 한글전용 – 한자폐지라는 기본적인 문자정책을 추구하고 있지만 그의 문자정책은 일방적으로 한글 전용을 주장하는 것이 아니다. 한마디로 점진적인 한자폐지다. 이러한 주장은 상당히 타당성을 가진 현실적인 주장이다. 그는 "한자폐지가 옳으냐? 그르냐?"는 재건도상에 있는 조선교육계에 있어서 가장 큰 문제다라고 하였다. 아래의 글에 담긴 내용을 간략히 살펴보기로 한다.,

(1) 「漢字안쓰기 問題」(1946) 아문각
(2) "일본 사람들은 왜 한자폐지를 못 하였던가?"(1946) 「한글」
(3) "방송기념 좌담기"(1949) 「한글」

4.1 「漢字안쓰기 問題」(1946) 아문각

이 책은 목차에서 알 수 있듯이[12] 점진적인 한자 폐지를 주장하는 책이다. 당시의 우리 교육계가 당면한 가장 큰 문제가 문자정책인데 서로 극단적인 주장만을 내세우고 양보나 타협을 할 수 없던 상황이었다. 석인 선생은 이 책을 통하여 양측이 주장한 근거와 타당성을 일일이 열거하고 이들 주장에 대하여 자세한 논증을 가한다. 그리고 자신의 주장을 펼치는데 그의 주장은 한자 박멸을 주장하는 극단론자들과 자유방임을 주장하는 한자 사용자들의 주장을 절충한 과도기적 방안이며, 점진적으로 한자를 폐지하여 한글 전용을 해야 한다는 결론이다. 우선 우리는 석인 선생이 주장하는 논리적 근거와 합리성에 찬사를 보내게 되며, 거의 50년 전에 발표한 그의 주장대로 우리 어문 정책이 변해왔음에 경탄을 하게 된다. 그리고 당시처럼은 아니더라도 아직도 우리의 문자 정책 특히 한자 교육에 대한 주장이 엇갈리고 있음을 생각할 때 그의 주장에 다시 귀를 기울여 볼 필요가 있고, 지금에도 현실과 부합되는 면이 있음을 알게 된다.

구체적인 그 내용을 살펴보기로 하자. 한자 폐지 문제에 대하여 석인 선생은 "일반적으로 보아 막연한 의견이 너무 많다. 너무나 기분적이요 주관적이요 단편적이요 비과학적인 것이다."라고 하고 한자 사용에 대한 의견을 다음과 같이 제시하고 있다.

---

12) "1. 서론. 2. 한자폐지를 반대하는 열 네 가지 이유. 3. 한자폐지를 주장하는 스무가지 이유. 4. 한자는 왜 비능률적이냐? 5. 해결책은 어느 곳에 있는가? 6. 점진적 한자폐지론. 7. 결론. 부기"로 구성되었다.

"나의 생각과 조금이라도 다른 생각을 가진 자는 無條件하고 나쁘다고 생각하는 그러한 態度는 모든 科學의 敵이요 文化의 원수이다. 우리는 모름지기 兩便의 理論을 끝까지 冷靜하게 듣고, 이것을 嚴正하게 批判한 다음에, 그 實行을 위하여 徹底하게 努力하여야 될 것이다."

석인 선생은 한자 폐지에 있어서도 과학적이며 합리적인 결론을 유도해야 한다고 하였다. 석인 선생은 먼저 한자 사용을 주장하는 사람들의 의견을 들고13), 이어서 한자 폐지를 주장하는 사람들의 의견을14) 보였

---

13) 한자의 사용을 긍정적인 입장에서 14가지로 주장.
1) 한자는 산통한 글자인 까닭에 폐지하여서는 되지 않는다. 2) 성명의 표기가 분명하게 되지 않는다. 3) 한자는 유례가 없는 예술적인 글자다. 4) 한자는 동양문명의 근원이다. 5) 한자폐지는 정신문화를 거부하는 유물론적 사고다. 6) 편협한 국수주의에서 나온 것이다. 7) 중국과의 문화 제휴가 어렵다. 8) 생생 발전하는 기운을 꺾는 것이다. 9) 한자는 상형표의문자인 까닭에 직각적인 장점이 있다. 10) 한자에 과학적인 점이 있다. 11) 한자에는 남성적 씩씩한 맛이 있다. 12) 한자를 폐지하면 그 결과로 대부분의 한자어가 문제될 것이요, 이것을 순국어로 바꾸면 막대한 혼란이 온다. 13) 한자어에는 한자어에만 있는 독특한 어감이 있다. 14) 한자의 사용이 한자의 필요를 직접으로 증명하는 것이다.
14) 한자 폐지를 주장하는 스무 가지 이유
1) 한자는 망국문자다. 한자는 과거의 낡은 문자로 문화의 발전의 도구가 될 수 없다. 2) 한자는 우리의 국문이 아니다. 수십 배 수백 배 훌륭한 한글을 사용하자. 3) 한자는 비위생적인 까닭으로 폐지하는 것이 좋다. 복잡한 한자의 획들로 눈을 버리게 한다. 안경 쓴 자가 중국에 제일 많고 일본이 다음이다. 4) 한자는 비능률적이다. 그러므로 폐지하여야 한다. 5) 한자는 대중적이 아니다. 한자를 폐지하여야만 교육적 민족주의와 문화적 계급주의를 이룩할 수 있다. 6) 민족의 독립성을 기르는 것이다. 독창적이고 진보적인 한글을 사용하여야 한다. 7) 자손을 위하여 한자를 폐지하자는 것이다. 긴 시간 한자를 배우는 노고를 없애주어야 한다. 8) 폐지를 반대하는 것은 일종의 보수적 타성의 결과이므로 불가하다. 한자의 잡초를 깨끗이 뽑고 아름다운 한글의 귀한 씨를 심자. 9) 한자로는 우리의 고유한 사상과 감정을 여실하게 나타내기가 도저히 어렵다. 10) 한자를 특별한 문자로 신성시하는 그 태도를 버려야 한다. 한자는 문자 발달상으로도 뒤진 문자다. 11) 한자는 예술적이 아니다. 어두컴컴한 한자를 버리고 밝고 깨끗하고 예술적인 우리 한글을 쓰자. 12) 한자 폐지가 반드시 국수주의가 아니라는 것이다. 13) 한자 폐지는 결코 소극적 태도에서 나온 이론이 아니라는 것이다. 한자 폐지는 우리 문자 발달

다. 그리고 이들의 주장의 근거와 그 타당성 여부를 자세하게 논증하고 있다. 그리고 이들 중 어느 편을 들어서 옳다 그르다 하기에 앞서 "한자가 비능률적"이라는 주장을 하고 이것이 바로 한글을 사용해야 하는 주장의 근거로 삼고 있다. 석인 선생은 글의 전개에 있어 보편적이고 어느 한편에 치우치지 않으려고 노력이 여러 곳에서 보인다. 그러나 부분적으로 예측이 빗나간 경우도 보인다.15)

석인 선생이 주장한 "한자가 비능률적임"은 다음과 같은데 이들은 모두 타당하고 적절한 지적이다.

1) 한자는 자수가 많다. 보통 자전에 약 5만 자이나 중국을 위시하여 한국, 일본, 월남 등에서 신한자를 자꾸 만들고 있는 실정이다.
2) 한자는 자획이 대단히 많다.
3) 한자어에는 동음이의어가 많다.
4) 한자어에는 동자이음어가 많다.
5) 한자는 발음이 똑똑하지 않다.

상 또는 문화발전사상에 있어서 자연적 진보적 과정이요, 결코 고식퇴영의 소극적 방법이 아니다. 14) 한자 폐지와 한자어 폐지를 동일한 것으로 보아서는 안 된다. 우리말의 어휘에 8할 이상이나 차지하고 있는 한자어를 전부 없이 한다. 15) 한자 폐지를 주장하는 이들은 만일 우리가 한자를 폐지하면 중국과의 문화 제휴가 어렵게 되겠다고 적정을 한다. 그러나 이것은 쓸데없는 걱정이다. 16) 한자를 폐지하면 동양 문명의 기초가 파괴된다고 걱정하는 이가 있지마는 이것도 역시 근거 없는 걱정이다. 17) 한자 폐지는 우리 조선에서 시작된 것이 아니다. 원산지인 중국 자신이 먼저 시작한 것이다. 18) 한자 사용은 결국 이중 생활이라는 고통을 의미하는 것이다. 19) 한자 폐지를 반대하는 것은 현실을 무시한 추상론이다. 20) 한자를 가르치고 배우느라고 정력을 낭비하지 말고 그 힘을 실제 문제를 해결하는 좋은 길로 이용하여 과학 연구에나 또는 일반 문화 건설 방면에 노력한다면 그 효과가 참으로 클 것이다. 이것은 한자 폐지를 주장하는 이들의 가장 큰 희망이다.

15) 일본의 과학이 왜 발달되지 못하였더냐? 한자를 배우기 때문이었고, 일본의 문화가 왜 진보되지 못하였느냐? 한자를 배우기 때문이었고, 일본에 왜 세계적 문학자나 철학자가 나지 못하였더냐? 역시 한자를 배우기 때문이었다. 소학교 1학년으로부터 중학교를 졸업할 때까지 십여 년 간 한자를 배우느라고 허비한 시간이 얼마나 많았던가?

6) 한자는 일자다음(一字多音)의 경우가 많다.

7) 한자는 일자다의(一語多義)의 경우가 많다.

8) 한자어는 일어다의(一語多義)인 경우가 많다.

새로운 우리 문화의 재건을 위해서는 문자 정책이 가장 중요한데 자유 방임적이 되어서도 안되고 한자 박멸을 주장하는 과격주의자의 경우도 안 됨을 다음과 같이 비판하고 있다.

인류 문화의 진보와 발전을 위해서는 나태한 방임주의는 허락되지 않는다. 또한 일시에 한자를 박멸하자는 사람들의 주장은 환상이다. 환상인 이유는 ① 한자를 즉시로 폐지하기에는 아직 준비가 덜 되었다. 청소년이 읽을 만한 서적이 있어야 하고, 우리의 고전과 역사가 우리말로 번역되어 있어야 하고 신문, 잡지 등이 한글로 써야 하는데 그러기 위해서는 시간이 필요하다. 지금은 과도기다. ② 한자를 없애기 전에 이것을 없애기 위하여 한자를 배워야 하겠다. 해방된 뒤에 한자 폐지를 이상으로 하고 간행된 잡지에서 다음과 같은 잘못된 번역을 볼 수 있다고 지적하였다. 高麗磁器 : 고려질그릇, 陶磁器 : 질그릇, 島嶼族 : 도여족, 陜川 : 협천, 洞壑美 : 동화미, 二十八宿 : 이십팔숙 등.

과도기에 있는 우리에게는 어느 정도까지 한자에 대한 소양이 필요하다고 하고 점진적인 한자 폐지론을 7가지 구체적인 방법론을 가지고 주장하고 있다.

그러면 석인 선생이 주장한 "점진적폐지론(임시적제한론)"을 살펴보자.

1) 시기적 제한

봄에 곡식을 심고 가을에 열매를 거두는 것처럼 적절한 시간을 선택해야 한다.

5년이나 10년 뒤에 한자를 완전히 폐지할 것을 예정하고, 그에 대한 준비를 하여야 한다.

5년이나 10년 동안에 국어의 정리 보급, 고전의 번역 출판, 학술 용어의 제정, 과학 서적의 간행 등 실제 문제에 있어서 순서있게 해결되어야 할 문제가 여간 많은 것이 아니니, 이 5년이나 10년을 세 계단이나 혹은 네 계단에 나누어서 이 모든 사업을 조리 있게 진행하여 나아가야 될 것이다. 이러한 단계를 밟지 아니하고 한자를 즉시 폐지하여 버린다면 이러한 망상은 다시 없을 것이다. 1, 2층을 짓지 아니하고 3층이나 4층의 집을 지으려는 어리석은 계획이 될 것이니 이것이 어찌 지혜로운 방법이 되랴?

  2) 사용범위의 제한

  한자의 사용범위를 점진적으로 제한하여 나가야 될 것이다. 먼저 한자 남용을 금하는 것이 한자 폐지의 첫걸음이 되어야 한다. "시작한다 - 始作한다. 생각한다 - 生覺한다. 기다린다 - 期待린다. 잡동사니 - 雜同散異. 섭섭하다 - 薪薪하다. 발족발족 - 發足發足. 깡뚱깡뚱 - 强動强動. 팔짝팔짜 - 八鵲八鵲. 오뚝오뚝 - 五犢五犢" 등으로 쓰는 버릇을 하루라도 빨리 버려야 한다. 바람 - 發陰. 몸 - 母蔭. 아우 - 阿友. 아들 - 阿達. 아버지 - 阿父. 어머니 - 阿母로 써야 한다고 하는 이가 있으나 이것은 이야기거리가 못되고 도시의 상점 간판이나 정거장 이름을 한글로 쓰는 것을 원칙으로 하고 한자나 영자로 쓴다면 비교적 적을 글자로 부기(附記)하여야 할 것이다.

  3) 이중어의 폐지

  한자로 인한 이중어를 폐지하여야 한다. 石橋돌다리 靑鳥새 藥水물, 梅花꽃, 靑天하늘, 桂樹나무, 時時때때로, 큰大張, 모래沙場, 짧은短杖, 妻家ㅅ집, 젊은少年, 義父ㅅ아비, 烽火ㅅ불, 10月ㅅ달, 少時ㅅ적, 이와 같은 어휘는 말 자체가 비과학적이요, 비예술적이요, 비능률적이다.

  4) 자수의 제한

  한자를 제한하여 사용하면 인쇄, 자전, 교과서를 가르치는데 막대한 편의가 따른다.

  한자 사용의 빈도 조사를 하여서 2000자 내지 1,500자로 제한하여 이 범위 안에서 중학이나 전문 교육을 실시하고, 이 범위 안에서 법률, 정치,

이 밖에 문화 방면의 글을 쓰도록 하되 이 자수를 점차로 줄여서 나중에
는 순 한글로 쓰더라도 지장이 없도록 한다.

5) 자획의 제한

한자 획수의 생략이 필요하다. 약자 사용을 권장하는 것이다. 이상적인
것은 아니지만 과도기적 처방 방법의 하나로 그 필요성이 적지 아니한 것
이다.

6) 어휘의 제한

필요한 한자 어휘를 제한하는 일이니 효자, 충신, 학교, 전기, 전등, 비
행기, 소설, 시, 교통, 목적, 방법, 필요, 과도기, 정, 물론, 어휘 따위와
같이 그에 대한 순국어가 없는 경우는 그대로 사용해야지만 국어에 동의
어 가 있는 것은 구차하게 한자어를 쓰지 말아야 한다.

거머리 - 水蛭, 馬蟥, 거위- 蛔蟲, … 우리말로 표준을 삼고 특별한
경우 외에는 사용하지 말아야 한다. 콩(大豆), 팥(小豆), 보리(大麥),
밀(小麥), 귀리(燕麥), 메밀(蕎麥), 무(大根), 배추(白菜), 사과(苹
果), 호박(南瓜), 오이(胡瓜), 감자(馬鈴薯), 고구마(甘藷), 옥수수
(玉蜀黍) 이상과 같은 단어들은 한자어는 사용하지 말고 우리말을 사용
하여야 한다.

7) 일본식 한자어의 폐지

일본식 한자어를 우리말로 고쳐 쓸 것은 주장. "산매(小賣), 도매(卸
賣), 개추(間屋), 거간(仲介人), 시세(相場), 본가(原價), 선금(前
金), 선가(船賃), 은전(銀貨), 동전(銅貨), 전당포(質屋), 분필(白墨),
우표(切手), 차표(切符)" 따위로 고치어서 통일을 기해야 한다.

위에서 밝힌 석인의 주장은 어느 하나 치우침이 없는 타당한 주장이며
현실이었다. 그럼에도 불구하고 석인 선생은 자기 주장에 대하여 다음과
같은 겸손한 결론을 내리고 있다.

결론 - 필자는 점진적 한자폐지론에 대한 의견의 제시라고 함. 이것이

최선이 방안이라고 독단하지 아니함. 이것이 국가의 실제적 중대문제에 대하여 그 해결방법으로 어떠한 암시가 될 수 있다면 위없는 영광으로 아는 바이다.

4.2 「일본 사람들은 왜 한자폐지를 못 하였던가?」
(「한글」 11권 4호, 1946. 9.)

석인 선생의 문자 정책은 한자어의 제한적인 사용에서부터 점진적으로 한글을 전용하는 것은 주장이다. 이 당시 한자 사용을 주장하는 사람들의 일깨우기 위해 일본 보수주의자의 주장을 발췌하여 소개한 것이다.

석인 선생은 일본이 약 1세기 이상 서양 문화를 받아들이는데 최선을 다했으면서도 한자 폐지의 이상은 실현하지 못한 것은 일본 민족성 자체의 뿌리깊은 보수성 때문이라고 하였다. "지혜로운 사람은 남의 경험으로 배운다." 그러나 어리석은 사람은 자기의 경험만을 의지한다고 전제하고 한자 문제를 연구하는 사람에게 참고 자료로 제공하기 위하여 일본의 국수주의 학자인 시마다 하루오(島田春雄)의 저서 〈일본어의 아침〉(昭和 19년 6월 발행)에서 일부를 발췌하여 제공한다고 하였다. 이어서 시마다 하루오는 한자 폐지를 반대하는 대표자이고, 그의 주장은 웃음거리가 될 것들이 있는데 우리나라에도 비슷한 사상을 가진 이가 적지 않다고 하며 한 개의 사회와 국가에는 복잡한 사상의 충돌이 있고, 인습의 굳센 타성이나 개인적인 특수한 전통이 있어서 복잡다단하다. 그러나 아름다운 이상의 실현을 위해서는 이들을 가장 냉정한 머리로 가장 지혜롭게 처리해야 한다고 하였다. 시마다 하루오의 주장을 열거하고 있다. 이들에 대한 몇 부분을 보면 다음과 같다.

"일본 국가가 가지고 있는 세계무비의 전세면(傳世面) 곧 국체와 역사와 정신을 알기 위해서는 먼저 경어와 한자와 '가나즈까이'를 포함하고 있는 일본어의 질서를 배우고, 전세(傳世)의 언어 문장에 의지하지 아니하면 아니 될 것을 알아야 한다.

로마자나 가나문자는 전보나 소아용으로 쓸 응세(應世)수단이요, 참 일본의 용자(容姿)는 …전세문 가운데에 있다는 것을 잊어서는 안 된다."

"한자를 폐지하면 모든 것이 편리하게 되리라고 하지마는 이것은 언어의 혼을 잊어버리는 것이다."

"일찍이 황군은 한자를 사용하여서 청국을 이겼고 아라사를 이겼고, 또 제1차 세계대전에 독일을 이겼다."

"위는 천황으로부터 아래로 억조 인민이 일천 년 이상 사랑하여 써 오던 한자는 편리하고 불편하다는 공리사상으로 써 로마자나 '가나모지'로 바꿀 수 있는 글자가 아니다. 개량 사상에 눈이 어둔 국어 심의회가 전번에 발표한 한자 제한에 대하여도, 전국적으로 반대의 봉화가 일어나서 일체가 공격한 것은 그것이 근본적 공리사상을 배척한 것이 아니고 무엇이냐?"

"일본의 국자(國字)인 한자의 생성을 제지하고 사용을 부정 억지 하려는 사상은 일찍이 일본에 해독을 끼친 산아제한, 군비제한 사상과 관련이 있는 것이 아니냐?"

"특별한 까닭 없이 한 나라의 언어와 문장을 고치는 일은 진실로 한 나라의 혼을 고치는 것과 같은 것이다."

"서양민족의 좌횡서(左橫書)표음문자를 강제적으로 배운 안남은 언어 모략으로 인하여 자화(自禍)의 대동아 최초의 희생자이었다고 볼 수 있는 것이다."

"국가의 공용 글자를 고치는 것은 적어도 백 년의 앞을 내다보지 못하고서는 실행할 수 없는 것이다. 국가는 '몰모트'와 같은 실험 재료가 될 수 없다. 표음문자의 편리만을 강조하고 다만 시험적으로 천고의 문자를 가볍게 고치는 것은 피정복민족이면 모르거니와 자주 독립 국가, 역사와 전통을 존중하는 국가로서는 극히 삼가야 할 것이다."

"산아제한론과 군비제한과 같이 한자제한은 대 일본제국에 큰 해독을 끼친다."

"표의문자인 한자와 표음문자인 가명(假名)과를 적당하게 섞어서 쓰는 특이한 표현 법을 가진 일본인은 과연 행복스러운 국민이 아니냐?"

" '가나모지까이'의 선전물이나 로마자회 또는 국어협회의 국어 운동자들의 행위는 교육배반, 국가반역, 역사멸시, 창조거부, 자가중독, 은승주의(銀蠅主義), 제오열적 (第五列的) 소설(所說)이다. …일본의 국자에 대하여 기탄 없이 욕설을 하는 것은 확실히 죄악이다."

"언어는 민중의 것이라고 말하지 말라. 대일본국의 언어문장의 기준은 황공하옵게도 황실의 존엄 안에 있는 것이다."

정태진 선생은 일인 학자 시마다 하루오의 글에 대하여 죽은 사람의 시체를 만진 듯한 기분이 난다고 하였다. 만일 한자로 인하여 과연 일본이 저와 같이 참패한 것이 사실이라면 우리는 이런 전철을 밟지 말아야 할 것이며, 우리 문화의 건전한 새 출발을 위하여 연구에 연구를 더하고 혁신 개조를 위하여 용기 있게 나아가야 될 것이다라고 하였다.

4.3 "방송기념 좌담기"(「한글」14권 2호, 1949. 12.)

〈중앙방송국〉 주최로 한글 전용에 대한 좌담회가 1949년 10월 5일에 있었다.

참석자는 : 민재호(방송과장 사회자), 정태진(한글학회 이사), 김진억 (한글전용촉진회 사업부장), 유열(한글전용촉진회 조사 연구부장), 한갑수(중앙대학교 교수), 권승욱(한글학회 조선말 큰사전 편찬위)

이 프로그램의 목적은 '한글전용법안'이 국회에서 통과되고 그 시행을 앞당기기 위한 방안에 대한 대담이었다. 발언 내용이 한글 전용에 대한 필요성과 반대하는 입장의 사람들을 성토하는 발언이 많은 부분을 차지한다. 그러나 정태진의 경우에는 가장 합리적이고 그 실질적인 방안을 제

기하고 있다. 장세경(2001)은 석인 선생의 발언 요지를 다음과 같이 정
리하였다.

1) 한글을 전용하지 못하면 우리 글은 이상적으로 발전하지 못한다.
2) 한글을 쓰려면 한글만을 써야 한다.
3) 한글 전용은 한자어의 폐지가 아니다. 한자를 써야만 알 수 있는 말
은 우리말이 아니니 버리고 우리말을 쓰자.
4) 세계에서 가장 우수한 글자를 가지고도 세계에서 가장 뒤떨어진 한
자를 섞어 쓰는 이유를 알 수 없다(미국 문맹퇴치 운동가 라우벅의 말).
5) 한글만을 써야 우리의 문화가 넓고 깊게 발전할 것이다. 이에 대하
여 좀더 부연하면

1) 국한문을 혼용하면 배추와 오이를 섞어서 심는 것과 같이 서로의
성장을 방해하니, 한글과 한문은 각각 독자적으로 쓰고, 각각 연구발전
시켜야 한다.
2) 한글전용은 한자어 폐지를 동일시하는 것이 아니다. "비행기"를 '飛
行機'로 쓰지 않자는 것이요, 또한 "날틀"로 하자는 것도 아니다. "이화여
자대학"을 "배꽃 계집아이 배움집"이라 한글학회에서 만들고 있는 듯이 생
각하나 이는 오해다. 어려운 한자 어휘는 우리말로 고쳐 써야 한다.
3) 문맹퇴치의 권위자인 미국의 라우벅 박사가 한국에 와서 우리나라
의 문맹상태를 보고, 우리 한글을 보고 놀라워하는 말이
"대체 코리아라는 나라는 이상한 나라다. 세계에서 가장 훌륭한 과학적
인 글자를 가지고도, 세계에서 가장 뒤떨어진 한문 글자와 섞어서 쓰고
있으니, 그 이유가 어디 있는 지 알기 어렵다. 이와 같이 한문 글자를 섞
어서 써 가지고는 코리아의 문맹을 전부 없애기는 매우 어렵다"고 한 말
을 인용하였다.

※「박희숙교수정년기념논문집」, 2003.

참고 문헌

김계곤(1993), "한글학회 수난의 전말", 「얼음장 밑에서도 물은 흘러」, 한글학회.
김민수(1961), "늣씨와 morpheme", 「국어국문학」 24호
―――(1977), 「주시경 연구」, 탑출판사.
―――(1997), 「신국어학사」, 일조각.
리의도(1976), "주시경의 학문에 대한 새로운 이해", 「한국학보」 5집.
―――(1982), "조선어학회 사건의 줄거리", 「한글 새 소식」 122호, 한글학회.
―――(1997), "건재 정인승 선생의 애국운동", 「나라사랑」 95집, 외솔회.
―――(1998), "석인 정태진의 말글 정책론에 대한 고찰",
　　　　　「한흰샘 주시경 연구」 10・11호, 한글학회.
서상규(1998), "석인 선생의 옛말 연구", 「새 국어생활」 8-3, 국립 국어연구원.
小倉進平 : "南部朝鮮의 方言" 1924. 3, "平安南北道의 方言" 1929. 3,
　　　　　"咸鏡南道及 黃海道方言" 1930. 4,
　　　　　京城."朝鮮語方言槪要"(*The Outline of the Korean Dialects*)
　　　　　1940, 「朝鮮語 方言의 硏究」상・하 1944.9 동경.
유제한(1955), "6.25사변 이후 한글학회의 걸어온 길"(1),
　　　　　「한글」 110호, 한글학회.
이강로(1998), "석인 선생과 사전 편찬", 「새 국어생활」 8-3, 국립국어연구원.
이광정(1982), "주시경의 구문연구", 「관동어문학」 2집.
이기문(1976), 「주시경 전집」, 아세아 문화사.
이남순(1998), "석인 선생과 문법", 「새 국어생활」 8-3, 국립국어연구원.
이병근(1997), "석인 정태진과 방언연구", 「새 국어생활」 8-3, 국립국어연구원.
이응호(1974), 「미군정기의 한글 운동사」, 성청사.
이응호(1998), "석인 선생과 조선어학회 사건", 「새 국어생활」 8-3,
　　　　　국립국어연구원.
장세경(2001), 「석인 정태진 선생의 생애와 학문」.
정해동 엮음(1995), "석인 정태진 전집"(상), 나주정씨 월헌공파 종친회.
―――――(1996), "석인 정태진 전집"(하), 나주정씨 월헌공파 종친회.

정해동(1998), "나의 아버지 석인 정태진", 「새 국어생활」 8-3, 국립국어연구원.
좌담회기록(1998), "석인 선생을 추모하며", 「새 국어생활」 8-3,
          국립국어연구원.
河野六郎 : 「朝鮮方言學 試攷」 1945. 5 京城.
한글학회 기관지 「한글」 86호(1941. 5)부터 112호(1955. 4)까지
한글학회(1971), 「한글학회 50년사」, 한글학회.
――――(1987), 「주시경 선생에 대한 연구논문 모음」, 한글학회.
허 웅(1971), "주시경 선생의 학문", 「동방학지」 12.

국어학사의 재조명
―― 이탁 「국어학논고」 ――

1

월양(月洋) 이탁(李鐸) 선생은 1898년 음력 6월 2일 경기도 양평군 용문면 연수리 한 농가에서 태어나 1967년 4월 24일 타계한 국어학자이며 교육가이며 또한 독립운동가였다. 아호로 명재(命齋)를 쓰기도 한다.[1]

아명은 씨종(氏鍾)으로 8세 때까지는 선고장(先考丈)으로부터 한문의 기초를 닦았고 그 후 향리 서당에서 한문을 배웠으나 거의 혼자 익히다시피 했다. 16세 때 '추천(鞦韆)'이란 한시(漢詩)로 인연이 되어 이세범(李範世)의 문하에서 독실하게 수학하였고, 19세 때 경신학교 고보과정(儆新學校 高普課程)을 7개월에 걸쳐 2학기(당시는 3학기 제도였

---

[1] 李鐸에 관한 일대기적인 소개는 李應百(1964. 3 「국어교육」8)의 "老國語學者 月洋 李鐸先生의 걸으신 길을 더듬음"에서 찾을 수 있다. 이하 이 글의 선생에 대한 기록도 위의 글과 손자 李明煥 교사의 증언에 따라 적었다.

음)를 수료한 후 귀향했다. 경신학교 때 장지영에게서 김두봉의 「조선말본」을 교재로 하여 조선어학습을 받은 것이 계기가 되고 그후 김두봉의 「깁더 조선말본」을 구입하여 읽고 본격적으로 우리말 연구에 뜻을 두었다.

22세인 기미년에 3·1운동이 일어나자 만주로 가 독립단에 가입하였고 북로군정서(北路軍政署)의 일원이 된 선생은 김좌진(金佐鎭)이 사령관이고 이범석(李範奭) 등이 교관이던 사관학교에서 특무반장으로 심력을 다하였다.

1920년 10월 유명한 청산리(靑山里)싸움에서 19명의 지원자와 함께 '샘물골'전투에 참가하였고 1923년 8월경에 만주 화림학교(樺林學校)에서 1년간 교편을 잡았다. 그 후 일경에게 체포되어 독립군으로 활약한 사실이 밝혀져 청진(淸津) 지방법원에서 1924년 1월 14일 3년 징역 언도를 받고 2년 11개월만에 가출옥하였다.

1928년(31세)에 정주 오산(定州 五山)학교에 문법교사로 부임하여 1936(39세)년까지 근무하였고 이때 등사본으로 「우리 어음학」(1928)을 발간 배포하였다. 그후 사임하고 서울로 돌아와 조선어학회 회원으로 있던 계씨(季氏) 이갑(李鉀, 아명 : 氏奉) 등의 권유로 조선어학회 회원이 되어 철자법제정위원으로 위촉되었다. 이후 1945년에서 1961년 9월 30일까지 서울사대에서 국어학과 한문학관계를 강의하였다.

연구업적은 모두 16편의 논문과 그 외 몇 가지 글이 더 있다.

먼저 그의 유일한 저서 「국어학논고」(1958)에 수록된 논문을 목차에 의거 살펴보면 다음과 같다.

1. 언어의 발달단계상으로 본 한국어의 지위 ; 〈한글〉 11권 2호. 1946. 5.
2. 언어상으로 고찰한 선사시대의 환하(桓夏)문화의 관계 ; 〈한글〉 11권 3, 4, 5호. 1946. 7, 9, 11. 12권 2호. 1947. 5 및 통권 105, 106호 1947. 7. 9.
3. 한국어와 중국어의 공통한 계통적 음운법칙 ; 〈한글〉 통권 115, 118호. 1956. 6 및 舊稿.
4. 향가신해독 ; 〈한글〉 통권 114호 1956. 3.
5. 추상어 발달의 原則과 이에 의거한 연구의 일단 ; 서울師大 국문학회발행 〈국문학〉 제9호 1952.
6. 우리 어음학 ; 1928년 오산학교 등사본에 의함.

그 이후 발표된 논문으로는
1. ㆆ ㅿ ◇을 다시 쓰자 ; 〈한글〉 제일권 제4호, 1932.
2. 칭호의 말과, 인사의 말에 대하여 ; 〈한글〉 11권 1호(속간사월호), 1946.
3. 이두의 근본적 해석 ; 〈일석이희승선생송수기념논총〉 1957. 2.
4. 언어상으로 고찰한 우리 고대사회상의 편모 ; 〈한글〉 124호. 1959. 4
5. 언어학의 새로 나아갈 길 ; 〈한글〉 125호. 1961. 10.
6. ' · ' 음가의 새로운 고찰 ; 〈동방학지〉 5집 1961.
7. eleven, twelve, Antagonist 및 language의 어원에 대한 새로운 고찰 ; 〈동방학지〉 7집 1963. 12.
8. 강강수월래의 유래 ; 〈국어교육〉 11. 1965. 12.
    등의 논문이 있다. 그 외에
9. 음운법칙과 어원 밝히기 ; 〈국어교육〉 29. 1977. 2.는 1957. 9. 20 한글학회 연구발표회에서 발표한 내용을 박갑수 교수가 오랜 뒤에 정리 발표한 것이다.
10. 국어 어원 풀이의 일단 ;

 논문 외의 논설로는 '일반국어의 기준문제'(1954. 2. 22. 대학신문)과 〈국어학논고〉 앞머리에 길려 있는 10편의 詩와 4편의 한시가 현재까지 알려진 글의 전부다.

이탁 선생에 대한 학문적인 조명은 전반적으로 검토된 적이 없었고 부분적인 것도 학문적 성과에서라기보다 역사적 의미에서 인용됨에 그치었음이 사실이었다. 이 같은 큰 이유는 선생의 독창적인 학문의 이론 전개가 선뜻 공감하기 어려운 전제에서 시작되었고, 난해한 일면도 부분적으로 작용하였을 것으로 생각된다. 그러나 이들 여러 편 논문 가운데는 재조명하여 학문적인 성과로 거두어야 할 것도 있고 그가 시도한 학문적인 방법론에 대해서도 재검토하여 수용 여부를 가릴만한 계제(階梯)에 왔다고 생각한다.

> "이 몇 편 되지 않는 논저는 거칠기 짝없지마는, 거기에는 만인의 소설을 답습한 것이 거의 없고 모두가 나의 독특한 새로운 의견인 것이다.
> 원래가 잔박한 나의 소견인데다 모두가 사, 오년전 혹은 십수년전의 구고로서, 수정조차 못한 것이라 과오가 많이 있는 것은 위에서 말한 바와 같다. 그러나 이 소저의 속에는 간간언어사실상 천고의 비를 천명한 것과, 또는 천명하는 방법이 들어 있어서, 이것을 넓히고 다듬어 나가면 적게로는 우리의 국어학, 국사학방면에 공헌함이 있을 것을 확신하는 바이므로 나는 이것을 불완전한 이대로나마 세상에 내어놓기로 한 것이다."
> (「국어학논고」 서문 가운데)

2

이탁의 학문세계는 대략 3가지로 구분해 볼 수 있다.

1) 어원 찾기(고대어의 재구를 통한)
  (1) 환하문화(桓夏文化)의 관계규명.
  (2) 고대사회상의 고찰.
  (3) 추상어 발달의 원칙.

    (4) eleven, twelve, Antagonist, language의 어원.
    (5) 강강수월래의 유래.
  2) 음운법칙의 수립(고대어 재구를 위한)
    (1) 우리말 어음론.
    (2) 한·중어의 공통 음운법칙.
    (3) “丶” 음가의 고찰.
    (4) 언어학의 나아갈 길.
  3) 고전해독
    (1) 향가신해독.
    (2) 이두해독.
    (3) 시가원론고찰..

위와 같이 나눈 것은 다분히 기술의 편의를 위한 것이지 학문영역으로 보아 분계지워지는 것은 아니다. 다만 이탁의 학문적 최종목표는 "고대어의 재구"에 있다고 할 때 그 수단으로 강구된 것이 음운법칙의 수립이며 이를 적용하여 이루어진 연구성과가 '어원 찾기'와 '고전해독'이라 할 수 있다. 그의 학문세계를 살피기에 앞서 그의 국어관을 살펴보면 민족주의적이면서도 국수주의적 입장에서 언어를 통하여 우리 문화의 우수성을 입증하려는 데서 시작된다. 이러한 학문적 관심이 싹텄다는 것도 큰 이유가 되고 또한 조국의 독립을 위하여 만주 벌판을 헤매기 5년에 가까운 세월과 일제의 옥고를 2년 11개월이나 치루었다는 선생의 이력과도 관계가 깊으리라 생각된다.

"… 이 논제를 보고 '이것은 편협한 국수주의자의 소론이다'하고 지레 비난하기 쉬운 일이다. 더욱 이 글의 내용이 일반적 역사상식을 벗어나서 고대의 중국문명이 조선에서 건너간 것을 증명함에 있으므로 그러하다. (중략) 물론 국수주의가 좋지 않다고 생각하여서 나는 국수주의자가 아니라고 변명하려는 것은 아니다. 만일 국수주의란 것이 고유한 문화의 정수 중에서 과학적 비판 안으로 관찰하여 현실에 적합하고 우리 민족에게 유익한 것만 골라서 이것을 보존하고 발양하는 그러한 것이라면 나는 도리어 이에 찬동하고 가담하려는 자다."
　　(환하문화의 관계 '소인' 중)

　이러한 그의 국어관을 대변하는 것으로는 "환하문화의 관계"(1946~47)와 "한국어의 지위"(1946)다.
　언어는 발달단계로 보아 첨가어가 가장 발달된 형태이고 굴절어 또는 고립어 우위의 주장에 대하여 논박을 펴고 있다. 인간의 정신작용은 초보적이며 구체적인 관념으로부터 시작되어 분석관념(分析觀念)과 통일관념(統一觀念)으로 이루어진 추상관념(抽象觀念)으로 발달되어간다는 것이다. 즉 구체관념(구체어)에서 추상관념(추상어)이 발달되었다는 이 명제는 이탁의 학문적 방법론으로 중요한 의미를 가진다. 굴절어의 전신은 포합어라 하였고 고립어와 첨가어의 전신으로 원시고립어라는 단계를 설정하고 있다. 이들 발달과정은 비록 가설적인 단계에 머무르는 것이지만 매우 설득력 있는 독창적인 논지다. 의의관념(실질어)과 관계관념(관계어)을 분석 추상하는데 가장 뛰어난 구실을 하는 것이 언어 발달 단계로 보아 최상인데 그런 의미에서 첨가어가 가장 우수하다는 것이다. 첨가어 중에서도 주격표현의 형식을 결한 몽고어와, 음운의 빈약으로 동의어와 다음절어의 결함을 가진 일본어보다 우리 국어의 본질이 더 한층 우수하다는 등의 지적은 적절한 것이고 국어학사상 처음 있는 주장이다.
　"환하문화와의 관계"는 그의 논문 가운데서 가장 독자적이면서 광역화되고 심혈을 기울인 대변적인 것이다.

　(ㄱ) 고조선에 고유문자가 있었음을 밝힘.
　(ㄴ) 오제(五帝) 오행사상(五行思想) 연원과 중국에 건너간 학술과
　　　 언어.

(ㄷ) 우리의 선학(仙學) 및 삼환사상(三桓思想)과 중국 역학(易學) 및 삼황사상(三皇思想)과의 관계.

(ㄹ) 진단도(震壇圖)와 정음문자와의 관계.

(ㅁ) 푼치의 하도(河圖)에 나타난 정음문자와 진단도(震壇圖)의 재건.

(ㅂ) 중국문화 각방면에 유존(遺存)되어 있는 우리의 고어.

목차에서 살필 수 있듯이((ㄹ)은 본래 결번) 주로 문자론(文字論)과 어원(語源)찾기가 주요내용이다.

고유문자에 대한 글은, 1932년 "조선문자사의 신자료"라는 제목으로 썼던 것으로 권덕규(1922, 1927) 김윤경(1931, 1938)[2] 등과 맥락을 같이 하는 주장이다. 김윤경의 고유문자설에 전적으로 공감한다고 하고 자신이 발견한 새 자료를 제시하였으니 연암집(燕巖集) 제6권의 "이서방 익사(書李邦翼事)"와 "몽계필담(夢溪筆談)" 중의 일부분이다. 훈민정음의 전신이 탐라문자(耽羅文字)요, 이의 전신이 고대문자이며 훈민정음은 세종 이전부터 있었다는 주장으로 진단도와 관련시켜 설명하고 있으나 수용하기 어렵다.

팔괘는 우리 신지(神誌)의 진단구변국도(震壇九變局圖)의 변체인 철학사상도이고, 나아가서 하도(河圖)도 본시 우리 것이며 팔괘와 마찬가지로 낙서(洛書)도 진단도를 모방한 것이라고 하였다.

정음문자 '、 ㅡ ㅣ ㅗ ㅏ ㅜ ㅓ'와 'ㅇ ㅁ ㅿ' 등 10자는 하도(河圖)에서 연유된 것이라 하였는데 수정한 하도를 보이면 다음과 같다.

---

2) 한글 이전에 고유문자가 있었다는 주장은 申景濬(1712~80)의 '俗用文字'설과 權悳奎(1890~1950)의 "訓民正音 그 이전의 朝鮮文學 復興"이라고 한 11종과 김윤경(1984~1969)이 주장한 "한글의 起源이 우리의 古代文字에 있다"고 한 9종과 權相老(1879~1965)의 '우리의 古代에 文字가 꼭 있었는지 없었는지 알 수는 없지마는 '글월'만은 있었던 것이 事實'이라는 8종 등의 주장이 있다. 이들에 대한 구체적 자료제시와 정리는 金敏洙(1980. p.36~41)에서 일목요연하게 살필 수 있다.

〈현전하도〉   〈이탁이 수정한 하도의 원형〉

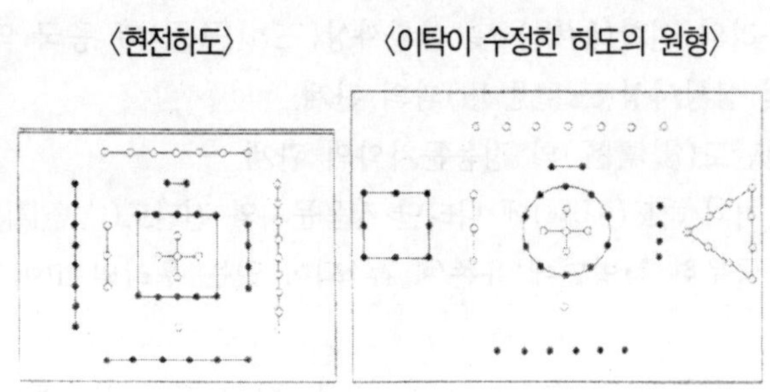

　해례본의 자방고전(字倣古篆)의 고전(古篆)은 고대문자라는 주장과 아울러 훈민정음 제자(制字)의 기본원리에 있어서도 초성의 경우 발음기관 모방에 대한 견해는 해례본의 경우와 일치하나 중성의 경우 정인지 등의 '天地人 三才'에 대한 도용설명이 잘못된 것이라 하였다. 이탁의 주장은 해례본의 내용에 대하여 중국의 역학이나 성리학이 아닌 우리 고유의 철학사상과 연관시킨 점이 특징이나 중성에서 삼재(三才)와의 관련을 부정하는 것은 근거가 부족하고 자형(字形)에 대한 논의도 잘못된 것이다.3) 그러나 중성도 발음기관을 모방하였다는 설명은 검토의 여지를 남기고 있다. 요컨대 전하지 않는 우리 고대문자라는 것은 외국문자이거나 문자 이전의 암각화와 같은 것으로 해석함이 타당할 것이다.4) 정음(正音)의 기원을 고대문자에 두는 것은 더욱 근거가 빈약한 것이다.

　'어원찾기'에 관한 것으로 우리 나라의 고대 학술, 사상, 언어가 중국으로 건너갔다고 주장을 펴고 있는 바 대표적인 것이 삼황오제(三皇五帝)다. 삼황(三皇)은 우리 나라의 환인(桓因), 환웅(桓雄), 환검(桓儉) 이른바 삼환(三桓)이 중국으로 건너가 중국어로 되고 삼황사상(三皇思想)이 되었으며 오제(五帝), 오행사상(五行思想)에서 오제는 중국의 실제적 인물이 아니라 우리 고대의 지방 장관을 이르는 명칭이라 하였다. 오

---

3) 李成九(1980), 「訓民正音硏究」 pp.28~29
4) 金敏洙(1980), 「新國語學史」, 一潮閣, p.41

행사상은 중국을 기준으로 이루어진 사상이 아니고 우리 나라 고환국(古桓國)의 중심지인 하얼빈을 기준으로 하여 이루어진 것이 중국으로 건너 갔다는 여러 가지 방증(傍證)을 들고 있으나 납득하기 어렵다. 이 외에도 우리말이 중국으로 건너간 것으로 '筆, 歲, 寫, 紙, 나무' 등을 들고 중국어의 "律", "呂"는 우리말 "불(火)"의 고어를 음사(音寫)한 것이고 宮, 商, 角, 徵, 羽의 오성(五聲)도 현금(玄琴)의 오성(五聲)인 '청홍 당둥딩(원래는 철홀닥둥딩)'이라 하였다. 이 가운데 오성에 대한 믿음은 뒤에까지도 확신하는 것으로 주장하였다. 이들 주장의 근거로 언어 발달의 과정과 음운법칙의 적용이다. 초기단계에서 음운법칙은 성부(聲符)인 해성자(諧聲字)로 음의 유사점을 도출하여 같은 어원임을 증명하려 하였으나 이후 이른바 계통적 음운 법칙이란 것을 수립하였다.

> "나는 단어발생과정의 심리적 고찰에 基하여, 단어발생의 次序를 이렇게 생각한다. 곧 맨 먼저 체언이 생기고, 體言 중에서 具體語가 먼저 생기고, 用言과 抽象語는 여기에서 각각 轉化되었다."
>
> (「국어학논고」, p.70)

이들 어원찾기 작업은 다분히 민간어원적인 면과 음의 유사성에 지나치게 근거를 두고 있으며, 무리한 음운 변화의 추정 등이 문제점으로 지적될 수 있으나 종전까지 또는 현재까지도 지나치게 한자어에 바탕을 두어 우리말의 어원 내지는 문화의 근원을 전적으로 중국에 의존하여 탐구하려는 우리의 학문적 자세에 일깨움을 주는 것이라 생각된다.5)

이외에도 '어원 밝히기' 작업은 여러 논문에서 시도되고 있다. 그 예를 찾아보면 "고대사회상의 편모(片貌)"(1959)는 언어를 통하여 고대사회

---

5) 한자어 차용에 관한 연구로는 金完鎭(1970)을 비롯하여 南豊鉉(1968 a, b. 1972), 沈在箕(1973) 등 많은 업적이 있다. 고대국어 관계는 金完鎭과 沈在箕가 대표적이다. 위의 논문들은 언어 기증자(doner)를 중국에 절대적으로 두고 있는 점이 이탁과는 상반된다. 참고 문헌 참조

의 생활상을 재구하려는 사회언어학적인 고찰이다. 혈거시대(穴居時代)의 사회상을 나타내는 말로, "들어눕다"와 "일어나다" 모권사회(母權社會)를 나타내는 말로, "셔방맞다"와 "장가들다", "셔방"과 "겨집", 성씨 뒤에 붙는 접미사 "~가"에 대하여 고찰하고 있다. 생활지대를 나타내는 말로 "탈"(~나다, 병~ 등의)을 살피고 있다. 이들 어원에 대한 타당성 여부는 차치하고라도 중고한자음(中古漢字音)의 재구를 통해서 또는 우리나라의 방언에 남아있는 말들을 널리 수집하여 고대어의 재구에 노력한 것은 국어학사상 선편(先鞭)을 잡은 것이고, 사회언어학적인 선구적 방법론은 적지 않은 성과와 함께 후학에게 길을 열어주는 일이 되기도 했다.

"eleven, twelve, antagonist 및 language"의 어원(1963. 12)은 세계의 모든 언어는 생리적인 입장에서 동일한 음운변환의 과정을 거쳐 변화된다는 가설을 검증한 대담한 시도다. 비록 현재로서는 황당하게까지 느껴지는 것이지만 일반언어학에서 추구하는 보편적 음운변화의 규칙성을 찾아야 한다는 과제를 던져준 데서 의미를 갖는다. 이외에도 "강강수월래의 유래"(1965) "음운법칙과 어원 밝히기"(1957)에서 '떡닢, 상사뒤여, 여기, 저기, 거기, 도끼' 등 여러 개가 더 있다.

3

이탁의 음운 법칙은 그의 어원 밝히기 작업 즉 고대어 재구에 연장구실을 하는 것이므로 그의 학문에 있어 각별한 의미를 가진다. 그리하여 "계통적 음운법칙"(1956)은 그의 학문 세계를 대변하는 또 하나의 논문이다. 그러나 근본적으로 비교의 대상인 중국어와 한국어는 대조 연구이고 한국어와 일본어는 비교 연구가 되어야 한다는 고려가 배제된 채, 단순히 음의 유사성에서 음운 변화의 규칙성을 찾으려 한 데서 문제점이 제기된다. 또한 역사적 사료의 뒷받침이 부족하고 시대에 따른 구체적 검토가 결여되어 있는 것도 문제를 가진다.

> "韓中 兩語의 어음이 脣音에서부터 발달된 것처럼 인류의 어음은 다 순음으로부터 발달되고 또는 인류의 최초 尙食物은 貝類이었던 관계로 원시문화에 관한 단어는 자연히 脣音과 貝類를 이르는 말과 연결된 것이 아닌가 생각한다."
>
> (『국어학논고』, pp.103~104)

이 전승적인 음운 법칙은 비교언어학, 계통론, 어원학 등의 뒷받침이 있어야 비로소 가능하다고 전제하고 있고 또한 음운 법칙을 수립함에 있어서 서구 음운 체계의 원리는 음성 구조의 필수조건인 생리적 기초 위에 두지 않고 음성의 청각적인 관념인 음향에 두었다고 하고 생리적 기초 위에 두어야 할 것을 강조하였다. 그는 중고한자음(中古漢字音)의 변천과정을 검토하여 일정한 음운 규칙을 도출하려 다음과 같은 방법론을 제시하였다.

1) 운문적(韻文的) 고찰법
2) 문자학적 고찰법
   (a) 해성(諧聲)에 의한 고찰법
   (b) 가차(假借)에 의한 고찰법
3) 훈고적(訓詁的) 고찰법
   (a) 동음호훈(同音互訓)에 의한 고찰법
   (b) 동의호훈(同義互訓)에 의한 고찰법
4) 중음어적(重音語的) 고찰법

이들 방법론은 빈틈이 없고 완벽한 고안(考案)이라고도 할 수 있다. 다만 이들 방법의 적용에 있어 일부의 현상을 전체의 사실로 확대 해석하는 것이 문제점이다. 언어는 일정한 법칙에 따라 변한다는 즉 생리적 또는 경제적 원칙을 지나치게 강조하고 있다는 것도 문제점이다. 이탁 선생이 내세운 이른바 계통적 음운규칙은 모두 14가지가 된다.6)

이들 음운규칙은 개개의 사실로부터 귀납된 현상이라기보다 "脣 〉 舌端 > 舌面 > 喉 > 後舌"이란 순위 즉 발음하기 쉬운 순음(脣音)에서부터 발음하기 어려운 후설음(後舌音)까지로 단계적인 발달을 하여왔다는 가설 즉 개개 발음의 난이도와 같이 음운도 그 난이도에 따라 발달되어 왔다는 것이다.

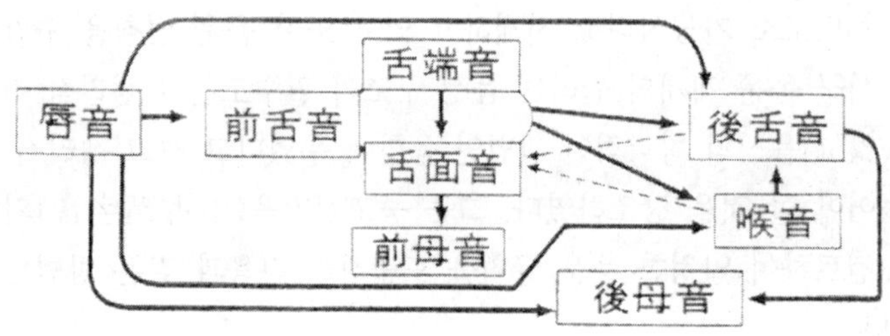

과연 위의 그림설명과 같은 경로로 규칙적인 음운 변화가 진행되어 왔는가는 여러 가지 의문이 제기될 수 있다. 또한 위의 그림풀이는 자음을 위주로 한 것이고 모음은 별도로 고려되지 않았다. 음운의 발달 경로 즉 난이도를 어떻게 정할 수 있는가에 대해서는 어린이의 발음습득과정에서 시사를 받을 수 있지 않은가 생각된다.7)

------

6) 이들 음운법칙의 명칭만 제시하면 다음과 같다.
　音則 1. 脣音의 前舌音化 2. 舌端音의 舌面音化 3. 前舌音의 後舌音化 4. 喉音의 後舌音化 5. 脣音의 喉音化 6. 前舌音의 喉音化 7. 脣音의 後舌音化 8. 後舌音의 舌面音化 9. 脣音의 後母音化 10. 前舌音終聲의 前母音化 11. 密閉前舌音의 不全閉前舌音化 12. 後舌終聲의 後母音化 13. 通鼻後舌音終聲의 非通鼻音化 14. 非通鼻前舌音의 通鼻前舌音化
7) Irwin(1952)에 의하면 母音의 획득은 前舌音으로부터 後舌音의 방향으로 子音의 획득은 調音點의 후방으로부터 전방부로 발달한다고 한다. 그러나 村井(1960)은 모음

위의 음운 규칙은 순음 계열의 발달이 앞섰다는 등 언어 발달의 개연성
은 제시할 수 있으나 각기 다른 언어 환경의 한국어와 중국어가 같은 음
운변화를 겪었다는 것은 의심스런 점이다. 그러나 언어는 일원적(一元的)
인 조어(祖語)에서 출발했으리라는 가정과 더불어 몇 차례 거론하고 있는
Grimm의 법칙과 같은 보편적인 음운 규칙을 수립하려한 노력은 높이 사
야 한다. 이 음운 규칙을 수립하는 과정에서 제시되고 있는 다양한 한적
(漢籍)에서의 많은 전거(典據)와 각 지방의 방언, 현대어들의 사례는 자
체만으로도 연구 실적의 의미를 가진다. 역사적으로 보아 관형사형어미
"ㄴ"의 발달을 명사성접미어 "ㅁ"에 두는 등 사적발달을 밝힌 탁견들도 보
인다.

음운론에 대한 견해는 "우리 어음학(語音學)"(1928)에서 찾아볼 수 있다.

> "나는 종래로 (ㅏ, ㅓ, ㅗ, ㅜ) 등은 홀로 나는 홀소리요, (ㅇ)는 소리값이 없다는 주
> 시경 선생의 학설과 이 학설의 근원이 되는 서양 음성학의 母音定義에 대하여 의혹
> 을 가지고 있었다. 그래서 1925年 겨울에 이것을 밝히어 보려고 語의 生理上 構造
> 를 細密히 고찰하여 본 결과 소위 홀소리 닿소리란 것은 소리가 아니라 成立條件이
> 서로 다른 音을 이루는 두가지 要素에 지나지 않는 것"
>
> (「국어학논고」, p.65)

이라 하여 독자적인 음운이론을 펴고 있다. 자음은 닿아서 되는 소리감
(聲源)이고 모음은 구형(口形)이 다름으로 되는 소리감(聲路)인데 실제

은 中舌音에서 시작하여 前舌과 後舌 두 방향으로 분화 발달하고 자음은 후방에서 전
방으로 그리고 다시 후방으로 되돌아간다고 한다.
　Irwin : 모음 [i] [ɑ] [u] 자음 [h] [k] [t] [p]
　村 井 : 모음 [ə] [ɑ] [i] [u] 자음 [h] [p] [t] [k]
위의 주장이 서로 상반되는 바와 같이 이론적 바탕도 神境支配論 또는 最小努力의
法則 등으로 달리 설명된다. 다만 유아들은 언어환경의 영향을 받지 않기 때문에 발달의
영향과 수준은 생득적이라고 주장한다.(Irwin 1952, 中鳥·岡本·村井 1960, 이익
섭(1986), pp.68~92 재인용)

소리가 아니고 소리를 이루는 추상적 요소에 지나지 않으므로 소리씨(音素)라 하였다. 이 소리씨가 어울려야 소리를 이루고 또한 음절을 형성하며, 실음(實音)은 음절 이하로 분석할 수 없다고 하였다. 모음만으로 음절이 성립되지 않는다는 것은 훈민정음 성음법(成音法)의 이론과 같은 것이다. ㅇ자를 시대에 관계없이 후음(喉音)의 음가를 가진 것으로 생각하였다. ㅗ, ㅏ를 예사로 부르면 '오아(吾我)'의 음이 되고 빨리 부르면 '와'(臥)가 된다는 것은 잘못이라고 하였는데 이는 ㅇ의 음가에 관련시켜 설명하고 있으나 전이음 〔w〕를 인식한 것으로 보여진다.

자음의 변이를 필연적 연변(連變)과 습관적 연변으로 분류하여 자세히 음운론적 환경과 변이되는 음을 고찰하고 있는 바 이는 현대음운론의 이론에 그대로 합당한 선구적인 것이다. 주시경의 「국어문법」에서도 '붙음소리의 접변(接變)', '국어습관(國語習慣) 소리'란 용어는 사용하고 있으나 결정변이와 수의변이를 대립적 관계로는 수립하지 못하였었다.

음운에 관한 연구로 " ' ᆞ' 음가의 새로운 고찰"은 다른 소리와의 상관에 의하여 음가를 추정한 논문으로 의미를 가진다. 주로 훈민정음 해례본에 의해서 음가 추정을 시도한 연구인데 15세기의 모음추이를 고려하지 않고 현대어의 모음체계 속에서 그 상관 관계로 음가를 추정하려 한 점이 문제를 가진다.

4

'향가신해독(鄕歌新解讀)'과 '우리시가원론(詩歌原論)'이란 논문은 비록 어학적인 고찰이긴 하나 이탁 선생의 우리 시가에 대한 문학적 관심과 애정의 표현이기도 하다. 서두에서 살린 바와 같이 선생의 작품으로 10편의 시와 한시 4수가 있다. 그는 '시가와 공리성(功利性)'이란 항에

서 고대 중국인들이 예(禮)와 악(樂)을 중시한 것을 역설하고

> "나는 국가의 주권을 팔아먹는 매국적(賣國賊)의 죄보다도 국민에게 악영향을 주
> 는 예술인(藝術人)의 죄가 더 크다 하노니 이것은 일시 잃은 주권은 국민의 성정(性
> 情)만 정직하고 기개만 왕성하다면 다시 찾을 날이 있으려니와 만일 악예술(惡藝術)
> 의 영향으로 국민의 성정이 사곡(邪曲)하여지고 의기가 소침(銷沈)된다면 그것은 영
> 구히 멸망(滅亡)의 길을 걷게 될 뿐인 까닭이다."
>
> (「국어학논고」, p.290)

는 예술관(藝術觀)을 피력하고 있다.

향가신해독(鄕歌新解讀)은 소창(小倉), 양주동(梁柱東)의 향가 해
독에 대하여 잘못되었다고 생각된 부분을 고쳐 25수 전부를 해독한 것이
다. 이 해독의 바탕은 앞에서 기술한 음운법칙에 따라 신라어를 재구한
것이다. 향가에 대한 새로운 해독이란 역사적 의미와 함께 내용면에서도
큰 가치를 가진다. '사뇌(詞腦)'는 새시대, 새세상이란 뜻으로 'ᄉᄂᆞᆯ >
ᄉᆞ놀 > 시ᄂᆞᄅ > 시ᄂᆞ이 > 시ᄂᆞ위 > 시나위'로 변천되었다고 하였다.
'사뇌'의 형식과 종류에 대하여 소창과 양주동은 4구체, 8구체, 10구체라
하였는데 이는 잘못이며, 균여전(均如傳) 역가공덕분(譯歌功德分) 최
행귀(崔行歸)의 서문에 "歌排鄕歌, 切磋於三句六名"을 규명해야 한다
고 하여 시의 운율적 구조단위(構造單位)와 의의적(意義的) 구조단위
를 검토하고 있다. 구(句)는 짝을, 명(名)은 단어(單語)를 뜻하는데, 입
곁을 단어로 치지 않고서 그 형식을 면밀히 검토한 바

```
┌─ 一句六名體 : ┌─ 基本形
│              └─ 短型詞腦
└─ 三句六名體 : 複詞腦
```

란 형식을 밝혀놓았다. 사뇌의 기본골격은 정읍사형(井邑詞型)이며 시
조(時調)와 가사(歌辭)의 원류도 향가임을 치밀하고 정교하게 검토하고

있다. 이들 향가에 대한 연구 특히 형식에 대한 고찰은 학계의 재검토를 통하여 수용되어야 할 독창적인 성과로 생각된다. "이두(吏讀)의 근본적 해석(解釋)"은 종래의 독법에 대하여 새로운 시도를 꾀했던 것인데 병고 때문에 "齊(돈)"의 문제 하나에 그쳐 아쉬움이 남는다.

5

이탁 선생의 국어연구는 학문적 계보와의 상관없이 독자적인 학문세계를 구축하였고 또한 학문적 전승없이 묻혀진 채 단절되었음이 특징이다. 그러나 고대어 재구를 위하여 제기한 1) 추상어 발달의 원칙. 2) 계통적인 음운법칙의 수립. 3) 사회언어학적 고찰 등의 방법론은 그 자체로 유익한 것이며 동시에 국어학이 해결하고 나가야 할 과제이기도 하다.

요컨대 그의 학문세계에 대한 평가 작업은 국어학사적인 맥락에서 분야별로 재검토하는 것도 중요하겠지만 그가 제기한 연구 방법론 및 과제들에 대한 심층적인 연구 검토는 그의 학문적 계승도 될 뿐 아니라 국어학 자체의 업적이 될 것이다.

※ 「주시경학보」 3집, 1989, 주시경연구소.

참고 문헌

권덕규(1922), "조선어문의 연원과 그 성립", 「東明」1.

─────(1927), "정음 이전의 조선글", 「한글」1.

─────(1938), 「조선문자급어학사」, 조선기념도서출판사.

─────(1968b), "중국어 차용에 있어서 직접차용과 간접차용의 문제에 대하여", 이숭녕박사송수기념논총.

─────(1972), "15세기 한자어 차용고", 「국문학논집」 5 · 6, 단대 국문과.

─────(1988), 「신국어학사」, 일조각.

김민수(1977), 「주시경연구」, 탑출판사.

김완진(1970), "이른 시기에 있어서의 한중어 접촉의 일반(一斑)에 대하여", 「국어학연구」 6-1, 서울대어학연구소.

김윤경(1931~33), "조선문자의 역사적 고찰", 「東光」 3-1~5-1.

남풍현(1986a), "15세기 언해 문헌에 나타난 정음표기의 중국계 차용어사 고찰", 「국어국문학」, 39 · 40.

심재기(1982), "국어어휘론", 「차용어 연구점검」, 집문당, 54~55.

이성구(1985), 「훈민정음 연구」, 동문사.

이응백(1964), "노국어학자 월양 이탁선생의 걸으신 길을 더듬음", 「국어교육」 8, 한국국어교육연구회.

이인섭(1986), 「아동의 언어발달」, 개문사.

이 탁(1958), "국어학논고" 정음사 외 본문에 언급된 논문 전부.

최범훈(1973), "국어의 한자계 귀화어에 대하여", 「양주동고희기념논문집」.

김민수, 국어학사 연구와 자료발굴

1. 머 리 말

약천(若泉) 김민수의 국어학에 대한 연구 논저는 국어학사, 문법론, 국어사, 음운론, 의미론은 물론 국어정책론, 문자론 등 국어학의 여러 분야에 걸쳐 있다. 또한 최근에 들어와서는 남북한 언어 문제에 깊은 관심을 가져 많은 업적을 이룩해 내었다. 다만 학술적인 연찬으로 그치지 않고 통일시대에 대비한 남북한 언어의 동질성 회복을 위한 민족운동에 앞장서 온 것도 특기 할 일이다.[1]

그의 연구는 여러 분야에 걸쳐 많은 업적물을 쌓았다는 외형적인 양의 많음에 그치는 것이 아니다. 한편 한편의 글들이 문장 하나에서 토씨 하나에 이르기까지 조직적이며 논리성을 가지고 있으며 또한 남들이 쉽게

---

1) 그는 통일 시대에 대비한 남북언어의 동질성 회복 및 그 방안 마련에 범국민적 운동의 필요성을 절감하고 <우리말·우리문화 동질성 회복추진회>를 결성하여 1994년 2월 24일 종로구 동숭동 한국학술진흥재단 5층 대강당에서 창립총회를 열었다. 김민수가 초대회장으로 선출되었고, 명예회장으로는 스웨덴 스톡호름대학의 조승복이 추대되었다. 그 구체적인 결성의 과정과 경위에 대해서는 <우리말·우리문화 동질성 회복추진회> 소식지 창간호(1994 .6. 20.)에 게재되어 있다.

파고들 수 없도록 깊이 있고 독창적인 연구라는 것도 그의 논문을 접해 본 사람은 쉽게 수긍하리라고 생각한다.

이들 연구는 1952년을 시발로 하여 잠정적으로 1992년 2월 그의 정년까지 무려 294종의 논저 목록을 추출할 수 있다. 이후 1995년 말까지 26편을 합하면 320편이나 된다.2) 이들의 내용은 앞에서 말한 바와 같이 다양하다. 심오한 내용의 학술 논문에서부터 국어학사, 문법론, 정책론, 의미론 등 당대 분야의 새로운 정리와 경지를 개척하는 저서만도 수십 권이 된다. 때로는 단편적인 논설과 서평 등도 있다.

그의 학문 세계는 학술연찬 뿐 아니라 국어학사의 자료발굴에도 힘써 「역대한국문법대계(歷代韓國文法大系)」 102권의 수집·편찬 등과 같은 중요하고도 큰 일을 해 내었다. 이와 같은 거대한 연구 활동은 과거 선인들의 업적에서 찾아보기 어려운 예이며, 또한 앞으로도 이와 비견할 수 있는 연구 업적을 기대하기 쉬운 것이 아니다. 더욱이 선생의 왕성한 연구 활동이 계속되는 오늘의 시점에서 우리는 선생의 연구에 기대하는 바 더욱 크고, 오래도록 연구 저술 활동이 지속되기를 바라는 마음 더욱 간절하다. 그리하여 이 찬연한 업적이 더욱 높아지기를 바라고, 이를 바탕으로 우리 국어학 연구의 더욱 큰 발전을 바란다.

이 글의 기술 순서는 글의 제목과 같이 먼저 〈김민수의 국어학사 연구〉에 관한 업적을 먼저 살펴보고, 다음에 〈자료발굴〉의 사항을 검토해 보기로 한다. 자료 발굴은 어디까지나 국어학사 연구의 과정에서 그 일환으로 제기된 결과이고 그의 학문의 세계는 문헌의 수집이나 서지학적 입장보다 국어학사 연구가 초점이었기 때문이다.

---

2) 그의 논저 목록은 「國語學研究百年史」Ⅳ에 수록되어 있다(1992. 6. 10. 일조각). 이후 1995년 12월까지 26편의 논저가 추가되어 모두 320편의 논저가 된다.

2. 국어학사와 자료탐구

2.1 국어학사 관련 연구

약천의 국어학사 관련연구는 국어학사의 정리, 국어학사의 탐구, 문헌해제, 문헌의 소개, 자료 발굴 등 115편이나 된다.

국어학사의 기술은 개별적인 연구를 선행하여 검토하고 이어서 전체적인 기술이 뒤따르는 것이 논리적으로나 그 발생의 연대기적 순서와도 일치하는 것이다. 그러나 여기서는 서술의 편의상 먼저 전체적인 사항을 검토하고 다음에 개별 항목을 검토하는 순서를 취하였다.

국어학사 관련 서술은 단행본, 논문, 문헌해제, 문헌소개, 기타의 순으로 살피기로 한다.

1) 국어학사의 정리 : 단행본에 대한 고찰

국어학사 관련 저술은 다음과 같이 10편이 된다.

1) 「국어학사개설」(1956, 유인)
2) 「국어국문학사」(1957, 이능우 등 공저)
3) 「신국어사」(1964)
4) 「한국어학사」 하(1967)
5) 「주시경 연구」(1977)
6) 「신국어학사」 전정판(1980)
7) 「주시경 연구」 증보판(1986)
8) 「국어학사의 기본이해」(1987)
9) 「북한의 조선어 연구사」 4권(1991)
10) 「북한의 국어연구사 개요」(1991)

국어학사에 관한 위의 저술은 3가지 부면에서 고찰할 수 있다.

첫째는 국어학사 전반에 관한 역사적인 서술이다. 1956년 처음으로 저술한 유인 「국어학사 개설」을 시발로 하여, 1957년에 간행된 공저 「국어국문학사」, 1964년의 「신국어학사」, 1967년의 「한국어학사」, 1980년의 「신국어학사」 전정판과 1987년의 「국어학사의 기본이해」가 된다.

둘째는 약천 선생의 학문적 결집이기도 하고 또한 그의 개척 분야인 주시경에 대한 저서이다. 이에 관한 저서는 1977년 「주시경 연구」와 1986년 「주시경 연구」 증보판이 있다.

셋째는 후기에 해당하는 1990년대 들어와서 본격화된 북한어에 관한 연구서다. 북한어 관계 연구는 별도의 기획 논문에서 다루어지기 때문에 이 글에서는 기술을 생략하기로 한다.

이들 세 분야는 그의 학문의 세계를 단적으로 대변하는 것이기도 하다.

첫 번째의 국어학사의 정리는 국어학사상의 여러 자료를 발굴하여 이들 하나 하나를 연구 검토하는 과정과 병행하는 것이었다. 그것들이 때로는 〈해제〉형식으로도 나타나고, 또한 방대한 고증과 비교 분석 검토를 한 논문 형식으로 나타나기도 한다. 이들 개개의 역사적 사항을 정리하여 놓은 것이 이들 국어학사 관계의 저술이다. 국어학사 관계 통사적 저술은 여러 권이지만 이들을 대표하는 것은 1986년 전정판 「신국어학사」와 1987년 「국어학사의 기본이해」가 된다. 전자는 국어학사를 통사적인 입장에서 기술한 것이라면 후자는 전체적인 얼게는 역시 시대 순으로 배열하였으나 각각 그 시대 속에서 중심이 되는 주제를 중심으로 서술하였다. 전자의 것은 많은 사적인 자료를 축약하여 서술해야 하는 어려움이 있었다고 하고, 후자는 이들 주제의 이론적 바탕을 주제에 따라 입론해야 하는 어려움이 따랐다고 필자는 고백하고 있다.

특히 「국어학사의 기본이해」와 같은 저술이 그에게 가능했던 것은 여기에 수록된 논문 41편이 그의 독자적인 개인 논문들이라는 것이다. 다른 사람들의 논문을 꿰어 맞추어 한편의 체계를 세우는 여타의 저술과는 본질적으로 다르다. 이러한 저술은 과거에 수많은 연구서 중에 한 권도 없는 독창적인 저술로 그 가치를 높이 평가해야 할 것이다.

그러면 대표적인 이들 두 저서와 김민수의 국어학사 연구의 정화라고 할 수 있는 「주시경 연구」에 대하여 개략적인 전모와 국어학사적 의의를 개괄해 보기로 한다.

(1) 「신국어학사」

전체 구성을 살펴보면 국어학사의 시대를 1. 서론 2. 전통국어학 3. 근대국어학 4. 현대국어학으로 구분하여 서술하고 있다.

제2편의 전통국어학은 고대로부터 갑오경장 이전까지의 시대에 해당하는 시기로 이는 일반적으로 국어사의 시대구분과도 유관한 것이다.

이 중 고대국어학사는 삼국시대부터 통일신라 말까지 약10세기에 해당하는 시기다. 이 시기는 문헌자료의 빈곤으로 국어학사의 서술에 어려움을 느끼는 시대다. 이를 '언어의식, 문자의식, 모어의식'의 3가지 의식사(儀式史)로 기술하고 있음은 독창적이기도 하거니와 역사자료의 공백을 합리적으로 처리한 기술이어서 한결 돋보이는 기술이다. 많은 저서에서 이 부분의 기술을 꺼리어 가벼이 지나쳐 버리거나 생략하였던 사실과 비교하면 이 부분의 기술이 장점이 됨을 쉽게 알 수 있을 것이다.[3]

간략히 목차만 살펴보면 〈언어의식의 심화〉에서는 1) 고대의 언어신성관, 2) 김대문과 어원설, 3) 최치원과 계통의식을 다루고, 〈문자의식의 개신(改新)〉에서는 1) 고대문자의 암각, 2) 한자의 차용과정, 3) 설총의 경서해석을, 〈모어의식(母語意識)의 발전〉에서는 1) 표기문헌과 의미해독, 2) 차자표기와 문법해석, 3) 동음이자와 어문정책을 다루고 있다.

---

3) 훈민정음 창제 이전의 국어학사는 대부분의 경우 가벼이 다루거나 거의 생략하기까지 한다. 김윤경 「조선문자급어학사(朝鮮文字及語學史)」(1938)에서는 고대문자에 대한 기술이 전부이고, 강신항(1967)의 경우도 한자차용과 국어에 대한 반성만으로 마무리하고 있다. 여타의 저서도 비슷한 모습이다.

중세국어학사는 고려건국에서부터 훈민정음 창제 이전까지다.

이 시기도 고대와 같이 국어학 연구의 자료 빈곤은 비슷한 실정이다. 이 시대의 내용을 〈한문훈독과 이두〉와 〈성운학의 발달〉 과정으로 구분하여 구체적으로 기술한 것도 합리적이기도 하거니와 충실한 국어학사의 기술이다. 특히, '최행귀의 언어이론'에 대한 기술은 중세국어학사 연구에서 큰 발견이며 중세의 언어이론을 대변하는 것이어서 돋보인다. 고려시대의 음운학에 대한 기술로 고려시대의 운서의 복간과 편찬에 대한 정리도 일목요연한 것이고 여러 가지 의의를 가지는 기술이다.

중세후기국어학사는 1) 훈민정음의 창제 2) 한자음의 교정 3) 최세진의 연구로 기술하고 있다. 역사의 기술의 어려움은 잡다한 역사적 사실들을 어떻게 취사선택하여 하나의 체계화된 사실들로 엮어나가느냐 하는 것이다. 국어학사상 처음으로 많이 등장한 자료들을 빈틈없이 좌우 정렬시킨 것도 또한 장점이라 아니할 수 없고, 독창적인 이론의 전개가 도처에 드러남은 그의 개별 연구 논문들이 뒷받침하고 있기 때문이다.

근세국어학사에서는 〈문자, 음운학의 발달〉에 대하여 최석정(崔錫鼎), 신경준(申景濬), 유희(柳僖)의 학문적 업적을 기술하고 있고, 〈사서편찬(辭書編纂)에 대한 항목〉에서는 1)조선학과 사서편찬, 2) 기초어휘의 정리, 3) 국어의 주석과 어원에 대하여 빠짐없이 정리하고 있다.

제2편의 근대국어학사는 1894년 갑오경장에서부터 1945년까지의 시대다.

이 시대를 양분하여 1919년까지를 "개화기의 국문연구"항목으로, 그 이후를 "저항기의 모어연구"로 표제하여 내국인의 경우는 물론 외국인의 연구까지도 망라하고 있다. 이 부분의 기술에 있어서도 다른 사람의 기술이 이에 미치지 못할 정도로 세밀하면서도 독자적인 체계를 가지고 기술되어 있다. 이는 많은 자료의 섭렵과 독자적인 개인 논문을 통하여 이미 이 분야의 면밀한 연구를 바탕으로 기술한 것이기 때문이다. 앞에서 살펴본 국어학사 관련 논문들이 주시경 등을 위시하여 전체적으로 주류를 이루는 것이기에 내용에서부터 체제 하나 하나에까지 이 부분의 기술에도 주도적인 역할을 할 수 있게 하는 것이다. 약천의 연구는 시대적으로 보아 이 시대에 집중되어 있다고 할 수 있다.

제3편에 해당하는 현대국어학사 시대는 1950년을 기점으로 양분하여 기술하고 있다. 〈조국광복과 국어학〉이란 명제 아래 1) 국어회복과 국어정책, 2) 대학건설과 국어연구, 3) 문법연구의 부흥을 두어 서술하고 있다. 사변 후의 국어연구는 〈1950년대의 국어학〉이란 명제 아래 1) 학계 재편과 한글파동, 2) 국어사의 연구, 3) 현대국어의 연구, 4) 국어학사의 연구를 기술하고 있다.

어느 한 시대를 보더라도 소홀하고 누락됨이 없는 역사의 기술이 되고 있음은 목차만으로도 쉽게 알 수 있다. 그는 기술에 앞서 자료들을 일일이 섭렵하였고 자신의 선행 논문을 바탕으로 전체를 일관성 있게 꿰어 나가고 있다. 즉 시대 시대마다 관류하는 맥들이 전체를 이루는 조직적인 구성을 쉽게 알 수 있다.

(2) 「국어학사의 기본이해」

이 책은 앞에서도 간략히 언급하였듯이 주제별로 엮어낸 국어학통사라고 명명할 수 있다. 국어학사를 시대별로 사건에 따라 서술하는 것도 매우 지난한 작업이다. 하물며 시대에 따라 주제별로 그 한 시대 시대를 체계있게 기술한다는 것은 쉽게 가능한 일도 아니며 일찍이 아무도 시도해 보지 못했던 일이다. 이것이 약천 김민수에게서 가능했던 것은 그의 연구 업적이 국어학사 전체를 가늠할 수 있을 정도로 전 시대에 미치어 있고, 한편 한편의 논문이 전체의 맥을 이을 수 있도록 깊이 있게 연구되었다는 결과에서 기인한다. 즉 이 책은 국어학사 관계의 논문 41편이 바탕이 되어 이루어진 책이다. 필자가 서론에서 말하였듯이 "수집과 편성에만도 반년이 걸리고 수정과 보완에 전념한 것에도 반년이 넘는 시일이 소비되었고, 책이 되기까지에도 또 반년이 소비되었다"고 하였는데 이는 비단 이기간의 노력이 산물이 아니고 필자 자신이 고변하였듯이 40년 학문생활을 되돌아 정리하는 결산의 산물이기도 하다.

전체의 구성을 살펴보면 1. 서론 : 연구사, 2. 근대이전, 3. 근대, 4. 현대로 되어 있다.

1. "서론 : 연구사"에서는 〈국어운동사〉, 〈발췌국어학사〉, 〈어윤적(魚允迪)의 '국문원류연표'〉를 다루고 있다.

2. "근대이전"에서는 1) 고대의 언어신성관, 2) 나마(奈麻) 설총의 이두문에 대하여, 최행귀의 언어이론에 대하여, 3) 고려시대의 운서에 대하여, 4) 세종과 훈민정음, 5) 훈민정음 창제의 시말, 6) 최세진의 훈몽자회, 7) 유희의 전기, 8) 강위의 동문자모분해(東文字母分解)에 대하여 등으로 이루어졌다.

3. "근대"에서는 1) 근대국어학사 서론, 2) 대한제국시대 : 국어의식의 자각, 3) 국문정리의 한어론, 4) 최초의 국어문전, 5) 지석영과 주시경, 6) 일제강점시대 : 겨레의 피로 지킨 국어, 7) 이규영과 이완응, 8) 조선어학회의 국어운동으로 되었다.

4. "현대"에서는 1) 현대국어학에 대한 연구태도, 2) 학풍의 혁신, 3) 국어표기법논쟁사, 4) 한글파동, 5) 문법논쟁, 6) 1960년대 초의 국어학 등을 큰 주제로 삼았다.

이들 각각에 소목차를 두었고, 그 각각이 완결된 한편의 논문이 되고 이것들이 다시 이어져서 전체의 국어학 연구사를 형성하고 있다.

이러한 내용의 구성은 두 가지 면에서 의미를 가지게 한다. 즉 국어학사가 단순한 연대기적 사실의 나열을 피해야 한다는 사실에 대한 웅변 이상의 대변이고, 또 하나는 국어학사의 중대 사안들을 심층분석한 깊이 있는 연구 업적을 대할 수 있게 되었다는 것이다. 이러한 의미에서 이 한 권의 저서는 국어학사 기술에 있어 새로운 반향을 일으킬 것으로 생각된다. 또한 그의 통시적 국어학사인 신국어학사의 자매편의 역할도 하면서 1950년대까지로 그친 국어학사를 1960년대까지로 이어주는 역할까지도

겸하고 있다

(3) 「주시경 연구」

약천의 국어학 연구는 국어학사, 문법론을 비롯하여 의미론, 국어정책론 등 다방면에 걸쳐 있으나 그 대표적인 분야는 국어학사하고 할 수 있고, 국어학사 분야 중에서도 주시경 대한 연구가 가장 대표적인 부분이라고 할 수 있다. 그런 의미에서 단행본 「주시경 연구」는 주시경 탄생 100주년을 기념하여 탈고한 것으로 1977년 8월 10일 간행되었고, 증보판은 1986년 10월 9일에 발행되었다.

주시경에 대한 김민수의 연구 업적은 첫째 주시경의 학문 자체에 대한 연구다. 그 결실이 이 「주시경 연구」로 대변된다. 두 번째는 주시경의 학문 및 전 생애에 대한 발굴작업이다. 이는 첫 번째 주시경 연구와도 동시적인 일이나 이에 대한 결실이 바로 「주시경 전집」 6권을 간행한 일이다. 세 번째는 그의 학풍을 계승·진작시키는 일이다. 이 일에 대한 결실이 〈주시경 연구소〉의 설립과 「주시경학보」 발간이라 할 수 있다.4)

「주시경 연구」 전체의 목차에 따라 연구내용을 간략하게 살펴보면 다음과 같다.

〈I. 서론 : 불후의 명저〉 부분에서는 구국의 국어운동가로서의 그의 구국활동을 추적하고, 그의 연구업적의 학문적 의미를 조명하고 있다. 특히

---

4) 〈주시경 연구소〉는 1987년 12월 22일 주시경 탄생 111주년을 기하여 탑출판사 안에 설치하였다. 기관지로 「주시경학보(周時經學報)」가 1988년 7월 27일 창간되었다. 주시경 연구소의 창립의 경위에 대해서는 창간호 말미에 고영근의 편집후기와 함께 자세히 기술되어 있다. 이사장에는 김병렬(金炳烈), 소장에는 김민수(金敏洙), 간사에는 고영근(高永根)이 맡아 출발하였다. 창간호부터 13호(1994. 7. 22.)까지 주시경 관련연구 및 국어학사 분야의 연구에 수많은 집필진이 참가하여 많은 성과를 거두었다.
김민수는 처음부터 소장의 직을 맡음은 물론 주무까지 겸하여 심력을 기울이고 있다. 재정사정이 여의치 못하여 활발한 학술활동에 발이 묶이고 회보발간도 천연되고 있음은 안타까운 일이다.

「국어문법」이 가지는 학문적 독창성과 의의를 밝혀 낸 것은 그야말로 주시경에 대한 재발견이라고 할 수 있다. 이 한 권의 저서에서 1) 음소분석적인 음운연구가 일찍이 이루어졌고, 2) 세계에서 가장 빠른 형태연구와 3) 독창적인 구문분석을 해내고 있음을 밝히고 있다. 이들은 본문에서 더 구체화되어 밝혀진다. 또한 언어는 민족의 상징이라는 그의 국어관과 국어개선을 위한 그의 노력을 밝히고 있다.

〈II. 고달픈 생애 : 주시경의 업적〉에서는 그의 전기, 연보와 계보, 생애와 업적으로 항목을 두어 기술하고 있다.

전기 부분에서는 1914년 「청춘(靑春)」지에 실린 "주시경선생역사"를 게재하고 이들 내용에 대하여 자세한 각주를 달아놓아 이해를 돕고 있다. 그의 출생에서 작고까지의 발자취와 인간됨을 살필 수 있게 하는 최초의 글이기도 하다.

연보와 계보도 배재학당 기념관 소장 〈이력초(履歷草)〉와 자필 이력서 8종 등을 참조하여 작성하였고 생애와 업적에서는 그의 행적표를 제시하고 있다.

〈III. 줄기찬 발전 : 주시경의 초기연구〉에서는 주시경의 초기 연구업적들에 대한 학적 평가 작업을 하고 있다. 1898년 「국어문법설」을 위시하여 「대한국어문법」, 「국문연구안」, 「국어문전음학」, 「국문연구」의 학문적인 의의를 밝혀놓고 있고 겸하여 그의 학설의 발전을 추적하고 있다.

〈IV. 섬세한 분석 : 늣씨와 Morpheme〉은 1961년에 발표되었던 논문으로 주시경의 학문이 독창적이면서도 세계 언어학사상 선구적인 학자임을 밝혀준 중요한 논문이다. 주시경은 국어운동가로서의 그의 치적과 면모가 세인의 관심사이었고 그의 학문적인 내용의 규명이나 계승 등에는 소홀했던 것이 당시의 경향이었다고 할 수 있다. 이 때에 선편을 들어 주시경의 학문이 흔히 세간에서 오해하듯 국수주의적인 애국활동의 일환으로만 이해하는 풍토를 벗어나 대학자로서의 진면목을 밝혀 준 것이 이 논문이다. 즉 주시경이 언어분석 단위로 설정한 "늣씨"와 미국 구조주위 언어학자인 레오나르드 부름필드의 주요 언어분석 단위인 Morpheme와의 유사성을 밝혀낸 논문이다. 1926년에 발표된 부름필드에 앞서 1914년 「말의 소리」에서 제기되는 "늣씨"는 선구적인 그의 학문의 우수성을 입증한 것이다.

〈V. 골똘한 학문 : 주시경의 국어연구〉는 위의 항과 같이 주시경의 학문을 음운연구, 형태연구, 구문연구로 나누어 학문의 독창성과 우수성을 드러나게 한 논문이다. 음운연구 : 음운분석의 기본단위가 되는 음소를 〈고나〉라고 설정한 것은 1931년 국제음성학회의 협정으로 공인되기 이전에 이루어진 것임을 밝혀 내었다. 형태연구 : 앞에서 본 "늣씨" 이외에 독창적인 면을 서구 언어학자와 비교·분석하고 있다. 구문연구 : 그의 구문분석과 구문관은 독창성이며 선구적이다. 구문관은 노암 촘스키의 변형생성이론에서의 제기한 구문관과 일치함을 밝히고 있다. 그는 이미 1910년 「국어문법」에서 1957년에 촘스키가 주장하게 되는 심층구조와 같은 구문분석을 독창적으로 하고 있음을 밝히고 있다.

주시경의 학문적 경지가 음운, 형태, 구문에 모두 걸쳐 독창적임은 말할 것도 없거니와 세계적인 선구의 학설의 시창자임을 이들 논문에서 처음으로 밝혔다.

〈VI. 끈질긴 공작 : 주시경의 국어운동〉은 앞에서와는 달리 국어운동가로서의 주시경의 면모를 밝힌 논문이다. 주시경의 국어관과 태도 철자개혁론, 국어순화론, 한글개혁론 등에 대하여 기술하고 있다.

〈VII. 빗나간 파동 : 「신정국문」에 관한 연구〉 주시경 학문의 중대한 오류라고 할 수 있는 아래아와 음가추정과 연관된 신정국문에 관하여 자세히 논증한 논문이다.

〈VIII. 총괄 : 뛰어난 학자〉는 전체 저서를 종합하고 그의 학적인 가치와 영향을 재조명한 것이다. 이 한 권의 저서는 학술활동 전반을 통하여 심력을 관심을 기울였던 〈김민수의 주시경〉에 대한 전반적인 연구를 집약해 놓은 것이다. 이를 통하여 우리는 주시경의 인간 됨과 이력 학문세계의 독보적인 우수성, 국어활동의 전 면모를 밝히 알 수 있게 되니 다행한 일이라 할 수 있다.

증보판에는 주시경 연구의 일단인 "1. 국문동식회에 대하여", "2. 주시경의 초고 〈말〉에 대하여", "3. 유인〈고등국어문전〉에 대하여", "4. 주시경 저 유인 〈소리갈〉에 대하여", "5. 말모이 편찬에 대하여"가 추기되어 주시경 연구의 깊이를 더하고 있다.

부록에는 주시경 연표와 주시경의 학술 용어에 대한 풀이가 있다. 이는 깊은 주시경 연구의 산물로서만 가능한 노작이다. 이는 주시경의 학술 용어는 독창적이면서도 난해하여 쉽게 그 뜻을 이해할 수 없기 때문이다. 이는 주시경의 학문이 후대로 계승되는데 장애가 되었고, 일반화되는데도 장애가 되었던 약점으로 지적되고 있다.

2.2 국어학사의 탐구

1) 관련 논문의 고찰

국어학사 관련 약천의 논문은 다른 국어학 분야의 것보다 많은 양이다. 국어학사 관련 논저만도 115편이나 되는데 이는 전체의 3분의 1이 넘는 것이다. 이들 가운데서 비교적 양적으로나 체제에 있어 논문의 격식을 갖춘 것만을 뽑아 보았다. 이들의 목차를 발표순으로 열거하면 다음과 같다.

(1) "국어문법의 유형"(1954), (2) "장책고(裝冊考)〈서지학을 위하여〉" (1955), (3) "국어문법학사논고〈그 思를 위한 사적 고찰의 일단〉"(1955), (4) "「대한문법고(大韓文法攷)」〈국어문법학사의 한 과제인 최광옥·유길준의 문전에 대하여"(1957), (5) "조선관역어고(朝鮮館譯語考)"(1957), (6) "늣씨와 Morpheme" (1961), (7) "「신정국문」에 대한 연구"(1963), (8) "유희의 전기"(1964)(영문), (9) "고려어의 자료「계림유사」와 「조선관역어」"(1967), (10) "「국어문법」, 「말의 소리」의 연구"(1969), (11) "주시경의 초기연구"(1971), (12) "초기「국어문전」의 연구"(1975), (13) "유인

(油印) 「고등국어문전」에 대하여"(1977), (14) "김규식, 「대한국어문법」의 연구"(1977), (15) "초기 국어문법과 일본양학(日本洋學)」"(1978), (16) "주시경의 초고 「말」에 대하여"(1978), (17) "주시경 저 유인 「소리갈」에 대하여"(1979), (18) "최행귀의 언어이론에 대하여"(1979), (19) "국어연구소, 「국문연구안」에 대하여"(1980), (20) "이규영의 문법연구"(1980), (21) "나마 설총의 이두문에 대하여"(1980), (22) "고려시대의 운서에 대하여"(1980), (23) "김규식의 The Korean Language에 대하여"(1981), (24) "강위(姜瑋)의 「동문자모분해(東文字母分解)」에 대하여"(1981), (25) "국문동식회에 대하여"(1983), (26) "「국어국문학」 창간과 학회설립"(1983), (27) "학회사(學會史) 총설 제1기"(1983), (28) "한글파동(1983), (29) "문법논쟁"(1983), (30) "「말모이」의 편찬에 대하여"(1983), (31) "「훈민정음(해례)」의 번역에 대하여"(1985), (32) "1세기 반에 걸친 한국문법연구사"(1986), (33) "국어표기법논쟁사"(1987), (34) "주시경의 연보"(1988), (35) "구두점에 대하여"(1988), (36) "「국문정식(國文正式)」의 인본원형(印本原形)인 「대한국문」에 대하여"(1988), (37) "주시경의 연보의 정정과 추보(追補)"(1988), (38) "16행반절과 언본의 판본"(1989), (39) "국어학사의 재조명 – 정렬모"(1989), (40) "조선어학회의 창립과 그 연혁"(1990), (41) "초기 「국어문전」연구"(1990), (42) "김희상, 초기 「국어어전」에 대하여"(1991), (43) "주시경의 생애"(1992b), (44) "주시경의 논저목록"(1992c), (45) "근대의 국어운동"(1993d)

이들 45편의 논문은 시대적으로 볼 때는 약천의 학문 연구의 경향을 보여 주는 의미를 가진다. 이들은 대부분 두 권의 저서 「신국어학사」와 「국어학사의 기본이해」에 수록되어 전체의 국어학사 서술에 바탕이 된 것이었으므로 여기서는 간략하게 특징적인 몇몇의 사항만을 살펴보기로 한다.

(1)의 "국어문법 유형"은 국어문법 연구사를 어떻게 특징지어 시대구분 및 문법 내용을 차별화 할 수 있을까의 문제를 해결해 주는 귀중한 논문이다. 즉 이 논문은 국어문법의 유형을 3가지로 분류하여 제시하고 있으니 제1유형은 체언토와 용언토를 각각 독립 품사로 인정하는 분석적 유형이요, 제2유형은 용언토는 어미로 처리하되 체언토는 독립 품사로 인

정하는 절충적인 방안이다. 제3유형은 체언토와 용언토를 독립품사로 인정하지 않고 체언의 곡용어미와 용언의 활용어미로 처리하는 종합적 방안이다. 이는 일견 품사분류의 양상을 제시하는 것임에 그치는 것이라 하기 쉬우나 문법 전반의 특징과도 일맥 상통하는 분류법이다. 이 논문의 척도를 기준으로 하여 개인의 문법적 특징은 물론 시대적 특징을 살필 수 있게 하는 소중한 논문이다.

(2)의 "장책고(裝冊考)"(1955)는 일찍이 그의 연구가 국어학사의 자료정리 및 문헌연구를 예고해 주는 논문이란 의미에서 흥미롭다.

(4)의 "「大韓文典」攷"(1957)는 「대한문전」의 저자가 최광옥인가 유길준인가의 단순한 문제 해결의 차원에 그치는 것이 아니다. 문헌에 대한 새로운 인식에서부터 문헌비교의 구체적 사례를 보여주는 한편, 학문의 연류와 차용관계를 밝히는 본보기가 되기도 한 논문으로 의의가 크다.

(6)의 "늣씨와 Morpheme"은 주시경의 학문적 우수성을 밝힌 논문으로 김민수의 주시경 연구의 첫출발이 되는 중요한 논문이다.

이외에 주시경 관계 논문들은,

(7) "「신정국문」에 대한 연구", (10) "「국어문법」, 「말의 소리」의 연구", (11) "주시경의 초기연구", (12) "초기 「국어문전」의 연구", (13) "유인 「고등국어문전」에 대하여", (16) "주시경의 초고 「말」에 대하여", (17) "주시경 저 유인 「소리갈」에 대하여", (19) "국어연구소, 「국문연구안」에 대하여", (25) "국문동식회에 대하여", (34) "주시경의 연보", (36) "「국문정식(國文正式)」의 인본원형(印本原形)인 「대한국문」에 대하여", (37) "주시경의 연보의 정정과 추보", (43) "주시경의 생애", (44) "주시경의 논저목록"

등과 합하여 모두 15편이나 된다.

　45편의 국어학사 관련 논문 중 주시경 개인의 연구가 15편이나 되는 것은 그의 연구가 주시경 연구에 집중되어 있음을 입증하는 것이 된다.

　주시경 연구 이외에 (14) "김규식, 「대한국어문법」 연구"와 "김규식의 The Korean Language에 대하여"는 김규식 문법의 특징을 밝혀낸 논문이기도 하거니와 정치가, 즉 독립운동가가 아닌 국어문법가로서의 김규식의 진면목을 밝혀 낸 논문으로 의의가 크다. 김규식의 문법은 서구문법의 모델에 대한 정확한 이해를 바탕으로 국어의 특징을 접목시킨 성공적인 문법이다.

　(15) "초기 국어문법과 일본양학"은 일본의 서구문법 수용과정을 밝히는 한편 이어 우리문법에서의 외래문법의 영향관계를 밝힌 논문이다. 무릇 학문이란 그 계보를 밝히는 일이 선행되어야 하고 명확해야 함을 무언으로 증거하는 논문이기도 하다.

　(18) "최행귀의 언어이론에 대하여"는 고대의 언어 신성관을 벗어나 중세의 언어 권위관이 자리하는 실증적 사례로서 제기된 논문이다. 균여대사의 향가 11수 해석과 연관하여 한림학사 최행귀의 언어이론 및 언어관을 밝힌 귀중한 논문이다.

　(19) "국문연구소의 「국문연구안」에 대하여"는 주시경의 연구와도 연관되는 것이지만 국문연구소의 역사적 의의와 여기에 참가한 어윤적, 이능화, 주시경 등의 국어학 관계 10제(題)에 대한 연구 견해의 의의를 밝히는 주요한 논문이다.

　(20) "나마 설총의 이두문에 대하여"는 고대 국어학사 고증의 일단을 보여주는 새로운 면모이다. 이외에 고려시대의 운서에 대한 연구도 시대적 자료의 한계를 극복한 연구들이다.

　(26)의 "「국어국문학」 창간과 학회창립", (27) "학회사 총설 제1기", (28) "한글파동", (29) "문법논쟁", (40)"〈조선어학회〉의 창립과 그 연혁" 등은 현대 국어학사의 중대 사건에 대한 국어학사적 사실과 평가를 기술

한 것이고, 현대의 국어 연구를 대변하는 기관으로서의 학회의 창립과 그 발전사를 밝히는 논문들이다. 이는 흔히 국어학사라 하여 과거의 해석에만 집착하고 가장 중요시해야 할 현대를 간과하는 우리의 실정을 일깨워 주는 의미로도 크다고 할 것이다.

(33) "국어표기법논쟁사", (35) "구두점에 대하여"는 (28),(29)의 "한글파동, 문법논쟁"과 더불어 오랜 과거로부터 해묵은 과제임에도 불구하고 현재까지 문제가 되는 사실임을 감안하여 이들의 문제점을 조리있게 설파한 논문들이다.

(32) "1세기 반에 걸친 국어문법연구사"는 제목 그대로 1832년 구쯔라프의 문법에서부터 1960년대까지의 문법연구사를 시대별로 정리한 논문이다. 이는 「역대한국문법대계」의 마지막 권인 별책에 수록된 것으로 문법대계의 출판을 마무리하는 의미와 문법학사의 총정리란 뜻에서 의미를 가진다.

이외에 이규영, 정렬모, 김희상 등에 대한 학문세계의 탐구도 주시경 등의 탐구에 못지않게 국어학사상 큰 성과가 된다고 할 것이다.

2) 문헌 해제

김민수의 국어학사 연구의 한 대목을 차지하는 것은 국어학사에 등장하는 주요문헌들에 대한 빈틈없는 문헌 해제다. 문헌의 해제를 통해서 우리는 그 문헌의 역사적 가치와 국어학사상의 위치와 의의를 비로소 알게 된다. 또 이를 바탕으로 하여 국어학사의 다방면의 연구가 진행되는 것이다. 즉 문헌 해제는 구체적인 개별문헌의 분석적인 연구가 이루어지기 이전에 그 문헌의 이해를 위하여 전반적이고도 지침적인 성격 규정을 해 주는 주요한 일이다. 즉 문헌의 탐구 작업이 문헌 해제라고 할 수 있다.

이들 문헌을 들면 다음과 같다.

　(1) "「석보상절」 해제"(1955), (2) "「훈몽자회」 한문입문교본"(1955), (3) "「팔세아(八歲兒)」 해설"(1955), (4) "「국문정리」 해제"(1956), (5) "「팔세아」 해제"(1956), (6) "「훈몽자회」 해제"(1956), (7) "「용비어천가」 해제"(1956), (8) "「훈민정음」 해제"(1957), (9) "「사성통해」 해제"(1957), (10) "「동국정운」 해제"(1958), (11) "「대동운부군옥」 해제"(1958), (12) "「계림유사」 해제"(1959), (13) "쥬시경 져 「대한국어문법」(해제 · 자료)(1977), (14) "이규영 필사본 「말듬」 해제"(1981), (15) "「언음첩고(諺音捷考)」 해제"(1990), (16) "소개, 선덕오(宣德五) 외 2명, 「朝鮮語 簡志(조선어 간지)」"(1990).

이들 해제는 「훈민정음」으로부터 「용비어천가」, 「월인석보」, 「동국정운」, 「훈몽자회」, 「사성통해」 등 15세기 문헌들도 있고, 중세 전기로 거슬러 가서 「계림유사」, 「대동운부군옥」도 있고 근대로 외서 주시경의 저서를 위시하여 많은 현대의 문법서들을 해제하고 있다. 즉 여기에 열거한 16편의 해제는 대표적이고도 본격적인 것으로 한부분에 불과한 것이다. 즉 김민수의 〈문헌 해제〉는 자료발굴 부분의 것을 포함하면 기백 권의 문헌에 대한 해제가 있다.

3) 문헌 소개

문헌의 소개는 문헌 해제와는 약간 성격을 달리하기에 구분하여 놓았다.
문헌 해제가 전문적인 입장에서의 학문적 탐구이며 고증이라 할 수 있음에 반하여, 여기에 제시한 문헌 소개는 기존에 연구된 그 문헌 해제를 바탕으로 하여 그 문헌의 의의를 전문가를 대상으로 하지 않고 일반에게 널리 알리려 한다는데 그 의의가 있다. 그리하여 대부분의 표현언어가 국어가 아닌 영문으로 되었다는 데서도 그 의미를 짐작할 수 있을 것이다. 즉 우리의 국학이 국학의 영역에 머물지 말고 범세계적인 차원에서의 이해를 촉구하는 홍보적인 차원의 집필이라 할 수 있을 것이다. 역설적인 의미일 수도 있으나 영문 표기를 한 것은 넓은 독자층의 이해를 구하려 했던 것으로 이해해야 할 것이다. 이들을 살펴보면 (1)을 제외하고는 모두 영문으로 표기되었다((1)도 후에 영문으로 재발표됨). 이들의 목록을 살펴보면 다음과 같다.

(1) "양서(良書) 2종 - 「훈민정음해례」, A Korean Grammar"(1958), (2) "「훈민정음」"(1961, 영문), (3) "「용비어천가」"(1962, 영문), (4) "「팔세아」와 「소아론」"(1962, 영문), (5) "「석보상절」"(1962, 영문), (6) "「월인천강지곡」"(1962, 영문), (7) "「월인석보」"(1962, 영문), (8) "「동국정운」"(1963, 영문), (9) "「조선문전」"(1963, 영문), (10) "「대한문전」"(1963, 영문), (11) "「국문정리」"(1964, 영문), (12) "「사성통해」"(1964, 영문), (13) "「훈몽자회」"(1964, 영문), (14) "「언문지」"(1965, 영문)

4) 교주, 서평 및 기타

김민수의 연구 중 중시되어야 할 항목 중의 하나는 옛 문헌에 대한 교주(校注)이고, 국어학사 관련 저서들에 대한 서평이다. 그가 심력을 기울였던 교주로는 1955년의 「사씨남정기」와 「훈민정음 해례」의 교주다. 「훈민정음(해례)」의 교주는 1957년 3월에 이루어진 것으로 이 책의 교주로서는 처음 이루어진 것이다. 이후에 이를 바탕으로 삼아 여러 종류의 교주본이 나온다. 훈민정음의 해례와 함께 훈민정음해제, 훈민정음의 반포시기에 대한 논문이 첨부되어 있다.

람스테드의 *Korean Grammar*는 제목 그대로 람스테드가 자신의 저서에 적어 넣었던 사항들을 밝힌 것이다. 자그마한 사항들도 놓치지 않고 학문에 수용하는 빈틈없는 그의 학문적 자세를 엿볼 수 있는 한가지다.

서평은 그 저서의 위상과 가치를 판별하게 해주는 주요한 행위다. 국어학사상의 주요한 저서들이 약천에 의해 분석·평가되었음은 김민수의 국어학사상의 위치를 가늠하게 하는 간접적인 평가도 되는 것이다.

기타 논설을 통하여 국어학 전반에 걸친 부단한 노력의 일단을 그의 논설에서 살필 수 있다. 그 목록을 보이면 다음과 같다.

1. 교주 : (1) "「사씨남정기교주」"(1955), (2) "주 「훈민정음」"(1957, 68), (3) "람스테드가 자신의 저서 *Korean Grammar* 수택본(手澤本)에 적어 넣은 정정과 보주"(1982), (4) "주시경의 「국문문법」 역주"(1988), (5) "주시경 「국문」 역주"(1988)
2. 서평 : (1) "유창돈 , 「언문지」 주해"(1958), (2) "이기문, 「개화기의 국문연구」" (1972), (3) "강복수, 「국어문법사 연구」"(1973), (4) "강헌규, 「한국어 어원연구사」"(1988), (5) 전재호, 「국어어휘사 연구」(1988), (6) "강길운, 「한국어 계통론」"(1988), (7) "박병채, 「고대 국어학연구」" (1990), (8) "김윤경, 「조선문자급어학사」의 역사적 가치와 평가"
3. 이 밖에 기타 : (1) 거룩한 세종의 발자취(1958), (2) 최고의 국어문법책을 쓴 유길준(1982), (3) 최초의 국정 맞춤법(1988), (4) 일사의 학문과 방법(1992) 등의 글들이 있다.

2.3 자료 발굴

김민수의 학문활동 중 특기해야 할 사항은 국어학사상의 수많은 자료를 발굴했다는 것이다.

아래와 같이 9차례의 대체적인 발간과정을 거치나 이는 크게 세 가지로 요약할 수 있다.

그 첫 번째가 〈국어학회〉 명의로 발간된 「국어학자료선집」이고, 두 번째가 「역대한국문법대계」 102권이고, 세 번째가 「주시경전집」 6권으로 모두 109권이나 된다. 이들은 내용상 중첩되는 부분도 많다. 이들 자료발굴의 국어학연구에 있어서의 가치는 말할 수 없이 큰 것이다.

1) 「국어학자료선집」 V (1973).
2) 「대한국어문법」(1977).
3) 「역대한국문법대계」(1977), 1차 28책
4) 「역대한국문법대계」(1979), 2차 12책

5) 「역대한국문법대계」(1983), 3차 20책

6) 「역대한국문법대계」(1985), 4차 20책

7) 「역대한국문법대계」(1986), 5차 21책

8) 「역대한국문법대계 별책 총색인」(1986) 1책. 총102책 완결.

9) 「주시경전집」(1992), 6권

위의 자료 중에서 대표적인 3종에 대해서 검토하기로 한다.

1) 「국어학자료선집」 V

「국어학자료선집」은 〈국어학회〉명의로 제1권부터 5권까지로 되어 있는 자료집이다. 이 중 5권은 김민수에 마련된 자료집으로 1973년 10월 10일에 초판이 간행되었다. 이 자료집은 약천의 자료발굴의 제일보를 뜻하는 것이기에 의미가 있다. 여기에는 개화기를 중심으로 한 시대의 국어학 자료집으로 행문(行文), 논설, 국문, 문전의 4분야에 대한 글들이 수록되어 있다. 이들의 내용을 살펴보면 다음과 같다.

Ⅰ. 행문

행문이란 개화기에 주로 행해진 글을 모은 것들을 지칭하는 것이다. 이들은 1920년대의 언문일치 이전의 글들로 국한문체와 순국문체를 포함한 글들로 고종의 글 2편, 유길준 3편, 장지연, 이승만의 글 1편씩과 한성주보집록(漢城周報集錄)의 1편과 그리고 〈로스〉, 〈게일〉, 〈헐벗〉 등 외국인의 글 등 모두 11편의 글이 수록되어 있다. 이들 11편과 이외의 다른 글들도 간략하나마 각각 해제가 첨부되어 있다. 그 제목을 살펴보면 아래와 같다.

1) 신문창간사(유길준), 2) 한성주보집록, 3) 예수성교젼서(로스 등 역), 4) 텬료력정(긔일 역), 5) 서유견문(유길준), 6) 독립서고문(獨立誓告文)(고종), 7) 교육입국조서(敎育立國詔書)(고종), 8) ᄉᆞ민필지(헐벗), 9) 시일야방성대곡(장지연),

10) 노동야학독본(勞動夜學讀本)(유길준), 11) 독립정신(리승만)

Ⅱ. 논설

개화기의 국어, 국자에 관한 논설을 수록한 것이다. 즉 국어정책에 관한 내용들이 주를 이루고 있는데 이는 근대화 초기에 자주의식과 함께 대두한 문제가 국어 확립이기 때문이라고 하였다. 따라서 국한문의 채택을 과도적인 곳으로 보고, 완미한 국문체를 그 이상으로 본 것과 국어의 규범화에 관한 주장들이 주를 이루고 있다. 모두 11편으로 이루어졌다.

1) 독립신문 논설(서재필), 2) 국문정리(리봉운), 3) 국문일정의견(國文一定意見)(이능화), 4) 국어와 국문의 필요(쥬시경), 5) 필상자국국문(必尙自國國文)(주시경), 6) 대한국문설(지석영), 7) 국문연구회(황성신문), 8) 소학교육에 대한 의견(유길준), 9) 국어와 국문의 독립론(습두생), 10) 국문연구회위원제씨에게 권고홈(황성신문), 11) 금일아한용문(今日我韓用文)에 對ᄒ여(이광수)

Ⅲ. 국문

한글의 문자운용에 관한 도식 및 규범 안을 연대순으로 모으고 국문이라 칭한 것이다. 국문이 개선에 대한 제의가 적극적으로 제기된 것이 이 시대의 특징이기도 하지만 언문 반절표의 문제가 아직까지도 관심사였던 것이 또한 이 시대의 특징이기도 하다. 이들 문자에 관한 논설들을 역시 11편 수록하고 있다.

1) 십오행언문(十五行諺文)(강백), 2) 언본(諺本)(일용작법), 3) 동문삼십오자모도(東文三十五字母圖)(강위), 4) 언문도(諺文圖), 5) 언문이(푸칠로), 6) 반절규식(리봉운), 7) 신정국문(지석영), 8) 반절신석(反切新釋)(권정선), 9) 아학편(兒學編)(지석영), 10) 국문연구강의안, 11) 가로쓰기(주시경)

Ⅳ. 문전(文典)

내국인이 저술한 초창기의 국어문전을 수록한 것들로 역시 11편이다.

유길준의 「조선문전」을 위시해서 최광옥, 유길준의 「대한문전」과 주시경, 김희상의 문전들을 수록하고 있는데 이들은 직접적으로 그의 논문이 주제가 되기도 하거니와 훗날 「주시경 전집」과 「역대문법대계」란 대작업으로 이어지는 기초적인 징검다리 구실을 하는 문전의 모음이란 뜻에서 의의가 크다.

1) 「조선문전」(유길준), 2) 「대한문전」(최광옥), 3) 「대한문전」(유길준), 4) 「국문문법」(주시경), 5) 「대한국어문법」 발문(주시경), 6) 「국어문전음학」(주시경), 7) 「국어문법」(주시경), 8) 「말의 소리」(한힌샘), 9) 「국문연구」(어윤적), 10) 「조선어전」(김희상), 11) 「울이글틀」(김희상).

2) 「주시경 전집」

「역대한국문법대계」에 수록된 것을 포함하여 그의 전집으로 지금까지의 것으로는 완벽에 가깝다고 할 만한 것이다. 과거에 상하권으로 되었던 그의 문집을 집대성한 것으로 글의 머리마다 해설을 붙여 놓았다. 그 내용을 살펴보면 다음과 같다.

제1권 : 전기의 논술과 저술, 제2권 : 국문연구소의 연구안, 제3권 : 후기의 논술과 저술, 제4권 : 고교(考校)와 주재한 편서, 제5권 : 개고한 「사전」 영본, 제6권 나머지 논저와 부록.

〈제1권〉
1) 쥬상호 「말」 1901 해설
2) 주시경 필사 「국문문법」(1905) 해설. 유만겸의 노트.
   1906년 대한국어문법보다 선행하는 내용으로 가장 오래된 저술임. 김민수 소장
3) 쥬시경 유인 「대한국어문법」(1906) 해설.
   유인이나 최초로 간행된 저서로 음성학 분야뿐임.
   해독하기 어려운 부분 포함 전체를 활판으로 다시 정리하여 읽기 쉽게 정리

하였음. 2)의 책자도 마찬가지임. 육당문고에서 발견.
5) 쥬시경 「국문(國文)」(1906~7) 해설
  월간지 「가정잡지」에 실린 주시경의 문답식 강의.
  기독교문화사 한영제 사장의 호의로 영인하여 학계에 소개.
6) 쥬시경 《국어와 국문의 필요》(1907) 해설.
7) 주시경 《필상자국문언》(1907) 해설.
8) 주시경 「국어문전음학」(1908) 해설.
9) 주시경, 필사 「말」본(1905~9) 해설.
〈제2권〉
  1) 주시경 유인 「국문연구안」
  2) 주시경, 필사 「국문연구」
〈제3권〉
  유인 「고등국어문전」(1909), 「국어문법」(1910), 《한나라말》(1910), 「조선
  어문법」(1911), 유인 「소리갈」(1921), 「조선어문법」(1913), 석판 「말의 소리」
  (1914), 《조선어에 관한 삼고문》(1913).
〈제4권〉
  주시경 고교(考校) 최세진 「훈몽자회」(1913), 최세진, 목판 「훈몽자회」, 조선
  광문회편, 필사 「말모이」 이규영 필사 「온갖것」 둘 1911~1913, 이규영 필사
  「한글적새」 첫재떼 씨(1916~1919), 조선광문회 편, 필사 「ㄷ」(1912).
〈제5권〉
  조선광문회 편, 필사 「사전」(1914~1919) 육당문고. 말모이 개고. 이규영 필사.
〈제6권〉
  번역 「월남막국수」(1907), 「국문초학」(1909), 「가뎡잡지」의 글, 「보중친목회
  보(普中親睦會報)」의 글 해설(1909). 필사 「이력초(履歷草)」의 해설(1908
  ~1912).

3) 「역대한국문법대계」

「역대한국문법대계」는 김민수·고영근·하동호 세 사람의 공편으로 이
루어진 책으로 1832년 귀츨라프로부터 1960년대까지의 한국문법 관계
서책의 총집산이라 할 수 있다.

이는 모두 3부로 이루어졌는데 제1부는 내국인이 저술한 국어문법서들로 이루어졌고, 제2부는 외국인이 저술한 국어문법과 내국인이 저술한 외국문법서로 이루어졌다. 제3부는 철자법을 비롯한 어문 문제의 주요자료들로 구성이 되었다.

이들은 별책 1권 포함 102권의 책인데 이 101권의 자료선집은 한국출판사상 유례를 찾을 수 없는 대작업이었고, 국어문법사상 전무후무할 기념비적 사업이라고 할 것이다. 자료의 발굴은 다만 수집의 차원이 아니라 그 자체가 학문적 행위이기도 하다. 또한 학문은 자료를 바탕으로 성립되는 것이고 올바른 자료는 학문의 깊이와 폭을 넓게 해주는 직접적인 구실을 하게 한다. 언어자료 없이 어떻게 어느 한 시대의 연구가 가능할 것이며, 선인의 학문적인 조명 없이 어떻게 올바른 후학의 학문적 위치가 가늠되겠는가.

우리 한국은 짧은 학문의 역사를 가짐에 불과하면서도 일제의 식민지 시대를 거치고, 6.25 동란이라는 대전란을 겪는 과정과 여러 가지 내부적인 요인 등으로 하여 각 분야의 문헌 자료들이 산일되어 그 전모를 밝혀볼 수 없는 것이 오늘의 실정이다. 다행히 국어학계 그 중에서도 문법 관계 분야는 이 세 분의 10년이 넘는 각고의 노력에 힘입어 이들 자료를 편안히 대할 수 있게 되었으니 얼마나 다행한 일인가. 이 일은 쉽게 다른 것에 비견할 수 없을 만큼 큰 성과요 업적이라 할 것이다.

이들 자료의 발굴과 정리 고증은 쉽게 이루어진 것이 아니다. 한평생을 자료를 수집하는 일에 매달렸던 하동호 교수의 장서를 바탕으로 삼아 김민수, 고영근 교수의 헌신적 노력에 힘입어 이루어진 것이다. 국내의 도서관을 총망라함은 물론 개인 소장가들의 집집을 노크하였고 자료 수집을 위하여 일본, 미국, 독일 스웨덴 등 자료가 있을 만한 지구촌 구석구석을 뒤졌다. 이들 자료 수집의 과정과 발행에 얽힌 이야기는 별책후기에 자세히 나와 있다.

제1부는 위와 같이 모두 43책으로 이루어졌다. 당초에 122종의 문헌

을 수록할 것을 예정하였으나 김희상의 「초등국어문전」 두 권과 안자산의 「수정 조선문법」 미수록되는 결과로 119종의 논저가 수록되었다. 등장하는 문법가는 모두 51명이 된다. 저서별로는 단일저자의 저서 44종(연구회명의 발간도 1편으로 간주)에 공저 4편 등 48편이 된다. 국어문법학사에 등장하는 인물이 누구인가를 확인하는 의미에서 가나다순으로 옮겨보면 다음과 같다.

강매, 고창식, 권영달, 김규식, 김근수, 김두봉, 김민수, 김원우, 김윤경, 김진호, 김희상, 남광우, 남궁억, 박상준, 박승빈, 박종우, 박창해, 박태윤, 신명균, 심의린, 안자산, 유길준, 유재헌, 유창돈, 이규방, 이규영, 이극로, 이명권, 이병호, 이상춘, 이숭녕, 이영철, 이인모, 이필수, 이희승, 장지영, 장하일, 정경해, 정열모, 정인승, 조선어학회, 주시경, 주왕산, 최광옥, 최태호, 최현배, 한국국어교육연구회, 허웅, 홍기문(49)

수록된 문헌의 제목과 저자를 살펴보면 다음과 같다.

〈제1부〉
　　제1책 : 유길준, 필사 「조선문전」, 유인 「대한문전」
　　제2책 : 최광옥 「대한문전」, 유길준 「대한문전」
　　제3책 : 주시경, 유인 「대한국어문법」, 필사 「말」, 유인 「고등국어문전」
　　제4책 : 주시경, 「국어문전음학」, 「국어문법」, 「조선어문법」, 석판 「말의 소리」
　　제5책 : 김규식, 유인 「대한문법」, 유인 「조선문법」
　　제6책 : 김희상, 「초등국어어전」 1, 2, 3권
　　제7책 : 김희상 「조선어전」, 「조선어」, 「울이글틀」
　　제8책 : 김두봉, 「조선말본」, 「깁더 조선말본」
　　제9책 : 남궁억, 필사 「조선문법」. 안자산, 「조선어원론」. 안자산, 「수정조선문법」
　　제10책 : 이규영, 「현금(現今) 조선문전」. 김원우, 「조선정음문전」. 이규방, 「신찬 조선어법」
　　제11책 : 강매, 「조선어문법제요」 상편, 강매 · 김진호 편, 「잘뽑은 조선말과 글의 본」
　　제12책 : 조선어연구회 편, 「정선조선어문법」, 강매, 「정선조선어문법」
　　제13책 : 이필수, 「조선통해」, 「정음문전」

제14책 : 이상춘, 「朝鮮語文法」, 「국어 문법」

제15책 : 홍기문, 「조선문전요령」, 「조선문법연구」

제16책 : 이완응, 「중등교과 조선어문전, 이병기, "조선문법강화", "조선어강화"

제17책 : 최현배, 「우리말본」, 첫재매, 「조선어의 품사분류론」, 「중등조선말본」, 「중등 조선말본 교수 참고서」

제18책 : 최현배, 「우리말본」

제19책 : 박승빈, 「조선어학강의요지」

제20책 : 박승빈, 「조선어학」

제21책 : 박상준, 「개정철자법준거 조선어법」

제22책 : 한결 김윤경, 유인 「조선말본」, 「조선말본」, 「나라말본」 고급용, 「나라말본」 초급용

제23책 : 장지영, 유인 「조선어전」. 신명균 편집, 「조선어문법」. 권영달, 「조선어문정체」

제24책 : 심의린, 「중등학교 조선어문법」, 「개편 국어문법」

제25책 : 정렬모, 「신편고등국어문법」, 「초등국어문법독본」, 「고급국어문법독본」

제26책 : 박종우, 「한글의 문법과 실제」. 박창해, 「쉬운 조선말본」. 유재헌, 「표해식 국어문법 국어풀이 씨가름」

제27책 : 최현배, 「중등조선말본」, 「중등말본」 1, 2, 3

제28책 : 김근수, 「중학국어문법책」. 주왕산, 유인 「말의 소리」. 박태윤, 「중등국어문법」

제29책 : 장하일, 「중등새말본」, 「표준말본」 중학 1·2학년, 「표준말본」 3학년

제30책 : 이인모, 「재미나고 쉬운 조선말본」. 이영철, 「중등국어문법」

제31책 : 정인승, 「표준중등말본」, 「표준중등말본 교사용 참고서」, 「표준 중등말본」, 「표준 중등 말본 교사용 지도서」, 「표준고등말본」, 「표준고등말본 교사용 지도서」

제32책 : 이희승, 「초급국어문법」, 「중등 문법」

제33책 : 정경해, 「국어강의」. 이숭녕, 「고전문법」

제34책 : 이숭녕, 「중등국어문법」, 「고등국어문법」, 「새 문법체계의 태도론」

제35책 : 최태호, 「중학 말본」 1, 2, 3

제36책 : 김민수·남광우·유창돈·허웅, 「새중학문법」, 「새고교문법」

제37책 : 김민수, 「국어문법」, 「국어문법론연구」, 「중고등학교 국어문법 지도지

침」, "학교문법 통일에 대하여", 「학교문법통일안에 따른 세부체계에 대
하여」
제38책 : 한국국어교육연구회, 「문교부 학교문법 통일안에 따른 중학국어문법」, 「
문교부 학교문법 통일안에 따른 고등국문법」. 고창식·이명권·이병호
「학교문법 해설서」
제39책 : 유길준, 필사 「조선문전」, 「대한문전」. 주시경, 필사 「국문문법」, "국
문", 유인 「소리갈, "한나라말", 「조선어문법」
제40책 : 검돌 이규영, 필사 「온갖것」, 필사 「말듬」, 필사 「한글적새」 ㄱ, ㄷ.
제41책 : 이극로, 「실험도해 조선어 음성학」. 심의린, 「음성언어의 교육」. 정인
승·유열, 「한글소리본」. 정재도, 「ㅐ와 ㅔ, ㅖ 와의 갈라보기」
제42책 : 이숭녕, 「고어의 음운과 문법」, 「고등국어문법」 개정판
제43책 : 김민수, 유인 「국어강문론연구」

제1부의 국어문법학사상 문법 저술가로 등장하는 인물은 모두 49명이
다. 이들의 논저가 제일 많은 인물은 모두 11편의 주시경이 되고, 유길
준, 정인승, 이숭녕, 김민수의 각6편, 최현배, 이규영의 각5편, 김희상,
강매, 김윤경 등의 각4편, 박승빈, 심의린, 정렬모, 장하일 등의 각3편
등의 순이 된다.

〈제2부〉
제2부는 44책 85편의 논저가 수록되어 있다. 이들을 먼저 가나다순으로 저자
별로 구분해 보이고 목록을 살펴보면 다음과 같다.

Aston. W. G, Clark A. D, Dalle, Dupont, Millot, Echardt, Eckardt,
Gale, Griffis, Gutzlaff, Huart, Lee. C. H, Lukoff, MacIntyre, Martin, Pai.
E. W, Pultr, Ramstedt, Rogers, Rosny, Ross, Roth, Scott, Underwood. 25명
강매, 경찰관강습소, 고교형(高橋亨), 김억, 노기주, 노병조(Romer), 도산호, 박
문서관, 박중화, 빈박번승(賓迫繁勝), 석주명, 선우학원, 송헌석, 신장순정(新庄順
貞), 신재영, 안영중, 약사사지롱(藥師寺知曨), 여운홍·유홍준, 영창서관편집부,
오산선삼(奧山仙三), 원영의, 원종린, 유응호, 윤치호, 윤태헌, 이기룡, 이기형, 이

복영, 이봉운, 경익태랑(境益太郎), 이완응, 이조헌, 임규, 전간공작(前間恭作),
정국채, 정익, 조선총독부, 조의연·정전근위(井田勤衛), 최재익, 현공렴 편.(43명)

1책 : Charles Gütxlaff, "Remarks on the Corean Language". John Ross,
Corean primer, Being Lessons on Corean on All Ordinary
Subjects, Transliterated on the Principles of the "Manadarin
Primer" by the Same Author. John Ross, "The Corean Language".
William George Aston, "A Comparative Study of Japaneses and
Korean Language". John MacIntyre, "Notes on the Corean
Language". John Ross, "Korean Speech, with Grammar and Vocabulary".
William Eliot Griffis, "The Corean Language"
2책 : James Scott, 「언문말칙」(En-moun Mal ch'ǎik) "A Corean Manual,
or Praise Book with Introductory Grammar". James Scott, "A
Corean Manual, or Praise Book with Introductory Grammar".
James Scotts, "Introduction".
3책 : Horace Grant Underwood, 「韓英文法 한영문법」"An Introduction to
the Korean Spoken Language". Horace Grant Underwood, 「鮮英文
法션영문법」"An Introduction to the Korean Spoken Language".
Horace H. Underwood, A Partial Bibliography of Occidental
Literature on Korea.
4책 : James Scarth Gale(奇一), 「辭課指南 ᄉ과지남」 Korean Grammatical
Forms. James Scarth Gale, Korean Grammatical Forms.
5책 : G. J. Ramstedt, "Remarks on the Korean Langauge". G. J.
Ramstedt, "The Nominal Postpositions in Korean". G. J. Ramstedt, "A
Korean Grammar".
6책 : Les Missionnaires de Corée de la Société des Missions Étrangéres de
Paris(Félex-Clair Ridel), Grammaire coréenne.
7책 : Léon de Rosny, "Aperçu de la langue coréenne". Charles Dallet, "La
langue coréenne". M. Camille Imbault-Huart, Manual de la langue
coréene parlée, à l'usade des Français.
8책 : P. Andreas Eckardt(玉樂安), Koreanische Konversations-Grammatik

mit Lesestuchen und Gesprächen. P. Andreas Eclardt(玉樂安),
Schlüssel zur Koreanischen Konversations-Grammatik.

9책 : P. Lucius Roth(洪泰華), Grammatik der Koreanischen Sprache.

10책 : 賓迫繁勝, 「韓語入門」 上. 賓迫繁勝, 「韓語入門」 下.

11책 : 島井 浩, 「實用韓語學」

12책 : 安泳中, 「韓語」

13책 : 前間恭作, 「韓語通」

14책 : 高橋亨, 「韓語文典」

15책 : 藥師寺知曨, 「韓語硏究法」

16책 : 趙義淵・井田勤衛, 「韓韓日 語彙集」

17책 : 朝鮮總督府 編纂, 「朝鮮語法及會話書」. 新庄順貞, 「鮮語階梯」.

18책 : 崔在翊, 「朝鮮語の先生」

19책 : 朴重華, 「日本人之 朝鮮語獨學」

20책 : 魯璣柱, 「應用自在 朝鮮語法詳解」

21책 : 李完應, 「朝鮮語發音及文法」. 鄭國采, 「現行朝鮮語法」.

22책 : 奧山仙三, 「語法會話 朝鮮語大成」. 警察官講習所, 「朝鮮語敎
科書」.

23책 : 李鳳雲・境益太郎, 「單語連語 日本朝ㅊ」. 崔在翊, 「普通日本
語典」.

24책 : 新文館編輯局 編纂(林 圭), 「日本譯法」

25책 : 朴重華, 「改正 精選日語大海」

26책 : 宋憲奭, 「初等自解 日語文典」. 宋憲奭, 「增訂改版 中等日文
法」

27책 : 玄公廉, 「精選 日語通篇」

28책 : 林 圭, 「日本語學文典」. 林 圭, 「日本語學音・語篇」

29책 : 李起龍, 「中等英文法」. 尹致昊, 「英語文法捷徑」.

30책 : 尹泰憲, 「英文典自通」. 呂運弘・兪興濬, 「最新英文法」. 博文
書館, 「最新實用 英語獨習」.

32책 : 尹致昊, 「實用英語文法」. 柳應浩, 「基礎獨逸文典」.

33책 : 盧炳朝(R. P. Anselm Romer), 「鮮羅譯本」. 李福永(R. P. Ioseph
A. Pok Yeng Ri), 「羅典語文法」

34책 : 金 億(Verda E. Kim),「에쓰페란토獨學」. 元鐘麟,「에쓰페란토獨習」.
　　　石宙明,「國際語 에쓰페란토 敎科書.

35책 : 元泳義,「初等作文法」. 李起馨,「官話 華語敎範」

36책 : 辛在英,「漢文義讀自解」. 姜 邁,「漢文法提要」.

37책 : 永昌書館編輯部,「實地應用 作文大方」. 鄭 濩,「漢文敎授捷
　　　徑」. 鄭 濩,「漢文敎授捷徑註釋」.

38책 : 李朝憲,「中語大全」. 李春一,「滿洲語 速成會話 講義錄」.

39책 : Hak-wŏn Sunoo(鮮于學源), A Korean Grammar. E. W. Pai, Conversational
　　　Korean. M. C. Rogers, Outline of Korean Grammar.

40책 : Fred Lukoff, A Grammar of Korean. Samual E. Martin, Korean
　　　Morphophonemics. Samual E. Martin, Korean in a Hurry.

41책 : Chang Hei Lee, Practical Korean Grammar. Allen D. Clark,
　　　Korean Grammar for the Language Students.

42책 : Andre Eckardt, Grammatik der Koreanischen.

43책 : René Dupont, Joseph Millot, Grammaire Coréenne.

44책 : Alois Pultr, Lehrbunch der Koreanischen Sprache.

　이들은 단일저자의 저서와 편집부 명의로 된 것이 61권이고 공저로 된
것이 4권으로 모두 65권이고 저자는 모두 68명이 등장한다. 대부분 한
권씩의 저서에 해당하나 로스, 스코트, 람스테드 등은 3권의 논저가 있고
빈박번승(賓迫繁勝)의 경우는 4권이나 된다.

〈제3부〉
　제3부에는 모두 26명의 저자가 등장하고 논저의 종류는 14책 36종으로 되었
다. 먼저 이들 저자의 이름을 가나다순으로 보이고 목록을 보이면 다음과 같다.

　姜炫, 고영근 편, 官立漢城外國語學校, 國文硏究所, 權靖善, 金重錄,
大韓語文硏究會, 리봉운, 문교부, 朴勝彬, 小藤文次郎 · 金澤庄三郎, 李
基文, 李訥端, 李弼秀, 張志暎, 鄭暻海, 朝鮮語學會, 朝鮮總督府, 趙潤
濟, 池錫永, 최현배, 河東鎬, 學部編輯局, 韓承坤(25명)

1책 : 高永根 編,「로마字表記案集成」.
2책 : 리봉운, 木板「국國문文정正리理」. 學部編輯局,「人地諸名表」. B. Koto, S. Kanazawa(羅馬字索引 朝鮮地名字彙 小藤文次郎·金澤庄三郎 共編), A Catalogue of the Romanized Geographical Names of Korea. Prepared by the Board of Bible Translators(李訥端), A List of the Proper Names of Bible in Korean.
3책 : 河東鎬 編,「國文論集成」
4책 : 權靖善, 筆寫「音經」. 韓承坤,「國語綴字捷徑」.
5책 : 大韓帝國學部 國文研究所, 油印「國文研究案」7卷
6책 : 大韓帝國學部 國文研究所, 筆寫「國文研究議定案」
7책 : 池錫永 注釋, 石版「兒學編」. 池錫永,「言文」
8책 : 官立漢城外國語學校 編,「國語朝鮮語 字音及用字比較」. 官立漢城 外國語學校 編,「國語の發音及語法に關する調査」. 朝鮮總督府,「普通學校用諺文綴字法」. 朝鮮總督府,「普通學校用諺文綴字法大要. 朝鮮總督府,「諺文綴字法」. 張志暎,「朝鮮語綴字法講座」. 姜炫,「實用簡明 改正綴字法」.
9책 : 朝鮮語學會,「한글 마춤법 통일안」集成. 朴勝彬,「朝鮮語學會査定『한글맞춤법통일안』에 對한 批判」.
10책 : 河東鎬 編,「한글論爭論說集」上.
11책 : 河東鎬 編,「한글論爭論說集」下.
12책 : 朝鮮文正音復活會(金重錄),「글에 對한 問答」. 리필수(李弼秀), 油印「국문강의」. 최현배,「한글의 바른 길」.
13책 : 朴勝彬,「朝鮮語를羅馬字로記寫함의規例」. 朝鮮語學會,「外來語表記法統一案」. 崔鉉培,「한글의 比較研究」. 문교부,「들온말 적는 법」.
14책 : 趙潤濟,「國語教育의 當面한 問題」. 鄭暻海, 油印「綴字法實態調查」. 정경해,「한글 마춤법 개정안」. 文敎部, 油印「한글簡素化方案」. 大韓語文研究會, 油印「『한글簡素化方案』에 對한 建議書」. 李基文,「國語表記法의 歷史的 研究」.

3. 맺음말

약천 김민수의 국어학 연구는 1952년부터 1996년 현재까지 44년 간이 되고, 논저의 총수는 95년 말 현재 320편에 달한다. 이들의 내용이 이른바 신변잡기 한편 없이 모두 주옥같은 국어학 논저로 일관된 것들임을 생각할 때 더욱 경탄을 금할 수 없다. 이 많은 연구 중에서도 주축을 이루는 것은 국어학사의 연구이고 그 중에서도 주시경의 연구가 핵심이 된다고 할 것이다. 그는 국어학사의 연구와 병행하여 수많은 국어학 관계 문헌 자료를 발굴하여 국어학계에 큰 이바지를 하고 있다. 이들 두 부문에 관한 업적을 간략히 요약하면 다음과 같다.

국어학사 관련의 연구 논저는 총 115편이 된다. 이들의 내용을 한마디로 정리하면 〈국어학사의 탐구와 국어학사의 정리〉 그리고 〈자료발굴〉이라고 할 수 있다.

1) 국어학사의 탐구의 결과로 이루어진 것이 논문들이다. 이들 논문은 고대국어 시대의 "설총이 이두문"에 대한 연구에서부터 중세국어 시대에는 "최행귀의 언어이론", "고려시대의 운서" 등의 연구와 근세국어 시대, 현대국어 시대까지에 이르기까지 시대적으로 고루 연구되고 있다. 그러나 중심이 되는 시대는 개화기 이후, 즉 현대 전기에 집중된다고 할 것이다. 주시경을 위시하여 유길준, 김규식, 김희상, 이규영 등 수많은 문법가들의 연구가 그를 통해서 비로소 그 정체성을 드러내게 된 것이 한 둘이 아니다.

그의 연구의 핵심이라고 할 수 있는 것은 "주시경에 관한 연구"라고 할 수 있다. 그런 의미에서 저서 「주시경 연구」는 그의 연구를 대표하는 것이다. 주시경의 전 생애를 탐구하여 정리해 놓은 것도 중요하지만 그보다는 주시경 학문의 진면목이 비로소 빛을 발하게 되었다는 것이다. 주시경의 학문은 음운연구, 형태연구, 구문연구의 세 분야에 걸쳐 세계적으로 앞서는 언어이론을 수립하였다는 것이다. 음운분야에서 음소에 해당하는

〈고나〉의 수립, 형태연구에서 Morpheme에 해당하는 〈늣씨〉의 설정, 구문연구에서는 생성이론자들이 1950년대 후반에서야 주장하는 내면구조(underlying structure)를 이미 파악하여 구문분석을 하고 있다는 사실들이 그의 논문에서 입증되고 있다.

2) 국어학사의 정리는 9권이나 되는 그의 저서를 통하여 다양하게 정리된다. 이들을 대표하는 저서는 「신국어학사」와 「국어학사의 기본이해」 두 권이 된다. 전자는 국어학사를 통사적으로 정리한 것으로 다른 저서들이 따르지 못하는 새로운 서술과 함께 사료들을 빈틈없이 좌우 정렬시키고 있다. 후자는 전체의 구성은 통사적으로 엮어놓되 각 시대를 주제별로 기술한 독보적인 저서다. 이것이 가능했던 것은 41편이나 되는 개별논문이 뒷받침하고 있기 때문이다.

3) 자료발굴은 국어학사의 연구에 버금가는 중요한 학문활동이다. 특히 국어학사의 경우 문헌 자료가 없이 연구는 불가능하기 때문이다. 그는 1973년 「국어학자료선집」 한 권을 〈국어학회〉의 명의로 출판하였다. 「역대한국문법대계」는 1977년부터 1986년까지 발간된 총 102권의 거질이다. 하동호·고영근 두 교수와 함께 이루어낸 이 발굴은 국어학 연구의 질과 수준을 높이는 중요한 구실을 하고 있다. 「주시경 전집」 여섯 권은 현재로는 완벽하게 주시경의 글들을 모두 수록한 것이다.

고희를 맞이한 선생의 연구활동이 더욱 오래토록 지속되기를 바라는 마음 간절하다.

※ 「한국어학」 3(별쇄본), 1996, 한국어학회.

참고 문헌

A. 김민수의 국어학사 관련 논저.

1954a, "국어문법의 유형〈國語文法學史試考〉", 「국어국문학」 10 (1954.7.1.).

1955b, "釋譜詳節解題", 「한글」 110 (1955.7.1.), 21~31.

1955c, "裝冊考〈書誌學을 위하여〉", 「문경」(중앙대문리과대학),
　　　(1955.9.1.)(1964g 417~424 수록).

1955d, "國語文法學史 論考〈그 思를 위한 史的 考察의 一端〉",
　　　「30주년기념논문집」(중앙대)(1955.11.1.)(1961i 233~268수록).

1955e, "謝氏南征記校註", 「현대문학」,
　　　(1955.11.1, 1955.12.1, 1956.2.1, 1956.6, 1956.8.미완).

1955f, "訓蒙字會〈漢字入門敎本〉",
　　　「조선일보」(1955.11.24, p.4 1987d 126~128수록).

1956a, "八歲兒 解說", "국문학" 1, 1955. 1. 10. 109.

1956b, "국어학사개설", 1956. 4. 23. 서울 : 유인 4.6배판 284면.

1956c, "국문정리(國文正理)"해제,
　　　「한글」 115 (1956.6.1. 1987e 197~206 수록).

1956d, "八歲兒" 해제, 「한글」 118 (1956.8.1.) 44~47.

1956e, "訓蒙字會" 解題, 「한글」 119 (1956.10.20)
　　　(62~69 1987e 128~139 수록).

1956f, "용비어천가(龍飛御天歌)" 해제, 「한글」 120 (1956.12.20), 87~96.

1957a, "훈민정음(訓民正音)" 해제, 「한글」 121 (1957.2.20.), 87~96.

1957b, "국어국문학사"(이능우·조연현·강한영 공저),
　　　1957.3.10. 서울 : 홍지사. 국판 p.202 (발췌 1987e, 29~59 수록).

1957c, "大韓文典"攷 〈國語文法學史의 한 課題인 崔光玉 文典에 對하여〉,
　　　논문집(서울대),
　　　인문·사회과학(1960i 269~333. 1975b 51~115 수록).

1957d, "朝鮮館譯語"攷, 「一石李熙昇先生頌壽記念論叢」,
　　　(1957.4.25 서울 : 일조각), 95~138. (1964g 148~160 수록).

1957e, 注 "訓民正音", 1957.8.15. 서울 : 통문관 국판 p.242,
    수정판 1959.3.25. 1957 3판 1971.2.25 4판 1985 3.15.
    (한국의 사상대전집 7, 1972.11.5. 서울 : 동화출판공사 31~63 수록).
1957f, "四聲通解" 해제, 「한글」122, (1957.10.9) 52~61.
1958a, 良書二種 "訓民正音解例", Remstedt : A Korean Grammar,
    "고대신보" 164(1958.2.3.),
    p.4 Week Library 교수천 (1964f 376 수록).
1958b, "동국정운(東國正韻)"해제, 「한글」123 (1958.10.9), 98~107.
1958c, 거룩한 世宗의 발자춰〈512周 한글날을 맞이하여 그 創造的 業績을 追慕함〉,
    「고대신보」189(1958.1(1964g, 173~178. 1987e, 95~101수록).
1958d, 劉昌惇 "諺文誌"註解, 서울신문 1958.10.16,
    p.4 書評.(1964g, 194~195. 1987e, 150~160 수록).
1958e, "大東韻府群玉" 해제, 「덕성학보」
    (덕성여자대학)(1959.12.15)18~15.(1964g, 351~355 수록).
1959a, "鷄林類事" 해제, 『한글』124(1959.4.5),
    81~87.(1964g 139~148 수록).
1961a, 늣씨와 Morpheme〈주시경 및 Broomfield의 문법적 최소 단위에 대하여〉,
    "국어국문학" 24 (1961.10.7.),
    44~51(1964g, 264~272. 1977g, 98~121 수록).
1961b, "Hun-min-jeong-eum 訓民正音",
    Asiatic Research Bulletin, 4~8 (Dec. 1961),
    13~17. (1964g, 319~323. 1987e, 101~106 국문수록).
1962a, "Youg-bi-eo-chheon-ga 龍飛御天歌",(英文),
    Asiatic Research Bulletin, 4~10 (Feb. 1962),
    11~15. (1964g, 323~327 국문수록).
1962b, "P'alsea 八歲兒 and Soaron 小兒論",(英文),
    Asiatic Research Bulletin, 5-1 (Mar. 1962).
    11~14. (1964g, 355~359 국문수록).
1962c, "Sŏkbo Sanjŏl 釋譜詳節",(英文),
    Asiatic Research Bulletin, 5-2 (Apr. 1962),
    10~14. (1964g, 331~336 국문수록).

1962d, "Wŏrinchŏnganjigok 月印千江之曲",(英文),
Asiatic Research Bulletin, 5-3
(May. 1962, 12~16. 1964g 331~330 국문수록).

1962e, "Wŏrinsŏkbo 月印釋譜",(英文),
Asiatic Research Bulletin, 5-4 (June. 1962),
18~21. (1964g, 340~343 국문수록).

1963a, "新訂國文"에 관한 연구, 「아세아연구」 Ⅳ-1(11)(1963.5.15.)
(205~244. 1964g, 195~225, 395~408. 1977, 158~222 수록).

1963b, Tongguk Chŏngun 東國正韻,(英文),
Asiatic Research Bulletin, 606 (Sep. 1963),
22~26.(1964g 327~331 국문수록).

1963c, Chosŏn Munjŏn 朝鮮文典,(英文),
Asiatic Research Bulletin, 6-7 (Oct. 1963), 17~21.
(1964g, 336~367. 1975b, 117~120. 1987e, 227~232 국문수록).

1963d, 'Teahan Munjŏn 大韓文典',(英文),
Asiatic Research Bulletin, 6-8, (Nov. 1963), 17~19.
(1964g, 363~367. 1975b, 117~120. 1987e, 232~237 국문수록).

1964a, "Kungmun Chŏngri 國文正理",(英文),
Asiatic Research Bulletin, 6-10 (Jan. 1964), 16~19.
(1964g, 359~361 국문수록).

1964b, 'Sasŏng T'onghae 四聲通解',(英文),
Asiatic Research Bulletin, 7-1 (Mar. 1964), 16~19.
(1964g, 343~347 국문수록).

1964c, "Hunmong chahoe 訓蒙字會",(英文),
Asiatic Research Bulletin, 7-2 (Apr. 1964),
12~15. (1964g, 347~351 국문수록).

1964d, "柳僖의 傳記",(英文),
「陶南趙潤博士回甲記念論文集」(1964.5.1, 서울 : 신아사),
185~208.(1964e, 179~194. 1987e, 140~155 수록).

1964e, "新國語學史" (1964.12.30. 서울 : 일조각, 국판 p.458).

1965a, "Onmunji 諺文志",(英文), Asiatic Research Bulletin,

8-9 (Dec. 1965-Jan. 1966),
　　　21~24.(1987e, 155~159 국문수록).
1967a, "韓國語學史"下, 「한국문화사대계」 5. 언어·문학사
　　　(1967.5.30), 서울 : 고대출판사),
　　　571~636.(서론 1987e, 182~187 수록).
1967b, "高麗語의 資料〈鷄林類事와 朝鮮館譯語〉", 『어문논집』,
　　　(고대국어국문학연구회)10 (1967.9.20), 173~191.
1969a, "國語文法. 말의 소리", 韓國의 名著
　　　(1969.9.15, 서울 : 현암사), 138~153. (1977b, 1~23 수록).
1971a, "周時經의 初期硏究", 아세아연구 14-4(44) (1971.12.31),
　　　173~204. (1973g, 44~90 수록).
1972a, 書評 : 李基文 "開化期의 國文硏究", 아세아연구 15-1(45)
　　　(1972.3.31), 241~245. (1974g, 479~484. 1977b, 214~222 수록).
1973a, 書評 : 姜馥樹, "國語文法史硏究", 아세아연구 16-2(50)
　　　(1973. 6. 30), 486~492.
1973b, "國語學資料選集"5 (主編, 국어학회 명의)
　　　(1973.10.10 서울 : 일조각, 국판 p.315).
1975b, "初期國語文典硏究" (1975.2.28. 서울 : 통문관, 4.6배판 p.160).
1977a, 쥬시경져, "대한국어문법"(해제, 자료), 아세아연구 20-1(57)
　　　(1977.1.31), 245~275. (1977b, 90~97 수록).
1977b, "周時經 硏究"〈국어문법연구총서 3〉,
　　　1977.8.10, 탑출판사, 증보판(1986g).
1977c, "油印 高等國語文典에 對하여", 「어문논집」 9,
　　　고려대학교국어국문학연구회, 19~20 (1977.9.30)
　　　月巖朴晟義博士還歷紀念論叢 45~63.(1986g 277~295 수록).
1977d, "역대한국문법대계"(河東鎬, 高永根 공편)
　　　1차 배본 1977.12.15, 탑출판사, 신국판 28책.
1977e, 金奎植, "대한문법"의 연구, 「인문평론」 22 (1977.12.30), 1~31.
1978a, "初期國語文法과 日本本學", 「인문론집」 23 (1978.12.30) 1~35.
1978b, 周時經의 草稿 '말'에 대하여, 『아세아연구』 22-1(61)
　　　(1987.12.31), 215~228. (1986g, 258~276 수록).

1979a. 周時經 著 油印 '소리갈'에 대하여, 「관악어문연구」 3
       (서울대학교) (1979.3.1), "白全光鏞博士華甲紀念論叢",
       45~50. (1985e, 28~35 수록).
1979b. "歷代國語文法大系"(河東鎬·高永根 공편)
       2차배본 1979.11.15, 신국판 12책.
1979c. 崔行歸의 言語理論에 대하여, "余泉徐炳國博士華甲紀念論文集"
       (1979.12.20, 대구 : 형설출판사), 49~55. (1987e, 81~88 수록).
1980a. 國文硏究所, "國文硏究案"에 대하여,
       「아세아연구」 XXⅢI-1(63) (1980.1.31),
       217~220. (1986g, 356~361 수록).
1980b. "新國語學史" 全訂板 1980.2.10.신국판 x+p.386.
       전정5판 1985.2.10.
1980c. "李奎榮의 文法硏究", 「한국학보」 19(6-2) (1980.6.15), 57~86.
1980d. "奈麻 薛聰의 吏讀文에 대하여",
       「延岩玄平孝博士回甲紀念論叢」(1980.9.24. 대구 : 형설출판사),
       103~111, (1987e, 72~80 수록).
1980e. "高麗時代의 韻書에 대하여", 「蘭汀南廣祐博士華甲紀念論叢」
       (1980.10.25, 일조각), 105~110. (1987e, 89~94 수록).
1981a. "김규식의 'The Korean Language'에 대하여",
       「어문논집」 22 (고려대학교) (1982.4.20),
       7~22. (1987e, 211~226 수록).
1981b. 李奎榮 필사본 '말듬'(해제), 「한국학보」 23 (7-20)
       (1991.6.10), p.209.
1981c. 姜瑋의 "東文字母分解"에 대하여, 「國語學」 10
       (1981.12.20), 135~152, 153~162. (1987e, 164~180 수록).
1982a. 람스테드가 自身의 著書 Korean Grammar 手澤本에 적어 넣은 訂正
       과 補揷(P. Aalto) : 討論 1, 재구한국학회(AKSE) 제6차 학술회의,
       1982.8.2. 하오 2:00~2:45. (1985e, 51~52 수록).
1982b. "최고의 국어문법책을 쓴 유길준", 「한국인」 1-2(1982.9.1), 51~54.
1983a. "國文同式會에 대하여", 「蘭臺李應百博士回甲紀念論文集」
       (1983.4.30, 서울 : 보진제), 160~167. (1986g, 249~257 수록).

1983b, "國語國文學" 創刊과 學會創立, 국어국문학회편,
　　「國語國文學會三十年史」 (1983.5.30. 일조각), 13~24.
1983c, "學會史 總說 第1期", 「國語國文學會三十年史」 25~39.
1983d, "한글波動", 「국어국문학회 30년사」, 40~57. (1987e, 339~355 수록).
1983e, "문법론쟁", 「국어국문학회 30년사」, 58~74. (1987e, 363~379 수록).
1983f, "歷代韓國文法大系"(河東鎬.高榮根 공편)
　　3차 배본 1983.7.30. 탑출판사, 신국판 20책.
1983g, "말모이의 편찬에 대하여", 『東洋學』 13 (1983.10.15),
　　501~534. (1986g, 310~355 수록).
1985a, "歷代韓國文法大系"(하동호 · 고영근 공편)
　　4차배본 1985.4.30. 탑출판사, 신국판 20책.
1985b, "訓民正音"(解例)의 번역에 대하여,
　　「말」 10 (연세대학교) (1985.12.30). 19~45.
1986a, "歷代韓國文法大系"(河東鎬 · 高榮根 공편)
　　5차배판 1986.9.1. 탑출판사, 신국판 21책.
1986b, "周時經硏究"증보판 1986.10.9. 탑출판사, 신국판 xi v+ix+409.
1986c, "歷代文法大系 別冊 總索引"(河東鎬 · 高榮根 공편) 탑출판사,
　　신국판 p.318. 총 102책 완결.
1986d, "1세기 반에 걸친 韓國文法硏究史". 역대문법대계 별책.
　　1986. 11. 탑출판사.
1986e. "1세기 반에 걸친 韓國文法硏究史"(1986i), 5~32.
1987a, "國語表記法論爭史", 「국어생활」 '87.여름(9) (1987.6.25),
　　6~14. (1987e, 331~338 수록).
1987b, "國語學史의 基本理解" 1987.10.30. 서울 : 집문당, 신국판 2+p.411.
1988a, "最初의 國定 맞춤법", 「농민신문」 1178 (1988.1.21), p.1.
1988b, 書評 : 姜憲圭 "韓國語語源硏究史", 「동아일보」 1988.4.26, p.14.
1988c, 書評 : 全在昊 "國語語彙史硏究",
　　「국어국문학」 99 (1988.6.11), 358~359.
1988d, 周時經의 "國文文法" 譯註, 「周時經學報」 1 (1988.7.27), 212~229.
1988e, "周時經 年譜", 「周時經學報」 1 (1988.7.27), 257~268.
1988f, "句讀點에 대하여", 「井山柳穆相博士華甲紀念論叢」

    1988.10.15 (중앙대학교 중앙문화연구원 출판부). 27~36.
1988g, "주시경 '국문(國文)' 譯註", 「周時經學報」 2 (1988.12.22),
    219~233.
1988h, '國文正式'의 印本原形인 '대한국문'에 대하여,
    「주시경학보」2, 257~264.
1988i, "周時經 年譜의 訂正과 追譜", 「주시경학보」 2, 256~266.
1989a, "十六行半切과 諺本의 板本", 「주시경학보」 3 (1989.7.27), 269~270.
1989b, 書評 : 姜吉云 著 "韓國語系統論" - 槪說・文法比較論 -,
    「아세아연구」 x x x ii-2(82) (1989.7.31), 359~367.
1989c, 국어학사의 재조명 : 정열모(1946), "신편고등어문법",
    「周時經學報」 4 (1989.10.1.), 602~604.
1990a, "解題 : 諺音捷考", 「정신문화연구원」 13-1(38)
    (1990.3.30), 243~251.
1990b, 書評 : 朴炳采 "古代國語硏究", 「출판저널」 61 (1990.5.5), 19.
1990c, "朝鮮語學會의 創立과 그 沿革", 「周時經學報」 5
    (1990.7.27), 50~74.
1990d, "初期國語文典硏究", 「蘭汀南廣祐博士古稀紀念 國語學關係博士
    學位論文要約集」(1990.11.20, 한샘출판사), 752~755.
1990e, 소개 : 宣德五 외 2명, '朝鮮語簡志'(1985),
    「周時經學報」 6 (1990.12.22), 252~257.
1991a, "金熙祥 '初期國語語典'(1909)에 대하여", (1991.7.27), 230.
1991b, 「북한의 조선어 연구사」(1945~1990)4권(편) 1991.10.30,
    도서출판 녹진.
1991c, "북한의 國語硏究史 개요", 위 책 1, 15~21.
1992a, 「周時經全集」(編) 1992.2.22, 서울 : 탑출판사, 신국판 6권.
1992b, 「周時經의 生涯」 6권, 654~665.
1992c, 「周時經의 論著目錄」 6, 678~679.
1992d, "일사의 學文方法과 人格",
    「어문연구」 20-4(76) (1992.12.30), 379~380.
1993a, 「近代의 國語運動」, 「國語思想史大系」 6
    (1993.5.10. 성남 : 정신문화연구원) 391~434.

1993b, "주시경, '조선어에 관한 참고서'에 대하여", 「주시경학보」
        (1993.7.27), 188~189.
1993c, "현대의 국어연구사 1945-1992" 1993.9.15,
        서울 : 서광학술자료사, 신국판 3+p.676.
1993d, "현대의 국어연구사 1945-1992" 緒論.(1993i), 3~10.
1994a, '訓民正音 반포와 八終聲의 문제점',
        「어문연구」 22-1.2(81.82) (1994.7), 272~275.
1995a, 金允經, "朝鮮文字及語學史"(1938) 「語文硏究」 24-4, 285~289.

B. 국어학사 관련 참고저서.
小倉進平(1940), 「朝鮮語學史」 1920. 11. 25. 증정, 刀江書院.
金允經(1938), 「朝鮮文字 及 語學史」, 서울 : 동국문화사.
최현배(1961), 「한글갈」 1940. 5. 개정, 정음사.
洪起文(1946), 「正音發達史」 上下, 서울신문사.
方鍾鉉(1948), 「訓民正音通史」, 서울 : 일성당서점.
兪昌均·姜信沆(1961), 「國語學史」 초판, 서울 : 민중서관.
고려대 민족문화연구소(1967), 「韓國文化史大系」 V 言語·文學史,
                고대민연출판부.
兪昌均(1969), 「新稿國語學史」, 대구 : 형설출판사.
姜復樹(1972), 「國語文法史硏究」, 대구 : 형설출판사.
徐炳國(1973), 「新講國語學史」, 대구 : 형설출판사.
李崇寧(1976), 「革新國語學史」, 서울 : 박영사.
김석득(1983), 「우리말연구사」, 정음문화사.
권재일(1988), 「국어학발전사」 상·하, 우골탑.
柳穆相 외 5인 공편(1986), "國語學新硏究", 약천 김민수박사화갑기념논문집,
                탑출판사.
李光政(1987), 「國語品詞分類의 歷史的 發展에 관한 硏究」, 한신문화사.
周時經硏究所(1988~1994), 「周時經學報」, 1~13, 탑출판사.
高榮根·成光秀·沈在箕·洪完善 공편(1992), 「國語學硏究百年史」
                I ~Ⅳ, 일조각.
서울대대학원국어연구회(1993), 「國語史資料와 國語學의 硏究」, 문학과 지성사.

이능화, "구한국시대의 국문연구회를 회고하면서" 역주

이 글은 주시경 선생 15주기를 맞아 기념 특집으로 마련한 「신생(新生)」 제2권 9호(1929. 9. 1.)에 실린 글이다. 이 특집에는 권덕규, 이병기, 최현배, 신명균, 정렬모, 백남규 등의 글이 함께 실려있다.

이 글을 통하여 우리는 국문연구소 당시 주시경 선생의 국문연구와 활동의 일면을 살필 수 있고 국문연구소 설립의 경위, 위원들의 연구활동, 이능화(李能和)의 국어연구의 개인적인 면모를 살필 수 있다.

이능화는 김성균(1980, pp.619~525, 548)에 따르면 고종 5년(1868) 충북 괴산에서 태어난 영의정 이양원(李陽元)의 직계 후손으로 역사학자 신채호, 한글학자 주시경과 더불어 근대가 낳은 민족문화의 3대 학자로 일컬어진다.

1887년 그는 11년간의 고향에서의 한학 공부를 일단락 짓고 서울 정동에 있는 영어학당에 입학하였다. 2년의 수학기간을 마치고는 1892년 한어(漢語 : 중국어)학교에 입학하여 1894년에 졸업하였다. 이듬해에는 불어를 배우기 위하여 관립 법어(法語 : 불어)학교에 입학하였다. 그의 나이 28세인 1895년에 농상공부 주사로 채용되어 관계에 발을 들여놓았으나 다음 해에 스스로 사직하였다. 그 이듬해 관립 한성외국어학교의 교관으로 취임하여 영어, 중국어, 특히 법어를 교수하였다. 양반집 후손으로 한학을 버리고 오랑캐글(外國語)을 배운다는 것은 당시로서는 쉬운 일이 아니었다. 그럼에도 광무 9년에는 사립일어야학사(私立日語夜學舍)에 입학하여 1909년에 졸업함으로써 더 한층 외국어 학습의 폭을 넓혔다. 이해 10월에 한성법어학교 교장이 되어 불·영·중·일어를 가르쳤다. 의정부의 특명으로 일본으로 건너가서 각 관청을 시찰하고 돌아와 국문연구소 위원이 되었다. 1910년 한일합방으로 한성외국어학교가 폐쇄되자 사료(史料) 수집, 종교, 민속 등의 학문연구에 전 심력을 기울였다. 그는 사료를 손쉽게 수집·열람할 수 있는 기회를 얻으려는 방편으로 조선사편수관(朝鮮史編修官) 또는 편수위원이 되기도 했다. 민족문화보존에 애쓰던 그는 민족해방의 날을 보지 못하고 1945년 4월 12일 서울 운이동(雲泥洞) 자택에서 청빈하기 이를 데 없는 생애를 마치었다. 그의 업적은 오래 빛을 보지 못하였으나 17주기를 맞아 1962년 4월 14일 추념회를 갖고 평가하게 되었던 것은 다행한 일이다. 그가 남긴 저서는 아래와 같다.

「朝鮮佛敎通史」(1918),「朝鮮基督敎及外交史」(1925),「朝鮮女俗考」,「朝鮮解語花史」(1927),「朝鮮巫俗考」(1929),「韓國道敎史」,「春夢錄」,「疾病史硏究」,〈유고〉「朝鮮社會史」,「朝鮮儒敎及儒學思想史」,「朝鮮醫學發達史」,「朝鮮十亂錄」,「朝鮮雜考合篇」,「朝鮮神話考」,「朝鮮祭禮考」

우리 조선의 훈민정음은 이조 제4대 세종대왕 28년 병인년(1446년)에 창제되어1) 일반국민들의 눈(안목)으로 일상 사용하는데 편리한 문자

---

1) 훈민정음은 1443년(세종25) 12월에 창제·반포되었고, 해설서는 3년 뒤인 1466년(세종 28) 9월 상순에 탈고됨. 해설서인 「훈민정음」 완성 시기를 창제일로 해석한 것은 당시 이조실록 등에 대한 검토가 없었던 연유로 생각됨.(김민수, 1969, 1981, p.112, 홍기문,

가 되고 있음은 더 말할 나위가 없다.

그러나 훈민정음 창제 당시에 완고하고 무지한 한학자와 유학자들은 이를 극도로 반대하였다.2)

정음이 국내에 반포되어 사용되고는 있었으나, 이러한 사상을 가진 자들이 세상에 가득 찼던 결과 이를 암클(雌文)3)이란 이름으로 부르면서 부인여자와 하류계급에 맡겨두고, 그 문법, 철자법, 발음법, 기타를 등한히 하여 한 번도 정리 혹은 연구를 하여본 적이 없었다. 그래서 훈민정음의 표기법4)이 천 사람이면 천 사람이 다르고, 만 사람이면 만 사람이 다르게 되었다.5) 그리고 이조후기에 이르러서도 조정의 관리가 훈민정음을 천시할 일이 있으니 그 일례를 들어보면, 영종왕대(英宗王代)에 한 암행어사가 평안도에 가서 민정을 시찰하고 복명서(復命書)를 올릴 때 그 도내(道內)의 재미스러운 민요를 언문으로 써서 왕께 바친 일6)이 있었다. 그것은 그 어사의 생각에 한문으로 번역하면 간곡한 뜻을 전할 수 없으므로 이를 정음으로 쓴 것이다. 그때에 언문 문서를 써서 임금께 바치는 것

1946, pp.65~68)

2) 세종 26년 부제학 최만리, 집현전학사 신석조, 김문, 정창손, 하위지, 송처검, 조근 등이 올린 한글 반대상소를 가리킴. (이숭녕, 1964, 홍기문, 1946, pp.225~237, 최현배, 1976, pp.40~45, 세종장헌대왕 실록 103권 35. 김민수, 1987, pp.35~36)

3) 한글의 명칭은 훈민정음, 정음, 언문, 언서, 언본, 반절, 국문, 중글, 암클 등으로 사용되었음. 이중 '중글'은 승려들의, '암클'은 여성들의 글이라 하여 낮춘 이름임(최현배, 1976, pp.49~53. 김민수, 1981, pp.152~153. 김민수, 1987, p.37)

4) 원문에는 '서법(書法)'이라 하였는데 이는 훈민정음의 종성법, 연서법, 합용법, 대서법, 성음법, 사성법을 가리킴.(김민수, 1987, p.38)

5) 한글 창제 당시의 표기법은 엄격·정연하였고 15세기 말엽부터 실용적인 방향으로 간편해졌음. 16세기 초부터 혼란되기 시작하여 19세기 말엽에는 혼란이 극에 이르렀음. 이를 해결하기 위하여 세워진 국문연구소는 한글 창제 이후 초유의 국가기관이란 의미가 큼(이기문, 1970, p.7, 25. 1963, pp.68~147)

6) 원문에는 "을람(乙覽 : 御覽)에 진정(進呈)"으로 되었음. 을람은 '乙夜之覽'의 준말로 임금이 갑야(甲夜, 오후 7~9시)에 정사를 살피고 을야(乙夜, 오후 9~11시)에 글을 읽는다는 데서 유래됨.

은 지극히 불경한 일이라 하여 대관(臺官)7)의 탄핵이 매우 극심하여 그 어사는 파직을 당하고 말았다. 훈민정음이 조선왕조 선왕(先王)의 손에 의하여 창조되었음에도 불구하고 이를 사용한 자를 불경이라고 한 조정의 관리야말로 나라를 그르치는 도적이 아니면 무엇인가. 그 나라 도적들의 주의주장이 득승하여 충신은 파직을 당하였으니 그런 썩은 사상과 뒤바뀌고 혼란된 주의주장은 다른 나라에서는 볼 수 없는 일이다.

고종임금 때인 갑오경장 초가 되어서야 비로소 관공서의 문서와 기타에 정음을 한문에다 섞어서 쓰게 되었다.8) 그러나 일반인민들이 정음에 대한 지식이 유치하여 「제나라의글」이 좋은 줄을 아는 자가 적었다. 지석영이 한자옥편을 정음으로 해석하여 「자전석요(字典釋要)」를 편찬하고9) 주시경이 배재학당 재학 중에 정음에 대한 연구를 부지런히 하고 있을 뿐이었다.10) 나는 광무 15년(1911) 5월경에 정음철자일정(正音綴字一定)과 사전편찬에 대한 어리석은 견해를 학무당국(學務當局)에 진술하였었다.11) 이것이 동기가 되어12) 금년 겨울에 학부 안에다 국문연

---

7) 감찰행정을 맡은 사헌부(司憲府)의 대사헌(大司憲 : 종2품) 이하 집의(執義 : 종3품), 장령(掌令 : 정4품), 지평(持平 : 정5품)까지의 벼슬아치.

8) "法令·勅令 總以國文爲本, 或混用國漢文"이란 규정의 첫 실시는 1894. 12. 12. '종묘서고문(宗廟誓告文)'과 12월 13일 '교육입국조서(敎育立國詔書)'로 국문·한문·국한문의 3종으로 되었음. 유길준의 「서유견문록」(1895)은 국한문혼용 문장의 표본임(이광정, 1987, p.28)

9) 1885~1935. 1905년 신정국문 6개 조를 상소, 국문연구소를 설치케 하는 직접적 동기를 제공하였고 연구위원으로 활약함. 「자전석요」는 1909년 간행의 한자옥편임. 종래의 옥편류가 운서의 부속이었음에 대하여 이 책은 한글로 한자의 소리와 뜻을 풀이했고, 속음과 속자도 붙여 근대적 색채를 띤 최초의 옥편임. 범례를 통하여 맞춤법에 대한 견해를 살필 수 있음.(김윤경, 1982, pp.348~450 참조 김민수, 1981, p.203, 206, 244. 김민수, 1963. 최현배, 1976, pp.330~332)

10) 배재학당과의 인연은 1893년부터 시작되어 1896년 보통학교 졸업까지임. 1893년 「국어문법」저술, 1896년 국문동식회를 조직하여 한글 철자에 대한 연구를 함. 1906년에 해체됨.(김민수, 1977, pp.33~41, 주시경의 이력서 참조)

11) 국문통일을 위한 건의서로 3가지 방안을 제시하고 있음.

구회를 설치하고 각 방면의 정음 학자를 망라하여 위원을 선정하였다.13) 물론 주시경도 위원이 되고 나도 위원의 한 사람이 되었다. 수년에 걸쳐 구체적으로 연구한 당시의 원안(原案)14)을 돌이켜 살펴보면 다음과 같다.15)

1. 국문의 연원과 자체급(字體及) 발음의 연혁
2. 초성 중 ㆁ ㆆㅿ ◇ ㅱㅸ ㆄㅹ 8자의 부용(復用) 당부(當否)
3. 초성의 ㄲ, ㄸ, ㅃ, ㅉ, ㆅ 6자 병서의 서법일정(書法一定)

"1. 국문자전의 편찬. 2. 소학교과서의 한자 옆에 언문을 달아 쓸 것. 3. 국어범주의 1책을 편술할 것."
표기법의 예로 1) 한문으로만 된 경우 2) 순우리말로 고친 경우 3) 국한문혼용 4) 국한문혼용 옆에 순우리말을 덧붙인 경우를 예시하고 현재로는 병용이 불가피하나 장차 (100년 후)는 순국문으로 표기될 것 예견.(이기문, 1970, p.24. 국어국문학회, 1973, pp.100~102)

12) 지석영의 신정국문이 법령으로 공포되자 특히 ㆍ자 폐지, =자 창제 등에 많은 반발이 있었음. 이것이 직접적인 동기가 되었고 이능화의 건의문도 간접적인 동기가 되었을 것으로 보임.(이기문, 1970, pp.35~39)

13) 국문연구소 「보고서」를 살펴보면 여러 차례 위원 및 직원의 변동이 있었음. 「국문연구안」을 제출한 사람과 최종 「의정안」에 참여한 사람은 어윤적, 이능화, 주시경 3인과 권보상, 송기용, 지석영, 이민응, 윤돈구 등 8인이었음.(영인 「국문연구소 보고서」 참조)

14) 이 연구 10제는 1920년 소창진평(小倉進平)이 일본어로 번역 소개된 것이 가장 오래나 원래대로 가깝게 소개한 것은 이 글이 유일무이함. 그러나 「국문연구의정안」과 비교하면 약간의 차이가 있음. 본문의 십제는 의정안에 따른 것임.

15) 10제에 대한 「국문연구의정안」을 살펴보면 <1제> : '연원'은 대체로 일치함. <2제> : 부용(復用)이 부당하다는데 일치. <3제> : 이(이능화)·주(주시경)·송(송기용)·윤(윤돈구)은 동자병서(同字幷書)로, 권(권보상)·지(지석영) 위원은 ㅅ자병서(ㅅ字幷書)이고 어(어윤적)는 무방하다는 입장이었으나 해례에 준하여 동자병서로 함. <4제> : 지·이민응은 찬동하고, 이능화·송·윤은 반대. 어·권·주는 =자는 반대하자는데 찬성. 어·권·주의 의견이 받아들여져 =자는 폐지하고 ㆍ자는 그대로 사용 <5제> : 훈민정음의 '종성부용초성'에 따른 어·권·주의 의견이 받아들여짐. <6제> : 대체로 일치. 반설음은 설음으로, 반치음은 폐지하여 오음만 두고, 청·탁·격음으로 분류. <7제> : 사성은 폐지하고 고저 즉 장단만 둠. <8제> : 「훈민정음」의 음독에 준함. <9제> : 8제의 순서에 따름. <10제> : 훈민정음 예의처럼 쓰자고 의견이 일치됨.(「국문연구의정안」 영인, pp.5~15 참조)

4. 중성 중 ㆍ자 폐지, ᆖ자 창제의 당부(當否)

5. 종성의 ㄷㅅ 2자 용법급(用法及) ㅈㅊㅋㅌㅍㅎ 6자도 종성에 통용 당부(當否)

6. 자모의 7음과 청탁의 구별 여부

7. 사성표(四聲票)의 용법급(用法及) 국어음의 고저법

8. 자모의 음독일정(音讀一定)

9. 자순행순(字順行順)의 일정(一定)

10. 철자법

이 여러 문제에 대하여 열심열성으로 답안을 제출한 자는 주 위원16)과 필자 두 사람이었다.17) 정음 연구의 일체 연구안은 어윤적18)이 그 당시에 편집국장이었던 관계로 이를 모두 수합 보관하여 두었은즉 오늘이라도 그것을 가져다 살펴보면 가히 알 것이다.

당시에 연구한 정음 연구의 결과를 가지고서 근래 언문철자법 위원회19)가 내놓은 여러 문제와 비교하여 보면 큰 차이가 없고 더 진보한 것도 없다.20) 구한국시대21)에 언문 연구는 이미 해놓고서는 실행을 아니

---

16) 주시경이 민간학자이면서도 국문연구소 위원에 임명된 것은 국문의 연구와 보급에 헌신한 명성 때문이다. 위원 가운데 그 활약이 가장 두드러졌음은 이능화의 증언 외에 양적으로 제일 많은 103장으로도 증명된다.(김민수, 1977, pp.72~78. 이기문, 1970, pp.89~97)

17) 이능화의 최종 연구안은 82장으로 되어있는데 그 중 59장이 1제에 배당되어 있음으로 보아 국문의 연원 및 역사에 많은 관심을 가지고 있음을 알 수 있음.(영인, pp.122~203)

18) 1868~1935. 일본 경응의숙에서 수학. 학부편집국장. 1907 국문연구소 위원. 한일합방 후 중추원부참의, 조선사 편찬 위원, 경성제대 법문학부 강사, 국문에 대하여도 일가견을 가졌고 최종연구만도 90장이나 됨.(영인, pp.31~120 및 이기문, 1970, p.78)

19) 조선총독부가 주관한 철자법 위원회로 1928년 9월부터 1929년 5월까지 2차에 걸쳐 14회를 연구 심의하였음. 1930년 2월 개정 공표하고 4월부터 신학년 교과서에 사용하기 시작한 최초의 형태주의 철자법임. 반에 가까운 조사위원이 주시경파이므로 이들의 주장이 반영된 것으로 믿어짐.(김민수, 1985)

한 까닭으로 오늘날 또 다시 문제가 될 뿐이다.22)

국문연구회 당시에 나는 매양 주 위원과 의견을 많이 교환하였던 바23) 지금도 오히려 기억에 새롭다. 그때는 정음 연구에 대하여 참고가 될 만한 서적은 얻어보기가 지극히 어려웠다.24) 주 위원은25) 「용비어천가(龍飛御天歌)」26)를, 나는 「진언집(眞言集)」27)과 최세진28)의 「삼운성휘(三韻聲

---

20) 형태주의 철자법을 택한 것이 크게 같고 종래와 달라진 것은 ① 분명한 원사(原辭)표시 ② 사이ㅅ의 채용 ③ 새받침의 사용 ④ 구개음화 부인 ⑤ 한자음의 표음화 등 여러 가지 작은 차이들이 있다.(김민수, 1985)

21) 대한제국 시대(1897~1910). 고종 30년(1897) 8월 16일 왕의 칭호를 황제로, 국호를 대한제국으로 고쳤음.

22) 1909년 12월 27일 의정안이 확정되고서도 시행되지 아니한 주요 원인은 1910년 한일 합방으로 인한 정국의 불안 때문이라 할 수 있음. 철자법 문제까지 정부가 신경 쓸 여유가 없었다고 믿어지며 보수세력의 예상되는 반대와 경질된 조정 대신들이 연구안에 대한 이해가 불충분하였기 때문이라 생각됨.

23) 이능화와 주시경은 많은 의견 교환을 했음은 분명하나 연구 10제에 대한 견해가 전부 일치하는 것은 아니다. 간략히 의정안 찬반에만 제한시켜 살펴볼 때 내용적인 차이는 있을지라도 대체로 일치하는 것은 <2·3·6·7·10제)이고 일치하지 않는 것은 <1·4·5·8·9제>이다.<영인, 「국문연구안 보고서」 이능화, p.125~203. 주시경, p.205~308 참조)

24) 당시의 출판 사정 등으로 책을 구해 보기는 어려웠겠으나 참고 문헌이 부족했던 것은 아니다. 예로 어윤적의 경우를 살펴보면 참고 및 인용도서로서 세종대왕의 「훈민정음」 외에 24종의 책을 제시하고 있다. 이들 저서는 23회의 모임을 갖는 동안 널리 알려졌을 것으로 보인다.(영인 「국문연구 보고서」, p.59)

25) 「국문연구」(1909) 작성시 주시경의 참고문헌은 「삼국사기」, 「문헌비고」, 「유서필지」, 「어제 훈민정음」, 「지봉유설」, 「경세정운도」, 「사가집」, 「사성통해」, 「노걸대언해」, 「박통사언해」, 「훈몽자회」, 「예조략기」, 「국문자모분해」, 「한어문법」, 「화어류초」 등이다.(김민수, 1977, pp.77~78)

26) 10권 5책 125장으로 조선왕조 건국의 사적을 기술한 악장. 어학적인 면에서 한글로의 지명표기, 어간을 밝혀 적으려는 형태주의적 받침표기, 사이ㅅ 및 모음조화의 엄격한 표기 등의 특색이 있다. 형태주의 표기가 주시경 등의 주목을 끌게 하였음.

27) 선조 2년(1569)년 간행. 이 진언(眞言, 범어 mantra의 역어. 불타. 法身)은 오대진언(五大眞言)처럼 범자·한글·한자로 대조되었음. 실담장(悉曇章)이라 하여 범자의 발음법을 한글로 보인 것이 주목할 만함.

28) (?~중종37, 1542). 중국어학자. 역관. 첨지중추부사, 어전통사 등 지냄. 최세진의 저서

彙)」29)와 「화동정음통석(華東正音通釋)」30)과 「훈민정음도해(訓民正音圖解)」31)등 책을 잡고 자료로 삼았었다. 유희32)의 「언문지(諺文誌)」33)같은 좋은 책은 오래 뒤에 발견되었으므로 인용하였다.34) 그러나 나는 정음 연구를 중지하고 종교 및 사회 등의 역사 연구로 방향을 전환하였고, 주위원은 최초의 목적을 관철하여 정음강습회(正音講習會)35)같은 사업을 많이 하였다. 그 결과 오늘날 그 보급의 기초를 닦아 놓았다. 그런즉 훈민정음에 대하여는 주시경씨를 제일공신이라 아니할 수 없다. 주씨(周氏) 기념에 대하여 나는 지난날 두루 함께 하던 감회 어린 옛말로써 몇 마디를 간단히 기술한다.

※ 「주시경학보」 5집, 1990, 주시경연구소.

로 주시경, 어윤적이 「훈몽자회」, 「노걸대언해」, 「박통사언해」 등을 참조한 것으로 보아 최세진 다음에 위 책의 이름이 빠진 것으로 보임.

29) 홍계희(洪啓禧, 1703~1771)가 「홍무정운」, 「사성통해」를 비롯하여 여러 운서를 참고로 하여 지은 상하 2권, 부(附) 옥편 1권으로 된 운서.

30) 박성원(朴性源, 1697~1767)이 지은 2권 1책의 운서. 국어학의 관심사는 범례와 諺文初中終聲辨임.(강신항 1981, pp.126~127)

31) 신경준(申景濬, 1712~1781)의 저작으로 「훈민정음도해」라고도 함. 훈민정음을 한자음 표기에 알맞도록 정리해 만든 운도임.

32) 1773~1837. 호는 서파(西坡), 방편자(方便子), 100여권의 「문통(文通)」이란 저술을 남겼는데 국어학 관계는 「언문지」, 「물명류고」, 「시물명고」등 수록(강윤호 1965, 김민수, 1964, 1987, pp.140~154)

33) 1824년의 저술임. 신숙주·최세진·박성원·이광순·이영익·정동유 등 선인제가의 설을 인용 비판하고 자신의 학설을 밝혔음. 내용은 자서·초성례·중성례·종성례·전자례의 4장으로 되었음.(강신항, 1981, pp.88~95. 김민수, 1987, pp.155~163. 유창돈, 1958)

34) "諺文字法源出梵天"이란 제목 아래 제작언문(製作諺文), 어족연구(語族研究), 어법특이(語法特異), 어음변화(語音變化), 가차한자(假借漢字), 언문연원(諺文淵源), 언문자법(諺文字法), 언문자모(諺文字母) 등을 기술하고 있다.(이능화, pp.573~639)

35) 주시경은 국어 연구와 동시에 보급에도 정성을 기울였으니, 상동(尙洞) 사립학숙(私立學塾)에 국어문법과 부설(1년 간), 상동청년학원 국어강습소(제1회 : 1907), 동학원 국어야학과(2년 간), 국어강습소(제2회 : 1908), 국어강습소(3회 : 1909), 재령 나무리강습소(40일간 : 1910). (김민수, 1977, pp.35~41)

참고 문헌

강신항(1967), "한국어학사" 상, 「한국문화사대계」 Ⅴ, 고려대민족문화연구소.
───(1981), 「국어학사」, 보성문화사.
───(1987), 「훈민정음연구」, 성대출판사.
강윤호(1965), "유희", 「한국의 인간상」 4, 신구문화사.
국어국문학회(1973), 「국어학자료선집」 Ⅴ, 일조각.
「국어연구소 보고서」영인. 이기문(1970), 부록 및 역대문법대계 ③ 09, ③ 10.
김두종(1965), "지석영", 「한국의 인간상」 3, 신구문화사
김민수(1955), "한글 반포의 시기", 「국어국문학」 14.
───(1963), "'신정국문'에 관한 연구", 「아세아연구」 Ⅵ-1.
───(1969), "유희의 전기", 「도남조윤제박사회갑기념논총」, 을유문화사.
───(1970), 「개화기의 국문연구」, 일조각.
───(1977), 「주시경연구」, 탑출판사.
───(1981), 「신국어학사」, 일조각.
───(1985), "조선총독부 '언문철자법' 해설", 「역대문법대계」 ③ 13,
        탑출판사.
───(1987), 「국어학사의 기본이해」, 집문당.
김성균(1965), "이능화", 「한국의 인간상」 4, 신구문화사.
김윤경(1982), 「조선문자급어학사」, 동국문화사.
서울대동아문화연구소(1974), 「국어국문학사전」, 신구문화사.
세종장헌대왕실록 103권 p.353.
유창돈(1958), 「언문지주해」, 신구문화사.
이광정(1987), 「국어품사분류의 역사적 발전에 관한 연구」, 한신문화사.
이기문(1963), 「국어표기법의 역사적연구」, 한국연구소, 역대문법대계 ③ 14 재록.
이능화(1918), 「조선불교통사」, 경인문화사.
이숭녕(1964), "최만리연구", 「이상백박사환갑기념논문집」.
최현배(1976), 「한글갈」, 정음사.
홍기문(1946), 「정음발달사」 상·하, 서울신문사.

제 2 부

중세국어와 특수어휘

15세기 국어의 부사형 어미
—「-게」와「-이」에 대하여 —

1.

디오니시우스 트락스(Dionysios Thrax)가 저술한「희랍어 문법」의 품사분류 이래로 현재까지 2000여 년 동안 그 분류 기준은 기능(function), 형태(form), 의미(meaning)의 세 문법범주(grammatical category)로 적용범주의 정도의 차이에 따라서 여러 가지로 다양한 양상을 보여 왔다. Jespersen(1924)의 경우처럼 의미(meaning)를 중시한 분류도 있었으나, 대개는 형태를 전제로 한 기능상의 분류와 해석을 이상으로 삼아왔다. 오늘날의 생성이론의 문법에서도 통사론적인 기능에다 바탕을 두고 문법 연구가 주가 되고 있는데 이도 역시 기능중시의 문법이라 해석할 수 있다.

이와 같은 관점에서 본 논고에서는 15세기 국어에서 부사형 어미로 다루고 있는「-게」의 형태적 통사적 특성을 살펴보고, 또 부사형 파생접사

(derivation affix)로 다루고 있는 문법적 형태소(grammatical morpheme)인 「-이」의 통사적 특성을 검토하여 과연 용언의 어간 뒤에 연결되는 「-이」는 파생접사인가? '부사'라는 어휘범주(lexical category)속에 모두 포함시켜야 하는가? 의 타당성 여부를 검토하고, 「-게」와 「-이」의 15세기 국어에서의 상관관계를 살피려는데 연구의 목적을 두고 있다. 겸하여 중세어에서 많이 보이는 「-히」 접미사의 생성이 'ㅎ'첨가라는 주장1)에 대하여 타당성 여부도 검증하려 한다.

2.

2.1 먼저 15세기 국어에 있어서 부사화 파생접사(derivation affix)에 대한 견해를 살펴보면 「-이, -오/우, -욱, -아/어, -히, -애, -사리, -오마/오매」(허웅 1975, p.239)와 「-이, -히, -로, -오/우, ㅎ 어간형」(이숭녕, 1982, pp.123~132) 등으로 그 형태소와 어휘 선정이 대부분 일치된다. 본 논고에서 다루려는 「-이」에 대하여는 모두 파생접사로 구분하고 있다. 안병희(1967, p.241)의 경우도 「-이」와 「-히」를 어간형태소로 처리하여 수의적인 교체형을 가지는 파생접사로 설명하고 있다. 「-이」와 「-히」에 상관에 대한 언급은 뒤로 미루고 다만 「-히」는 「-이」와 동일한 문법적 기능을 가지는 이형태임을 밝혀 두기로 한다.

다음은 「-게」에 대하여 살펴보면 굴절어미(inflectional ending)로 모두 처리하며, 그 하위분류만을 달리할 뿐이다. 종래의 외솔문법에서 「-아, -게, -지, -고」를 이른바 두 기능법(전성형 어미)으로 처리하여 부사형 어미로 다루었는데 비하여 약간의 견해를 달리하고 있다.2)

---

1) 이숭녕(1965), '부사형 어간형성의 한 고찰 – 특히 15세기 국어의 접미사 '-히'에 대하여', 「동구어문논집」 3. 이숭녕(1981), 「중세국어문법」

여기서는 부사형 어미로 하위분류하느냐 단순한 연결형 어미로 다루느냐는 별개로 하고, 다만 「-이」는 파생접사로, 「-게」는 굴절어미로 분류 처리되고 있는데 관심을 두고 논지를 전개해 나가기로 한다.

2.2 그러면 먼저 접사 「-이」가 나타나는 음운환경을 살펴보기 위하여 용례를 찾아보되 번거로움을 피하여 어간부분만을 보도록 하자.

　자음 뒤에서
　젹-, 길-, 넙-, 그울-, 갓굴-, 옳-, 굳-, 들-, 니를-, 드물-, 븕-, 좁-, 늦-, 두텁-, 둗겁-, 묽-, 없-, 멀-, 놋갑-, 놀랍-, 궂-, 닉-, 쉽-, 새롭-, 외롭-, 어렵-, 어듭-, 아룸답-, 가비얍-, 돋갑-, 흔굴굩-, 즈올-, 압-, 하야ㅎ-, 맛갑-, 어르눅-, 겨르롭-, 바지롭-, 모딜-, 쇽졀없-, 부드럽-, 이러ㅎ-, 두렵-, 부졀업-, 훤츨ㅎ-, 괴오ㅎ-, 슬ㅎ-, 당당-, 만ㅎ-, ……

　모음 뒤에
　해(하-), 즈래(즈라-), 오래(오라-), 맛내(맛나-), 내(나-), ……

이상의 용례들이 보여주듯 「-이」가 연결될 수 있는 음운환경은 모음 뒤에나 자음 /ㄱ, ㅎ, ㅈ, ㄷ, ㅂ, ㄹ, ㅇ, ㅸ, ㄴ/ 등으로 특정한 음운론적 제약은 발견되지 않는다. 다만 대부분이 자음 뒤에 연결된다는 것과 모음 뒤에는 소수의 예에 불과하며, 형태론적으로 보아 「-히」로 오인되던 대부분의 예들이 「-이」의 부류에 귀납되어야 한다는 것을 쉽게 발견할 수 있다.

---

2) 안병희 : 보조적 연결어미 「-아/어, -게, -디, -고」(1967, p.230)
　허 웅 : 제약법 「-아/어」, 마침법 「-게, 드록」
　　　　　연결법 「-디」(1975, pp.602~624)
　이숭녕 : 부사형 유도허용법 「-게, -에, -긔, -의, -이」, 「-디」
　　　　　행동나열법 「-아, -어, -고, -오, -며」(1981, pp.339~341)

2.3 다음은 형태론적 입장에서의 「-이」가 나타나는 조건을 살펴보자. 이미 전항의 용례들에서 일별할 수 있듯이, 「이」는 용언의 어간 뒤에 나타나며 용언 중에서도 〔-action〕의 자질 즉 형용사의 어간과 직접 연결됨이 가장 두드러진 특징이다. 그러나 일부 〔+action〕의 특징을 보이는 것이 보인다.

(1) 「그우리」(그울-) : 轉은 그울씨오(월석 1 : 9) / 그 나못 불휘롤 쌔혀 그우리
　　　　　　　　　　　부러(석보 6 : 30)
(2) 「니르리」(니를-) : 致논 니를에 홀씨라(월석 서 : 19) / 처엄 ☒적부터 百
　　　　　　　　　　　千劫에 니르리(월석 21 : 46)

이들 두 용례는 현대어에서는 발견되지 않는 15세기 국어의 특징을 보여주는 것으로 다음에 논의하게 될 「-게」 어미에의 과도적 현상을 보여주는 용례로 굴절어미 「-게」와 같은 유형으로 보고자 한다.

형태론적 견지에서 「-이」가 결합되는 조건을 보면 단일한 형용사의 어간 뒤에 오는 경우와 형용사화 파생어간 「-ᄒ다」, 「-답다」, 「-롭다」, 「-브다」 등의 뒤에 오는 것으로 대별해 볼 수 있다.

단순형용사의 어간 뒤
「구디」 : 구짓논 辱올 구디 츠무샤(석보 19 : 36)
「너비」 : 八敎롤 너비 부르샤 = 廣演八敎(월석 서 : 7)
「머리」 : 머리 ᄂ라가디 말라 = 句遠奮飛(두언 15 : 5)

등과 같이 받침이 초성으로 내려가서 쓰인다. 그러나, ㅂ변칙 용언에서는 「-븨」, 「-이」로 변하는 /ㅂ〉ㅸ〉ㅇ/의 일반현상에 귀납된다.

「어려븨」 : 봀 사ᄅ미 讀誦올 어려븨 너기거니와(월석 서 : 23)
「어러이」 : ᄀ장 술 마시고 어러이 놀애 블로몬 = 痛飮狂歌(두언 16 : 5)
「쉬븨」 〉 수이 〉 수븨 〉 수이 : 옷밥 쉬븨 어드니만 몯다(월석 13 : 12~3), 쉬

이 알와뎌 브라노니(능엄, 8 : 44), 사룸마다 히.
여 수비 니겨(훈, 언해), 수비 슬허ᄒ노니 = 易
悲傷(두언 15 : 5)

「르, 르 으」 변칙용언 뒤에서는 「ᄋ, 으」가 줄어진다. 그러나 「ㄹ」은
앞음절의 종성으로 표기한다.

「덜이」(뎌르-) : 기리 살며 뎔이 살며(월석 13 : 59)
「달이」(다르-) : 正ᄒ며 갓ᄀ로몰 브터 달이 ᄃ외ᄂ니라(능엄 2 : 14)
「키」(크-) : 수비 키 아로몰 得ᄒ야 = 易得大悟(몽산 7)
「어위키」(어위크-) : 어위키 后土ㅣ 저젓도다 = 快弇后土濕(두언 22 : 51)

형용사화(形容詞化) **파생어간**(派生語幹)
(ⅰ)「-브다, -ᄇ다」
　　「잇비」(잇브-) : 잇비 비화 = 困學(두언 20 : 10)
　　「깃비」(깃브-) : 時節ㅅ 비를 깃비 ᄂ리와(석보 13 : 7)
　　「ᄀᆺ비」(ᄀᆺᄇ-) : 너희 머리셔 ᄀᆺ비 오니(석보 23 : 41)
　　「어엿비」(어엿브-) : 내 百姓 어엿비 너기샤(용 50)
(ⅱ)「-룹다, -릅다, -듭다, -답다」
　　「受苦ᄅ뵈」(受苦룹-) : 쳔랴올 만히 뫼호아 두고 受苦ᄅ뵈 딕희여
　　　　　　　　　　　　　　　　　　　　　　　　　　(석보 9 : 12)
　　「苦고이」(苦룹-) : 苦로이 너기디 말라
　　「實다뵈」(이)(實답-) : 實다뵈 잘 볼씨라(월석 7 : 45), 實다이 보아(법화
　　　　　　　　　　　3 : 27), 實다히 아디 몯홀씨(능엄 4 : 13)
　　「病ᄃ뵈」(病듭-) : 부텨도 病ᄃ뵈 너기시니라(월석 13 : 27)
(ⅲ)「ᄒ다」┬ (A) 어근에 「-이」 접속
　　　　　└ (B)「-ᄒ」 다음에 「-이」 접속
　　「ᄀ득기」(ᄀ득ᄒ-) : 創庫ㅣ ᄀ득기 넘씨고(석보 9 : 20)
　　「옷고시」(옷곳ᄒ-) : 俗ᄋ 옷고시 조ᄒ 거슬 삼ᄂ나라 = 俗以爲香潔
　　　　　　　　　　　　　　　　　　　　　　　　　　(법화 2 : 111)
　　「두려디」(두렫ᄒ-) : 두려디 돌며 모 것거 도로매 = 周族(내훈 1 : 49)

「번드기」(번득ㅎ-) : 부톄 번드기 니르디 아니ㅎ시고 = 佛不顯說
(능엄 5 : 31)

「반드기」(반득ㅎ-) : 우리 나랏 마롤 正히 반드기 쓰년 그릴쎠(석보서 :
5), 반드기 法律에 맛고 = 必中律(두언 6 : 19)

「아득」(아득)기(아득ㅎ-) : 至極혼 精誠이 웃드민 고돌 甚히 아드기 모로놋
다 = 甚昧至精主(두언 25 : 13), 아득아득기
보미 남ᄀᆞᆯ 말오가놋다 = 漢漠春辭木(두언 6 : 52)

※ 아득히 노니는 神(월석 21 : 109)

「-ㅎ」 다음에 「-이」가 접속되는 경우는 /ᄋᆞ/가 탈락된다.

「훤츨히」(훤츨ㅎ-) : 훤츨히 바르래 비타 가려뇨 = 浩蕩乘滄溟(두언 6 : 20)
「하야히」(하야ㅎ-) : 하야히 비취옛더라 = 白映(두언 20 : 45)
「퍼러히」(퍼러ㅎ-) : 蒼生혼 퍼러히 살쎄니 머리 보는 쁘디라(금강 80)
「이러히」(이러ㅎ-) : 이러히 二萬 부톄 다 혼가짓 字號로(석보 13 : 29)
「괴오히」(괴외ㅎ-) : 괴오히 겨르로이 사라(법화 2 : 143)
「공번히」(공번ㅎ-) : 그 두푸믈 공번히 發호몰 니르시니(능엄 8 : 94)
「만히」(만ㅎ-) : 한 罪롤 만히 지스면(월석 21 : 108)
「슬히」(슬ㅎ-) : 즐겨 슬히 아니 너겨(석보 13 : 23)

이상 형태론적 입장에서 파생접사 「-이」가 형용사의 어간 뒤에 연접되
는 예를 살펴보았다. 상기 내용상 「-ㅎ다」 접미사 뒤에 「-이」와 「-히」가
같이 오는 예가 있어서 「-번드기」 : 「번득히」, 「아드기」 : 「아득」, 「좀즈
미」 : 「좀좀히」 등의 쌍형이 나타나고 있는데 이는 「-ㅎ다」계 용언에서 「ㅎ」
를 탈락시키느냐, 「ᄋᆞ」를 탈락시키느냐에 의하여 출현되는 현상인데 현대
국어에서도 폐쇄음 /ㄱ, ㅂ/ 등의 뒤에서 「하」음절이 탈락하는 「생각하다」
→「생각다」, 「섭섭하다」 →「섭섭다」 등의 어례에 대비하여 볼 수 있다.
현대 국어에서도 「하」에서 /아/를 탈락시키는 현상은 「생각ㅎ지」, 「결단
ㅎ고」, 「공부ㅎ게」, 등과 같이 일반화한 현상이다.

상기 부류 속에 포함되지 않은 한자어의 「-히」에 대한 문제가 있는데 뒤로 미루기로 한다.

3.

3.1 다음은 15세기 국어에서 굴절접사로 다루어지는 「-게」에 대하여 알아보기로 하자. 먼저 현대어에서 「-게」를 가지는 구문의 특성을 살펴보고 15세기 국어에서의 「-게」형 구문과를 비교해 보기로 한다. 그리고 전항에서 살핀 「-이」형 구문과 어떠한 구문적 의미적 차이가 있는가를 살펴보겠다.

먼저 현대어에서 「-게」를 가지는 문장 유형의 특징을 간략히 살펴보도록 하자.

    1) a. 철수는 영희를 <u>가게</u> 하였다(못하였다).
       b. 철수는 집에 <u>가게</u> 되었다.
    2) a. 철수는 아버지께서 <u>주무시게</u>(도록) 조용히 나갔다.
       b. 꽃이 <u>피게</u>(도록), 봄이 온다.
    3) a. 철수는 선생님을 <u>즐겁게</u> 하였다.
       b. 선생님은 철수 때문에 <u>즐겁게</u> 되었다.
    4) a. 꽃이 <u>곱게</u> 피었다.
       b. 그는 <u>사랑스럽게</u> 자랐다.

  1) a, b 예문은 이른바 장형 사동구문(long form causative, productive causative)과 피동구문의 예가 되는 것이다.3)

---

3) '되다' - 입음 도움움직씨 '되다'가 그림씨 아래에 쓰이는 일이 있으나, 그 때의 '되다'는 도움움직씨가 아니라 으뜸움직씨라 함이 옳으리라. '하다' '만들다' - 하임도움움직씨.(최

2) a, b 복합구조를 가지는 문장으로 a는 문장삽입(sentence embedding)으로 이루어진 문장이고, b는 접속(conjoining)에 의하여 이루어진 복합구문으로 「-게」는 보문소(補文素, complementizer)의 역할을 하는 요소다.

3) a, b도 (1)a, b와 같은 장형의 사동구문과 피동구문으로 간주할 수 있는데 다만 본 용언이 형용사다.

4) a, b는 '꽃이'와 '그는'을 각각의 공동주어로 하고 있는 복합술어구문이다. 그러나 이 경우에도 「-게」는 보문소의 구실을 하고 있다.

본 논고에서는 이들의 특성의 타당성 여부를 따지는 것이 주가 아니므로 다만 현대어에서 「-게」는 용언류에 연결되어 「-게 하다」, 「-게 되다」의 사동, 피동구문을 유도하며 「-게」는 보문소(complementizer)가 되어서 내포문과 접속문을 유도한다는 특성만을 밝히고 15세기 국어에서의 특징을 살펴보고자 한다.

3.2 15세기 국어의 「-게」는 「-에, -긔, -의/-이」의 변이형태를 가지는데, 부사형 어미로 행동을 가능하게 유도하는 구실을 나타낸다고 하여 유도허용법(이숭녕, 1980, p.328) 또는 어떠한 상황(경지)에 미침(이름)을 나타내는 이음법이라 하여 미침법(허웅, 1975, p.601)이라 하였다. 외솔은 현대어에서 장차 어떻게 될 모양을 나타낸다고 하여 될모양 어찌꽂(장연부사형(將然副詞形) : 최현배, 1961, p.274)이라고 하였다.

먼저 예문을 몇 개 보이고 그 특성을 살펴보자.

    ┌ 父母 이제 우리를 <u>出家</u>ㅎ게 ㅎ쇼셔(석보 11 : 37)
    └ 므슴 조초 이를 <u>ㅎ긔</u> 호리라(월석 9 : 15)
    ┌ 覺地를 믄득 <u>證</u>ㅎ시게 호리라ㅎ샤(석보 서 : 18)
    └ 一切 受苦를 다 <u>버서나긔</u> 호리라(월석 9 : 25)
    ┌ 긴 거시 <u>드외에</u> ㅎ야 = 爲長(몽산 55)

현배, 1961, 「우리말본」세 번 고침, p.338)

├ 化人ᄋᆞᆫ 世尊ㅅ神力으로 ᄃᆞ외의 ᄒᆞ샨 사ᄅᆞ미라(석보 6 : 7)
├ 트ᄃᆞ리 ᄃᆞ외ᄋᆡ ᄇᆞᆺ아디거늘(석보 6 : 31)
└ ᄃᆞᆰ기히ᄅᆞᆯ…… 됴히 쳐 술찌거 ᄒᆞ야 두고(석보 23 : 73)

위의 예문에서 보이듯 「-게(에)/-긔(의) -기(ᄋᆡ)/거」 등의 변이형태의 분포는 음운론적 조건에 의한 구분으로 보이기는 하나 그 조건이 명확하게 구분되지 않는다. 모음조화에 의한 대립과 /ㄱ/ 탈락에 의한 대립이 보이기는 하나 /ㄱ/ 탈락만이 그 조건을 갖추고 있다(허웅, 1975, pp.602~604). 그러나 「ᄃᆞ외게」와 같은 복귀현상과 「호리에 ᄒᆞ며」와 같은 유추도 보인다(허웅, 1975, p.604).

3.3 15세기 국어에서 「-게」형의 굴절 어미를 가지는 문장의 통사적 특성을 살펴보면 두 가지로 분류할 수 있으니 첫째는 보조용언과 결합하여 서술어를 이루는 형태이고, 둘째는 본용언끼리 합하여 복합술어를 이루는 형태인데 두 문형의 「-게」와 연결되는 용언과의 관계는 수식적 구성(attributive construction)의 외양을 보이나 「-게」 보문소에 의한 삽입구조나 연결구조로 보아야 한다.

첫째 「-게」 형태소의 뒤에 오는 보조용언으로는 「-ᄒᆞ다」, 「몯ᄒᆞ다」, 「아니ᄒᆞ다」, 「말다」, 「다외다」 등이 있는데 이미 3. 2항에서 「ᄒᆞ다」의 용례를 보았다. 몇 개의 예를 더 보이면,

一切外墨ᄋᆡ 얽ᄆᆡ요ᄆᆞᆯ 버서나게 **ᄒᆞ리**니(석보 9 : 8)
梵音이 깁고 微妙ᄒᆞ샤 사ᄅᆞ미 즐겨 듣ᄌᆞᆸ게 **ᄒᆞ시**며(석보 13 : 17)
됴한 짜해 가 나시게 **ᄒᆞᆯ씨**라(석보 서 : 3)
十六觀經을 듣ᄌᆞᆸ긔 **ᄒᆞ시**니(월석 8 : 1)
사ᄅᆞᆷ마다 수ᄫᅵ 알에 **ᄒᆞ야** = 俾人人이 曉易케 ᄒᆞ야(월석 서 : 12)
智와 悲왜 ᄒᆞᆫ가지헤 **ᄒᆞᆯ씨** 이 일후미 廻向이며(월석 2 : 61)
無上菩提ᄅᆞᆯ 證ᄒᆞ매 니를의 **호리**라(석보 9 : 7)

등이다. 「-게 ᄒᆞ다」의 구문상의 특징을 보면 「ᄒᆞ다」 앞에 오는 용언은 〔+action〕의 특성을 먼저 들 수 있다. 「버서나게」, 「出家ᄒᆞ게」, 「ᄃᆞ외에」, 「듯줍게」, 「나시게」, 「듣줍긔」, 「알에」, 「易曉케」, 「니를의」… 등과 같이 「ᄒᆞ다」 앞에 「-게」 보문소를 가지는 본용언은 동사가 와야 하는 통사적 제약을 가지는데 이는 현대 국어에서 「-게 하다」의 구문이 장형 사동문이란 특성과 일치하는 것이며, 「-ᄒᆞ다」 자체가 사동의 의미를 가지고 있다는 어휘특성과도 연관이 된다. 그러나 「-ᄒᆞ다」 앞에 「-게」 어미와 연결되면서 〔-action〕의 예를 보이는 것이 있으니

"智와 悲왜 ᄒᆞᆫ가지에 ᄒᆞᆯ씨"의 'ᄒᆞᆫ가지에'이다. 「-에」를 조사로 「ᄒᆞᆯ씨」를 본 用言으로 처리할 수도 있으나, 현대국어에서도 「이다」의 「이게」형을 추론할 수 있는 것처럼 「ᄒᆞᆫ가지다」의 「-게」의 첨가형으로 볼 수 있다. 이 때 「ᄒᆞᆫ가지에」는 형태론적 입장에서는 〔-action〕적이나 「-게 ᄒᆞ다」의 구문 구조속에 들어갔을 때 〔+action〕의 자질을 가짐을 쉽게 알 수 있다. 「그 눌게ᄒᆞ다」 등도 같이 설명된다.

다음은 「-ᄒᆞ다」 외의 보조용언, 「몯ᄒᆞ다」, 「아니ᄒᆞ다」, 「말다」, 「ᄃᆞ외다」 와 「-게」 어미와의 구문구조를 보도록 하자.

「몯ᄒᆞ다」 : 디새 붓아디ᄃᆞᆺ게 몯호ᄆᆞᆯ 恨ᄒᆞᄂᆞ니(남명 하 : 32), 能히 모매 卽하야 곧 ᄆᆞᅀᆞ미에 몯ᄒᆞᆯ씨 = 不能卽身卽心故로(능엄 10 : 18)

「아니ᄒᆞ다」 : 貔虎ᄀᆞᆮ흔 士卒은 鳳凰城에 ᄀᆞ독게 아니ᄒᆞᄂᆞ니라

(두언 25 : 25)

「말다」 : 사ᄅᆞ미 ᄒᆞ오ᅀᅡ 滅度 得게 마라 = 不令有人이 獨得滅度케ᄒᆞ야(법화 2 : 99), 서리와 이슬로 ᄒᆡ여 사ᄅᆞ미 오ᄉᆞᆯ 저지게 마롤디니라 = 無使露 霑人依(두언 15 : 44)

「ᄃᆞ외다, ᄃᆞ외오다」 : 涅槃온… 사디 아니 ᄒᆞ시며 죽디 아니ᄒᆞ샤 便安케 ᄃᆞ외실 씨라(월석 1 : 18), 모미 크긔 ᄃᆞ외야 … ᄯᅩ 젹긔 ᄃᆞ외며(석 보 6 : 34), 敎化ᄂᆞᆫ ᄀᆞᄅᆞ쳐 어딜에 ᄃᆞ외올씨라(월석 1 : 19), 우리 어ᅀᅵ아ᄃᆞ리 외둡고입게 ᄃᆞ외야(석보 6 : 5), ᄀᆞ린

거시 <u>업게</u> **도외니** … 모딘 잠개 나사드디 몯게 **도외니**(천강곡
상 : 69), 고햇 수미 <u>희에</u> **도외어늘** = 鼻怨이 成白거늘
(능엄 5 : 56)

주지하는 바와 같이 「몯호다」, 「아니호다」, 「말다」는 부정형어미 「디」와
함께 부정문을 유도하는 용언이다.

<u>굗디</u> **몯호야**(석보 : 6)
<u>가시디</u> **몯호야**(월석 23 : 89)
<u>굗디</u> **몯호놋다**(금강 3 : 55)
<u>마디</u> **아니홀쎈**(능엄 8 : 80)
<u>굡죠디</u> **아니호야**(능엄 2 : 15)
<u>굴외디</u> **말며**(박통사초 상 : 50)

「-게」 다음에 직접 부정보조 용언이 뒤따르는 것은 현대어와 다른 15
세기 국어의 특징이 된다. 이와 같은 용례는 '得케 호디', 'ㄱ독게 호디' 등과
같이 '호디'가 생략된 구문으로도 생각할 수도 있겠으나 「-게」어미가 「-디」의
기능을 일부 담당하였던 것으로 보인다.

「-게 도외다」의 구문은 현대어의 「-게 되다」와 같은 피동구문이 된다.

현대어에서 '되다'가 형용사 뒤에 쓰이면 '그 사람이 점점 가난하게 된
다.'에서와 같이 '되다'를 본동사로 처리하기도 한다(최현배, 1961,
p.338). 그러나 '되다'는 「-게」와 연결되어 피동구문을 형성한다는 것이
좋다. 「도외오다」는 「도외다」의 사동형으로 처리한다.

둘째 「-게」형 어미에 의하여 본용언끼리 결합되어 복합술어 구문을 이
루는 문장의 예를 살펴보자. 이 경우에도 「게, 긔, 기, 에, 의, 이」 등의
변이 형태가 나타난다.

1) 그듸 가아 <u>아라듣게</u> <u>니르라</u>(석보 6 : 6)
　　　　　　a　　　　b

2) 硏은 <u>다돋게</u> <u>알씨라</u>(월석 서 : 18)
　　　　a　　　b

3) 오시 <u>젓게</u> <u>우러</u> = 霑依(두언 8 : 16)
　　　　a　　b

4) 向公이 <u>피나게</u> <u>우러</u> = 向公泣血(두언 25 : 47)
　　　　　a　　　b

5) 父母人 顔色올 바다 손바롤 <u>부른게</u> <u>도니고</u> = 承顔眂手足(두언 21 : 33)
　　　　　　　　　　　　　a　　　b

6) 어러운 ㅂㄹ미 키 <u>업든게</u> <u>부놋다</u> = 狂風大放顚(두언 25 : 21)
　　　　　　　　　a　　　b

7) 三乘올 <u>크게</u> <u>여르시며</u> = 大啓三乘(월석 서 : 7)
　　　　　a　　b

　위에 있는 예문의 술부 구성을 보면 두 개의 용언이 결합된 복합술어문
이다. 그러나 a와 b의 용언의 주체는 전부가 동일한 것이 아니다. 1) 문
장의 예로 보면 '아라듣는' 주체는 생략된 것이고, '니르라'의 주체(주어)
는 '그듸'가 된다. 그러나 4) 문장의 경우는 '피게'와 '우러'가 동일주어로
생각할 수 있다.

　a, b의 주어가 동일하냐 다르냐의 유형에 따라 위의 문장을 구분하면
동일주어문 : 2) 4), 상이주어문 : 1) 3) 5) 6) 7)이 된다. 이 때 모두
「-게」는 보문소(complementizer가 되어 내포문을 유도한다. 7)의 문장
을 예로 보면 「三乘 크다」와 「(부텨) 여르시다」의 두 문장이 내포된 것
으로 볼 수 있다. 이들은 현대국어의 구문구조와 같은 15세기 국어의 특
징이다.

4.

4.1 다음은 부사화 파생접사 「-이」를 가지는 문장의 특성을 살피어 「-게」 구문과의 차이점을 찾도록 하자. 나아가서 「-이」는 이제껏 부사를 만들어 주는 파생어미를 다루어 왔는데, 「-이」는 15세기 국어에서 대부분 굴절어미임의 증거를 찾도록 하자.

「-이」가 파생접사(derivational affix)냐 굴절접사(inflection affix)냐의 판별 기준은 서술성이 있느냐 없느냐의 구문 특성에 따라야 하는데 이는 「-게」의 경우에도 마찬가지다.

  1) a. 해가 <u>높이</u> 떴다.
     b. 해가 <u>높게</u> 떴다.

  2) a. 그는 책을 <u>조용히</u> 읽었다.
     b. 그는 책을 <u>조용하게</u> 읽었다.

  1)의 a, b나 2) a, b의 밑줄친 부분은 크게 의미상의 시차가 나타나지 않으나, a의 '높이'나 '조용히'는 단순한 결과의 상태를 나타내지만 「-게」가 오는 경우는 상태의 이동, 어떠한 상황(경지)에 이르름을 뜻하는, 즉 이동성을 의미의 시차로 찾을 수 있다. 그러나 그보다 더 결정적인 것은 서술성이 있느냐 없느냐에 따라서 그 어휘범주(lexical category, 품사)를 결정할 것이다.4)

---

4) 부용어(副用語)나 술어냐의 자세한 판별 기준에 대한 언급으로는
  1. 그 말이 그 구문에서 뜻의 변함이 없이 주술이나 객술이나 보술관계로 맺어지는가를 보는 일이다.
  2. 한 구문의 두 자립술어는 뜻의 변함이 없이 다 그 구문의 한 공동주어에 대한 '~다' 형 술어로 될 수 있으며, 따라서 그것은 복합술어로 판정된다.
  3. 동사끼리나 형용사끼리나 술격어끼리 어울린 것은 의미상 공동주어에 대한 복합술어다.

그러면 먼저 「-이」형 구문을 살펴보도록 하자.

(1) 녯 法을 <u>돕가이</u> **ᄒᆞ니라** = 古制敦(두언 8 : 5~6)
(2) 제 모믈 <u>둗거이</u> **ᄒᆞᄂᆞ니** = 封己(두언 20 : 48~9)
(3) 새뱃 곳고리ᄂᆞᆫ 내 눖믈 흐르게 하몰 <u>바지로이</u> **ᄒᆞ고** = 曉鶯工迸淚

(두언 20 : 27)

(4) 그 道ㅣ <u>괴오줌줌히</u> **ᄒᆞ욤업스샤** = 其道寂默無爲(법화 3 : 162)
(5) <u>ᄀᆞᆫ비</u> **호몰**(두언 중간 2 : 61)
(6) <u>ᄀᆞᆺᄀᆞ지</u> **ᄒᆞ야**(몽 2)(법록 11)
(7) 눌을 너무 <u>두터이</u> **말고**(박통사 중간 상 : 15)
(8) 나라해 도라오샤도 <u>조ᅀᆞᆯ아비</u> **아니ᄒᆞ샤** 길⊠ 사ᄅᆞᆷ과 ᄀᆞ티 너기시니

(석보 6 : 4)

위의 구문에서 「-이」접사가 붙은 부분을 빼버린다면, (1)~(6)의 문장은 「ᄒᆞ다」가 되고 (7)은 「말다」, (8)은 「아니ᄒᆞ다」가 서술어가 되어 이들만으로는 서술 기능을 상실하고 만다. 「ᄒᆞ다」, 「말다」, 「아니ᄒᆞ다」는 이와 같은 구문 구조 속에서 보조용언의 구실밖에 못한다. 고로 본용언은 「돕가이」, 「둗거이」, 「바지로이」, 「괴오줌줌히」… 등이 됨은 당연한 결론이다. 또한 이들은 앞에 주어 또는 목적어에 대하여 뜻의 변함이 없이 주술이나 객술 관계로 맺어지고 있음도 확연하다. 나아가서 이들 구문에서 「돕가이」, 「둗거이」… 등의 요소는 빼버릴 수 없는 필수적(obligatory)인 성분이다. 그러므로 종래의 문법이 현대어와 같은 판별 기준에서 15세기 국어의 「-이」를 파생접사로 처리하여 부사라는 어군속에 포함시킨 견해는 마땅히 수정되어야 한다.

다음은 범위를 넓혀 보조용언과의 결합이 아닌 일반 구문 속에서의 용

---

4. 구문상 한 공동주어가 없는 두 자립술어는 복합술어가 아니며, 그것은 두 구문으로 분석된다.
5. 구문상 뜻의 변함이 없이 주어나 객어나 보어와 맺어지지 않는 술부의 요소는 다음 술어에 얹히는 부용어로 식별된다.(김민수, 1971, pp.101~107)

례를 살펴보도록 하자.

져기 뜨들 니르노니 = 略言其趣(영가 하 : 90)

뜨들 올히 너기샤(천강곡 상 : 90)

빗보기 … 올히 도르시시며(월석 2 : 57~8)

自性을 불기 알면 = 明了自性(금강 서 : 6)

나노히 빗기 자바 부는 덧소리 됴ㅎ니(두언 15 : 53~4)

부텻 功夫에 됴히 돌아가샤(석보 9 : 3)

威武를 니기 아ᅀᆞ봐(용 59)

됴훈 ᄯᅡ해 느지 나게 ᄒᆞ리니(월석 21 : 105~6)

구짖는 辱ᄋᆞᆯ 구디 ᄎᆞᄆᆞ샤(석보 19 : 36)

너희 부텻 마롤 고디 드르라(석보 13 : 47)

八敎롤 녀비 부르샤 = 廣演八敎(월석 서 : 7)

萬物을 고비 일우시논 方업스시며(법화 2 : 41)

머리 ᄂᆞ라가디 말라 = 勿遠奮飛(두언 15 : 5)

괴오히 겨르로이 사라(법화 2 : 143)

즐겨 슬히 아니 너겨(석보 13 : 23)

ᄒᆞ야히 비취옛더라 = 白映(두언 20 : 45)

부톄 번드기 니르디 아니ᄒᆞ시고 = 佛不顯說(능엄 5 : 31)

이상의 많은 용례들을 전술한 의존용언 술부구문에서와 같이 서술적인 구실을 하는데 이는 주4)의 판별기준에도 적용된다. 「-이」는 현대어의 구문구조 속에서는 「-게」로 대치(replacement)가 가능하니 '져기 → 젹게, 올히 → 옳게, 불기 → 불게, 고비 → 곱게' 등과 같이 된다. 그렇다면 15세기 국어에서 「-이」와 「-게」는 상보적 분포(complementary distribution)를 보이며 동일 기능을 수행하던 이형태(allomorph)로 간주할 수 있다. 현대어로 내려오면서 「-이」의 서술적 기능은 「-게」가 차츰 대신하게 되고 「-이」는 파생접사로 굳어져 현대어에서와 같이 부사화 전성어미로의 기능만을 담당하게 된 것으로 생각된다. 현대어에서 「듯이」, 「없이」, 「같이」, 「있이」의 4

용례에서 「-이」, 「-게」와 같이 제2부사형으로 처리하는 견해(최현배, 1961, p.489)는 단적으로 15세기 국어에서의 동일기능을 담당하고 이것이 화석화되어 남은 형태란 증거의 일부를 삼을 수 있다. 15세기 국어에서 「니르리」, 「업시」 두 용례의 「-이」만을 풀이씨의 활용형으로 볼 수 있다고 한 것(허웅, 1975, p.241)은 여타의 경우에도 적용되어야 한다. 그러나 이마 15세기에 「-이」가 「-게」와 같은 활용어미 내지는 보문소(complementizer)의 구실을 상실하고 부사화 파생어미로 굳어진 예를 생각할 수 있으니 '隱隱히, 仔細히, ――히, 和히, 別히,…' 등 한자어의 어군이다.

4.2 그러면 「-이」를 활용어미로 처리했을 때 「-이」와 「-게」가 나타나는 구문상의 차이점과 의미적 차이점은 무엇인가?

대표적인 유형의 「-게 ᄒ다」와 「-이 ᄒ다」의 구문상의 차이점을 살펴보자.

「-게 ᄒ다」의 구문은

<u>ᄃ외에</u> ᄒ다
<u>가ᄀ</u> ᄒ다.
<u>ᄀ족게</u> ᄒ시니

등과 같이 밑줄친 부분에 동사와 형용사가 다 올 수 있는데 「ᄒ다」와 합쳐서 [+action]의 자질을 가지게 된다.

이에 비하여 「-이 ᄒ다」는

<u>돋가이</u> ᄒ니라
<u>두뎌이</u> 말고
<u>ᄌ올아ᄇᆡ</u> 아니ᄒ샤

등과 같이 밑줄친 부분에 형용사만이 오는 구문상의 특질을 가진다.

「-ᄒ다」 구문 외의 경우도 위와 같은 구문상의 특질을 보여준다.

「-게」 활용어미는 이동적 상태나 행동의 가능을 허용하는 [+action]의 의미적 특성을 가지는데 대하여 「-이」 활용어미는 정지된 상태로의 대상을 표현하는 의미적 특성을 가진다.

4.3 끝으로 15세기 국어에서 「-히」 접미사의 생성이 「-ᄒ다」계 용언에서 온 것이 아니고, 순국어계 부사 「-이」형이 한자어계 「-히」형 부사에게 유추된 것이란 주장(이숭녕, 1965, 1980)은 「ᄒ다」계 용언에서 「-히」형이 왔다는 일반의 통설로 생각해야 될 것으로 보여진다.

이미 앞에서 살펴보았듯이 「ᄒ다」계 용언에서 「ᄒ」가 탈락되는 경우는 「-이」가 되고 「ᄋ」가 탈락하는 경우는 「히」가 생성된다.

> 「아득ᄒ다」 → 아득ᄒ+이(「ᄋ」탈락)
> 　　　　　아득+이(「ᄒ」탈락)

/ㄱ/, /ㅂ/ 등의 폐쇄음 뒤에서 「ᄒ」나 「ᄋ」의 탈락은 현대어에서도 나타나는 현상이고, 자연이 「ᄒ」가 탈락하느냐 「ᄋ」가 탈락하느냐에 따라 쌍형이 나타나는 것이다.

물론 15세기 국어에서 「-히」형이 모두 「ᄒ다」계 용언에서만 오는 것은 아니니 둘히, 슬히, 올히, 만히 등의 어례는 어간말음을 어떻게 잡느냐에 따르는 것인데, 「둟다」, 「슱다」, 「옳다」, 「많다」… 등으로 잡을 때에는 물론 「ᄒ다」계와는 무관한 것이다.

(A)	(B)
맛당이(월석 10 : 61)	맛당히(몽 21)
므더니(석보 9 : 13)	므던히(법화 5 : 48)
번드기(능엄 2 : 45)	번득히(능엄 2 : 9)
아ᅌᆞ라이(법화 2 : 83)	아ᅀᆞ라히(두언 15 : 28)
좀ᄌᆞ미(법화 2 : 133)	좀좀히(석보 13 : 46)

의 용례에서 16세기에서는 (B)의 형태로 고정되었다 하여 (B)형태를 후
대의 표기로 고정하고 있느나, 이들 쌍형은 오히려 「ᄒᆞ다」계 용언에서 기
원을 찾을 수 있는 「-히」(「맛당ᄒᆞ다」, 「므던ᄒᆞ다」, 「번득ᄒᆞ다」…) 어미가
본래적이며 앞선 어형으로 생각된다.

    맛당ㅎ+이(「ᄋᆞ」탈락)
    므던ㅎ+이(「ᄋᆞ」탈락)
    번득ㅎ+이(「ᄋᆞ」탈락)
    번득 +이(「ㅎ」탈락)

「맛당히」에서 개음 사이의 /ㅎ/약화 탈락으로 「맛당이」가 생성되고 「므던
히」→「므던이」도 마찬가지다. 「번득+이」, 「번득ㅎ+이」는 동시적으로 볼
수도 있겠다. '어근' 「번득」에 「이」가 접속하느냐 '어간' 「번득ㅎ」에 접속
하느냐의 차이가 있을 뿐이다.
  물론 「-히」접미사는 후대로 오며 「ᄒᆞ다」계의 뿌리를 상실하는 것과 유
추에 의해서 생겨나는 것이 많이 생기고 있다.

5

이제까지의 논의를 요약하면

1. 부사형 어미 「-이」는 음운론적 제약은 받지 않고 나타나나 형태론적으로 보아 형용사의 어간 뒤에 직접 연결되거나 「-ᄒ다」, 「-답다」, 「-롭다」, 「-브다」, 「-ᄇ다」 등의 형용사화 어간 뒤에 진접(進接)된다.

2. 「-ᄒ다」 접미사 뒤에서는 「-이」와 「-히」의 쌍형이 많이 나타나는데 이는 「ᄒ」의 탈락이나 「ᄋ」의 탈락이냐의 결과이다.

3. 「-게」 부사형 어미는 「-에, -긔, -의, 긔」 등의 변이형태를 가지는데 현대국어에서와 같이 「-게」는 장형 사동이나(「-게 하다」) 피동구문을 유도하며, 「-게」는 보문소(complementizer)의 구실을 한다.

4. 「-이」 부사형 어미를 종래의 문법에서는 파생어미로 처리하여 '부사'라는 어휘범주 속에 포함시켰는데 「-이」는 「-게」와 마찬가지로 용언의 활용범주 속에 포함시켜야 한다. 일부 한자 어휘 등에서 부사적 특질도 고정된 것이 있지만 「-이」 부사형 어미는 「-게」보다 15세기 국어에서 생산적인 어휘 빈도수를 보여주고 있다.

5. 「-이」가 용언의 활용어미가 될 수 있음은 보조용언 「ᄒ다」, 「아니ᄒ다」, 「몯다」 등과 결합하여 주용언의 구실을 하며, 본용언과 결합하여서는 복합서술구를 이루는 용언으로서의 서술성 때문이다.

6. 「-이」형 구문과 「-게」형 구문의 구문상의 특징은 「-이」형 구문은 형용사와 「-이」가 결합된다는 것이고 「-게」형은 형용사와 동사가 다 가능한데 〔+action〕의 자질이 구문 속에서 부여된다.

의미적인 측면에서 「-이」는 정지된 상태의 표현이라면 「-게」는 이동적 상태 및 행동의 허용 유도라고 할 수 있다.

7. 15세기 국어에서 「-히」 부사형 접미사는 「ᄒ다」에서 대부분 유래하고 있다는 종래의 견해는 타당하다.

※ 「국어교육」 44 · 45합병호, 1983, 한국 국어교육 연구회.

참고 문헌

김민수(1971), 「국어문법론」, 일조각.

남광우(1960), 「고어사전」, 동아출판사.

남기심, "국어 완형보문법 연구", 연세대학교 대학원.

안병희(1967), 「한국어발달사 : 문법사」, 고대 민족 문화 연구소.

유창돈(1964), 「이조어사전」, 연세대학교출판부.

신창순(1979), "국어계통론의 몇가지 기본문제", 「문법연구」 4,
　　　　　　문법연구회.

이숭녕(1965), "부사형 어간형성의 한 고찰 - 특히 15세기 국어의 접미사 '-히'에
　　　　　　대하여", 「동구어문논집」 3.

────(1981), 「중세국어문법」, 을유문화사.

최현배(1961), 「우리말본」, 정음사.

허　웅(1975), 「우리 옛말본」, 샘문화사.

ㅎ**말음고**(末音考)

1. 서론

ㅎ음에 관한 연구는 ㅎ의 음가와 연관되어 받침의 문제, 대기법(帶氣法)의 문제 등에 대한 논의와 아울러 이른바 'ㅎ종성체언' 문제에 많은 논란이 있었다.[1]

본 소론에서는 먼저 ㅎ음의 음성적인 자질을 살펴, ㅎ음의 생성과 소멸에서 주로 소멸되는 쪽의 음운변화를 살펴보기로 하고 1960년대 전후의 주로 논의의 쟁점이 되었던 'ㅎ말음체언'을 형태음운론적 입장에서 재고하여, 'ㅎ종성체언', 'ㅎ조사', 'ㅎ곡용체언', 'ㅎ음개입' 등으로 각기 주장되어 대립된 채 미해결의 장으로 남아있는 문제에, 일단의 결론을 얻고자 한다. 그 해결책으로 'ㅎ말음용언'[2] 즉 현대어에서 ㅎ받침을 가지는 단어들

---

1) 이희승(1932), 'ㅎ받침問題', 「한글」 1~8호. 김승곤(1967), 'ㅎ과 ㆅ 音價考', 「국어국문학」, 37. 김민수(1952), 'ㅎ助詞硏究', 「국어국문학」 1. 남광우(1957), 'ㅎ曲用考', 「중앙대논문집」. 김형규(1963), 'ㅎ末音體言考', 「아세아연구」 11. 현용준, 'ㅎ揷腰音에 對하여', 「제주문화」 1호. 장태진(1955), '帶氣法 硏究', 「국어국문학연구논문집」(청구대). 지춘수(1963), '中世國語의 有氣音 音價의 推移에 對하여', 「양주동기념논문집」.

의 생성과정을 살펴서 ㅎ말음체언과의 유사성을 찾고, 체언과 용언이 가지는 고대 및 중세어에서의 어사적(語辭的) 기능을 검토하여, 'ㅎ말음체언'의 형태음운론적 위치를 해결하고자 하는데 목적을 두고 있다. 나아가 ㅎ음의 개략적이나마 사적 고찰을 통하여 ㅎ음이 순수 고유어에서 가지는 위치에 대한 미래적인 예견을 얻고자 한다.

2. 본 론

2.1 ㅎ음의 음성자질

ㅎ음의 분포(distribution)에 따른 그 변화의 추이와 ㅎ말음의 문제를 논의하기에 앞서 ㅎ음의 음성적 특징(phonetic feature)을 살펴보기로 하자.

ㅎ음에 대한 음가규정으로 제일 먼저 이루어진 것은 중국의 운학적, 성리학적인 입장에서 규정한 훈민정음 해례의 'ㅎ喉音 如虛字 初發聲'으로 'ㅇ', 'ㆆ'음과의 상관에서 파악되어지는 음으로 「홍무정운(洪武正韻)」의 음가규정3)이 바탕이 되고 있다.

이러한 운학적, 성리학적 입장에서의 음가규정은 근대에 이르기까지 여러 학자들에 의하여 언급되어 왔으나4) 그 본질적인 면에서의 변동은 없는 것이었다.

이에 비하여 현대 음성학에서 규정한 ㅎ음의 음성자질은 훨씬 다양한 면모를 볼 수 있다.5)

---

2) 'ㅎ末音'이란 용어를 사용함은 받침이란 말과의 혼동을 피하여, 'ㅎ末音'은 어간(stem)의 일부임을 뜻하기 위해서다.

3) (次淸 : 曉, 五音 : 宮, 五行 : 土, 七音 : 喉)

4) 朴性源「正音通釋」, 申景濬「訓民正音圖解」, 洪啓禧「字母辨」, 柳僖「諺文志」 등.

즉 ㅎ음은 여러 개의 자음 중에서도 유독히 모음과 유사한 반모음 (semi vowel)의 특질을 가지는 음으로6) 단독으로 나타날 때는 후두마찰을 동반한 전이음이 되고 간극(apature)이 큰 개음(開音) 사이에서는 후행하는 모음에 동화되는 성질을 가진다. 그리하여 〔ㅎ〕 발음을 할 때는 모음이 발음될 준비가 되어 있다고 현대 음성학에서 밝히고 있는데 이 동화현상은 중세국어 이후에 나타나는 광범위한 현상으로 현대에까지 이르고 있다. 〔ㅎ〕은 또한 파열음과 연결될 때에는 유기화(aspirate)되는 특질을 가지는 음으로 광범위하게 일찍부터 국어에 나타나고 있었다.

결국 과거의 운학에서 규정한 ㅎ음의 음가와 현대 음성학에서 규정한 ㅎ음의 음가는 미세한 부면(部面)에서 차이는 있다 하더라도 음소적인 범주를 일탈하지 않는 동일음소로 처리하여 무방하리라고 본다.7) 다만

---

5)　　　① h

```
┌ -vocalic      ┐
| -consonantal  |
| -high         |
| -back         |
| +low          |
| -anterior     |: 이병건
| -coronal      |「현대한국어의
| -round        | 생성음운론」
| -aspirate     | p.63.
| -glottalized  |
| -voice        |
| +continuant   |
| -nasal        |
└ -strident     ┘
```

② h

```
┌ +cons   ┐
| -syll   |
| -sono   |
| -high   |
| -back   |
| +low    |: Hyman(1975)
| -ant    |「Phonology」
| -cor    | p.244.
| -voice  |
| +cont   |
| -nasal  |
| -strid  |
| -round  |
| +grave  |
| -lab    |
└ -pal    ┘
```

6) ① 후두 마찰음으로 glide나 연장(prolongation)음의 특질, y, w와 같은 glide임. Gleason (1965), *Descriptive Linguistics*, p.38. ② Voiceless이며 성문(glottis)이 열려지는 장애음(obstruction). Shane(1973), *Generative Phonology*.

유기화 현상이 고대국어에도 존재하는가의 시기적인 문제와 개음 사이에서의
동화현상은 어느 때부터 일어나는가의 시기적인 문제가 대두될 것으로 본다.

2.2 ㅎ음이 나타나는 음운환경

그러면 ㅎ음이 나타나는 음운환경을 고유어의 예로서 중세후기어를 중
심으로 살펴 그 형태론적 음운론적 조건을 살펴보고 동화 및 유기화의 현
상을 알아보기로 하자.

첫째 ① ㅎ음 단독으로 어두에 나는 경우를 살펴보면 ㅎ음은 어두에서

하나비(祖父) : 〈용가 125장〉
하눌 : 〈용가 4장〉
하야로비 : 〈金三 2 : 50〉
ㅎ벼ᇫ 사 : 〈용가 35장〉
훙졍바지 : 〈석보 6 : 15〉

등과 같이 수다하게 나타나며 이들의 어례는 현대어에서 어두에 ㅎ을 가
지는 예보다 훨씬 많은 숫자이다. 여기에서는 어떤 형태론적인 제약이나
음운론적인 제약이 없이 나타나고 있다.

② 어중에서의 ㅎ음의 출현을 보게 되면

가히 〉 개(狗) : 〈몽산 11〉
구향 〉 귀양(謫) : 〈두시 16 : 5〉
다히다 〉 대다(觸) : 〈월석 10 : 8〉
뫼호다 〉 모으다(合) : 〈월석 2 : 14〉
사호다 〉 싸우다(爭) : 〈용가 52장〉

---

7) 김승곤, 'ㅎ과 ㆅ音價考', 「국어국문학」 37, p.108.

　　사회 〉 사위(婿) : 〈훈몽 상 32, 유합 상 20〉

등과 같이 많은 어례가 있는데 여기에는 형태론적인 제약이 없을지라도 개음 사이라는 제약이 뒤따른다는 것은 쉽게 알 수 있다. 이들 ㅎ음은 후대로 내려올수록 모음에 동화되어 그 음가를 상실하는데 15세기 초의 문헌에서는 많이 보이다가 점점 소멸되어 박통사언해(朴通事諺解), 노걸대언해(老乞大諺解), 오륜행실도(五倫行實圖) 등에서는 몇몇 개의 예가 보일 뿐이다. 그렇다면 18세기 이후에는 사실상 개음 사이에서의 ㅎ음의 음가는 상실된 것으로 믿어진다. 나아가서 ㅎ의 음가는 중세전기 국어에서는 오늘날과 비교하여 후두마찰이 더욱 강한 음성적 자질을 가졌을 것으로 생각할 수 있으며, 그렇기 때문에 개음 사이에서도 독자적인 음가를 가졌던 것으로 생각할 수 있다.

　③ 말음에서 ㅎ음이 단독으로 쓰이지 않은 것 즉 받침으로 쓰이지 않은 것은 주지의 사실이다.

　둘째 유기화(aspirate)되어 ㅎ이 나타나는 경우는 ㅎ음 단독의 경우와는 달리 형태론적인 제약 및 음운론적인 제약이 뒤따른다. ㅎ이 파열음 /k t p č/와 연결되어야 한다는 음운론적인 제약 때문에 형태론적으로 말음에서는 음운론적 조건을 만족시킬 수 없다. 유기음으로서의 /kʰ, tʰ, pʰ, čʰ/는 어두나 어중이나 말음에나 두루 나타나지만 유기화 현상으로서의 /kʰ, tʰ, pʰ, čʰ/는 형태론적 제약이 따름은 당연한 결론이다. 유기음 자체로서의 /kʰ/가 받침으로 쓰이지 않았던 것은 ㅎ 단독의 경우와 같은 중세어에서의 표기법의 특질이거니와 현대어에서조차 '녘(方), 부엌(廚)'과 전라도 방언에서의 칡(葛)의 어례가 있을 뿐이다.

　먼저 몇 개의 어례를 열거하고 살펴보기로 하자.

便安케 ᄒ시ᄂ 〈석보 6 : 5〉
아니케 코져 ᄒ노니 〈월인 21 : 125〉
手品은 크니와 〈송강, 사미〉
終日 ᄐ록 行ᄒ야도 〈능엄 1 : 81〉
終身ᄐ록 〈법화 4 : 154〉
둘챗 〈능 7 : 23〉
둘챗 〈원각 상 162 : 179〉
ᄀᆞᆯ프며, 滑ᄒ야 〈능 4 : 96〉

상기 예에서 볼 수 있듯이 유기화 현상은 소수의 어두에서의 예(코져, 크니와)와 대부분은 어중에서의 예가 되는데 'ᄒ다'접미사의 어간말모음(語幹末母音) 탈락으로 인한 예가 그 대다수가 된다. 이는 또한 유기화 현상이 형태소 경계(morpheme boundary)에서 이루어진다는 설명을 다른 어례들과 함께 보여준다. 현대어에서 찾을 수 없는 어두에서의 유기화 현상의 예가 되는 '코져, 크니와' 등의 예도 'ᄒ다'접미사의 어간탈락으로 인한 유기화의 예가 된다. 어두에서의 유기화의 예로 더 포함시킬 수 있는 것으로 고(鼻)ᄒ 〉 코, 갈(刀) 〉 칼 등을 역행동화로 인한 조건변화라면 상기 예에 포함시킬 수 있다.

만일 상기와 같은 음운론적 조건 및 형태론적 조건이 형성된다면 유기화 현상은 고대어에까지 소급이 가능할 것이다.

중세후기어에서는 /ᄚ/의 유기화의 어례가 희소함을 발견할 수 있는데 이는 /ㄷ ㄱ ㅈ/의 구개음화 과정을 거친 이후부터 급격히 증가된다.

현대어에 있어 ㅎ음의 분포는 대부분이 한자어가 되고 고유어의 경우는 극히 제한된 소수의 어휘군을 형성하고 있다. 이 중 고유어의 경우만 검토하면 ㅎ음 단독의 경우는 어두, 어중, 어말에 고루 분포되고 있다.

어두에서의 '하나, 할아버지, 하다 ……' 등의 예는 중세어와는 다를 것이 없으나 어례가 많이 감소되었다는 것뿐이다.

어중에서의 ㅎ은 형태소 경계에서 나타난다는 특징을 갖는다. 중세후

기어에서 보이던

　　"버히다(斬), 가히(狗), 불휘(根), 구향(謫), 다히다(觸), 모호다(合), 바회
(岩), 비호다(學), 서흘다(切)"

등의 수많은 어휘가 ㅎ탈락(동화) 후 어형축약을 일으키어 고정 정착되었다.
　그리하여 "~하다, ~히, ~히다" 등의 접미사와 연결되어 나타나는 파
생어의 어휘군을 형성하는 결과를 가져왔다. 이들 어군에서도 ㅎ은 형태
론적 이유에서 그 어형을 유지하는 것이지 음성적인 면에서는 그 자립성
을 이미 오래 전에 상실하고 있는 것으로 보여진다.
　'~히' 접미사가 연접되는 '흔히, 조용히, 천천히' 등에서 ㅎ은 실상 그
음가를 상실한 지 오래며 형태론적 근거가 있을 뿐이다. 마찬가지로 파열
음 뒤에 오는 '넉넉히, 섭섭히, 급히' 등의 어례에서도 ㅎ음 자체의 독자성
은 상실한 것이다.
　'~하다'의 경우도 '사랑하다, 일하다, 말하다 ……' 등을 형태소 경계를
의식하여 '사랑#하다, 일#하다, 말#하다'와 같이 개방연접(open juncture)
으로의 의식적인 발음작용이 아닌 한에서는 개음절 사이에서의 ㅎ음의
동화현상(묵음)이란 일반원리에 포함된다.
　'~히다'의 경우도 무성파열음 뒤에 연결되어 유기음화 시키는 음운론
적 요구에서 잔존하고 있다.
　이상 간략하게 살펴본 바와 같이 ㅎ음의 출현은 15세기 이후의 문헌어
에서 계시적(繼時的)으로 보아 상대(上代)로 거슬려 갈수록 많았으리란
추론이 가능하며 현대로 내려올수록 그 음가를 상실하고 있음을 보았다.
이에 대하여서는 찬반의, 이론이 있는 바8) 별도로 자세한 연구 검토가
요구된다.

---

8) 고대어에 'ㅎ'음이 많았으리란 견해는 김형규(1963). 부사형 어미 '~히'는 15c이후 급격히
　발달했으리란 견해는 이숭녕(1965), '副詞形 語幹形成의 한 考察, 「東丘語文論集」 3.

2.3 ㅎ말음체언

먼저 이른바 ㅎ말음체언의 용례를 살펴보고 이들에 대한 쟁점을 열거
하면서 문제점을 검토하기로 하자.

모음으로 끝나는 말
고(鼻), 그르(株), 나(年), 나라(國), 나조(나죄, 夕), 내(川), 네(四), 노(繩),
니마(額), 님자(主), 짜(地), 뎌(笛), 뒤(後), 드르(野), 드르(簷), 마(薯), 미
(野), 모(뫼, 山), 모(隅), 바(索), 바다(海), 보(棟), 세(三), 소(節), 쇼(俗人),
수(雄), 시내(溪), 신고(신코), 여러(諸), 우(上), 자(尺), 조(粟), 터(基), ㅎ나
(一), 고(庫), 노(艣), 보(褓), 소(沼), 수(藪), 쇼(요, 褥), 초(醋)

ㄹ자음
ㄱ눌(陰), ㄱ술(ㄱ올, 秋), ㄱ올(州), 갈(刀), 겨슬(거을, 冬), 길(道), ㄴ물
(蔬), 눌(刃), 눌(經), 둘(들, 等), 쑬(源), 돌(梁), 돌(石), 둘(二), 들(野), 뜰
(庭), ㅁ술(ㅁ올, 村), 말(欄), 밀(小麥), 불(풀, 臂), 별(崖), 비술(內臟), 술
(肌), 셔울(京), 쑷돌(礪), 스굴(鄉), 스믈(二十), 알(卵), 열(麻), 열(十), 올
(鴨), 올(今年), 울(籬), 출(源), 하눌(天)

ㅁ자음   암(雌), 움(穴)
ㄴ자음   긴(緩), 뒤안(園), 안(內), 언(堤), 위안(園)
ㅇ자음   샹(常)

향가에 나타난 예
膝肹(7.1.1) : 무릅흘
積惡希(4.6.3) : ᄌ악히
一念惡中(16.4.2) : 一念악히
兒史年數(1.4.2) : 즘히
巷中(1.8.2) : 굴허히(ㅁ술히)

이들 용례9)에 대한 견해는 3가지로 대립을 보이고 있으니

제1안 : ㅎ조사로 보는 경우 ················ 양주동
제2안 : ㅎ종성체언으로 보는 경우 ········ 김민수, 김형규
제3안 : ㅎ곡용(개입)으로 보는 경우 ······ 남광우

이들 용례에 대한 비판과 검토는 앞에서 말한 논문들에서 상호간의 자세히 논의가 되었으므로 본 논고에서는 이들에 대한 비판을 간단히 검토하고 종합적인 해결의 결론을 얻고자 한다.

제1안 : ㅎ조사에 대한 비판
① 일반적으로 보아 ㅎ말음체언은 상기 어례에서 보이듯 개음절(모음, ㄹ, ㅁ, ㄴ, ㅇ)로 끝난 말 뒤에 ㅎ음이 뒤따르는데 위에 있는 특정의 어휘를 제외하고는 다른 어례에서는 ㅎ이 나타나지 않는다. 즉 개음절 아래에서라는 음운조건이 성립된다면 'ㅎ조사'가 연접될 수 있는 개연성이 있으나 실제로 ㅎ은 상기 어례에만 한정된다.

귀와 고콰 혀와 〈월인 2 : 14〉
새벼리 나지 도도니 〈용가 101장〉
십 므리 묽더니 〈두시초 8 : 66〉
무슴몰 느즈기ㅎ야 〈월석 21 : 139〉

즉 {~이 : ~히}, {~으로 : ~ㅎ로 : ~흐로}, {~도 : ~토}, {~와 : ~과 : ~콰}, {~온 : ~은 : ~혼 : ~흔}과 같이 이형태(allomorph)를 설정했을 경우 - '~히, ~ㅎ로, ~흐로, ~토, ~콰, ~혼, ~흔' 등의 격조사가 와야한다는 음운론적 내지는 형태론적인 근거가 없다.
② ㅎ음을 갖던 단어들이 복합어가 될 때 ㅎ이 과거에도 개재하였고 또 현대어에서도 일부 잔재한다.

---

9) 용례는 남광우, 앞의 논문, p.168에 의거하였고 이들 중 ㅎ말음체언에서 제외할 용례는 김형규, 앞의 논문에 의거함.

암톨, 네찻, 수티새, 안팢 ················· 〈중세어〉
암탉, 수캐, 암컷, 한켜레, 그루터기 ········ 〈현대어〉

이상의 두 비판만으로도 'ㅎ조사'란 이형태를 설정할 근거가 미약함을 알 수 있다.10)

제2안 : ㅎ종성체언에 대한 비판
① ㅎ곡용을 하던 체언들의 대부분이 복합어를 이룰 때 ㅎ음이 개입되지 않는다.

ㄱ숲 둘 〈金三 2 : 6〉
ㄱ숲 밤 〈두시초 21 : 18〉
갌 ᄀ 〈용가 57장〉
나라뜯 〈유합 하 : 23〉

② 현대어에서도 복합어 사이에 ㅎ이 잔재하는 예는 부분적이다.

암탉, 암캐, 암컷
수탉, 수캐, 수컷
안팎
그루테기 ← 그루(株)+데기(접미사)

③ 한자어에도 ㅎ곡용이 있다.11)
고로 ㅎ은 어간의 일부가 될 수 없고 ㅎ음이 조사 사이에 또는 복합어 사이에 개입된 것으로 간주되어야 한다.

제3안 : ㅎ곡용(개입) 대한 비판

---

10) 김민수(1952), 앞의 논문, pp.12~13.
11) 남광우(1957), 앞의 논문, p.181.

ㅎ곡용(개입)에 대한 비판은 이미 김형규(1963)에서 항목별로 언급되었기에 여기서는 그 이외의 사항에 대하여 포괄적으로 몇 마디 언급하고 ㅎ말음체언이 타당함에 대한 입론을 세워볼까 한다.

"이제 이 ㅎ곡용하던 말들의 종성통계를 보면 모음이나 〔l〕〔m〕〔n〕〔b〕 등 유성자음임을 알 수 있으니 이들 유성음 다음의 ㅎ음이 개입함으로써 모음충돌을 회피하거나 동음이의어와의 분별을 기도하거나 체언의 원형을 내파열(內破裂)시킴으로서 청각효과를 증대시켜 그 원의를 두드러지게 나타내는 노력이리라 생각하며 이조초기 문헌상 체언 말음 〔k〕〔t〕〔p〕 다음의 ㅎ음의 개입이 없는 듯이 보임은 체언과 격조사를 구별하지 않고 연철하던 관계이며 ……"12)

위의 주장에 대하여 몇 가지 문제점을 지적하여 보면 첫째, 모음충돌을 회피하거나 동음이의어와의 분별하려는 것에 대한 의문이다. 모음충돌을 회피하거나 동음이의어의 분별을 위하여 〔ㅎ〕이 꼭 개입되어야 할 하등의 음운론적 내지는 형태론적인 이유가 발견되지 않는다. ㅎ말음체언의 경우에 해당하는 특정 어례 이외의 어휘들은 같은 음운조건과 같은 형태적 조건을 갖추고 있는데도 〔ㅎ〕이 개입되지 않는다. 모음으로 끝난 경우의 단어들에서는 조사와의 연결에서 모음충돌이 일어나지만 〔l〕〔m〕〔n〕〔b〕로 끝난 예들에서는 모음충돌 여부가 적용될 수 없으니 ㅎ말음체언이란 전범주의 문법영역에 적용되지 않는다. 동음이의어의 분별을 위한 판별기준으로 〔ㅎ〕을 개입하였다는 것도 복합어 또는 조사와의 연결이란 형태적 조건에서는 혼동도 거의 없을 뿐 아니라 ㅎ말음체언의 용례들 전반에 걸쳐 특이성이 보이지 않는다. 오히려 개음절 사이에서 〔ㅎ〕의 삭제규칙이 15세기 문헌에서부터 점차로 많이 진행되어온 것이 사실인 바, 개음절 사이의 음운조건이 되는 ㅎ말음체언에 〔ㅎ〕을 개입하였다고 하는 것은 일반원칙에 어긋나는 것이다.

---

12) 남광우(1957), 앞의 논문, p.169.

만일 모음이나 [l] [m] [n] [b], 나아가서 [k] [t] [p] 뒤에서 [ㅎ]의 개입이 가능한 것이라면 'ㅎ'조사의 비판에서의 경우에서와 마찬가지로 동일조건의 어례 중 특정 어례에만 [ㅎ]이 개입된다는 데에 대한 비판이 따른다.

둘째, ㅎ말음체언의 ㅎ음을 논함에 있어서 형태론적인 구분이 선행되어야 할 것으로 생각한다. 즉 {~이 : ~히}, {~이다 : ~히다}에서의 [ㅎ]은 용언의 어간과 접사라는 형태론적 이유에서 체언과 조사라는 말음체언의 경우와 구분이 선행되어야 할 것으로 생각한다.

{~히}, {~히다}가 {~이}, {~이다}의 이형태로서 [ㅎ]이 개입한 것이란 언어규칙 속에 포함된다면 규칙의 단순성이란 면에서 이상적이기는 하나 실제로 그렇지 못하다. {~히}의 경우도 {~이}에 [ㅎ]의 개입으로 일견 보이나 ㅎ말음체언의 경우에서와 마찬가지로 용언의 어간의 일부로 생각할 수 있으니 간략히 몇몇 개의 예를 들어보기로 한다.

퍼러히 〈두해 2 : 2〉   이러히 〈월석 7 : 65〉   괴오히 〈두시중 2 : 49〉
이슥히 〈번역소학 10 : 25〉 괴요히 〈법어 5〉   微微히 〈두해 3 : 26〉

여기에 대하여는 자세한 검토가 요구되지만 단순히 [ㅎ]의 개입이 아니라 {~ㅎ다}접미사의 어간 [ㅎ]이 탈락되지 않은 채 접미사 {~이}와 연접된 어형으로 보는 것이 타당할 줄로 생각한다.[13] 이는 맞춤법 통일안에서 {~이}, {~히}의 판별표기 기준과도 같은 것이다.

셋째, "암(雌), 수(雄), 안(內) 등은 체언 종성으로 볼 것이 아니라 …… 유추작용도 곁들여 대기음화(帶氣音化)한 것에 지나지 않는 것으로 보려는 것이며 우생적(偶生的)인 것이라 생각한다"고 한(남광우 : 1957) ㅎ말음체언이 복합어의 경우 중세어나 현대어에서 부분적으로 나타난다고 하여 [ㅎ] 개입으로 보기는 어렵다. 현대어에서 일부분밖에 남

---

13) 이숭녕(1965), '副詞形語幹 形成의 한 考察'에서는 [ㅎ]의 개입으로 보았음.

아있지 않음은 ㅎ탈락이란 커다란 원칙과 복합어의 각 낱말 단위를 독립적인 의미단위로 의식하려는 문법의식에서 ㅎ이 차차 소멸되어가는 단계에서 화석화된 어형으로 남아있는 것으로 생각된다. 이는 흡사히

(*갈범) 〉 갈범 〉 갈웜 〉 갈범
(*대받) 〉 대범 〉 애완 〉 대밭

으로의 복귀와 같은 문법의식의 작용으로 '암캐' 등에서 '암'과 '개'로 의식하려는 의미론적 이유에서 ㅎ이 그 지위를 상실하게 되는 것으로 생각할 수 있다.

복합어 내의 형태소 경계에서 발음시 지속(duration)을 길게 하거나 또는 휴지(pause)를 갖게 되면 유기화 현상이 불발되는데 이러한 예증으로 평북 전남방언에서 '입학(入學), 각하(閣下)' 등에서 유기화 현상이 일어나지 않는 것을 들 수 있겠다.[14]

이른바 격음화 현상의 예가 되는 "갈(刀) 〉 칼, 고(鼻) 〉 코, 불(腕) 〉 팔 ……" 등에 대한 변화요인을 무조건 변화(자생적 변화)로 보느냐 조건변화(체계적 변화)로 보느냐의 견해가 대두되는데 이를 역행동화에 기인한 기기음화(氣氣音化) 현상[15]으로 본다면 기저형으로 "고ㅎ(鼻), 갈ㅎ(刀), 불ㅎ(腕)"을 인정하게 된다. 이는 〔ㅎ〕이 개입된 것이 아니고 기저음이 된다는, 다시 말하면 어간의 일부 즉 체언의 말음이 된다는 단적인 예증이 되리라 생각된다.

2.4 ㅎ말음용언

ㅎ말음용언이라 함은 현대어에서 ㅎ을 받침으로 가지는 용언에 해당하

---

14) 이희승, 앞의 논문, p.321.
15) 이기문(1978), 「十六世紀 國語의 硏究」, p.76.

는 말을 지칭하는 것으로 다음의 네 가지 경우를 살펴고자 한다.

1) /ㅎ/ 단독 말음을 가지는 경우
2) /ㅭ/ 말음을 가지는 경우
3) /ㅆ/ 말음을 가지는 경우
4) 유기화되어 /kʰ tʰ pʰ ʧʰ/로 나타나는 경우

그러면 먼저 이들 말음이 어떤 생성과정을 거쳐 오늘에 이르렀나의 예를 중세국어의 예를 통하여 살펴보고 ㅎ말음체언과의 상관성을 연결지어 보기로 하자.

1) 현대어에서 /ㅎ/ 단독으로 말음이 되는 경우

낳다 : 나히논 사룸이 〈胎産集要 23〉
놓다 : 노코시라 〈정읍사〉
　　　노흘조(措) 〈훈몽 하〉
땋다 : 머리 다하신 〈가례해 4 : 21〉
　　　머리닷타 〈동문해 상 54〉
찧다 : 求 ᄒ야 디허 〈월석 17 : 13〉
　　　디호물 ᄀᆞᆺ노니 〈두시초 20 : 45〉
쌓다 : 녯 ᄡᅥ던 壇場ᄋ 〈두해 5 : 12〉
　　　싸흠엄수미 〈금강 25〉
좋다 : 됴코 〈용가 2장〉
　　　됴흘호(好) 〈훈몽 하 31〉
깨끗하다 : 淨ᄋ 조흘씨라 〈석보 9 : 18〉
　　　　　道ᄂ 조커시니 〈월인 9 : 24〉
넣다 : 녀허둘 온(蘊) 〈유합 하 8〉
　　　五色 ᄂᆞ모채 녀허 〈석보 9 : 2〉

이들 용례에서 쉽게 찾아볼 수 있듯이 현대국어에서 ㅎ받침으로 나타

나는 /ㅎ/이 중세어에서는 용언의 어간의 일부였음을 짐작할 수 있다.

　　다ᄒ다 〉 닿다
　　사ᄒ다 〉 삻다 〉 쌓다
　　됴ᄒ다 〉 둏다 〉 죻다 〉 좋다
　　나ᄒ다 〉 낳다
　　디ᄒ다 〉 딯다 〉 찧다
　　조ᄒ다 〉 깨끗하다

　어간말모음 / ㆍ /, / ㅡ /의 탈락으로 /ㅎ/이 어말화하는 현상으로 이는 체언에서 '드르(野) 〉 들, 수울 〉 술, 노을 〉 놀 ……' 등이나 15세기 국어에서 어두자음군의 형성과 그 생성양상을 같이 한다고 할 수 있다. 위에 열거한 예들에도 ㅎ받침의 '빻다(搗), 닿다(到), 그렇다(然), 까맣다(黑), 파랗다(靑), 하얗다(白)' 등 어례를 살펴볼 수 있는데 이 중에서 '파랗다, 하얗다'의 생성과정을 살펴보기로 한다. 먼저 중세중기어의 문헌을 보면

　　파라ᄒ도다 〈두해 6 : 52〉
　　ᄑᆞ라ᄒᆞᆯ씨라 〈법화 2 : 12〉
　　綠은 ᄑᆞ롤씨라 〈월석 8 : 10〉
　　物이 하야ᄒᆞ야 허믈 〈두시초 8 : 53〉

등의 용례에서

　　ᄑᆞ르다 〉 ᄑᆞ라하다 〉 파랗다
　　(*하야다) 〉 하야ᄒ다 〉 하얗다

의 과정을 찾아낼 수 있다. 이러한 조어법으로 "그러ᄒ다 〉 그렇다, 저러하다 〉 저렇다, 노라ᄒ다 〉 노랗다" 등의 형용사류 ㅎ받침이 생성되었

음을 알 수 있다. 이는 고대국어로 거슬려 갈수록 어간말음이 개음절이었을 것이라는데 시사가 된다.

2) /ㅀ/말음의 생성

[ㅀ]받침의 경우도 ㅎ받침의 경우에서처럼 어간말모음의 탈락으로 인한 받침의 생성이라고 할 수 있으니 먼저 이조어(李朝語)에서의 용례를 살펴보자.

> 끓다 : 몸과 이비 글허 글호미 두외오(沸) 〈능 101〉
>   沸 글타 〈사해 상 17〉
> 싫다 : 悲는 슬흘씨오 〈월석 2 : 22 之 1〉
>   슬흘비(悲) 〈유합 하 6〉
> 곯다 : 골하ᄒ거든 〈석보 11 : 41〉
>   골픔을 참으시고〈내훈 중 2 : 80〉
> 옳다 : 올ᄒ시니 〈용가 39장〉
>   올타 〈석보 9 : 22〉
> 잃다 : 일ᄒ샤 〈용가 18장〉
>   집 일홈 〈두해 8 : 5〉

글흐다 > 끓다, 골하ᄒ다 > 곯다, 슬ᄒ다 > 슳다> 싫다, 올ᄒ다 > 옳다, 일ᄒ다 > 잃다 등과 같은 과정을 알 수 있다.

3) /ㄶ/말음의 생성

/ㄶ/의 용례는 이조어에서는 소수의 예에 불과하던 것이 현대로 내려오면서 많은 받침이 생성되었다. '많다'가 '만ᄒ다'에서 온 예나 '끊다'가 '근코' 즉 '근ᄒ다'의 예에서 온 것 등을 찾을 수 있다.

아니ᄒᆞ다 〉 아닣다 〉 않다
귀ᄒᆞ지아니ᄒᆞ고 〉 귀치않고 〉 귀찮고
점지아니ᄒᆞ지 〉 점지않지 〉 점쟎지 〉 점잖지

/ㅎㅎ/의 경우는 /ㅎ/받침이 명사 혹은 명사형어간에 'ᄒᆞ'가 붙어서 용언으로 쓰이다가 'ᄒᆞ'의 /ㆍ/음이 줄여서 ㅎ받침으로 생성된 것과는 달리 '아니ᄒᆞ다'가 붙은 복합용언에서 /ㅎㅎ/받침의 생성임을 알 수 있다. 위의 용례 외에도 '적쟎다, 먹쟎다, 싫쟎다, 하찮다, 괜찮다' 등의 많은 예들을 찾아 볼 수 있다.

4) /ㅎ/이 유기화된 받침의 예

덮다 : ᄀᆞ리 두프니 〈석보 6 : 30〉
낱다(나타나다) : 알ᄑᆡ 나트면 〈영가 하 30〉
높다 : 노프니, 노프신, 城 높고 〈용가 49장〉
낱다 : 녀토미, 녀톰 〈영가 하 60〉
같다 : 갇ᄒᆞ다, 곧ᄒᆞ야 〈석보 21 : 129〉

등의 어례를 찾을 수 있는데 이들 받침의 경우도 /ㅍ, ㅌ, ㅊ, ㅋ/ 등의 발음이 단일 음운으로 된 본래 받침에 있었다기보다는 ㅎ음과의 연접으로 볼 수 있다. 즉 '덥ㅎ다, 딥ㅎ다, 븥ㅎ다 …' 등으로 잡을 경우 이는 {~ㅎ다}, {~ᄒᆞ다}에까지 그 기저형(underlying form)을 생각할 수 있다. 흔히 오분석(誤分析, metanalysis)의 예로 등장하는 '곧ᄒᆞ다'를 그 증거로 삼아볼 수 있고, '만ᄒᆞ다 〉 많다, 슬ᄒᆞ다(厭) 〉 슳ㅇ다 〉 슳다 〉 싫다'를 그 예증으로 보충할 수 있겠다.
　이상 간략하게 살펴본 바와 같이 ㅎ말음용언의 생성은 그 기원이 오래지 않을 뿐만 안나라 그 기저형이 ㅎ말음으로 끝나는 것이 아니고 어간말 모음 탈락으로 인하여 음절축약에서 생성되는 것으로 추정할 수 있다. 그 기저형으로 어말부분이 {~ㆆ다, ~ㅎ다, ~흐다}의 세 형태를 추출할 수 있는데 {~ㆆ다}형은 그 자체로 나타나지 않고 /k t p č/ 등과 결합된 형태에서만 나타나는데 기원적으로는 {~ㅎ다}나 또는 {~흐다}의 이형태로 간주할 수 있다고 본다.

용례상으로만 보아서 {~하다}의 어형이 추출 가능한데 이는 위의 세 형태 중에 귀속되어야 할 것으로 보인다. {~ㅎ다}와 {~흐다}의 음운론적 대립형을 두어야 할 것이냐 〔~ㅎ다〕접미사의 변형으로 {~흐다}를 감아야 할 것이냐가 문제가 되는데, 대다수의 어례가 {~ㅎ다}가 되며, 형태론적 입장에서 {~ㅎ다}형이 주류가 됨을 알 수 있다. 이는 {~ㅎ다} 앞에 명사 또는 명사형어간이 옴을 알 수 있는데 이는 본 논고에서 다루고 있는 ㅎ말음과 같은 의미소이며 같은 어사적 기능을 한다.

또한 ㅎ말음용언의 생성과정에서 보여지듯이 우리말은 고대로 거슬려 갈수록 개음절성이었으리란 논의16)에 대하여 일단의 암시가 됨과 함께 고대의 인명, 지명에서 암시하듯 다음절어적 요소를 찾아볼 수 있다. 나아가서 여타의 받침들의 생성과정에 대한 시사가 되리라고 본다.

5) 체언과 용언의 상관

ㅎ말음용언이 ㅎ말음체언의 문제해결에 보다 강력한 해결책이 되게 하기 위하여 고대국어에서 체언과 용언의 상관성을 살펴보고 결론을 얻어보자.

첫째 체언의 어간과 용언의 어간은 의미소로서 동일한 어사적 기능을 가진다. 현대어에서는 그 기능이 엄격히 구분되고 있으나 고대어에서는 체언과 용언은 의미적으로나 기능으로나 엄격히 분화되지 않은 것으로 추론되고 있다. 발생적으로 볼 때 두 어군은 모든 층위의 자질이 상부(相符)했을 것으로 추정되며 어간형태소의 일치뿐 아니라 성조에서도 일치

---

16) 이병선, '格助詞 發達에 對한 試考', 「어학연구」 3-1.

하는 예들을 밝히고 있다.17)

甲類
「너츨─」〈능엄 1 : 19〉/「러츨」〈월석 1 : 43〉,「굿」〈두시초 22 : 33〉/「긋」
〈법화 3 : 156〉,「ᄀᆞ물─」〈월석 2 : 50〉/「ᄀᆞ믈」〈용가 2장〉,「갈─」〈월인 상 : 60〉
/「길」〈월석 8 : 12〉 ……
乙類
「산─」〈두시초 7 : 21〉/「신」(履)〈훈해〉,「ᄯᅴ─」〈용가 112장〉/「ᄯᅴ」(帶)〈두
시초 18 : 49〉,「비흐─」〈법화 5 : 6〉/「비ㅎ」(劈)〈월석 8 : 52〉,「자히─」〈두시초
25 : 50〉/ 잫(尺)〈용가 83장〉 ……

명사와 동사의 두 어군간의 형태적 동일성이나 의미적인 동질성을 차
지하고라도 두 어군간에는 서로 교체되어 그 어위범주가 변환되는 성질
을 갖게 되니 그 대표적인 것이 동사의 명사화(nominalization)이며 명
사의 동사화 즉 명동사(名動詞, denominal verb)이다. 위의 이승욱
(1974)에서 밝힌 예들도 이 예에 속하는 것이고 또한 더 많은 용례들이
있음을 알 수 있다. 위의 용례들이 성조에 따른 갑류(甲類), 을류(乙類)
의 구분이었는데 다음의 용례들은 형태적인 면에서의 유형적 분류이다.

제1형
ᄀᆞ물다(旱)〈두해 22 : 3〉, 거리다(岐)〈자회 상 6〉, 곱다(倍)〈월석 1 : 48〉,
보미다(錆)〈사해 하 : 69〉, 깃다(巢)〈두해 22 : 47〉, 심다(泉)〈구방 상 :
59〉, 너츨다(夢)〈두해 15 : 8〉, 신다(履)〈두해 7 : 21〉, 절다(拜)〈석상 13
: 53〉, 여물다(實)〈법화 3 : 11〉, 내다(煙)〈요로야화〉, 안다(抱)〈월인 : 57〉

제2형
늦기다(感)〈太平 1 : 19〉, ᄧ괴다(片)〈역어보 : 54〉, 자히다(尺)〈두해 25
: 50〉 그늘우다(陰)〈유합 하 : 28〉, 동회다(東)〈역어보 : 55〉, 겹치다(複)〈한

---

17) 이승욱(1974), '動詞語幹 形態素의 발달에 對하여', 「진단학보」 38, pp.153~158.

청 : 229〉

　위의 예들은 동일 기원에서 이루어진 동사로의 또는 명사로의 어휘범
주의 전이라고 할 수 있는데 명사가 동사화하는 현상은 현대에 이르기까
지 일반화된 사실이다. {~ᄒ다}를 연결시켜 명동사화하는 것이 가장 대
표적인 예가 되며 그 외에 {~스럽다, ~답다, ~롭다, ……} 등의 접사가
첨가되어 이루어지는 예를 들 수 있다. 이와 반대의 경우를 용언의 체언
화(nominalization)현상도 일찍이 문헌상에 나타나고 있음은 주지의 사
실이다.18)

　전술한 용례들이 이조어의 문헌에서의 예들인데 Ramstedt가 제시한
예를 몇 개만 추가하기로 하자.

mul(water) : mulkta
ol(threads) : olkkta
pul(fire) : pulkta
pal(foot) : palpta
pul(grass) : phruda
čal(well, enough) : čarada, možarada
ča(foot, measure) : čäda
ma(a mill) : mäda(to grind)
hä(day, sun) : häje hada, häda
tüi(behind, after) : tuida(to chase hunt)
pä(stomach) : päda(to conceive) ……19)

　이상에 몇 가지 예들에서 보이듯 15세기 이후의 문헌들에서 동사의 어
간형태소의 명사 기어(名詞基語)는 의미적인 측면에서 같은 기원을 보
이는데 이들은 문법적인 자질에서도 같은 것으로 추론되고 있다.20)

---

18) 최범훈, 「中世國語文法論」, p.108~109.
19) G. J. Ramstedt, *Korean Grammar*, p.141.

다음은 향가 표기에서의 용언의 어간과 조사와의 연결관계를 살펴보기로 한다. 현대어에서와는 달리 직접 용언의 어간 뒤에 조사가 연접될 수 있으니 고대로 올라갈수록 체언과 용언의 의미자질과 문법적인 특성은 분화되지 않은 것으로 추정된다.

> 도술(愛尸) : 安民歌 〈古歌 p.266〉
> 숢올(白屋尸) : 禱千手觀音歌 〈〃 p.463〉
> 비술올(祈以支白屋尸) : 〃 〈〃 p.462〉
> 보샤올(見賜烏尸) : 彗星歌 〈〃 p.583〉
> 고홀(喜好尸) : 隨喜功德歌 〈〃 p.774〉

이상의 용례는 양주동(1962)의 독법에 의한 몇 개의 예들이 되는데 이와 같은 어법은 당시에 훨씬 일반화된 언어현상으로 지적되고 있다.

"「곹ᄒᆞ니・밍ᄀ로니」는 「곹혼・밍ᄀ론」의 주격, 「호ᄂᆞᆯ」은 「혼」(「ᄒᆞᆫ」의 아어형 : 雅語形)의 목적격, 「行ᄒᆞ리」는 「行홀」의 대격, 「ᄒᆞᄂᆞ로」는 「혼ᄋᆞ로」 곧 「혼」에 조사 「로」를 결부한 형태임으로 우리는 차등어법(此等語法)에서 요컨대 「용언 + ㄴ, ㄹ」인 연체형 곧 「혼・홀」형이 각 격조사를 취할 수 있는 점. 환언하면 용언연체형이 명사적으로 취급되는 사실을 간취할 수 있다"고 하고 심지어 상대어(上代語)에서는 용언을 그대로 명사적으로 명격형(名格形)을 구성하였으리라 추측하고 있다.21)

알타이 제어의 문법체계에서 기원적으로 보아 모든 활용형은 동명사형이었으며, 동사의 술어형까지도 동명사형이었으며, 동사의 술어형까지도 동명사형이 그대로 쓰였으며 따라서 알타이 조어(祖語)에서 모든 문(文)은 명사문이었다고 추정하는 사실 등이나 알타이 제어의 동명사 어미 -*r, -*m, -*n 등이 국어의 어미 반사형으로 확인되는 사실22) 등이 모

---

20) 이승욱, 앞의 논문.

21) 양주동, 「古歌研究」, pp.266~273.

22) 이기문(1972), 「國語史槪說」, pp.20~21. 김완진(1957), '-n, -l 動名詞의 統

두 체언과 용언이 동기원적인 문법범주에 속하였던 어군범주들로 후대에 오면서 분화 발달되어 현대와 같은 곡용체계와 활용체계를 이룬 것으로 보인다. 용언의 서술어미 「-다」의 출현이 비로서 「조선관역어(朝鮮館譯語)」에서 보임도 그 단적인 분화 과정의 한 예를 보여주는 것이라 할 수 있다.

이제까지 본 체언과 용언이 고대로 올라갈수록 동일어휘의 자질을 가졌던 것으로의 결론이 타당한 것이라면 ㅎ말음체언과 ㅎ말음용언이 같은 문법적 특질을 가졌던 것으로 추정할 수 있으니 다음과 같은 체언과 용언의 대비를 세워볼 수 있다.

> 체언 : 나라ㅎ, 따ㅎ, 고ㅎ ……
> 용언 : 디ㅎ—, 나ㅎ—, 노ㅎ— ……

체언에서는 조사 즉 곡용어미가 결부되는 문법자질을 가지며 용언의 경우는 굴절어미 즉 활용어미가 결합된다는 시차(示差)가 있을 뿐 음운론적 조건도, 거슬려 상대(上代)로 가면 형태론적 조건까지도 같은 것이다.

이미 앞에서 ㅎ말음용언의 생성이 어말모음의 탈락으로 생긴 것임을 보았다. 그러면 ㅎ말음의 경우도 동일한 것인가의 문제가 대두된다. 용언의 경우에서는 {~ᄒᆞ다, ~흐다}의 어미가 쉽게 추적되어 / ㆍ/나 /ㅡ/의 탈락으로 인한 생성이었으나 체언의 경우는 쉽게 그 흔적이 발견되지 않는다. 그렇다면 ㅎ말음체언의 경우는 두 가지로 ㅎ음에 대한 결과를 추정할 수 있으니 그 하나는 ㅎ이 어말에 나타나서 내파화되지 않은 상태로 그 음가를 유지하고 있었으리라는 것과23) 또 하나는 말모음의 탈락으로 볼 수 있는데 말모음의 탈락의 과정이 있었던 것으로 가정한다면 그 시기

辭論的 機能과 發達에 對하여'.
23) 이기문, 앞의 책, p.69 : 국어 음운사상 가장 특징적인 사실의 하나는 음절말의 자음의 내파화가 고대에는 아직 일어나지 않았던 것으로 보인다.

는 용언의 경우가 비교적 근세국어 이후에서 발달한 어형임을 비추어 체언의 경우는 이미 고대국어에서 탈락이 완결되었으리라 생각된다.

　ㅎ말음체언의 어말모음 및 ㅎ이 체언의 일부이었으리라는 것에 시사가 되고 있는 것으로 이른바 'ㄱ곡용체언', 'ㄹ곡용체언', 'ㅿ 곡용체언'의 예를 생각할 수 있다. 이들에 대하여 이기문(1962)은 교체(alternation)의 개념을 적용하여 설명하고 있다24). 이 중에서 'ㄱ'곡용의 예로 「木」의 의미를 가진 것에 대한 예만 간단히 보면

　　나모 아래 〈월석 2 : 32〉, 공동격 - 나모와 〈용가 89장〉, 배제격 - 남ᄀ 〈용가 2장〉, 주격 - 남기 〈석상 6 : 24〉, 처격 - 남기 〈용가 84장〉 남긔 〈몽법 11〉, 대격 - 남ᄀᆞᆯ 〈용가 86장〉, 지정 - 남기오 〈두시 21 : 43〉

등으로 곡용됨에 있어서 두 이형태인 /namo/와 /namk/이 어간 형태소의 교체를 보여주는 것으로 설명하고 있다. 그리고 이들의 교체에 있어서 자동적(automatic)인 것과 비자동적(nonautomatic)인 것으로 구분하고 있다. 그러나 이러한 설명이 공시적 입장에서의 언기기술(言記記述)에 대한 타당한 설명은 될지언정 기원적인 면에서의 /ㄱ/의 성격에 대한 규명은 되지 못하고 자동적 교체와 비자동적 교체에 대한 원인은 원인대로 남는다. 고로 15세기 문헌에서 /namo/와 /namk/의 두 이형태를 보이던 어형의 기저형으로 /*namko/를 가상(假想)할 수 있으리라 본다. 「계림유사(雞林類事)」에서 '木曰南記'의 예나 경기방언 등에서 '남구 〉 낭구'로 현용(現用)되는 사실로 보아 그 기저형에서 /ㄱ/을 가지며 어말이 모음으로 끝난다고 보여진다. 이들이 곡용시에 모음과 만난 자리에서는 어말모음 /o/가 탈락 /namk/만이 어간으로 남아 곡용하고, 자음이나 공동격 /와/와 만난 자리에서는 /namo/로 되는데 이는 /namo/와 /namko/의 두 형태 중에서 전자의 예를 취한 것으로 보여진다. 공동격 /-wa/ 앞

---

24) 이기문(1962), '中世 國語의 特殊語幹交替에 對하여, 「진단학보」 23.

에서 /namo/의 어형으로 모음을 그대로 두고 있음은 현대어에서 {-와, -과}
의 교체에서 모음으로 끝난 말 뒤에서 {-과}를 취하지 않고 {-와}를 취하
는 현상과 동일한 것이다.

> 나무와 : *나무과
> 바다와 : *바다과
> 책 과 : *책 와
> 사람과 : *사람와

등의 예와 같이 {-와, -과}는 이른바 모음충돌 또는 자음충돌의 회피현상
과 양상을 달리한다.

　소위 ㄱ곡용체언의 예에 드는 것으로 여타의 용례도 함께 생각할 수 있
으니 구무(穴) 〉 궁기, 불무(冶) 〉 풍구25) 등의 용례가 방언에서 사용
되고 있음은 그 기저형으로 /kumku/, /pumku/ 등을 추정할 수 있는
것으로 생각된다.

　이상 간략하게 살핀 바와 같이 ㅎ말음체언은 ㅎ말음용언과 같이 생성
유형을 같이한다는 가정 아래서 ㅎ말음체언의 ㅎ을 어간의 일부로 간주하
였다. 그 방증으로 인용해 본 것으로 ㄱ곡용체언의 ㄱ이 기정형으로 설정
되어야 함을 살펴보았다.

3. 결 론

　1. ㅎ음은 독자성이 약한 반모음적 자질을 가지는 음으로 중세어에서
의 음성자질이나 현대어에서의 자질(feature)이 음소적 범주를 일탈하지

---

25) 이숭녕, 「中世國語文法」, p.135.

않는 것으로 간주된다.

2. 고유어의 경우에 ㅎ음이 나타나는 음성적 환경을 형태론적인 제약이나 음운론적 제약을 살펴보면

(1) ㅎ음 단독으로 어두에서는 제약이 없이 나타나나 현대어로 올수록 어휘의 수가 현저히 줄어들었다. 어중에서는 개음 사이라는 음운론적 제약이 따르는 18세기 이후에는 ㅎ음이 사실상 음가를 상실하고 만다. 그런 의미에서 중세국어에서의 ㅎ음은 현대국어에 비하여 후두마찰이 강한 음성적 자질을 가졌던 것으로 추정할 수 있다.

(2) 유기화되어 나타나는 경우는 /k t p č/와 연결되어야 한다는 음운론적 제약 및 어중 특히 형태소 경계라는 형태론적 제약이 따르는데, '코져, 크니와', '코, 칼 ……' 등과 같은 어두에서의 예외적 항목을 찾을 수 있다.

(3) ㅎ의 출현은 중세어에서 많던 것으로 현대로 올수록 적어지고 있는 바 고대어에서는 ㅎ음이 더 많았으리란 추론을 가능하게 한다.

3. ㅎ말음체언에 대하여서는 'ㅎ조사설', 'ㅎ개입설' 등이 엇갈려 주장되는데 이는 체언의 일부로서 생각해야 한다. 이에 대한 해결책으로 ㅎ말음용언과의 상관을 살펴볼 수 있는데 기원적으로 체언과 용언은 동일 의미 및 동일 형태범주에 속하던 것이 곡용어미와 굴절어미의 발달로 이질적인 어휘군을 형성한 것으로 볼 수 있다. 그런 의미에서 근대국어 이후에 많이 생성되는 ㅎ말음용언의 생성유형은 ㅎ말음체언의 경우에도 적용되리라 본다. ㅎ말음이 체언의 어간의 일부였으리라 함은 이른바 'ㄱ곡용체언'의 기저형에 /ㄱ/이 있으리란 것과도 연결을 지을 수 있다.

4. ㅎ말음체언은 '모음이나 ㄹ, ㄴ, ㅁ'의 뒤에서 나타나는 것으로 검토되고 있는 것이 일반적인데 유기화된 경우도 검토되어야 한다.

숲 : 숩ㅎ   닢 : 닙ㅎ
곁 : 겯ㅎ   앞 : 압ㅎ

붚 : 붑ㅎ ……

그렇다면 향가의 해독에서 보여지는 「際叱肹(ᄀᆞ히), 花肹(곶히), 城叱肹(잣히)」 등의 어례의 수용이 가능해 진다.

※ 「관동대학 논문집」 제11집 별책, 1983, 관동대학교.

참고 문헌

김민수(1952), "ㅎ조사 연구", 「국어국문학」 1.
김완진(1957), "-n, -l 동명사의 통사론적 기능과 발달에 대하여",
　　　　　「국어연구」 2, 서울 국어연구회.
김승곤(1967), "ㅎ과 ㆅ 음가고", 「국어국문학」 37.
김형규(1963), "ㅎ말음체언고", 「아세아연구」 11.
남광우(1957), "ㅎ곡용어고", 중앙대 논문집.
양주동(1962), 「증정고가연구」, 일조각.
이기문(1962), "중세국어의 특수어간교체에 대하여", 「진단학보」 23.
―――(1972), 「국어사개설」, 탑출판사.
―――(1978), 「16세기 국어의 연구」.
이병건(1981), 「현대 한국어의 생성음운론」, 일지사.
이병선(1967), "격조사 발달에 대한 시고", 「어학연구」 3-1.
이숭녕(1981), 「개정 중세국어문법」.
―――(1965), "부사형 어간형성의 한 고찰", 「동구어문논집」 3.
이승욱(1974), "동사어간 형태소의 발달에 대하여", 「진단학보」 38.
이희승(1932), "ㅎ받침 문제", 「한글」 1~8.
최범훈(1981), 「중세국어문법론」, 이우출판사.
허　웅(1973), 「옛 말본」, 과학사.
G. J. Ramstedt(1939), *A Korean Grammar*.
Gleason(1965), *An Introduction to Descriptive Linguistics* Holt,
　　　　　Rinehart and Winston.
Hyman, Larry M.(1975), *Phonology : Theory and Anaiysis* Holt,
　　　　　Rinehart and Winston.
Shane, Sanford A.(1973), *Generative Phonology* Prentice-Hall,
　　　　　INC, Englewood Cliffs, New Jersey.

한문 언해문장의 문체적 특성

— 사서언해(四書諺解) 등의
서술어 및 활용어미의 분포적 특성 등을 중심으로 —

1. 서 론

국어문장 전반에 걸친 문체의 특성을 천착하고 집대성하는 작업에서 한문 번역문이 차지하는 비중은 상당할 것이다. 더군다나 현대 이전 즉 훈민정음 창제 이후 갑오경장까지를 대상으로 했을 때는 한글로 된 문장의 대다수는 한문 번역문임을 짐작할 수 있다. 한문 번역 문장에 해당하는 중세국어와 근대국어의 자료는 방대하다 할 만하다.1)

---

1) 대표적인 문헌의 명칭을 제시하면 다음과 같다.

　중세국어

<세종, 세조 년간> : 석보상절 앞머리에 실려있는 훈민정음 언해를 필두로 하여, 釋譜詳節(24권), 月印釋譜(30권), 楞嚴經諺解(10권, 1462), 妙法蓮華經諺解(7권, 1463), 金剛經諺解(1권, 1464), 佛說阿彌陀經諺解(7권, 1464), 圓覺經諺解(12권, 1465), 牧牛子修心訣諺解(1권, 1467), 救急方諺解(2권, 1466)

<성종 때> : 蒙山和尙法語錄諺解(1권, 1472), 金剛經三家解(5권, 1482), 永

중세후기 국어와 근세국어의 언어자료들은 대부분 번역문 즉 언해문으로 이루어졌다. 20세기 후반에 들어와 본격화된 고전 번역 사업에 힘입어 수많은 전적들이 현대어로 번역되고 있다. 이들 과거와 현재의 번역문들이 어떤 형태적 그리고 내용적 특성과 성격을 가지고서 문체적 특징을 드러내고 있는가를 규명하는 일은 쉽게 가능한 일도 아니며 당장 해결을 요하는 것도 아니다. 본 논고에서는 산을 옮기는 것과 같은 방대한 작업에서 한 번의 삽질을 하는 심정으로 작업에 임했다.

많은 언해문 중에서 어떠한 자료를 대상으로 삼을 것인가 하는데서 우선 일차적으로 「논어언해(論語諺解)」, 「맹자언해(孟子諺解)」, 「중용언해(中庸諺解)」, 「대학언해(大學諺解)」를 택했다. 이들을 표집으로 삼은 이유는 같은 언해본이면서도 가장 널리 즉 많은 다수 계층에게 읽혔을 것이고, 또 가장 빈도 높게 읽혀진 것이 사서언해(四書諺解)라고 생각했

嘉大師證道歌南明泉禪師繼頌諺解(1482), 佛頂心經諺解(3권, 1485), 靈驗略抄(1권, 1485), 內訓(3권, 1475), 三綱行實圖諺解(1481), 分類杜工部詩諺解(25권, 1481)

<연산군 때> : 六祖法師法寶壇經諺解(1496), 施食勸供諺解(1496)

<중종~임란 전> : 續三綱行實圖(1권, 1514), 飜譯小學(10권, 1518), 呂氏鄕約諺解(1권, 1518), 飜譯朴通事, 禪家龜鑑(1569), 小學諺解(6권, 1587), 大學諺解(1권), 中庸諺解(1권), 論語諺解(4권), 孟子諺解(14권) - 발문이나 간기가 없어 간행 연대 모름. 萬曆十八年七月日의 內賜記, 孝經諺解(1권, 1589)

근대국어

<17세기>

諺解痘瘡集要, 諺解胎産集要(1608), 家禮諺解(1632), 火砲式諺解(1635), 杜詩諺解重刊本(1632), 警民編諺解(1656), 老乞大諺解(2권, 1670), 朴通事諺解(3권, 1677), 新傳煮硝方諺解

<18세기~19세기>

三綱行實圖(1729), 二倫行實圖(1729), 警民編諺解(1730), 御製內訓(1736), 五倫行實圖(1797), 御製常訓諺解(1745), 闡義昭鑑諺解(5권, 1755), 十九史略諺解(2권, 1772), 武藝圖譜通志諺解(1권, 1790), 增修無冤錄諺解(3권, 1792), 新刊增補三略直解(1805), 太上感篇圖說諺解(1852), 關聖帝君明聖經諺解(1855), 敬信錄諺解(1880)

기 때문이다. 또 이들 상호간의 비교를 통해 그 차이점을 밝히는 일도 의미있는 일이 될 것이다.2)

언해문 중에서 많은 부분을 차지하는 것 중의 하나는 불경언해다. 사서언해가 유학자층을 중심으로 폭넓은 독자층을 가지고 있었던데 반하여 불경언해는 불교계의 승려 및 그 신도들에 국한되는 것이 특징일 것이다. 그 표집의 하나로 「육조법사법보단경언해(六祖法師法寶壇經諺解)」를 택하였다. 이 불경언해는 다른 전문적인 불경류보다 그 전기적인 성격으로 인하여 많은 사람에게 읽힌 불경언해의 대표적인 것이기 때문이다.

세 번째의 자료로는 「내훈언해(內訓諺解)」를 대상으로 삼았다. 부녀자라는 특수계층이라는 것과 언문문장의 향유계층이 주로 부녀자였다는 것을 감안하여 일반 언문 문장과의 대비적 자료를 제공한다는 심사에서였다.

수많은 한문 번역문의 모든 문체적 특성을 가려낸다는 것은 거의 불가능한 일이다. 엄정하게 주의를 살펴볼 때 한 작가의 전체적인 문체를 파악하는 일, 작게는 한 작품의 문체를 온전하게 파악하는 일조차 제대로 이루어지지 않는 것이 현실이다. 언어의 형식을 음성이라 하고, 그 내용을 의미라고 했을 때 그 음성을 문자로 옮겨 놓은 모든 표현 형태들이 일차적인 의미의 본체라는 그릇 — 글자 그대로 글의 몸체(틀)가 될 것이다. 다만 이 외형적인 틀만이 아니라 여기에 담겨 있는 의미의 내면적인 질서와 그 의미의 질서들의 외형과의 상관형태를 파악해 내는 일이 궁극적인 문체론의 완성이 될 것이다.

이 외형적인 틀이나 내면적인 의미 질서의 유형들은 일정한 규범이나 정형화된 형식의 틀이 있는 것이 아니어서 이들의 실체를 파악하는 일은

---

2) 「논어」, 「맹자」, 「중용」의 경우는 처음 문장부터 100개의 문장만을 선정하였고, 「대학」 등은 해당 자료의 전부가 된다. 이들에 대한 서지적인 설명은 생략하고 이하 「논어언해」는 「논어」로, 「맹자언해」는 「맹자」로, 「중용언해」는 「중용」으로, 「대학언해」는 「대학」으로, 「육조법사법보단경언해」는 「육법」으로, 「내훈언해」는 「내훈」으로 약칭키로 한다.

거의 한정이 없을 것이다. 의미의 문제를 다루어야 하는 내면의 질서 세계는 더욱 추상적이어서 형상화하기도 어렵고, 그 형상화된 질서를 외형의 틀과 상관시켜 문체의 비밀을 찾아낸다는 것은 이상론이 될 수도 있을 것이다. 변형생성론자들은 '이 세상에 존재하는 문장의 수는 무한하다'고 한다. 그에 따른 의미의 영역은 더욱 무한한 것이 된다.

이 무한한 두 가지 영역의 상관인 문체론은 더욱 무한하다고 할 수박에 없을 것이다. 언어의 외형을 논하는 음운이나 형태에 대한 논의나 통사론과 그 이상의 영역에 대한 표현 단위들은 표면화되었으나 문체론에 경우는 아직 정형화된 외형과 내면의 틀이 마련되지 않았다.

그 틀을 구성하는 문체 요소들이 다양하게 실험되고 있는 것이 우리의 현실이다.

문체를 구성하는 요소들은 무엇일까? 문체란 무엇인가? 일찍이 희랍시대부터 불려온 소박체, 온건체, 장중체 등의 이름일까, 아니면 내간체, 일기체, 소설체, 수필체, 희곡체 등의 이름일까?[3]

문체를 구성하는 요소는 여러 가지가 있을 것이다.[4] 여기서는 극히 제한적인 일부로 아래와 같은 면에서의 특질을 살펴보기로 한다.

1. 서술어 및 활용어미의 분포적 특성
2. 문장의 길이
   1) 절 2) 어절 3) 음절
3. 품사적 특성

---

3) 고대 희랍 로마인들은 소박체, 온건체, 장중체의 세 가지 기본 문체를 제시했는데, Virgile의 세 주요작품 「목가」, 「농경사」, 「서사시」에서 그 모형을 발견했다. 쟁기로 밭을 가는 농부의 인생은 소박한 문체로 쓰여져야 하고, 월계관을 쓴 장수가 허리에 검을 꽂은 채 말을 타고 진영을 누비는 무훈은 장중체로 쓰여져야 타당하다.(황석자, 1987, 「현대문체론」, p.11)
4) 문체 분석은 언어의 모든 층위에서 가능하다. 음운, 문법, 형태, 어휘, 구문, 문채(文彩)가 문체분석의 대상이 될 뿐만 아니라, 최근에는 어휘 문장보다 더 큰 단위인 담화에 대한 구조적 분석이 포괄된다.(황석자, 위의 책, pp.22~34 참조할 것).

4. 어휘적 특성
  1) 한자어 2) 고유어 3) 한자어의 귀화정도

이 중에서 주로 1번의 항목이 주된 기술 대상이다.

Ullmann은 통계적 방법이 저지를 위험과 한계점에 대하여 다음과 같이 경고하였다.

1. 통계적 방법은 문체의 민감한 뉘앙스를 잡기에는 너무 거칠다.
2. 문학을 수치로 처리하기에는 너무나 복잡하고 유동적인 요소가 많기 때문에 일종의 허위의 정확성을 줄지 모른다.
3. 문체론적 통계방법은 문체 분석에 결정적으로 중요한 Context의 영향에 대하여 어떤 대비책도 세워 놓고 있지 않다.
4. 질(Quality)과 양(quantity)에 의하여 압도당할 위험이 내재하며 다양한 요소가 피상적인 동질성의 바탕에서 함부로 분류당할 위험이 있다.
5. 제시할 필요도 없는 뻔히 아는 결과를 산출해 낼 때가 있다.

그러나 이러한 약점에도 불구하고 세 가지 점의 이득에 대하여 말하였다.

1. 문체의 통계적 분석은 때때로 이른바 문학의 외곽적 해결에 도움을 줄 수 있다. 즉, 다른 증거와 함께 익명의 작품에 저작자를 밝혀줄 수 있고, 작품의 통일성을 파악하는데 도움을 줄 수 있고, 같은 저자의 작품에 대하여 그 연대 결정에 도움을 줄 수 있다.
2. 특정한 장치(Device)에 대한 대체적인 빈도나 그 밀도를 표시해 줌으로써 작품 해석에 큰 도움을 줄 수 있다.
3. 통계적 수치에 의하여 문체적 요소의 이상분포를 뚜렷하게 제시해줌으로써 미학적 해석에 중요한 문제를 제기해 줄 수 있다.

이러한 위험을 감안하고 또 이점을 생각하고 위의 사항에 대하여 논해 보기로 한다.

2. 본 론

2.1 서술어의 분포적 특성

서술어는 문장 내에서 가장 무거운 의미 비중을 가지는 구문요소임은 주지의 사실이다. 이들이 어떤 양상을 띠고 있느냐를 살피는 것은 문체의 특성을 밝히는 한 가지 작업이 될 것이다.

먼저 분석대상으로 잡은 자료의 표집 문장의 수는 다음과 같다.

논　　어 : 100　　　　　　맹　　자 : 100
중　　용 : 100　　　　　　대　　학 : 66
육조법사법보단경언해 : 69　　내　　훈 : 38

1) 논어언해(論語諺解)

논어언해에 나오는 100개의 문장의 서술어를 살펴보면 크게 3가지로 구분할 수 있다. 첫째는 대다수를 차지하는 'ㅎ다'계 용언, 둘째는 명사문, 셋째는 고유어 계통의 서술어가 된다.

첫째, 'ㅎ다'계 용언을 설정한 것은 다수를 차지한다는 이유와 'ㅎ다' 용언이 가지는 의미적 특성 때문이다.

둘째 명사문을 독립시킨 것은 명사가 서술어가 되는 구문적 특성과 함께 명사문의 문장 기술의 특성을 살펴보려는 것이다.

셋째 고유어 항목을 설정한 것은 원문을 어느 정도 우리말화시켰는가 즉 번역의 정도를 가늠해 보려는 것이다. 첫째 둘째 항목에 나타나는 한자어 서술어와 대비를 통해서 우리말로서의 번역정도와 함께 현대어와의 어휘적 비교를 통해 우리말로서의 귀화 정도도 살펴볼 수 있기 때문이다.

이들 문장에 나타나는 서술어의 특성을 상호 비교하여 그 문체적 특성의 일반을 밝히려 한다. 통계적 방법은 Ullmann의 지적처럼 본질적인 접근은 못되어도 그 특성을 밝히는데 상당히 유용한 것이다.

먼저 이들의 분포를 표로 보이면 아래와 같다.5)

구 분	분 포 현 황
1. ᄒᆞ다(61)	1) 긍정형(31문장) ᄒᆞ니라(3) / ᄒᆞᄂᆞ니라(7) / ᄒᆞ시ᄂᆞ니라(1) / ᄒᆞᄂᆞ닝이다 / ᄒᆞ시ᄂᆞ닝잇고 / ᄒᆞ리오(3) / 호리라 / ᄒᆞ도다 / ᄒᆞ랴 / (엇디) ᄒᆞ료 / ᄒᆞᄂᆞ다 / ᄒᆞ더시다 / 홈이니라 / 홈이닝이다 / 홀ᄯᅵ니라 (5) / 홀ᄯᅵ닝이다 / 홀꺼시니라 2) 부정형(20) 아니 ᄒᆞ랴(2) / 아니 ᄒᆞ니라(3) / 아니 호라 / 아니 ᄒᆞ도다 / 아니 ᄒᆞ노라 / 아니 ᄒᆞᄂᆞ니라 / 몯 ᄒᆞ니라 / 몯 ᄒᆞᄂᆞ니라(2) / 몯 ᄒᆞ리오 / 몯 ᄒᆞ리로다 / 몯 ᄒᆞ엿도다 / 몯 ᄒᆞ다 ᄒᆞ시다 / 몯 ᄒᆞ 다 니르랴 / 몯 ᄒᆞ개니라 3) 'ᄒᆞ다' 접사 서술어(10) 小ᄒᆞ다 / 愛ᄒᆞ노라 / 歸ᄒᆞ리라 / 儉ᄒᆞ리오 / 可ᄒᆞ니라 / 成ᄒᆞ니라 / 格ᄒᆞᄂᆞ니라 / 與ᄒᆞᄂᆞ냐 / 取ᄒᆞ고
2. 명사문(7)	(君子)ㅣ니라 / 道ㅣ니라 / 시ㅣ니라/ 後ㅣ니라 / 알옴이 니라 / 害ㅣ니라 / 本인뎌
3. 고유어(32)	아니가 / 아니리라 / 말올ᄯᅵ니라 / 업ᄂᆞ니라(2) / 업스니라 / 업슴이니라(3) / 업슴이라 호라 / ᄀᆞᄅ치시다 / ᄀᆞᄅ니라(2) / 너기ᄂᆞ니라 / 닐오리라 / 닐올이니라(2) / 닐옴인뎌 / 일오리라 / 닐옴이닝잇고 / 닐으미닝잇고 / 다ᄅᆞᆫ뎌 / 말미암으니라 / ㅡ 브리오 / 숨기리오 / 삼으리시리라 / 알오녀 / 알 ᄯᅵ니라 / 알꺼 시닝잇가 / 알꺼시니라 / 인ᄂᆞ니라 / 조초리라

---

5) 괄호 속의 숫자는 반복된 출현횟수를 나타냄.

전체 100개의 문장 가운데 '흐다'용언 서술어가 61, 명사문 7, 고유어 서술어 32개의 분포를 보이고 있다. '흐다'용언은 긍정형이 31개, 부정형 20개('아니' 부정 10, '몯' 부정 10)이고 '흐다'접사 서술어가 10개로 되었다.

이들 분포가 보여주는 문체적 특징은 무엇일까? 첫째 '흐다'용언 서술어가 전체의 61%나 될 정도로 많다는 것이다. '흐다'동사는 다른 일반 서술어에 비하여 어떤 특징을 가지고 있나. '흐다'는 대부분 어떤 대상의 서술어나 묘사를 뜻하는 것이 아니고, 어떤 동작주가 구체적 행위를 수행하는 수행동사이다. 동작성이 강조되고 대동사적인 성격이 강한 것이 특징이다. '흐다' 중에서도 '小흐다', '可흐다'와 같이 대상을 서술하는 경우도 있다.

'흐다'용언은 「논어언해」에서만 아니고 「맹자」, 「대학」, 「중용」에서도 공통적으로 많이 나타나는 현상이다. 「맹자」 60%, 「대학」 50%, 「중용」 60%와 같이 분포가 높다. 그러면 이들 사서언해에 '흐다'용언이 많이 나타나는 이유는 무엇일까. 이는 이들 사서가 어떤 외계의 경물을 묘사하거나 설명한다기보다는 구체적으로 어찌어찌해야 한다는 당위적인 교훈적 지시적 내용을 많이 담고 있기 때문이라고 추론할 수 있다. 현대소설 김동리의 '무녀도'의 서술어 분포를 잠시 살펴보자.

'하다' : 13%, 불완전명사문 : 18%, 명사문 : 16%, 고유어 서술어문 : 53%로 '하다'용언은 전체 중에서 극히 일부에 해당함을 알 수 있다.

둘째 명사문의 분포다. 이는 주어와 서술어가 동위개념 형식인 'A는 B다'란 명제의 문장이다. 일반 동사문이나 형용사문의 서술어가 주어의 동작이나 상태 등을 서술하는데 대하여 명사문은 주어의 속성이나 특질을 비유나 직설적인 방법으로 정의 또는 명제화하는 특징을 가진다. 전체에서 7%의 분포를 보인 것은 명사문의 사용 빈도가 크지 않았음을 알 수 있다. 김동리의 '무녀도'에서는 순수 명사문 16%와 불완전명사문 18%를 합치면 34%나 되어 대조적인 차이를 보임을 알 수 있다. 명사문의 빈도가 높다는 것은 서술적 특성보다는 어떤 대상을 객관화시켜 명제화하는 묘사적 수법의 하나이기도 하다.

셋째 고유어와 한자어의 구성비율을 비교해 보면 고유어 84%, 한자어 16%로 고유어가 절대다수를 차지하고 있다. 이는 서술어의 성격상 한자어로 구성되는 것은 제한적일 수밖에 없다. 한자어와 접사가 연결된 파생어나 명사문의 형식이 그 전부이기 때문이다. 본문에서는 'ㅎ다'접사 파생어와 명사문이 전부다. 'ㅎ다'접미사 서술어 가운데 '可ㅎ다', '取ㅎ다'를 제외하고 '小ㅎ다, 愛ㅎ다, 歸ㅎ다. 別ㅎ다. 儉ㅎ다. 成ㅎ다, 格ㅎ다, 與ㅎ다' 등은 현대어에서는 생경한 어휘들이다. 그러나 '君子이다', '道이다', '後이다' 등의 어휘 구성은 자연스러운 것이다.

넷째 부정문의 분포가 많은 특성을 살필 수 있다. 의미적인 대조형식의 부정문을 제외하고도 '아니', '몯'에 의한 부정과 '없다', '금지' 등을 포함하여 30%의 분포를 보이고 있다. 30%의 부정문이라면 특히 현대어에서는 그 유례를 찾을 수 없게 높은 빈도다. 이는 이 글이 가지는 계도성, 교훈성에 비추어 볼 때 자연스러운 어법이라고도 할 것이다. 특히 'ㅎ다'용언의 경우는 부정사에 의한 부정만으로도 30%를 상회하고 있는데 이는 규제나 금지를 그 내용의 주조로 삼고 있음을 유추할 수 있다.

다섯째로 문장의 종결법의 특색을 살펴보기로 하자. 화자는 어떤 종결어미를 선택하는가에 따라서 자기의 생각을 평범하게 진술할 수도 있고 물을 수도 있으며 상대방에게 명령하거나 같이 행동하기를 권유할 수 있는데 이러한 문장 종결법을 문체법이라고 부르기도 한다.6)

「논어」의 종결법의 특색은 원칙법 선어말어미 '-니-'가 들어 있는 평서형 서술어미 '-니라-'형이 가장 많다는 것이다. 전체의 과반수에 가까운

---

6) 이 문체법은 이희승(1949)의 용어이고, 박승빈(1935, p.340)에서는 '文의 體法'이라 하였고, 홍기문(1947, pp.360~361)에서는 '語法'이라 함.(고영근·남기심, 1985, p.340 참조)

48%나 되고 있다. 이는 「논어」의 성격의 일변을 대변하는 것으로 공자의 제자들에게 다양한 진리를 설명하는 교훈서로서의 성격을 반영하는 것이라 하겠다. 같은 맥락에서 경어법 체계는 제자들이 스승에게 드리는 대화에서만 소수의 '후쇼셔'체가 나타나고 대부분은 '후라'체를 쓰고 있다.

시제의 경우를 살펴보면 과거시제는 단 한 개뿐이고 현재와 미래 시제가 전부를 차지하고 있다.

그 외에 수사상의 특징으로 설의법을 다수 사용하는 특징을 살필 수 있다. 설의법은 내용으로 미루어 누구나 충분히 알 수 있는 사실을 의문 형식으로 표현함으로써 그 사실을 강조하는 수사법이다. 「논어」의 '후랴', '아니후랴', '후다', '니르랴', '후리오', '후ᄂ냐', '후고', '-리오' 등의 어미는 사실을 완곡하게 표현하므로 그 내용을 강조하고 있다.

2) 맹자언해(孟子諺解)

「논어언해」의 경우에서와 마찬가지로 「맹자언해」의 100개의 문장 서술어의 특성을 살펴보기로 한다. 첫째는 '후다' 용언계이고, 둘째는 명사문, 셋째는 고유어 계통의 서술어이다. 먼저 이들의 분포현황을 보이면 다음과 같다.

구 분	분 포 현 황
1. ᄒᆞ다(60)	1) 긍정문(29) ᄒᆞᄂᆞᆫ디라 / ᄒᆞ니이다 / ᄒᆞᄂᆞ니이다(2) / ᄒᆞ리이다(2) / ᄒᆞ리니 / ᄒᆞ리라 호라(2) / ᄒᆞ도다 / ᄒᆞ놋다 / ᄒᆞ시노소이다 / 홀띤뎌 / 홀ᄯᅵ니이다 / 홈이니이다 / ᄒᆞ니잇고 / ᄒᆞᄂᆞ니잇가 / ᄒᆞ리잇고(3) / ᄒᆞ시리잇고 / ᄒᆞ리잇가 / ᄒᆞ시리잇가 / 엇디니잇고(3) / 엇더ᄒᆞ니잇고 / 엇뎌잇고 2) 부정형(7) 아니 ᄒᆞ니이다(2) / 아니 ᄒᆞ노이다 / 몯 ᄒᆞᄂᆞ니이다 / 몯 ᄒᆞ리러니 / 몯 ᄒᆞ노라 / 몯 ᄒᆞᆫ디라 3) 'ᄒᆞ다' 접사 서술어(24) 成ᄒᆞ놋다 / 喩ᄒᆞ리이다 / 走홈이니이다 / 至ᄒᆞ리이다 / 承호려 ᄒᆞ노이다 / 撻ᄒᆞ리이다 / 可ᄒᆞ니이다 / 易호이다 / 度ᄒᆞ쇼셔 / 구ᄒᆞ노이다 / 勝ᄒᆞ리이다 / 맛당ᄒᆞ도다 / 喪홀고 / 樂ᄒᆞ리잇고 / 可ᄒᆞ니잇고 / 禦ᄒᆞ리오(2) / 王ᄒᆞ리잇고 / 保ᄒᆞ리잇가 / 愛ᄒᆞ리오 / 快ᄒᆞ리잇가 / 快ᄒᆞ리오 / 爲ᄒᆞ시리잇고 / 甚ᄒᆞ니잇가
2. 명사문(8)	배로다 / 始니이다 / 아ᄂᆞᆫ배라 / -니이다 / -니잇가(2) / 者로다 / 高價로다
3. 고유어(29)	가ᄂᆞ뇨 / ᄀᆞᆮᄐᆞ니이다 / 니ᄅᆞ시ᄂᆞ니잇고 / 닐옴이로소이다 / 아니라 / 아노이다 / 알리잇고 / 알ᄋᆞ시ᄂᆞ니잇가 / 말ᄋᆞ쇼셔(3) / 다ᄅᆞ리오 / 다ᄅᆞ리잇고 / 이셔이다 / 인ᄂᆞ니잇가(3) / 인ᄂᆞ니이다 / 업스니이다(2) / 업스리이다 / 업슨디라(2) / 업스니라 / 되연ᄂᆞᆫ디라 / 들으리잇가(2) / 드르리잇가 / 시니이다

서술어 구성을 전체적으로 살펴보면 'ᄒᆞ다'계 서술어가 60%나 되는 높은 비율을 차지하고 있다. 그 세부 내용은 'ᄒᆞ다'계 일반 서술어가 36%, 'ᄒᆞ다'접사 서술어가 24%나 된다.

'호다'계 서술어가 다수를 차지하는 것이 사서언해의 공통적 한 특징이 됨은 앞에서 언급한 바이다. 「맹자」에서도 어떤 대상을 서술, 묘사하기보다는 주체의 행위를 서술하는 것이 큰 특징이 됨을 알 수 있다. 「논어」와 비교할 때 큰 차이점은 부정과 금지를 뜻하는 부정문 형식의 문장이 현저하게 적다는 것이다. 즉 「논어」는 31%의 비율을 보였으나, 「맹자」의 경우는 약 9%에 불과하고 그 대신 설의 형식으로 된 의문문이 40%나 되는 높은 비중을 차지하고 있다. 부정이나 금지를 뜻하는 서술어가 적고 설의형식의 문장 수사법이 많이 사용된다는 것은 「맹자」의 문체가 논어에 비하여 한결 완곡한 표현법을 쓰고 있다는 증거가 된다. 이를 증거하는 또 한가지의 이유는 「논어」의 문장 어미들이 예사높임보다 아주높임법인 '호쇼셔'체의 사용이 두드러지게 높다는 것이다. 'ㅇ'자는 탈락되어 표기되지 않고 있으나 "-니이다, -소이다, -리잇고, -노이다, -리이다" 등의 어미가 다수 등장하고 있다. 전체 100문장 중 '호쇼셔'체 문장이 67개나 된다. 여기에 설의 형식의 문자 등을 포함하여 생각해 볼 때 「맹자」의 문장은 극존칭을 구사한 완곡한 문체의 대표적인 예가 될 것이다.

어미의 특징의 하나로 선어말어미 확인법의 '-니-'가 27개나 되는 것도 당위적인 내용을 서술하고 있는 한 특성을 확인할 수 있다.

둘째 명사문은 「논어」에서와 같이 8%에 불과하여 현대어에 비하여 낮은 분포율을 보이고 있다.

셋째 고유어와 한자어의 구성 비율은 76% : 24%의 압도적으로 고유어 쪽이 많다. 이는 「논어」에서는 같은 현상을 보이는 것이다.

한자계 용언은 '호다'접사 용언이 대부분이고 명사문에 "始니이다, 者로다, 高價로다" 뿐이다. '호다'접사는 "成호다, 喩호다, 走호다, 至, 承, 撻, 易, 度, 勝, 喪, 樂, 禦, 王, 保, 愛, 快, 可, 爲, 甚호다" 등이다. 그 특성은 1음절어 한자와 '호다'가 결합한다는 조어상의 특징이다. 현대국어에서는 "工夫, 作業, 生産, 硏究……" 등 2음절어와 '하다'접사가 결합하는 것이 보편적인 조어법인데 반하여 1음절 한자와 '하다'가 결합한 형태를 보이는 것은 이들 문장이 번역체 문장이라는 단적인 증거가 된다. 즉 「명사＋ᄒᆞ다」의 'ᄒᆞ다'용언의 이동구조 또는 의미상 복합구조를 가지는 것이다. 이러한 변칙적인 어휘구조는 생명력을 가지지 못하고 당대 또는 얼마까지만 지속되는 단명한 결과를 가져왔다. 이들 형태 중 현재까지 살아남은 것은 "爲ᄒᆞ다, 甚ᄒᆞ다, 可ᄒᆞ다" 등을 헤아릴 수 있을 뿐이다.

3) 중용언해(中庸諺解)

「중용언해」의 경우도 앞의 「논어」와 「맹자」의 예와 같이 먼저 서술어의 분포를 살펴보기로 하자.

구 분	분 포 현 황
1. ᄒᆞ다(62)	1) 긍정형(8) 　ᄒᆞᄂᆞ니라(3) / ᄒᆞ니라 / 홈이니라 / 홀디니라(3) 2) 부정형(19) 　아니 ᄒᆞᄂᆞ니라(2) / 아니 ᄒᆞ노라 / 아니 ᄒᆞ리오 / 몯 ᄒᆞᄂᆞ니라(6) / 몯 ᄒᆞ린뎌 / 몯 ᄒᆞ노라 / 몯 ᄒᆞ리니라 / 몯홀 꺼시니라 / 몯ᄒᆞ리라(5) 3) 'ᄒᆞ다' 접사 서술어(35) 　恐懼ᄒᆞᄂᆞ니라 / 愼ᄒᆞᄂᆞ니라 / 育ᄒᆞᄂᆞ니라 / 反ᄒᆞ니라 / 橋홈이여(4) / 居ᄒᆞᄂᆞ니라(2) / 能ᄒᆞᄂᆞ니라 / 隱ᄒᆞ니라(4) / 察ᄒᆞ니라 / 止ᄒᆞ니라 / 求ᄒᆞᄂᆞ니라 / 耽ᄒᆞ다라 / 順ᄒᆞ시린뎌 / 盛ᄒᆞ뎌 / 射ᄒᆞ랴 / 保ᄒᆞ시니라(2) / 覆ᄒᆞᄂᆞ니라 / 述홈이니라 / 愛ᄒᆞᄂᆞ니라 / 至極옴이니라 / 息ᄒᆞᄂᆞ니라 / 畏ᄒᆞᄂᆞ니라 / 行홀띠니라 / 强ᄒᆞᄂᆞ니라 / 誠ᄒᆞᄂᆞ니라 / 參ᄒᆞᄂᆞ니라 / 化ᄒᆞᄂᆞ니라
2. 명사문(18)	敎ㅣ니라 / 道ㅣ니라 / 文王이신뎌 / 孝ㅣ신뎌 / 배니라(2) / 蒲盧ㅣ니라 / 이니라(2) / 배오(8) / 者ㅣ니라

3. 고유어(20)	업ᄂ니라 / 업슴이니라 / 오리니라 / 아노라(2) / 적니라 / 지신뎌 / 되옴이신뎌 / 닐ᄋ니라 / 마롤디니라 / ᄀᄐ니라 / 인ᄂ닷ᄒ니라 / ᄀᆮ톤뎌 / 언ᄂ니라 / ᄒᆞ가지니라 / 봄 ᄀᆮ톤뎌 / 잣 가오니라 / 알리라

첫째 서술어 전체의 구성을 살펴보면 역시 'ᄒᆞ다'계 서술어가 62%나 되는 높은 비율이다. 이는 「논어」나 「맹자」의 예와 비슷한 비율이나 그 내용에 있어서는 성격을 달리한다. 즉 'ᄒᆞ다'접사 용언이 두드러지게 많다는 것이다. 「논어」의 경우는 10%, 「맹자」의 경우는 24%였으나 「중용」의 경우는 35%나 되는 높은 구성 비율을 보이는데 이는 어떠한 문체적 특징을 나타내는 것일까? 앞에서도 언급한 바와 같이 'ᄒᆞ다'접사 용언의 조어상의 특질은 1음절 한자어와의 결합이 그 특징이었다. 중용의 경우도 35개의 어휘 중 2음절 한자어와 결합된 것은 '恐懼ᄒᆞ다, 至極ᄒᆞ다' 둘 뿐이다. 1음절 한자어와 결합 예 가운데 현재까지 살아남아 빈번하게 쓰이는 것으로는 '能ᄒᆞ다, 求ᄒᆞ다, 順ᄒᆞ다, 行ᄒᆞ다, 强ᄒᆞ다'의 5개가 되고 '反ᄒᆞ다, 居ᄒᆞ다, 盛ᄒᆞ다, 化ᄒᆞ다' 문어체에서는 비교적 자주 쓰인다. 이들을 제외하고는 모두 생경한 한자어 조어다. 이는 단적으로 번역체 문장으로서의 중용의 특징을 보여주는 것이라 생각된다. 즉 우리말로 소화된 의역체 문장이라기보다 직역으로 이루어진 문장이라 특징을 제시할 수 있겠다.

둘째 명사문이 18개나 됨은 「논어」(7), 「맹자」(8)에 비하여 현저히 높은 분포다. 이는 김동리의 '무녀도'의 명사문의 34%에는 미치지 못하는 것이나 다른 사서(四書)에 비하여 높은 분포다. 그러나 이들은 서술어 자체에서도 유추해 볼 수 있듯이 어떤 명제의 형식이나 수사적인 비유의 특성을 기술한 것이 아니고 "…하는 것이 …이니라"하는 식의 명제가 되는 것이다. 즉 어떤 대상을 객관화하여 명제화하는 표현법과는 거리가 있는 표현법이다.

셋째 고유어와 한자어의 구성비율은 59% : 41%의 비율이 되어 한자어의 구성비율이 타 언해서에 비하여 매우 높고 현대국어 서술어의 고유어와 한자어의 비율을 비견하여 보면 더욱 높으리라고 추정된다. 이는 생경한 한자어를 그대로 'ᄒ다'접사와 연결시켜 서술어로 사용하던 당시의 번역 문체의 특성으로 그렇게 된 것이라 추정할 수 있다.

넷째 부정문의 경우 '아니', '몯' 부정문의 분포가 10%가 되는데 이는 논어의 30%에는 못 미치는 것이지만 비교적 높은 것으로 그 부정적 또는 금지적 의미를 추측할 수 있다.

다섯째 문장 종결법의 특색은 확인법 선어말어미 '-리-'를 사용하고 있는 서술어 즉 '-니라'형이 65%나 되는데 이는 사서 중에서 가장 높은 비율을 보이는 것이다. 이는 어떤 서술의 주체가 주관적인 입장에서 어떤 대상과 객체를 주관적으로 서술하고 있다는 특색을 찾아볼 수 있다. 이런 의미에서 「맹자」에서 보여주던 경어법, 합쇼체 등 극존칭의 형태는 아주 적다. 「중용」의 경우 '順ᄒ시린뎌, 保ᄒ시니라, 述ᄒ시니라, 文王ㅣ신뎌, 著ㅣ신뎌'의 예가 경칭의 전부일 뿐이다. 「중용」의 서술태도는 화자가 주관적 입장에서 능동적으로 서술하는 화자중심 서술형의 문장형태가 그 특색이라고 할 수 있다. 즉 대부분의 어미 형태인 '-니라'가 그 특징을 나타내 준다.

4) 대학언해(大學諺解)

「대학언해」의 전체 문장 수는 견해에 따라 약간의 차이는 있겠으나 대략 66개 단락의 문장으로 구성되었다. 이들의 분포현황을 보면 다음과 같다.

구 분	분 포 현 황
1. ᄒᆞ다(33)	1) 긍정형(8) ᄒᆞ니라(4) / ᄒᆞ도다 / 혼니라 / 혼디라 / 홈이니라 2) 부정형(10) 아니 ᄒᆞ니라(4) / 아니 혼디라 / 몯 ᄒᆞ랴 / 몯 홈이니라(2) / 몯 ᄒᆞᄂᆞ니라(2) 3) 'ᄒᆞ다' 접사 서술어(15) 平ᄒᆞᄂᆞ니라 / 止ᄒᆞ더시다 / 足ᄒᆞ리라 / 發ᄒᆞᄂᆞ니라 / 嚴ᄒᆞ뎌 / 潤ᄒᆞ는디라 / 誠ᄒᆞᄂᆞ니라 / 定홈이니라 / 法ᄒᆞᄂᆞ니라 / 위티ᄒᆞ린뎌 / 嚴嚴ᄒᆞ도다 / 秦秦ᄒᆞ도다 / 至홈이니라 / 施홈이니라 / 拂홈이라
2. 명사문(11)	於라 / 威儀ㅣ오 / 於戱ㅣ라 / 아롬이니라 / 볼키미니라 / 이숌이니라 / 배니라 / 道ㅣ니라(2) / 父母ㅣ니라 / 過ㅣ니라
3. 고유어(22)	ᄀᆞᄅ칠이니라(2) / 니ᄅ니라 / 나ᄂᆞ니라 / 되ᄂᆞ니라(2) / 몬ᄂᆞ니라 / 민ᄂᆞ니라 / 삼ᄂᆞ니라 / 삼가ᄂᆞ니라(2) / 삼오미니라(2) / 업ᄂᆞ니라 / 인ᄂᆞ니라(3) / 일ᄅ니라 / 져그니라

「대학」은 전체의 문장 수가 약간의 차이는 있겠으나 대략 66개 단락의 문장으로 구성되었다.

먼저 이들 서술어의 구성분포를 살펴보면 'ᄒᆞ다'계 서술어가 51%이고 명사문이 17%, 'ᄒᆞ다'계를 제외한 고유어 서술어가 32%나 되어 전체적인 분포에서는 다른 사서언해류와 비슷한 양상을 보이고 있다. 좀더 구체적으로 살펴보면 'ᄒᆞ다'계 용언은 전체 과반수를 차지하여 높은 분포이기는 하나 「논어」(61%), 「맹자」(59%), 「중용」(62%)보다는 낮은 분포이다.

명사문의 경우는 「중용」과 유사한 분포를 보이는 반면 고유어는 「논어」, 「맹자」와 같은 32%의 분포를 보이는 것은 어떠한 유형성을 의미하는 것으로도 추정할 수 있다. 즉 사서언해 전체의 서술어 구성이 51~62%까지의 높은 분포를 보이는 것은 이들 사서류의 공통성이라 할 수 있다. 이는 뒤에 살피게 될 「육법」의 27%나 「내훈」의 42%에 비할 때 월등히 높은 것이다. 명사문 17%는 「중용」 18%와 더불어 이들 번역체 문장에서 가장 높은 분포를 보이는 것이다.

'ᄒ다'접사 용언화정도를 살펴보면 2음절 한자어와 결합된 것은 '위티ᄒ다, 嚴嚴ᄒ다, 秦秦ᄒ다' 중 '위티ᄒ다'를 제외하고는 생경한 조어다. 1음절의 경우도 현대어에서까지 살아 사용되는 것은 '足ᄒ다, 嚴ᄒ다, 定ᄒ다' 정도이고 '平ᄒ다, 止ᄒ다, 發ᄒ다, 潤ᄒ다, 誠ᄒ다, 法ᄒ다, 至ᄒ다, 施ᄒ다, 拂ᄒ다' 등은 생경한 조어다.

명사문의 한자어의 경우도 '道ㅣ다, 父母ㅣ니라'를 제외하고는 역시 한자어가 그대로 노출된 예들이 되니 '威儀ㅣ오, 於戲라, 過ㅣ니라'등이다.

문장종결법을 살펴보면 '-니라, -디라, -ㅣ라, -리라'형 어미가 전체의 76%나 되는 50개가 나타나고 있다.

5) 육조법사법보단경언해(六祖法師法寶壇經諺解)

앞의 예에 따라 먼저 서술어의 분포를 보이면 아래와 같다.

구 분	분 포 현 황

1. 호다(20)	1) 긍정형(7)
	  호는다 / (호외얌직) 호리오 / 호시느니잇고 / 호노이다 / 호시니라 / 호라(2)
	2) 부정형(9)
	  아니 호노이다 / 아니 호다 / 몯 호니라 / 몯 홀디라 / 몯 호도다 / 몯 호얫도다 / 몯 호리라 / 몯 호놋다 / 몯 호리로다
	3) '호다' 접사 서술어(4)
	  구호리오 / 득호리라 / 제도호라 / 희유호다

2. 명사문(7)	금강경이라 / 사른미오 / 뵈라(2) / 혼가지라 / 셩이니라 / 게오
3. 고유어(42)	그치니라 / 눌갑도다 / 닐오리라 / 닐그라 / 너기리잇고 / 드르라 / 디니논뇨 / 다른리오 / 맛듀리라 / 말라(4) / 몯게이다 / 무드리오 / 말 마오 / 모른다 / 마롤디니라 / 보리라 / 브러뇨 / 스고라 / 수리라 / 아른시리오 / 어렵도다 / 어렵도와코 / 오도다 / 알리라 / 외오느뇨 / 이시리잇고 / 오라 / 알오 / 이시라오 / 아니이다 / 아니잇가 / 외오라(2) / 이시리라 / 아니리라 / 업세이다 / 업스리라 / 지스리오 / 키아라

「육조법사법보단경언해」[7]는 전체 문장의 수효는 69개로 '호다'계 용언이 전체의 29%(20문장), 명사문 10%(7문장), 고유어 서술어 61%(42

---

[7] 「육조법사법보단경언해」는 당의 육조대사 혜능의 어록을 문인(門人)이 오법전의(悟法傳衣), 석공덕정토(釋功德淨土) 등으로 분장 편집한 책인데, 권두에 지원(至元) 27년(1290) 덕이(德異)의 서와 약서가 있다. 그 책의 원문을 적당히 분절하여 토를 달고 국역한 것이 「육조법사법보단경언해」이다.
간행연대는 연산군 2년(1496)으로 추정되고 불경간행에 공헌이 큰 인수대비의 명령에 의하여 이루어진 것인데 역자는 승려라는 것을 알 뿐 명시되어있지 않으나 당시에 생존한 고승인 학조(學祖)일 것으로 추정된다. 한자음표기가 동국정운식을 지양하고 현실음 표기를 했다는 점에서 국어사연구에 귀중한 자료다.

문장)로 구성되어 앞서 살펴보았던 사서언해와는 다른 양상을 보이고 있다. 즉 'ㅎ다'계 용언이 과반수 이상을 차지하던 사서들과는 달리 27%에 불과하고 대신 고유어 서술어가 전체의 63%나 차지하고 있다. 이는 사서들이 한자어가 뒤섞인 번역체로서의 생경한 한자어가 노출된 것들임에 반하여 이 불경언해의 경우는 서술어가 대부분 우리말로 고쳐졌다는 증거가 된다.

전체적으로 보아 한자어와 고유어의 비율은 한자어 단 6개(9%)에 불과하고, 나머지의 경우는 모두 고유어 63개(91%)로 되어 현대어 문장에 못지않게 우리말로 대부분 옮겨졌음을 알 수 있다.

한자어의 경우 '구ㅎ리오, 득ㅎ리오, 제도ㅎ라, 회유ㅎ다, 성이니라, 금강경이라'의 예가 되는데 이들 모두 우리말로 귀화의 정도가 높은 단어들이다.

내용적으로 보면 부정과 금지 등의 의미를 지닌 단어들의 출현 빈도가 높은데 '아니ㅎ노이다, 아니흔다'의 '아니' 부정과 '몯ㅎ니라, 몯홀다라' 등의 '몯' 부정문이 9개(13%)나 되고 '말다, 마오' 등 6개 도합 15개(22%)나 되는 것은 비교적 높은 분포인데 이는 수도승들에게 여러 가지 계율을 수계케함에 있어서의 내용적 특징으로 짐작할 수 있다. 예를 살펴보자.

삼경에 秀롤 불러 堂애 들라ㅎ시고 부르샤디 偈눈 이 네 지은다 아니흔다 秀ㅣ 술오디 實로 이 秀의 作이니 祖位롤 간대로 求ㅎ논디 아니이다. ㅂ라온든 和尙이 慈悲로 弟子의 죠고맛 智慧잇는 둘 보시ᄂ니잇가 아니잇가 祖ㅣ 니르샤디 네 이 偈롤 지스니 本性을 보디 몯ㅎ얫도다. 오직 門밧긔 다ᄃᆞᆮ고 門안해 드디 몯ㅎ얫ᄂ니 이 곧흔 見解로 無上菩提롤 求ㅎ린댄 잢간도 어루 得디 몯ㅎ리라.

짧은 위의 글만 보더라도 여러 가지 부정의 의미가 5번이나 나온다. 이러한 부정금지의 뜻을 가진 부사어를 포함하여 연결어미의 부정금지의 의미를 추출한다면 그 예는 전체적으로 수십 배에 달하는 내용이 될 것이다. 이도 또한 불경언해류가 지니는 특색이라고 추정할 수 있다. 이러한 특색은 교훈서인 내훈의 언해에서도 나타나는 특징이다.

6) 내훈언해(內訓諺解)

내훈언해 38개 문장의 서술어 분포를 살피면 다음과 같다.

구 분	분 포 현 황
1. ᄒᆞ다(16)	1) 긍정형(4) 홀디니라 / ᄒᆞ니라 / ᄒᆞ더라 / ᄒᆞ리라 2) 부정형(6) 아니 ᄒᆞᄂᆞ니라 / 아니 ᄒᆞ니라 / 아니 ᄒᆞ노이다 / 몯 ᄒᆞ더라 / 몯 ᄒᆞ리로소이다 / 몯 ᄒᆞ니라 3) 'ᄒᆞ다' 접사 서술어(6) 간사ᄒᆞ니라 / 의론ᄒᆞ더시니 / 할ᄒᆞ시니이다 / 득ᄒᆞ리로다 / 당ᄒᆞ리라 / 자복ᄒᆞ니라
2. 명사문(3)	손자ㅣ시니라 / ᄯᆞ리리라 / ᄯᆞᄅᆞ미러라
3. 고유어(19)	가줄비리오 / 니브리라 / 놀라더라 / 나ᄉᆞ다 / 드월다 / 됴ᄒᆞ시니라 / 마롤디니라(4) / 마더시다 / 몯오라 / 마ᄌᆞ시니라 / 쉬우리오 / 술오니라 / 어렵도다 / 업순디라 / 주시다 / 춤노라

「내훈언해」[8)]는 전체 38개 문장으로 구성되었다. 다른 경우와 같이 이들 서술어의 구성을 살펴보면 'ᄒᆞ다'계 용언 42%(16개), 명사문 8%(3

---

8) 「내훈」은 성종의 생모인 덕종비 소헌왕후(인수대비) 한씨가 부녀 교육에 필요한 소학, 열녀, 여교, 명감의 네 책에서 뽑아 언행, 효친, 혼례(1권), 부부(2권), 모의, 돈목, 염검(3권)의 7장으로 나누어 편찬한 책이다. 이 가운데 발문과 목록을 제외한 한문을 국문으로 토를 달고 이어 전문을 국역한 것이다.
간행연대는 간기에 없으나 선조 6년(1573)으로 추정할 수 있다.

개), 고유어 50%(19)로 사서류의 언해와 불경언해의 중간적 위치를 차지한다고 말할 수 있다. 즉 사서류는 'ᄒᆞ다'계 용언이 다수를 차지하는 반면 'ᄒᆞ다'계를 제외한 순수 고유어 어휘의 서술어의 출현빈도가 낮았던데 비하여 「육법」은 'ᄒᆞ다'계 용언이 낮은 대신 고유어 어휘의 서술어가 절대적으로 많았다. 이는 사서류들이 우리말로 제대로 번역되지 못하고 한자에 토를 붙이는 것과 같은 번역문체이었던데 반하여 이 불경의 경우는 우리말화한 구어체적 특성을 많이 드러낸다고 할 수 있다. 특히 「육법」의 경우 대부분의 내용이 대화체로 구성되었다는 것이 이런 특징을 대변하는 것이다.

「내훈」의 경우는 사서류보다는 우리말화되었고 대신 불경언해보다는 문어적인 것이 특색이다.

한자어 서술어를 살펴보면 '간사ᄒᆞ다, 의론ᄒᆞ다, 득ᄒᆞ다, 당ᄒᆞ다, 자복ᄒᆞ다'의 'ᄒᆞ다'계와 '손자ㅣ다'가 전부인데 이들 모두는 우리말 어휘로 귀화되어 현재까지도 쓰이는 어휘들이다. 이들 어휘의 귀화 정도만 보아도 사서류와의 문체적 특성의 일부를 대비하여 이해할 수 있다. 이들 전체적인 통계적 현황을 보이면 다음의 표와 같다.9)

---

9) 문체를 통계적으로 분석할 때 경계해야 할 것은, 질과 양을 혼동하기가 쉽고, 심미적 가치를 수치적 결과로 축소하게 되기가 쉽다. 작품의 총체적 구조와 기능안에서 빈도의 문체적 효과를 찾아야 하고 또한 주제어라 할 수 있는 열쇠어와의 상고안성 안에서 활용한다면 객관성을 더 높일 수 있을 것으로 생각한다.

	논어	맹자	중용	대학	육법	내훈
Ⅰ. ㅎ다계						
1) ㅎ다	31(31%)	29(29%)	8(8%)	8(12%)	7(10%)	4(10%)
2) 아니ㅎ다	10(10)	3(3)	4(4)	5(7.5)	2(3)	3(8)
3) 몯부정	10(10)	4(4)	15(15)	5(7.5)	7(10)	3(8)
4) ㅎ다접사	10(10)	24(24)	35(35)	15(24)	4(6)	6(16)
소계	61(61)	60(60)	62(62)	38(51)	20(29)	16(42)
Ⅱ. 명사문	7(7)	8(8)	18(18)	11(17)	7(10)	3(8)
Ⅲ. 고유어	32(32)	32(32)	20(20)	22(32)	42(61)	19(50)
총계	100(100)	100(100)	100(100)	88(100)	69(100)	38(100)

2.2 문장의 길이

문장 전체의 길이는 문체의 특성을 나타내는 중요한 요건이 된다.

문장의 길이의 장단은 문장의 호흡과도 관계되는 것으로 이른바 수식어의 다과에 따라서 간결체, 만연체의 구분뿐 아니라 강건체, 우유체 등의 전통적인 문체의 구분이 되었던 것이다.10)

문장의 길이는 전체가 몇 음절로 되었나의 산술적인 계산에 따라 확인하는 것이 가장 간단하면서도 정확한 것이 된다. 그러나 문장이란 어디까지나 의미 진술을 목적으로 하고 의미의 단위는 단어를 기준으로 하여 진술되기 때문에 단순한 음절의 비교보다 단어의 비교는 더 한층 의미있는 것이라 생각된다. 또한 이들이 몇 개의 절(clause)로 이루어졌나를 살펴

---

10) 이태준은 「문장강화」에서 간결체 – 만연체, 강건체 – 우유체, 건조체 – 화려체로 구분하고 문체의 인상을 파악하기에는 편리하나, 작품의 의미 파악이나 심미적 평가에는 소용이 닿지 않는다고 하였다.

볼 수 있는데 이는 이들 문장의 구성이 어떻게 복합구조를 가졌나를 살펴보는 한 관점이 될 수 있을 것이다. 먼저 음절수를 기준으로 보았을 때 이들 문장은 어떻게 구성되었나를 살펴보기로 하자.

길이	자료구분	논어	맹자	대학	중용	내훈	육법	전체평균
음절	총계	4278	6416	3657 (5541)	4516	3402 (8952)	3722 (5394)	
	평균	42.8	64.2	55.4	45.2	89.5	53.9	58.5
	최장	95	161	243	175	251	224	
	최단	14	9	9	11	18	6	
어절	총계	1533	1417	1380 (2090)	1680	1217 (3203)	1455 (2109)	
	평균	15.3	14.2	20.9	16.8	32	21.1	20.5
	최장	35	61	76	61	95	96	
	최단	4	2	3	4	5	3	
절	총계	508	466	423 (640)	576	261 (687)	354 (513)	
	평균	5.1	4.7	6.4	5.8	6.9	5.1	5.7
	최장	12	22	20	19	24	20	
	최단	2	2	1	2	1	1	

* 범례 : ( )속의 숫자는 문장단위로 환산한 숫자임.
사서 평균 음절 51.9
어절 16.8
절 5.5

「논어언해」는 전체 100개의 문장이 4,278, 평균 42.78음절로 이루어지고 있다. 이 중 가장 긴 것은 95음절이나 되고 짧은 것은 14음절로 구성되었다.

가장 긴 문장과 짧은 문장의 예를 들어 그 특징의 일단을 찾아보자.

(긴 문장) 子지 골ᄋ샤터 해드러 疑의를 闕궐ᄒ고 그 남으니를 삼가 니르면 허믈이
격으며 해보와 殆티를 闕궐ᄒ고 그 남으니를 삼가 行힝ᄒ면 뉘웃브미
격ᄂ니 믈언이 허믈이 격으며 行힝이 뉘웃브미 격으면 祿록이 그 가
온대 인ᄂ니라
(짧은 문장) 過과ㅣ 어든 改기홈을 憚탄티 말올띠니라

「논어언해」의 문장단위는 철저하게 원문의 문장단위와 일치시키고 있다는 것이 특징이다. 긴 문장의 경우도 몇 개의 문장으로 나누는 것이 아니라 문의 연쇄로써 결합시키고 있는 것이 일반적인 특징이다.

「맹자언해」의 경우 전체 6,417음절에서 가장 긴 음절은 161음절이나 되고 짧은 것은 단 9음절에 불과하다. 「논어」의 경우보다 「맹자」의 문장이 길이 면에서 훨씬 길다고 하는 것을 밝힐 수 있을 것이다.

단어의 경우는(어절단위를 단어의 단위와 일치시켰음) 「논어」의 경우는 1,533어절로 평균 15.33어절인데 비하여 「맹자」의 경우는 1,417어절이 된다. 이는 음절 면에서는 「맹자」의 경우가 더 긴 문장이지만 어절구성으로 보았을 때는 오히려 「논어」의 경우가 더 길다는 특이한 결과를 보이고 있다. 이는 어절의 기본 길이들이 「맹자」의 경우가 더 긴 음절단위로 구성되었다는 것이다.

「논어」의 경우는 한문원문의 문장단위와 언해의 단위를 대개 일치시키고 있는데 반하여 「맹자」의 경우는 같은 긴 문장을 짧은 단위의 종결어미로 분리시켜 놓은 것이다.

표에 의거해 음절과 어절에 따른 문장 길이의 특징을 먼저 살펴보고 이들 문장의 복합성 여부도 검토해 보자.

음절수가 많고 적음은 가장 단적으로 문장의 길이를 재는 척도라고 할

수 있다. 현대 문장을 대상으로 한 연구와 비교의 수치는 제시할 수 없으나 일반적으로 근대국어나 중세국어의 문장들이 현대국어 문장에 비하여 긴 것이 특징이다.

사서언해의 경우 평균 51.9음절로 비교적 긴 문장단위이다. 이 가운데서도 「맹자」의 문장길이가 64.2로 가장 길고 「논어」는 평균 42.8음절로 짧은 편이다. 이 사서에 비하여 「내훈」은 더욱 길어서 89.5음절이 한 문장이 되는 긴 단위를 이루고 있다.

八□年년ㅅ 겨ᅀᅳ레 掖역庭뎡에 드르샤 貴귕人ᅀᅵᆫ이 ᄃᆞ외시니 그 ᄢᅴ 나히 열여스시러시니 溫온恭공 ᄒᆞ시며 싁싁ᄒᆞ시며 조심ᄒᆞ샤 일마다 法度ㅣ 겨샤 陰음后흥ᄅᆞᆯ 셤기샤ᄃᆡ 일 져므리 져ᄒᆞ시며 조심ᄒᆞ시며 同똥列□ᄋᆞᆯ 接ᄒᆞ샤ᄃᆡ ᄉᆞᆼ녀 모ᄆᆞᆯ 이긔여 ᄂᆞᆽ기 ᄒᆞ시며 비록 宮人妃役이라도 다 恩惠ᄅᆞᆯ 더으신대 和帝 기피 아름다이 너겨 委曲히 ᄒᆞ더시니 后ㅣ 病ᄒᆞ샤ᄆᆞᆯ 미처 特別히 后의 어마님과 兄弟로 드러 醫藥ᄋᆞᆯ 뫼ᄉᆞ와 낧슝數ᄅᆞᆯ 限티 아니케ᄒᆞ야시ᄂᆞᆯ 后ㅣ 帝ᄢᅴ 술오샤ᄃᆡ 宮禁이 至極重커늘 밧깃 지브로 오래 안해이셔 우ᄒᆞ론 階下로 아름뎌 어엿비 너기시ᄂᆞᆫ 긔롱 잇고 아래론 賤ᄒᆞᆫ 날로 足ᄋᆞᆯ 아디 몯ᄒᆞᄂᆞᆫ 誹謗ᄋᆞᆯ 어더 上下ㅣ 서르 損호ᄆᆞᆯ 眞實로 願티 아니ᄒᆞ노이다.

이 문장은 표본으로 삼은 475개 가운데서 가장 긴 문장이다. 대부분 문장들이 그러하듯이 이 문장도 많은 단문들의 연쇄로 이루어진 문장이다. 대략 17개의 절을 추출할 수 있다. 비록 음절수에서는 이보다 훨씬 적은 95음절이면서 24개의 절들로 복합구성을 이룬 예문도 내훈에서 찾을 수 있다. 이들의 구성은 현대어에서는 내포(embedding)문이 많은 것이 특징이랄 수 있는데 대부분 접속(connecting)으로 이루어진 특질을 찾을 수 있다.

사서의 경우가 비교적 문장의 단위가 「내훈」이나 「육법」에 비하여 짧은 것은 원문을 충실히 우리말로 옮기기보다 한자어에 토를 붙이는 것과 같은 생경한 한자어의 나열 등으로 인한 결과이고 「내훈」의 경우는 가장 충실하게 우리말로 옮긴 결과이다.

둘째 어절에 따른 문장의 길이는 대개 음절의 길이와 일치하는 것이 일반적이긴 한데 이와는 다른 특징을 맹자에서 찾을 수 있다.

음절수 면에서는 「맹자」가 평균 64음절이나 되어 가장 긴 것이나 어절을 단위로 했을 때에는 14음절이 되어 가장 짧은 단위가 되고 있음을 알 수 있다. 이는 「맹자」의 문장들은 다음어절로 이루어진 단어라는 결과가 된다. 다음어절로 되었다는 것은 일면 고유어로 된 단어가 많다는 결론을 앞세울 수도 있으나 꼭 일치하지 않는다. 어휘 구성의 특징은 뒤에 언급하기로 하겠다.

「내훈」은 음절 수에서도 평균 90음절이나 되어 가장 긴 문장단위로 구성되었었는데 어절 구성면에서도 32어절이나 되어 가장 긴 단위임을 알 수 있다.

가장 짧은 단위로는 음절단위로는 「논어」가, 어절단위로는 「맹자」가 상대적으로 짧은 문장이라고 지적할 수 있다.

이들 문장의 복합형태는 표에서 보이는 바와 같이 대개 문장의 길이와 일치한다.

2.3 품사적 특성

국어의 문장에서 어떠한 품사가 어떠한 문체적 특징을 나타내는가에 대한 일반화된 연구는 없다. 다만 박갑수의 "한국현대소설 문장의 품사적 경향"(국어교육 27・28합병호)에서 품사의 빈도를 볼 때 명사의 비율이 가장 높고 그 다음이 조사, 동사, 부사, 형용사, 관형사, 대명사, 수사, 감탄사의 순으로 빈도가 낮아진다고 하였다. 이 가운데 대표적인 품사는 명사(31.4%), 조사(28.6%), 동사(19.7%)로 이들의 합이 79.7%에 이르러 나머지는 미미한 빈도를 나타내 주는 것으로 조사되었다. 그러면서 한국소설의 이러한 품사적 경향은 일본의 소설과 비교할 때 대상에 중점을 두는 요약적, 상태묘사적, 정지적, 감각적, 추상적, 서사적 문체의 특징을 지니는 것으로 보게 한다고 하고 있다.

　본고에서는 본격적으로 품사전반에 대한 조사를 하지 않고 다만 대표적인 명사 동사 부사의 3개 품사에 대하여 각 자료별, 문장별로 조사하여 보았다. 먼저 전체적인 품사의 분포경향을 보이면 다음과 같다.

품사	자료 구분	논어 (100)	맹자 (100)	대학 (66)	중용 (100)	내훈 (38)	육법 (69)	총 계
명 사	총 계	1098 (8)	999	1001 (1517)	1320	863 (2268)	1077 (1561)	6358 (8763)
	평 균	11	10	15	13	23	16	15
	최 대	26	59	53	45	68	76	76
	최 소	2	0	2	0	4	0	0
동 사	총 계	705	1756	532 (806)	694	488 (1284)	540 (783)	4715 (6028)
	평 균	7	18	8	7	13	8	10
	최 대	19	21	25	29	36	33	36
	최 소	2	1	1	0	0	1	0
부 사	총 계	150	191	198	186	171	178	1074 (1535)
	평 균	2	2	3	2	5	3	3
	최 대	8	9	17	13	17	11	17
	최 소	0	0	0	0	0	0	0
총 계	총 계	1953	2946	1731 (2623)	2200	1522 (4022)	1795 (2601)	12147 (16325)
	평 균	11	10	9	7	13	9	10
	최 대	26	59	53	45	68	76	76
	최 소	0	0	0	0	0	0	0

국어의 품사분류는 학자에 따라 그 양상을 달리한다. 즉 품사 수에서 5
품사에서 13품사까지 다양하고 같은 품사라도 그 문법범주가 여러 가지
로 교차되어 국어문법학사에 등장하는 품사의 범주는 21종을 헤아릴 수
있다. 이 가운데 보편적인 품사로 다수의 지지를 받은 품사는 명사, 대명
사, 동사, 형용사, 관형사, 부사, 접속사, 감탄사의 8품사가 된다. 학교문
법에서는 체언의 격어미인 조사를 별도로 품사 설정을 한 것이고 접속사
가 빠지고 수사가 체언의 일부로 등장한 체계다.

위의 8품사는 그 품사 자체에 고유한 문법적 어휘 의미를 유추할 수 있
다. 명사, 대명사는 사물의 명칭을 지칭하는 개념말로서 여러 가지 외연
을 지칭하고 있다. 동사, 형용사는 문장에 서술어가 되는 품사로 사물의
작용을 표시하는 것으로 이를 정렬모(1946)는 내포말이라고 달리 표현
하고있다.11) 관형사와 부사는 체언과 용언의 속성을 나타내는 말이라 할
수 있다.

이와 같이 어떠한 품사가 많이 출현하는가 하는 것은 전체적인 집단의
의미를 추정해 볼 수 있다. 명사가 많다는 것은 앞에서 본 요약적이고,
상태를 묘사하는 특징을 가지며, 정지적이라는 등의 문체적 특성을 나타
낸다고 개략적으로 말할 수 있다. 그러나 그것이 동시에 감각적이며, 추

---

11) 정렬모(1946, p.62)의 내용으로 이에 대한 자세한 논의는 이광정(1987, pp.178~181)
    참조할 것.

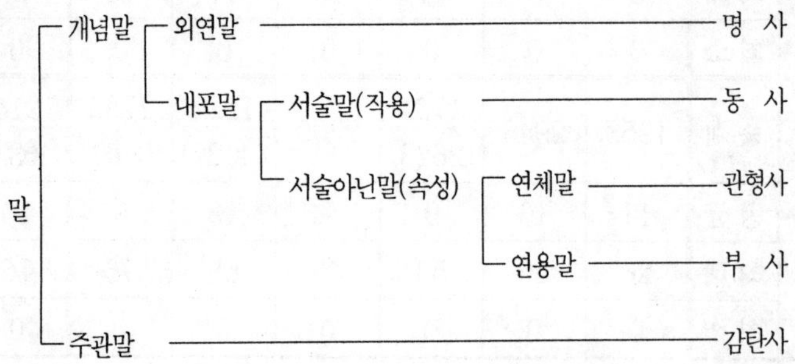

상적이며 서사적인 문체적 특징을 가지는가에 대해서는 쉽게 수긍되는 것이 아니다. 이는 단순한 품사의 범주를 넘어서 개개 낱말의 어휘적 속성에서 그 추상성이나 구체성, 감각성 등이 결정될 수 있을 것이다.

도표의 언해문의 품사적 특성에 대하여 간략히 언급하기로 하자.

먼저 품사구분에서 미비한 것으로 지적할 수 있는 것은 관형사와 접속사에 대한 조사의 누락이다. 작업량의 관계상 생략한 것이기는 하나 관형사는 부사와 함께 속성을 나타내주는 말로 체언에 첨부된 그 구문의 구조 및 속성을 제시해 주는 요소다. 접속사의 경우는 그 구문의 복합 구조의 정도를 짐작하게 해주는 말이다. 조사의 생략은 조사가 의미속성을 제기하기도 하지만 이는 체언의 일부로서 문법적 속성이 가능하므로 생략하여도 무방한 것으로 생각할 수 있다.

도표에서 명사(명사, 대명사, 조사), 동사(형용사 포함되었음), 부사는 8품사 또는 9품사의 대변적인 것이다. 먼저 이들 품사의 출현 빈도에 대하여 살펴보자.

전체적으로 보아 출현 빈도가 큰 것부터 배열해보면

명사의 경우 내훈 〉 육법 〉 중용 〉 논어 〉 대학 〉 맹자의 순서이고,
동사의 경우는 맹자 〉 내훈 〉 대학 〉 육법 〉 논어 〉 중용이고,
부사의 경우는 내훈 〉 육법 〉 대학 〉 맹자 〉 중용 〉 논어의 순이다.

여기에서 개략적이나마 품사에 다른 문체적 특성은 짐작할 수 있다.

일반적인 구문의 구성 비율은 체언이 다수를 차지하고 용언이 그 다음이 됨은 현대국어나 중세국어를 막론하고 일반적인 현상이다. 그 문장이 우리말화 되었을 때는 더욱 자연스러울 것이다. 「내훈」, 「육법」, 「논어」, 「중용」, 「대학」 등에서의 일반적인 구문 형태가 맹자의 경우에서는 그 구성 비율이 반대가 되고 있다. 이는 「맹자」 문장의 특이한 구조, 달리 말하여 서술어를 다수 가지는 구문 특징을 살필 수 있다.

2.4 어휘적 특성

번역문체에서 외국어 어휘들이 자국의 언어로 얼마만큼 소화되어 귀화 내지는 대치되었는가? 또는 생경한 그대로 얼마만큼 남아 있느냐는 번역 문체의 특징을 결정짓는 중요한 요소가 될 것이다. 특히 한문번역문인 언 해문의 경우는 현행 우리말의 과반수 이상을 차지하는 한자어휘의 점유 율과 비교하여 볼 때 여러 가지 의미를 도출해 낼 수 있다. 여기에서는 간략하게 각 문헌 자료에 나타난 고유어와 한자어의 구성비율을 살펴보 기로 한다.

구 분		논 어	맹 자	대 학	중 용	내 훈	육 법
고유어	총계	738	552	774 (1172)	725	887 (2234)	936 (1357)
	평균	7	6	12	7	23	14
	최대	23	21	40	43	82	62
	최소	1	0	0	0	3	1
한자어	총계	817	865	605 (917)	961	367 (966)	520 (754)
	평균	8	9	9	9	10	8
	최대	21	47	36	42	33	44
	최소	0	0	0	1	2	0
총계	총계	1555	1417	1379	1686	1254	1456
	비율	47 : 53	39 : 61	56 : 44	43 : 57	71 : 29	64 : 36

고유어와 한자어의 구성비율을 보면 「논어」(47 : 53), 「맹자」(39 : 61), 「대학」(56 : 44), 「중용」(43 : 57), 「내훈」(71 : 29), 「육법」(64

: 36)과 같다. 이 가운데 「내훈」의 경우는 7 : 3의 비율로 고유어가 절대 우세하고 「육법」의 경우도 6 : 4로 고유어가 우세하다. 사서 중에서는 「대학」만이 56 : 44로 고유어가 우세하고 「논어」, 「맹자」, 「중용」의 경우는 한자어 어휘가 과반수 이상을 구성하고 있다. 같은 한자어 중에서도 생경한 한자어 그대로인가 우리말화한 것인가의 구분이 정도에 따라 남게 되는데 이에 대한 논의는 '흐다'접사 어휘에서 살펴본 것으로 대신하기로 한다.

3. 결 론

이상 살펴본 내용에서 몇 가지 문체적 특징을 요약해 볼 수 있다.

1. 사서언해에서 '흐다'계 용언이 두드러지게 높은 출현빈도를 보이고 있다. 이는 당위적인 교훈이나 지시적 내용을 담은 수행동사로서의 특성을 보이는 것이리라.

2. 명사문 구성이 현대어에 비하여 발달되지 않았다. 이는 사물을 대상화시켜 명제화하는 현대의 묘사적 문장수법에 미치지 못하는 결과다.

3. 서술어 자체의 어휘 구성을 놓고 볼 때 고유어가 절대 다수이나 전체 문장의 어휘구성을 살펴보면 사서의 경우는 「중용」을 제외하고 한자 어휘가 과반수 이상이나 「내훈」이나 「육법」의 경우는 고유어 어휘가 절대 다수로 국문체의 문장이다.

4. 사서언해의 경우 높은 빈도의 부정문의 분포가 보이는데 이는 이들 글이 가지는 계도성, 교훈성 때문이라고 할 수 있다.

5. 「맹자」의 경우 "흐쇼셔"체 문장이나 완곡한 표현법인 설의형식의 문장이 다수 등장하는 것이나 확인법 선어말 어미 '-니'가 등장하는 것도 「맹자」의 문체적 특성을 드러내는 한 특징이다.

6. 「육법」이나 「내훈」의 문장은 사서언해보다 훨씬 국어문장으로 번역

되어 우리말화되었고 「육법」의 경우는 대화체의 문장이 다수 등장하는 특징을 가진다.

   그 외에 문장의 길이나 품사적 경향 또는 어휘의 구성면에서 우리는 문체적 특성을 상호 비교할 수 있다.

※ 「한국어학」 2, 1995, 한국어연구회

참고 문헌

고영근(1987), 「표준중세국어문법」, 탑출판사.

권영민(1975), "개화기 소설의 문체연구", 서울대석사논문.

김봉군(1988), 「문장기술론」, 삼영사.

김상태(1982), 「문체의 이론과 해석」, 새문사.

김승렬(1991), "근대전환기의 국어문체", 「근대전환기의 언어와 문학」, 고려대 민연.

김영수 역(1970), 「문체와 문체론」(Hough, Graham : 1969, Style & Stylistics, London), 신원출판사.

김완진(1976), "현대소설 문자의 품사적 경향", 「국어교육」 27 · 28호.

―――(1977), 「문체론의 이론과 실제」, 세운문화사.

―――(1979), 「문학과 언어」, 탑출판사.

―――(1990), "문체", 「국어연구 어디까지 왔나」, 동아출판사.

―――(1990), "한자어와 고유어의 어휘적 특성", 「이용주박사화갑논문집」(국어의미론).

―――(1983), "한국 문체의 발달", 「한국어문의 제문제」, 일지사.

김완진 편저(1994), 「국어문체론」, 대한교과서.

김정자(1985), 「한국 근대소설의 문체론적 연구」, 삼지원.

남기심(1977), "개화기의 국어문체에 대하여", 「연세교육대학」.

박갑수 외(1985), 「현대 국어 문자의 실태분석」, 한국정신문화연구원.

송재욱(1994), "궁중언어의 유형적 문체연구", 경원대 교육석사논문.

이광정(1987), 「국어품사분류의 역사적 발전에 관한 연구」, 한신문화사.

이기문(1972), 「국어사개설」, 탑출판사.

이인모(1978), 「문체론」, 이우출판사.

이태준(1939), 「문장강화」, 박문서관.

정렬모(1946), 「신편고등국어문법」.

정한모(1963), 「현대작가연구」, 백조사.

최창록(1973), 「한국소설의 문체론적 연구」, 형설출판사.

황석자(1987), 「현대문체론」, 한신문화사.

어류명칭의 문헌적 고찰 및 방언조사(1)
― 강원도 동해안 지역의 현지조사를 중심으로 ―

1. 서 론

1.1 본 논고에서 검토하려는 것은 우리 문헌에 등장하는 어류명칭에 관한 어휘 자료를 찾아 이들의 어휘적 특성, 표기법, 차용 관계, 어원 등을 밝히어 국어변천사 연구에 일조를 보태려는 것이다.

나아가서 이들 문헌어를 중심으로 엮어진 조사 목록에 의하여 현지조사(field work)를 하여 보다 폭넓은 지역방언을 밝혀냄으로써 이들 어휘의 과거와 현재의 실상을 밝혀보려는 데 또한 목적이 있다. 한편 어업에 종사하는 사람들의 언어를 사회언어학적(socio-linguistics) 측면에서 고찰함으로써 발전적인 결과도 기대할 수 있을 것이다.1)

---

1) 이상적인 방언 연구가 되기 위해서는 통시적(diachronic) 입장을 취하는 방언학과 공시적 연구(synchronic approach)의 입장을 취하는 사회언어학이 조화를 이루어야 한다. 그러므로 계층방언으로서의 언어적인 Variables에 관심을 두어야 한다. 이런 양자

그러나 현단계에서 1차적인 문헌 연구가 자료 수집 단계에 있고 2차적인 현지 조사도 강원도 일부의 동해안 지역의 조사에 그쳐있으므로 본 연구 전체를 위한 일단의 얼게를 제시하는 과정임을 밝혀둔다.

1.2 어류명 어휘에 대한 조사의 의의는 문헌적인 대비연구를 통하여 이미 사어(死語)가 되었거나 문헌어(文獻語)에 머물러 있는 어휘의 발굴에도 있으나 이들 특수어휘를 통해서 국어변천사의 일면을 규지할 수 있고 또한 과거의 연구에 대한 확인 자료도 될 수 있는 것으로 본다.

고유어, 한자, 이두 등으로 표기된 자료를 검토함으로써 국어의 문자변천사를 밝히는 작업의 일부도 될 수 있으며 어원을 고찰함으로써 차용 관계 특히 중국으로부터의 중세 이후의 차용과, 현대어의 경우 일본어에서의 차용 관계의 일면을 살필 수 있을 것이다.

어류명칭에 대한 벙언형의 조사는 비록 문법이나 통사체계까지의 전면론을 기대할 수 없으나 어휘 체계가 간직한 음운론적 내지는 형태론적 과제를 수행할 수 있다. 나아가서 사회언어학적 측면이 고려될 수 있다면 사회적 방언(social dialects)을 통하여 어부들의 문화와 사상(culture & thought)에까지도 접근할 수 있고 이른바 'Sapir-Worf의 가설(Hypothesis)'이 공헌한 바와 같은 민속학적, 심리학적(anthropology and Psychology) 공헌도 기대할 수 있을 것이다.[2]

1.3 어류명칭에 대한 방언형의 조사를 위해서는 어부들의 생활과 사고에 대한 이해가 선행되어야 한다. 이들의 일상생활은 그들의 언어생활까지도 지배하기 때문이다.

의 관점에서 취해진 연구로는 미국과 캐나다의 언어지도를 들 수 있다. Roger T. Bell(1976), *Sociolinguistics*, ST. Martin's Press New York p.24.

2) R. A. Hudson(1980), *Sociolinguistics*, Cambridge Textbooks in Linguistics p.103.

그러면 어부들의 언어이해를 위하여 그들의 생활 및 민속신앙에 대한 몇 가지 특징을 살펴보기로 하자.

첫째 그들은 생활반경이 고기떼들의 회유와 함께 이동하는 특징을 들 수 있다. 물론 연안어업에 종사하는 사람도 많다. 성어기(盛魚期)가 되면 그들은 고기를 따라 낯선 고장으로 멀리는 제주도까지, 길게는 여러 달 동안 고기잡이를 떠나고 그 어장에서 어기가 끝나면 어선과 어부는 또 다른 어장을 찾아 나선다.3) 그리하여 이들이 모이는 곳에는 파시(波市)가 생겨나게 된다.4) 그러므로 이곳에는 잡다한 상인과 각처에서 몰려든 선주, 선원들, 본고장 토박이들이 섞여 생활하게 되므로 자연히 언어의 혼효(混淆, blending)현상이 일어나게 된다. 결과적으로 어부 개개인의 idiolect에 변화가 일어나게 됨을 예상할 수 있다. 장기간 어업에 종사한 사람들에게는 이러한 언어의 혼효현상에 대한 개연성을 추구할 수 있을 것이다.

둘째 어부들의 속신 혹은 미신으로서의 관념을 통하여 그들의 언어관 혹은 관념을 짐작할 수 있다. 출항일에나 귀항일에는 용왕제사를 지낸다. 출항일제(出港日祭)는 춘추 2회 지내던 것으로 「고사」 혹은 「구새」라고 하여 배의 선장과 연장자가 집행하는데 선장은 밋물(淸水)을 연장자는 잿물을 솔잎에 뿌리면서 「靈精 不精은 잿물로 물리오」라고 주문을 외우며 제사지낸다.

어선에는 배마다 여성 혹은 남성(주로 여성이 많음)의 선왕(船王)을 모셔놓은 특별선실이 있다. 음력 3월과 10월에 제사를 지낸다. 그 외에

---

3) 덕적군도(德積群島)는 황해상의 유수한 어업 근거지로서, 중선(中船) 이상의 배로는 북으로는 평안북도 의주 앞바다까지, 대연항로(大連航路)를 따라 황해 일대에, 남으로는 제주도 칠산(七山)까지 출어했다.(김재원 외, 1954, 「한국서해도서」, 을유문화사, p.57)

4) 보통 대어장에는 성어기마다 각처에서 모여든 무수한 선주와 선원을 상대로 하는 음식점, 접객업소 등이 운집하여 보통 때 한적한 어장은 번창하게 되니 이들이 모여 영업하는 곳을 소위 파시(波市)라 한다. 서해의 3대 파시로는 흑산도, 위도, 연평도를 가리킨다.(김재원 외, 앞의 책, p.120), 동해안에서도 죽변 등에서 파시가 생긴다.

섣달 그믐날과 귀항일에도 제사를 지낸다. 특히 출어한 배가 풍어일 때에
는 선체를 광목으로 둘러메고 기와 붕기(짚으로 꽃을 만들어 청죽(靑竹)
에 달아맨 것)를 세우며 징, 꽹과리를 치고 노래를 부르며 돌아온다.[5]
 또한 어민들의 미신으로 꿈은 절대적인 힘을 가지고 있으니 흉몽을 꾸
었을 때는 한사코 출어를 연기한다는 것이다.[6]
 이는 일반사회에서 통용하는 금기어(禁忌語)가 가지는 성격과 일맥상
통하고[7] 무속신앙과 일치됨을 알 수 있다.

 셋째 어부들의 생활 - 넓게는 도서지방어의 발달의 특성을 보면 생활과
관계가 깊은 '바람, 조수(潮水), 천후(天候)'들에 유달리 예민한 관심을
두고 있다.[8] 이에 관련된 언어들은 일반계층의 말보다 훨씬 세분화되어
직업어(occupational language)의 성격을 띠고 있다. 특히 직업어로서
의 발달을 보이는 것은 장태진(1973)에서도 조사된 바와 같이 고기잡이
에 필요한 선체·선어구(船漁具) 어휘의 발달을 들 수 있다.[9]

---

5) 「붕기」라는 것은 한 송이가 만원(萬圓)을 표시하는 것으로서 아직 배가 해변에 도착하기
   전에 멀리서도 이 붕기로서 풍어·흉어의 어획고를 알리는 것이다.(김재원 외, 앞의 책,
   pp.58~59)
6) 김재원 외, 앞의책, p.58. 길몽 : ① 황송엽(黃松葉)이 길이나 배에 잔뜩 쌓여있는 것
   을 보았을 때, ② 파선을 당한 꿈, ③ 선내에 시체가 쌓여있을 때(단 반시체는 불가), ④
   꿈에 소나 돼지를 보았을 때, ⑤ 닭이 대꼬작 꼭대기에서 우는 꿈. 흉몽 : ① 꿈에 여자
   를 보았을 때, ② 관혼예식을 꿈에 보았을 때, ③ 꿈에 그물코를 풀어 보았을 때 등.
7) 심재기(1982), pp.258~267.
8) 이숭녕(1954), 장태진(1969a, 1969b, 1969c).
9) 어구에 대한 명칭으로는 크기는 '배'의 명칭에서부터 '그물' 등에 이르기까지 많은 어휘들
   이 발달되어 있다. 강원도 주문진, 묵호항에서 현용되는 몇 개 소개하면, 「구라」 : 고기를
   퍼나르는 그릇. 「후아나」 : 배의 연통. 「딸」 : 배의 운전대. 「후꾸」 : 조개그물. 「오모가지」 :
   선체의 좌측. 「도모가지」 : 선체의 우측. 「맛고대이」 : 배의 높은 부분. 「벤도리」 : 배 양
   옆에 다는 타이어. 「겐또」 : 배 좌우에 달린 등. 「망개(망깨)」 : 그물을 올리는 것. 「보겐
   다이」 : 고기저장실. 「후다(데기)」 : 갑판. 「도래」 : 모터에 연결시켜 돌게하는 쇠. 「골뱅
   이틀」 : 통발이. 「기화장」 : 밥하는 사람. 「갑바」 : 작업할 때 입는 고무옷. 「고또」 : 고
   기 넣는 주머니. 「잉카」 : 닻 등 수많은 어휘가 쓰이는데 일본어에서의 차용이 많다.

　　어부들의 생활과 관계깊은 직업어로는 상거래행위를 대표하는 위판용어(委販用語) 등을 들 수 있다.10)

　　위판용어의　　은비성(隱秘性)은　　"산삼채취인(山蔘採取人)(이숭녕 1967)"이나 "궁중어(김용숙 1962, 김종훈 1969)" 또 "해녀집단(장태진 1969)", "기생방(이종석 1966)", "건립패(심우성 1969)" 등에서 보이는 직업어(occupational language)로서 특성을 가지며 사회 일반인 특히 고객과의 언어적인 격리를 꾀함으로써 자신들의 이익 및 결속을 꾀하고 있다. 물론 '궁중어'의 경우는 특수계층방언으로서의 의미를 갖는다.

　　위에서 말한 다른 계층방언에 대한 연구도 불비(不備)한 상태이기도 하지만 어촌 생활에 대한 언어적 특성을 밝힌 것도 미개척 상태라고 할 수 있다. 위에서 제시한 바와 같은 어부들의 언어적 경향에 관한 보다 상세한 사전조사 및 지식은 현지 조사의 효과를 크게 올릴 수 있도록 한다. 조사항목에 나열된 어휘만을 되풀이하는 단조로움을 벗어나서 그들 생활 및 사고에 대한 긍정과 공감을 통하여 대화 및 조사가 순조롭게 되기 때문이다. 실제 현장조사에서 이러한 국면을 몇 차례 경험할 수 있었다.

2. 문헌상에 나타난 어류명칭의 고찰

2.1 문헌자료의 검토

　　문헌자료로서 어류에 대한 연구로 가장 오래된 것은 1403년에 간행된 「경상도지리지(慶尙道地理誌)」 토산부(土産部)에 소개된 23종이다.

---

10) 위판장을 다릿발이라고도 하는데 위판용어는 「농수산부」에서 용어를 통일토록 하여 수지호(手指呼) 등과 함께 쓰이고 있으나 「야마」 : 전부, 「하꼬」 : 상자, 「서레꼬」 : 경매인, 「야마도리」 : 상자채로 등 일본어를 쓰고 있으며 일반인에게는 은비성(隱秘性)을 띤다.

그러나 여기에는 어류 이름과 산지만이 소개되었고 본격적인 분류, 형태, 습성에 관한 연구는 1814년(순조 14년)에 발표된 정약전의 「자산어보(玆山魚譜)」가 가장 오래된 문헌이다.[11] 본 논고의 관심은 생물학적 입장과는 달리 오직 국어학적 입장에서 이들 자료와 연구에 관심이 있는 것이다. 그러므로 당시의 어류들의 명칭을 그 시대의 언어로 재구해 보려는 것과 이들의 변화를 살피려는 데 관심을 두고 있다.

　따라서 표기법, 방언형, 어원 및 어류명칭에 전래하는 속설 등이 생물학적인 분류나 형태, 습성들보다 소중한 것이다.

　그러면 정문기(1961)에 의거 지금까지 발견된 문헌목록만을 간략히 정리해 보기로 한다.

　이 중 시대적으로 19세기 후반 이후의 생물학자들에 의해서 연구된 자료는 통시적인 언어 자료로서 큰 의미가 없기에 제외하였다.

1. 하연(河演) 서기 1422~25년(세종 6~7년)에 편찬한 「경상도지리지(慶尙道地理誌)」 및 그 후 1469년(예종 완년)에 속찬한 「경상도속찬지리지(慶尙道續撰地理誌)」 토산부(土産部)에 21종의 물고기 이름과 산지.

2. 유효통(兪孝通), 노중례(盧重禮), 박윤덕(朴允德) 등의 1434년(세종 15년 계축 6월)에 편찬한 「향약집성방(鄕藥集成方)」 중 제76권 향약충린부(鄕藥虫鱗部)에 11종의 한자명, 방언 및 약성(藥性)이 기재됨.

3. 맹사성(孟思誠), 권진(權軫) 및 윤회(尹淮), 신장(申檣) 등이 1432년(세종 14년)에 출판한 「신찬팔도지리지(新撰八道地理志)」 중 토산부(土産部)에 어류 10여종의 명칭과 산지.

4. 1454년(단종 2년)에 정인지(鄭麟趾)가 개찬한 「고려사(高麗史)」 지리지(地理志) 토산부(土産部)에 어류 10여종의 이름과 산지.

5. 정인지(鄭麟趾)가 1454년에 찬진한 「세종실록(世宗實錄)」 지리지(地理志) 토산부(土産部) 제4, 48, 149, 151, 152, 153, 154, 155 등에 어류 34종의 이름과 산지.

6. 명나라 사신 동월(董越)이 귀국 후 1488년에 편찬한 「연경제전집(硏經濟全集)」

11) 정문기(1961), "한국산 어류의 연구사(The history of the Korean fishes)".

　　중「조선부(朝鮮賦)」에 압록강산 열목어(이항어 : 飴項語) 외 수종의 어류가 기재.

7. 이행(李荇) 외에 19명의 학자가 1530년에 편찬한「신증동국여지승람(新增東
　　國輿地勝覽)」토산부(土産部)에 어류 46종의 이름과 산지가 기록됨.

8. 허준(許浚) 1611년(광해군 3년)「동의보감(東醫寶鑑)」중 본초강목에 어류
　　10여종의 이름과 그 약성.

9. 이수광(李晬光) 1614년(광해군 6년)「지봉유설(芝峯類說)」중 어류 18종.

10. 신이행(愼以行) 외 1690년「역어유해(譯語類解)」어류 10여종.

11. 이단하(李端夏) 1693년「북관지(北關誌)」중 어류 16종의 이름과 산지.

12. 박세당(朴世當) 1660~1700년「산림경제지(山林經濟誌)」중 치선부(治
　　善部)에 어류 25종의 이름과 산지 및 활용방법.

13. 서명응(徐命應)「고사신서(故事新書)」중 지리문(地理門) 중에 어류 20
　　종의 이름과 산지(淡水魚).

14. 이만영(李晩永) 1807년 2월 발표「재물보(才物譜)」중 인충부(鱗虫部)
　　에 어류 63종의 명칭.

15. 정약전(丁若銓) 1814년(순조 14년)「자산어보(玆山魚譜)」중 101종에
　　관한 명칭, 방언, 한자어, 형태 및 이용 등.

16. 정약용(丁若鏞) 1814년「아언각비(雅言覺非)」중 50종에 관한 속명과 이
　　두문의 해설.

17. 김로(金鑛) 1821년「담정고(潭庭藁)」중「우해이어보(牛海異魚譜)」51
　　종의 명칭, 형태, 습성 및 시문(詩文).

18. 한치윤(韓致奫) 1789~1835년「해동역사(海東繹史)」중 물산부에 어류
　　18종의 형태 및 방언.

19. 서유구(徐有榘) 1834~1845년「임원경제지(林園經濟誌)」중 제4 전어
　　지(佃漁志)에 어류 97종의 한자 어명 및 방언, 형태, 생태 등에 관한 기록.

20. 이규경(李圭景) 1835~1845년「오주연문장전산고(五洲衍文長箋散稿)」권
　　48 어변증설(魚辯證說) 및 권 2, 3, 4, 7, 10, 11, 12, 19, 22, 32, 33,
　　47, 49, 57, 59 등 중에 어류 25종과 낙랑산(樂浪産) 어류 7종.

21. 유희(柳僖)「물명고(物名考)」중 유청류(有淸類) 수족린충부(水族鱗虫
　　部)에 어류 70여종.

22. 황필수(黃泌秀)「명물기략(名物紀略)」중 권4 인개부(鱗介部) 61종.

이상 22종의 문헌을 들고 있다.

그러나 상기 문헌의 일부를 검토한 바 다음과 같은 차이를 발견할 수 있었다.

「역어유해」에 10여종이라 했으나 하권 「수족부(水族部)」에 총 89개 어휘 중 어류에 해당하는 것이 56종이 있고 「수족보(水族補)」 12개 중 어류 4종이 더 있어 총 60종이나 된다. 특히 중국어 단어를 한자로 쓰고 그 발음을 한글로 표기하되 정음과 속음 두 가지로 표기하고 이고 또 그 아래에 국어로 그 의미를 표기하고 있어 중국의 한자음 및 어휘 차용 관계를 살필 수 있는 좋은 자료가 된다.

「아언각비」에 50종의 속명과 이두문 해설이 있다고 했으나 권3에 28종의 어류에 대한 속명과 2종의 수족에 대한 설명이 있을 뿐이다. 이두문이라 하였으나 이들은 한자의 차음을 통한 속명의 표기에 불과하다.

「우해이어보」에도 51종이라 했으나 어류 20종과 기타 수족 13종의 설명이 있을 뿐이다.

「물명고」 권2 유정류 인충부(鱗虫部)에는 전체 73단어 중 62종의 어류에 대한 명칭이 적혀 있다. 몇 개의 문헌을 살핌에 불과하나 위와 같은 차이를 별견할 수 있었다. 계속적인 문헌의 검토다 더 있어야겠다.

이외에 「훈몽자회」 상권 인개부(鱗介部)에 19종의 어류 명칭이 한글로 표기된 것과 「군도목(群都目)」 어물부(魚物部)(建陽 원년 1896)의 45종의 한글 명칭을 덧붙일 수 있으며 「천자문」, 「신증유합」 등의 해석에서 기타 발견되지 않은 문헌자료의 발굴이 더 필요한 것으로 본다.

2.2 연구사

어류명칭에 대한 학문적 연구는 국어학자 쪽에서보다는 생물학적 연구의 부수적 연구로 한자명, 고유명, 일본명 등의 연구가 많이 이루어졌으니 그 대표적인 업적이 정문기(1934a, 1934b, 1936, 1942, 1954, 1961, 1980)이다.

위의 연구들에서 우리 나라 어류의 명칭, 방언형 등이 전반적으로 조사 보고되었기는 하나 이는 어디까지나 생물학적 입장에서의 부수적인 연구 이므로 국어학자에 의하여 재조명되어야 하겠다.

국어학자의 안목으로 연구된 결과로는 소창진평(小倉進平)의 「조선어 방언연구」를 시발로 해서 이숭녕(1935)에게서 방언조사 및 어원에 대한 고찰, 김형규(1974) 등의 방언어휘집에서 불과 수십개의 명칭에 대한 방 언형이 조사되었을 뿐이다.

방연연구의 일환으로 어류명칭에 대한 것으로 이숭녕(1954), 최명옥 (1980) 등이 있으나 이것도 수십 개의 어류의 방언형을 나열한 데 그치 고 있고 통시적인 입장에서의 고찰은 고려되지 않았다.

홍순탁(1963)에서 "자산어보와 흑산도방언"에서 속명을 전라도 방언과 정문기의 「한국어보」를 통하여 「자산어보」에 나타난 속명을 한글로 표기 하는 작업이 이루어진 것도 한 가지 성과라고 하겠다. 장태진(1969c, 1975)의 "물고기 이름의 어휘연구", "해안·도서지방의 언어사회학적 연 구"가 이제까지의 연구성과를 대표적인 성과라고 할 수 있다.

2.3 「자산어보」의 언어자료

2.1에서 보였던 문헌자료들의 전반적인 검토는 자료수집 및 검토의 단 계에 있으므로 뒤로 미루고 이 중에 대표적인 자료인 「자산어보」에 나타 난 한자명, 속명, 중국문헌에 보이는 한자의 방언형 등과 일종의 어원을 밝혀주는 예들을 어류 112종에 따라 열거하기로 한다. 어류 외에 개류 (介類) 12종, 잡류 4종은 제외하였다.

「자산어보」에 대한 과거의 기록이나 판본은 홍순탁(1963, pp.77~79)에 언급되어 있다. 다만 다음 자료들은 정문기(1974)를 바탕으로 하여 한글 명칭을 〔 〕안에 이기(移記)하였고, 진기홍씨본을 검토한 홍순탁의 한글명칭을 〈 〉안에 이기하였다. 홍순탁(1963)의 명칭이 정문기(1974)의 것과 다른 것만을 이기하였다. 필자가 검토한 고려대소장본은 위의 두 책보다 완본에 가까운 필사본이라 생각됨은 위의 책에 나타나지 않는 부분이 더 발견되기 때문이다. 중국 및 우리 문헌에 나타나는 한자의 방언형을 표시함은 차용과정을 짐작하게 하려 함이고 ※표를 하여 원문에 나온 어원, 고사 등을 밝혀보았다. 필자의 단편적인 소견은 각주에 표시하였으나 전반적인 것은 문헌 검토 후로 미루기로 한다.

1) 어류명칭의 방언형과 어원 및 고사

권1 鱗類

1. 石水魚

    (1) 大魚免 俗名 艾羽叱　　　　　　　〔애우치〕　　　〈개웃〉12)

    〈正字通〉一名　鮸魚〈嶺表錄〉石頭魚〈淅志〉江魚〈臨海志〉黃花魚

    (2) 鱗魚 俗名 民魚　　　　　　　　〔민어〕

    ○ 幼者 俗呼 巖峙魚　　　　　　　〔암치어〕13)

---

12) 叱(東音즐)은 주로 음절말 s표기로 사용되었고, 후대에는 소위 "사이시옷"으로도 사용되었는데(이기문, 1972, pp.63~69) 여기서도 같은 s말음표기로 보인다. 고로 「애웃」으로 읽어야 함. 이런 표기는 「향약구급방」에서도 많은 예가 보인다. 「-치」에 해당하는 표기는 「峙」로 사용하였으니 「애우치」도 불가하고 「艾」를 「芥」의 오자라 함도 무리다.

13) 정문기(1974)는 원문의 독음을 중시하여 대부분 그대로 음역하였으나 당시의 속명에는 「魚」가 붙지 않았으리라 본다. 「암치」, 「魚」는 그대로 덧붙인 경우가 대부분이고 우리말 어명접미사(魚名接尾辭) 「-이」 등의 대치표기로 보인다. 「峙」는 당시 발음으로도 「치」가 됨은 구개음화(17, 18C의 교체기로 추정) 이후의 단계로 추정됨. (2)의 「부세

○ 다른 一種 俗呼 富世魚   〔부세어〕

〈本草綱目〉石首魚 말린 것을 鮝魚 : 굴비〈東醫寶鑑〉鮰魚

(3) 蹲水魚 俗名 曺機   〔조기〕   〈조긔〉

　○ 稍大者 俗呼 甫九峙   〔보구치〕

　○ 稍小者 俗呼 盤厓   〔반애〕

　○ 最小者 黃石魚   〔황석어〕   〈홍석우〉

〈臨海異物志〉小者 蹲水, 다음 것 春來〈博雅〉鯼

〈本草〉※때를 따라 물길을 따라오므로 蹲水라고 함.

2. 鯔魚

(4) 鯔魚 俗名 秀魚   〔숭어〕

　○ 小者 俗呼 登其里   〔등기리〕

　○ 最幼者 俗呼 毛峙   〔모치〕

　　　　　　毛當   〔모당〕   〈모댕이〉

　　　　　　毛將   〔모장〕14)

(5) 假鯔魚 俗名 澌陵   〔가숭어〕   〈사릉이〉

　○ 幼者 흑산도에서 夢魚   〔몽어〕

〈廣東人〉子魚 秀魚

〈本草〉※색이 검기 때문에 붙여진 이름이다.

3. 鱸魚

　○ 幼者 俗呼 甫鱸魚   〔포농어〕   〈보로〉

　　　　또는 乞德魚   〔깔닥우〕   〈깔데기〉

어」는 「부세」로 현용(現用)됨.

14) 당시의 한자음은 「全韻玉篇」(정조 22년)의 한글표기와 시기적으로 보아 일치하리라
　　본다. 고로 (3)의 "曺機"는 「조긔」로, 「毛將」은 「모장」이 아니라 「모쟝」으로 되어야
　　함. 「모쟝이」, 「모쟁이」 등으로 추정됨. 「黃石魚」는 현용되는 「황세기」가 타당할 듯.

〈正字通〉아가미가 네 개 있어 俗稱 四鰓魚라고 부름15)

4. 强項魚

    (7) 强項魚 俗名 道尾魚　　　　　〔도미〕

    (8) 黑魚 俗名 甘相魚16)　　　　　〔감성돔〕　　〈감생이〉

    ※색깔이 검다.

    (9) 瘤魚 俗名 癰伊魚　　　　　　〔혹돔〕　　〈옹이〉

    ※머리와 뒤와 턱에 혹이 있다.

    (10) 骨道魚 俗名 多億道魚　　　　〔닥도미〕

    (11) 北道魚 仍俗名　　　　　　　〔북도어〕

    (12) 赤魚 俗名 剛性魚　　　　　　〔강성어〕

    ※색이 붉다.〈譯語〉家雞魚

5. 鰣魚

    (13) 鰣魚 俗名 蠢峙魚　　　　　　〔준치〕

〈爾雅〉鮥는 當魱〈譯語〉金算ㅣ刀魚〔웅어〕

6. 碧紋魚

    (14) 碧紋魚 俗名 鼻登魚　　　　　〔고등어〕

       稍小者 俗呼 道塗音發　　　　〔돔발이〕17)

    (15) 假碧魚 俗名 假古刀魚　　　　〔가고도어〕

    (16) 海碧魚 俗名 拜學魚　　　　　〔백악어〕　　〈배학어〉

---

15) 이는 농어가 아니고 꺽정이(cottidae)임 : 정문기(1974)

16) 「甘相」은 「黑」의 우리말 표기로 보임.

17) 정씨본에는 「道塗首發」로 되었는데 ‘首’는 ‘音’의 잘못임. 〔돔발이〕로 읽을 것이 아니라 ‘도돔발이’로 읽어야 함. 한자의 차자표기는 一字一音節表記로만 도지 않았으니 「叱」 : ㅅ, 「億」 : ㄱ, 「音」 : ㅁ 등의 예를 찾을 수 있다.

※ 빛깔은 푸르고 무늬가 없다.

7. 靑魚

(17) 靑魚 鯖魚로도 통함　　　　　　　　〔청어〕

※ 빛깔이 푸른데서 청어라 함.

(18) 假鯖 俗名 禹東筆　　　　　　〔우동필〕　　〈우동풀〉

(19) 貫目鯖　　　　　　　　　　　　〔관목청〕

※ 두 눈이 뚫려 막히지 않았다.

8. 鯊魚

※껍질이 모래같다고 해서 沙魚 〈六書故〉

〈本草〉鮫魚, 沙魚, 鰖魚, 鯸魚, 溜魚

※ 껍질에는 모래가 있다.

(20) 膏鯊 俗名 其廩鯊　　　　　　〔기름상어〕

※ 특히 간에 기름이 많다.

(21) 眞鯊 俗名 參鯊　　　　　　　〔참상어〕

　　○ 大者 俗名 羌鯊[18]　　　　　〔강상어〕

　　　　俗名 民童鯊　　　　　　〔민둥상어〕　〈민둥이〉

　　○ 中者 樢杓鯊　　　　　　　〔마표상어〕

　　　　俗名 朴竹鯊　　　　　　〔박죽상어〕

　　○ 小者 道音發鯊　　　　　　〔돔발상어〕　〈돔발이〉

　　※ 모양이 마표를 닮았으므로 마표상어라 함(昌大)

　　(22) 蟹鯊 俗名 揭鯊　　　　　　〔게상어〕

---

18) 고려대 소장본에는 「羌」이 아니라 「禿」인데 「禿」은 「民童」의 석독표기이고 (21)의 「參」
은 역시 「眞」의 석독표기임. 「羌」은 「禿」의 誤字로 보임. 속명이 한자명칭의 석독표
기로 된 것이 많다. 「膏」:「其廩」, 「蟹」:「揭」 이들은 단계상으로 보아 「고유명칭」
을 「한자어」로 바꾼 것으로 보인다.

※ 好食螃蟹 : 방게를 좋아하므로 이름이 생김.

(23) 竹鯊 仍俗名   〔죽상어〕

〈本草〉※ 鹿沙 : 등에 사슴같은 무늬가 있고 虎沙는 호랑이같은
무늬가 있다.

(24) 癡魚 俗名 非勤鯊   〔비근상어〕 〈비근덜이〉

(25) 矮鯊 俗名 全淡魚   〔왜상어〕   〈전댐이〉

※ 흑산도 사람들은 趙全淡鯊, 또는 濟州兒라고 함.

(26) 騈齒鯊 俗名 愛樂鯊   〔병치상어〕 〈애락상어〉

(27) 鐵剉鯊 俗名 茁鯊   〔줄상어〕

※ 톱니를 가진 것이 칼날을 잘라낸 것 같다고 하여 철좌상어라 함.
〈本草〉※ 도끼와 같이 능히 사물을 칠 수 있고 배를 뚫을 수 있어
鋸鯊〔톱상어〕 또는 挺額魚, 鱝鯌이라 함.

(28) 驍鯊 俗名 毛突鯊   〔모돌상어〕 〈모돌이〉

(29) 鏟鯊 俗名 諸子鯊   〔저자상어〕 〈제자상어〉

※ 껍질로 줄을 만들면 철제보다 좋다.

(30) 艫閣鯊 俗名 歸安鯊   〔귀상어〕

                                 〈귀안상어, 양반상어〉

※ 머리는 艫閣과 비슷하여 이름을 붙임. 두 귀가 있어 歸安鯊라고 함.

(31) 四齒鯊 俗名 丹徒令鯊   〔사치상어〕 〈단도령〉

(32) 銀鯊 仍俗名   〔은상어〕

※ 빛깔은 은빛과 같다.

(33) 刀尾鯊 俗名 環刀鯊   〔환도상어〕

※ 꼬리의 모양이 환도같다.

(34) 戟齒鯊 俗名 世雨鯊   〔극치상어〕

※ 입술에서 턱에 이르기가지 齒가 네 겹으로 줄지어 있어 마치 칼
날이 늘어선 것 같다.

(35) 鐵甲將軍   〔철갑장군〕

※ 민어를 닮았는데 비늘은 손바닥만큼씩 크고 강철과 같이 단단하다. 두들기면 쇠붙이 소리가 난다.

(36) 箕尾鯊 俗名 耐安鯊   〔내안상어〕
          또는 豚蘇兒

※〈鳥獸考〉바다상어 중 虎頭鯊는 몸이 까맣고 200근이나 되는 거물로서 항상 봄철 밤에 海山 기슭으로 나가 열흘만에 한 번씩 둔갑하여 호랑이가 된다고 하였다. 이는 내안상어를 말함.

〈述異記〉魚虎가 변하여서 상어가 됨.

(37) 錦鱗鯊 俗名 恩折立   〔총절립〕

9. 黔魚

(38) 黔魚 俗名 黔處歸   〔금처귀〕   〈검처구〉
   ○ 稍小者 俗名 登德魚   〔등덕어〕   〈등덕이〉
   ○ 尤小者 俗名 應者魚   〔응자어〕   〈응저리〉
(39) 薄脣魚 俗名 發落魚   〔볼낙어〕   〈볼랙이〉
(40) 赤薄脣魚 俗名 孟春魚   〔적박순어〕
                              〈맹졸램이, 불볼락〉

※ 볼락어와 같으나 色이 붉은 점이 다르다.

(41) 䪼魚 俗名 北諸歸   〔북제어〕   〈뿍저구〉[19]
(42) 釣絲魚 俗名 餓口魚   〔아구어〕   〈아쿠〉

※ 올챙이를 닮았고 입이 매우 크다.

(43) 螯魚 俗名 遜峙魚   〔손치어〕〈손치〉

---

19) '歸'는 (30), (38), (41) 모두 '귀'로 읽혀지고 (38)의 黔(검다), (41)의 北(붉다 : 䪼)의 뜻으로 보이며 '處'와 '諸'같은 형태의 차자표기로 보임. "-챙이, -쟁이"의 한자 표기인 듯. 〔검처귀〕, 〔북제귀〕.

10. 鰈魚

(44) 鰈魚 俗名 廣魚 　　　　　　　〔넙치가자미〕〈광어〉

〈後漢書〉比目魚를 일명 鰈魚,〈江東地方〉板魚,〈異物志〉箸葉魚, 鞋底魚,〈臨海志〉婢履魚,〈風土記〉奴屬魚,〈左思〉罩雨魚介,〈北戶錄〉鰜

※〈會稽志〉越王이 물고기를 다 먹지 않고 반쯤 버렸는데 이것이 다시 물고기가 되었다. 半面魚라고 함.

〈爾雅〉鰈을 王餘魚,〈異魚贊〉比目의 비늘을 별도로 王餘라 하였으나 이는 鱠殘魚〔뱅어〕이며 넙치가자미가 아님.

(45) 小鰈 俗名 加簪魚 　　　　　　〔가자미〕

(46) 長鰈 俗名 鞋帶魚[20] 　　　　　〔혜대어〕

※ 모양이 가죽신바닥과 같다.

(47) 羶鰈 俗名 突長魚 　　　　　　〔돌장어〕

(48) 瘦鰈 俗名 海風帶 　　　　　　〔해풍대〕

(49) 牛舌鰈 仍俗名 　　　　　　　〔서대〕[21]

※ 크기는 손바닥만하고 소의 혀와 비슷하다.

(50) 金尾鰈 俗名 套袖梅 　　　　　〔투주매〕[22]

(51) 薄鰈 俗名 朴帶魚 　　　　　　〔박대어〕

11. 小口魚

(52) 小口魚 俗名 望峙魚 　　　　　〔망치어〕

※ 입이 작고 빛깔이 희다.

---

20) 陳氏本 : 鞋帶魚 '옛대기'로 읽힐 듯.

21) (46)의 '鞋'와 (49)의 '舌'는 같은 표음으로 '鞋'는 '舌'의 석독표기로 사투리임. '帶'는 '-대기', '-댕이'의 차자로 보임. 고로 (49)는 '쇠서대, 쇠세대기, 쇠혜대기' 등으로 재구 가능함. 그래야 '각시서대' 등과도 호응됨.

22) 투수(套袖)는 '토시'의 원말이므로 '토시가자미'란 뜻이므로 원음대로 '투수매'라고 읽혀야 함. (51)도 '박대기'로 읽힐 듯.

12. 魛魚

(53) 魛魚 俗名 葦魚　　　　　　　　　〔웅어〕

　　江에서 나는 것 : 웅어

　　바다에서 나는 것 : 반댕이

〈漢記〉風尾魚 〈南京〉長尾魚 〈爾雅〉裂鱴魚 〈郭注〉

〈本草〉鱭魚, 鮆魚, 裂魚, 鱴魚, 魛魚, 鰽魚

〈譯語〉刀鞘魚

(54) 海魛魚 俗名 蘇魚 또는 伴倘魚〔밴댕이〕　　〈변댕이〉

　　　○ 小者 俗名 古蘇魚　　　　　　　〔고소어〕

13. 蟒魚

(55) 蟒魚 仍俗名　　　　　　　　　　〔망어〕

〈譯語〉拔魚, 芒魚 〈集韻〉鰤魚 〈玉篇〉鰤魚

(56) 黃魚 俗名 大斯魚23)　　　　　　　〔대사어〕

※ 몸 전체가 황색이다.

14. 靑翼魚

(57) 靑翼魚 俗名 僧帶魚　　　　　　　〔승대어〕　　〈싱대〉

※ 입가에 푸른 수염이 두 개 있다. 등은 붉다. 옆구리 곁에 날개
가 있어 부채같이 개었다 폈다 한다.

(58) 友翼魚 俗名 將帶魚　　　　　　　〔장대어〕　　〈장대〉

※ 황흑색으로서 승대어를 닮았다.

15. 飛魚

(59) 飛魚 俗名 辣峙　　　　　　　　　〔날치〕

---

23) 고려대 소장본은 「夫斯魚」인데 「夫」는 「大」의 誤記인 듯.

16. 耳魚

(60) 耳魚 俗名 老南魚　　　　　　　〔노래미〕

(61) 鼠魚 俗名 走老魚　　　　　　　〔쥐노래미〕

※ 노래미를 닮았으나 머리가 약간 날카롭고 뾰족하다(쥐를 닮았다).

17. 箭魚

(62) 箭魚 仍俗名　　　　　　　〔전어〕　　　〈살어〉

18. 扁魚

(63) 扁魚 俗名 瓶魚　　　　　　　〔병어〕　　　〈병치〉

〈爾雅〉魴魾,〈郭注〉鯿魾

19. 鰷魚

(64) 鰷魚 俗名 蔑魚　　　　　　　〔멸치〕

〈史記〉鰷千石〈說文〉鰷白魚〈正義〉雜小魚〈韻篇〉小魚

(65) 大鰷 俗名 曾檗魚　　　　　　　〔정어리〕　　　〈징어리〉

(66) 短鰷 俗名 盤刀蔑　　　　　　　〔반도멸〕　　　〈반도멜〉24)

(67) 酥鼻鰷 俗名 工蔑

(68) 杙鰷 俗名 末獨蔑　　　　　　　〔말독멸〕

　　　　　　　　　　　　　　　〈말둑멜, 말뚝메기〉

※ 모양이 말뚝같다.

20. 大頭魚

(69) 大頭魚 俗名 無祖魚　　　　　　　〔무조어〕

---

24) (66), (67), (68)은 '치'字를 넣어 읽어야 함. (64)에서는 蔑魚(멸치)를 넣었으나
(66), (67), (68)에서는 '-치'에 해당하는 '魚'를 줄임에 불과함. (69)의 '巴'는 '-바
리'의 표기인 듯.「덤바리」인 듯.

　　　　○ 小者 俗名 德音巴　　　　　　　〔덕음파〕

※ 새끼가 그 어미를 잡아먹기에 無祖魚란 이름.

(70) 凸目漁 俗名 長同魚　　　　　　　〔장동어〕

※ 빛깔이 검고 눈이 튀어나왔다.

(71) 螫刺魚 俗名 溲騣魚　　　　　　　〔퉁가리〕

※ 등에는 가시가 있어 찔리면 아프다.

권2 無鱗部

21. 鱝魚

(72) 鱝魚 俗名 洪魚　　　　　　　　　〔홍어〕

〈本草〉邰陽魚, 荷魚, 鱝魚, 鯆魮魚, 蕃踏魚, 石礪 〈食鑑〉

小陽 〈東醫〉鮏魚

(73) 小鱝 俗名 發及魚　　　　　　　　〔발급어〕　　　〈발켕이〉25)

(74) 瘦鱝 俗名 間簪魚　　　　　　　　〔간자〕

　　　　　　　　　　　　　　　　　〈간잼이, 홍택이〉

(75) 靑鱝 俗名 靑加五　　　　　　　　〔청가오리〕

※ 푸른 빛깔이다.

(76) 墨鱝 俗名 墨加五　　　　　　　　〔묵가오리〕

※ 검은 빛깔이 청가오리와 다르다.

(77) 黃鱝 俗名 黃加五　　　　　　　　〔노랑가오리〕〈황가오리〉

※ 등이 노랗다.

(78) 螺鱝 俗名 螺加五　　　　　　　　〔나가오리〕

　　　　　　　　　　　　　　　　　〈소라가오리〉26)

---

25) (73), (74)같은 속명에서 魚는 그대로 읽힐 것이 아니라 -치, -이 등으로 바꾸어져야
　　함. 물론 한자어의 속명에서는 그대로 읽힘. 洪魚, 白魚 등 (74) 잔자미(강원도)
26) (76), (78)에서는 釋으로 읽어서 「먹가오리」, 「고동가오리」가 타당하게 보임. 그래야 「매가

※소라의 목과 같은 모양이다.

(79) 鷹鰞 俗名 俗名 每加五   〔매가오리〕

※ 새를 나꿔채는 매를 닮은 데가 있다.

22. 海鰻鱺

(80) 海鰻鱺 俗名 長魚   〔장어〕

〈月華子〉慈鰻鱺, 狗里

(81) 海大鱺 俗名 弸長魚   〔붕장어〕

(82) 犬牙鱺 俗名 介長魚   〔갯장어〕〈개장어〉

※〈趙辟公雜錄〉에는 수컷만 있고 암컷이 없으므로 鱧魚(가물치)가 비치면 그 새끼를 곧 鱧의 지느러미에 부착하여 낳는다고 했다. 이런 까닭에 鰻鱺라고 부른다고 했다.

(83) 海細鱺 俗名 坮光魚   〔대광어〕

23. 海鮎魚

(84) 海鮎魚 俗名 迷役魚   〔바다메기〕 〈미기〉

(85) 紅鮎 俗名 紅達魚   〔홍달어〕   〈홍달이〉

(86) 葡萄鮎 仍俗名   〔포도메기〕 〈포도미기〉

(87) 長鮎 俗名 骨望魚   〔골망어〕   〈골맹이〉

24. 魨魚

(88) 魨魚 俗名 服全魚   〔복전어〕   〈복쟁이〉27)

(89) 黔魨 俗名 黔服   〔검복〕   〈검복이〉

〈本草〉에는 河豚을 일명 鯸鮧, 鯸鮐, 鰗鮧, 鯢魚, 鮭, 嗔魚,

오리」 등과 호응이 됨. 강원도 방언에서 「고동메기」, 「오동메기」 등으로 螺加五를 부름.
27) (88) 「服全魚」의 「-全魚」는 「쟁이」로 생각되는 바 이하 (88)~(92) '服' 뒤에서는 생략된 것으로 보임.

吹肚魚 및 氣包魚 李時珍이 이르기를 모양은 蝌蚪(올챙이)와
같고 등은 청백색이며 배는 통통하고 기름져 西施亂이라고도 함.
※ 성이 나면 배가 부풀어 오르고 이빨을 바득바득 가는 소리가 난다.
(90) 鵲鯎 俗名 加齒服   〔까치복〕   〈깐치복〉
(91) 滑鯎 俗名 蜜服   〔밀복〕
※ 몸이 작고 회색 바탕에 검은 무늬가 있으며 미끄럽다.
(92) 澁鯎 俗名 可七服   〔까칠복〕   〈가치복〉
※ 빛깔은 노랗고 배에는 잔 가시가 있다.
(93) 小鯎 俗名 拙服   〔졸복〕
※ 몸이 매우 작다.
(94) 蝟鯎   〔가시복〕
※ 온몸에 가시가 돋아나 있다. 흡사 고슴도치와 같다.
(95) 白鯎   〔흰복〕
※ 빛깔은 순백색이고 큰 놈은 붉은 무늬가 있다.

25. 烏賊魚

(96) 烏賊魚   〔오징어〕
〈本草〉烏賊魚, 烏鰂, 黑魚, 纜魚
※ 먹물로 글씨를 쓰면 빛깔이 매우 윤기가 있다. 다시 바닷물에
넣으면 먹의 흔적이 새로워진다.
〈正字通〉鰂은 黑魚. 〈蘇頌〉먹을 품고 있어 예의를 아는 까닭
에 속담에 이것을 海若白事小吏라고 불렀다. 陳藏器가 이르기
를 이것은 秦王이 동쪽으로 행차하였을 때 算袋를 바다에 버렸
는데 이것이 오징어로 化하였다. 그러므로 算袋를 닮아 항상 먹
이 배 안에 있다. 〈蘇頌〉에 이르기를 陶隱居라는 사람이 말하기
를 오징어는 물새가 변한 것이어서 그 입이나 배가 물새를 닮았으
며 또 배 안에 먹(墨)이 있어 사용할 수 있게 되었으므로 烏鰂이라

는 이름이 붙여졌다. 〈南越志〉에는 까마귀를 즐겨 먹는 성질이 있
어서 날마다 물 위에 떠 있다가 날아가는 까마귀가 이것을 보고
죽은 줄 알고 주으려 할 때 발로 잡아 감아가지고 물 속으로 끌고
들어가 잡아먹는다고 한다. 그래서 烏賊이라는 이름 즉 까마귀를
해치는 도적이란 뜻이다. 〈爾雅翼〉에는 寒鳥가 물 속에 들어가 되
었다. 먹이 있으므로 烏鰂, 鰂은 則이라 했다.

(97) 鮱魚 俗名 高祿魚　　　　　　　〔고록어〕　　〈고록이〉

26. 章魚

(98) 章魚 俗名 文魚　　　　　　　　〔문어〕

〈本草〉章魚, 韢魚, 僖魚 〈字彙補〉望潮魚 〈東醫〉八稍魚,
八帶魚

'董越'의 〈朝鮮賦〉에는 錦紋, 飴項, 重脣, 八稍

(99) 石距 俗名 絡蹄魚　　　　　　　〔낙지〕〈낙자〉

(100) 蹲魚 俗名 竹今魚　　　　　　　〔죽금어〕〈죽금〉[28]

27. 海豚魚

(101) 海豚魚 俗名 尙光魚

〈本草〉海豨, 暨魚, 鱐魚, 鯙魱, 강에 서식하는 것 江豚, 江豬,
水豬 〈玉篇〉鱄鮪魚, 魚普魚, 江豚 〈說文〉鯞魚 〈爾雅〉鱀
※ 그 생김새가 수백 근 되는 돼지와 같다. 속담에 이 생물은 게
으른 여자(懶婦)가 변한 놈이라 했다.

28. 人魚

(102) 人魚 俗名 玉朋魚　　　　　　　〔인어〕

---

28) '죽금이'로 읽혀져야 할 듯. 대개 開音節性을 띤 음절로 끝남.

※ 모양은 사람을 닮았다.

〈本草〉鯑魚 일명 人魚, 孩兒魚

※ 그 아가미와 그 언저리가 삐걱삐걱하는데 그 소리가 우는 아이
와 같다고 해서 人魚라고 함. 魶魚, 鰑魚.

〈正字通〉鯢은 모양이 상광어 같고 네 발이 있고 꼬리가 길며 소
리는 어린 아이를 닮고 대나무에 오르기를 좋아한다. 역어는 바닷
속의 人魚로서 눈썹, 귀, 입, 코, 손, 손톱, 머리를 다 갖추고 있
으며 살갗이 희기가 옥과 같고 비늘이 없고 꼬리가 길다. 〈迷異
記〉에 이르기를 鮫人은 물 속에서는 물고기와 같으나 옷을 버리
지 않으며 또 눈이 있어 곧잘 우는데 눈물이 구슬이 된다고 했다.
〈博物志〉에 이르기를 鮫人은 물 속에서는 물고기와 같은 생활을
하나 옷을 버리지 않는다고 하며 대로는 人家에 들러 비단을 사
는데, 떠날 때에는 주인집에서 그릇을 찾아가지고 운 다음 그 눈
물이 구슬이 된다고 하면서 구슬을 쟁반에 가득 채워 주인에게 준
다고 한다.

'徐鉉'의 稽神錄에 말하기를 謝中玉이라는 사람은 부인이 물 속
에 들어갔다 나오는 것을 보았는데 허리 아랫부분이 다 물고기로
서 곧 人魚였다 한다. 〈徂異記〉에서 말하기를 査道가 고려의 사
신으로 갔을 때 바다 속에 있는 한 부인을 보았는데 붉은 옷에(紅
裳雙袒) 머리를 흩날리고 있었는데 아가미 뒤에 아주 적은 붉은
털이 있었다. 명하여 물 속으로 돌려보내 살려주자 손을 들어 읍
하고 감격해하면서 물 속으로 사라졌다. 곧 人魚였다 했다.

대개 鯑, 鯢, 鯢, 鮫의 넷은 별 차이가 없고 부인을 닮았다는 仲
玉의 說과 査道가 본 것은 다른 종류일 것이다. 지금 西南海 가
운데 두 종류의 人魚가 있다. 그 하나는 尙光魚로서 모양은 사
람과 비슷하며 젖이 두 개 있다. 〈本草〉에서 말하는 海豚魚이다.
또 하나는 玉朋魚로서 길이가 여덟 자나 되며, 몸은 보통 사람과

같고 머리는 어린이와 같으며 머리털이 치렁치렁하게 틀어져 있다.

29. 四方魚

(103) 四方魚 無俗名　　　　　　　　〔사방어〕

※ 몸이 사각형임.

30. 牛魚

(104) 牛魚 俗名 花折肉　　　　　　〔화절육〕　　〈꽃제륙〉

31. 鱠殘魚

(105) 鱠殘魚 俗名 白魚　　　　　　〔뱅어〕

〈博物志〉 吳王 闔廬가 물고기회를 먹고 남은 것을 버려 그것이
변하여 물고기가 되어 鱠殘이라는 이름이 주어졌다.

〈本草〉 王餘魚 〈譯語〉 麪條魚 〈中國〉 銀魚

32. 鱵魚

(106) 鱵魚 俗名 孔峙魚　　　　　　〔공치〕

※ 아래 부리가 침과 같이 가늘다.

〈正字通〉 鱵, 針嘴魚 〈本草〉 姜公魚 銅哾魚

(107) 裙帶魚 俗名 葛峙　　　　　　〔갈치〕

(108) 鸛嘴魚 俗名 閑璽峙　　　　　　〔한새치〕29)

※ 鸛은 황새를 말함.

33. 千足蟾

(109) 千足蟾 俗名 三千足　　　　　　〔천족담〕

---

29) (108) '학꽁치'로 널리 통용됨(강원), (109) "천발이", "사면발이"로 추정.

〈천발이〉 또는 四面發
〔사면발〕

※ 몸 전체의 둘레에 무수한 다리가 나와 있다.
〈江賦〉에 土肉石華

34. 海鮀

(110) 海鮀 俗名 海八魚   〔해팔어〕   〈해팔이〉
〈本草〉海鰕, 水母, 拷蒲魚 〈博物志〉鮇魚
〈異苑〉石鏡

35. 鯨魚

(111) 鯨魚 俗名 高來母   〔고래〕

36. 海蝦

(112) 大蝦30)   〔대하〕

37. 海蔘

(113) 海蔘   〔해삼〕

38. 屈明虫

(114) 屈明虫 仍俗名   〔굴명충〕   〈굴명〉

39. 淫蟲

(115) 淫蟲 俗名 五萬童   〔음충〕   〈오만동이〉
※ 음경을 닮았다.

---

30) 고려대 소장본「海蝦」

2.4 「자산어보」의 어학적 의의

「자산어보」의 어학적 의의를 몇 가지 살펴보면 첫째, 대부분의 어명들이 속명으로 표기되었다는 점이다. 위에 열거한 116종의 어명 가운데 (1) 한자명으로만 된 것이 108개 (2) 속명이 고유어와 한자어의 합성으로 생각되는 것이 107개 (3) 속명이 한자로 생각되는 것이 26개가 되어 비교적 많은 고유어 어휘가 차자표기를 통해서 기록되었음을 알 수 있다. 여기에 「개류(介類)」와 〈권3〉의 「잡류(雜類)」를 합치면 가장 많은 '수족(水族)에 관한 고유어 어휘집'이 될 것이다. 비록 이들 어휘가 근대 (1814년 간)에 속하는 것이라 할지라도 타문헌에서 구할 수 없는 귀중한 언어자료가 된다. 또한 차자표기 형태(차음표기가 대부분이나 석독 표기 및 이두식 표기도 보임)의 일면을 고찰할 수 있을 것이다. 앞서 두 분(정문기, 홍순탁)의 연구로 많은 부분이 우리말로 옮겨졌으나 보다 면밀한 연구 검토가 있어야 한다.

둘째, 일종의 어원을 밝힌 성과가 크다고 할 수 있다. 이미 ※표로 각 항목 말미에 옮겨적었거니와 손암(巽庵) 정약전 자신의 소견과 중국 문헌에 기록을 통하여 어류의 속명 또는 한자명에 대한 어원을 밝히고 있다. 이들 50여개 어휘의 명칭부여의 과정을 보면 다음과 같은 특성을 찾을 수 있다.

(1) 어류의 외모(형태)에 따라 부여

瘤魚(혹돔 : 혹이 있다), 短觜(작다), 鞋帶魚(가죽신 바닥), 牛舌鰈(소의 혀), 貫目鯖(두 눈이 뚫렸다), 茁鯊(줄같다), 檣杓鯊(檣杓), 環刀鯊(환도), 歸安鯊(귀 : 耳가 있다), 鼠魚(쥐모양), 酥鼻鯸(말뚝모양), 凸目漁(눈이 튀어나왔다), 每加五(매모양), 螺加五(소라모양), 四方魚(몸이 사각형), 鱵魚(부리가 침같다)

(2) 색채에 따라 명칭 부여

秀魚, 黑魚, 赤魚, 靑魚, 白鮸, 銀魚, 赤薄脣魚, 黃魚, 靑翼魚, 灰

　　翼魚, 靑加五, 墨加五, 黃加五.
　(3) 어류의 특성에 따라 부여한 것
　　　膏鯊(기름이 많다), 鐵甲鯊(단단하다), 蜜服(미끄럽다), 餓口魚(입이 크
　　　다), 螫刺魚(가시에 찔리면 아프다), 加七服(까칠까칠하다), 蝟魨(고슴도
　　　치같이 가시가 있다), 烏賊魚(먹이 있다), 千足蟾(발이 천 개다)
　(4) 어류의 습성에 따른 것
　　　蹲水(물길을 따라 오른다), 無祖魚(어미를 잡아먹는다), 食鯖(먹기를 좋아
　　　한다), 揭鯊(방게를 즐겨먹는다), 飛魚(잘 난다)

　물론 위의 기준 외에 용례를 넓힌다면 크기, 나이, 성질, 생산지, 서식
처, 그 어류에 대한 선호도 등의 기준을 더 넓힐 수도 있으나 상기의 예
는 손암(巽庵)이 밝힌 어원에 한하였다.31)

　비록 언어의 기호체계가 지시물과 피지시물 사이가 자의적이라 하나
이는 결과를 두고 이른 말이다. 명명과정에서는 거의 모든 어휘가 유연적
임을 말할 나위가 없다. 이 유연성(motivation)을 밝히는 작업이 바로
어원의 탐구가 된다. 사물의 명칭부여에 있어서 가장 두드러진 것은 상기
예에서 본 바로는 (1) 외형적 특질 (2) 색채 (3) 특성 (4) 습성의 순서
로 어휘량도 비례됨을 알 수 있다.

　셋째, 물고기의 크기(大, 中, 小)나 어린 것(幼者) 등에 따라서 속명
의 방언형을 밝혀 적고 있음 또한 중요한 자료가 된다. 이들 의미의 미분
화는 곧 그 당시, 그 지역의 생활과 그들 어류와의 상관을 알 수 있게 한
다. 즉 방언어휘가 풍부한 어류는 대개 어획량이 풍부하거나 조업과 관계
깊은 것 또는 경제성은 없는 잡어라도 주변에서 흔히 볼 수 있는 것이다.

---

31) 魚名分化의 기준을 「種, 性, 形象, 色紋, 性質, 成長, 生産」 등으로 하여 Leisi
　　E(1961)와 Suzuki T(1970)의 논의가 있고 여기에 적용하여 우리말 물고기의 어명
　　을 살핀 것으로 장태진(1970)이 있다.

① [石首魚]　　　　幼者 巖峙
② [蹲水魚 : 조기]　稍大者 甫九峙
　　　　　　　　　稍小者 盤厓
　　　　　　　　　最小者 黃石魚
③ [秀魚 : 숭어]　　小者 登其里
　　　　　　　　　最小者 毛峙, 毛當, 毛將
④ [假秀魚]　　　　幼者 夢魚
⑤ [鱸魚 : 농어]　　幼者 甫鱸魚, 乞德魚
⑥ [碧紋魚 : 고등어]　稍小者 道塗音發
⑦ [眞鯊 : 참상어]　大者 民童鯊
　　　　　　　　　中者 檣杓鯊, 朴竹鯊
　　　　　　　　　小者 道音發鯊
⑧ [黔處歸 : 검처구]　稍小者 登德魚
　　　　　　　　　小者 應者魚
⑨ [大頭魚 : 대두어]　小者 德音巴

　이상의 예들은 현대의 성어, 치어 등으로 분화된 방언들과 지역적인, 시대적인 대비를 밝히는 좋은 자료가 된다. 또한 「자산어보」는 문헌어(한자어)와 속어를 구분해 놓음으로 해서 중국으로부터의 차용어휘 식별을 용이하게 한다.

3. 동해안 지역의 어류명칭 조사의 실제

　방언 조사의 실제에 앞서서 선행되어야 할 것은 (1) 조사 지점(point, network of selected communities), (2) 제보자(informant), (3) 조사 항목(item) 곧 질문지(questionaire), (4) 현지조사원(fieldworker) 선정 등이고 다음에는 (5) 인터뷰 및 채록의 과정이다(이익섭, 1988, p.88).

첫째, 본 논고에서 다루려는 조사 지점을 동해안 지역32)이라 하였으나 주대상을 삼척, 옥계, 묵호, 강릉, 주문진, 소돌(牛岩), 남애, 속초 등 어촌 소도시로 삼았다. 후에 질문지에 의한 조사를 하여 조사 지역이 확대되었으나 영동지역을 벗어나지는 않았다. 일반적으로 방언 조사가 넓은 지역을 포함해야 하는데 비하여 어류, 이 중에서도 특히 바다물고기가 주가 된 이번 조사는 어촌을 중심으로 조사 범위를 한정할 수 있어 편리하였다.

처음에는 현장조사원33)을 통하여 예비 조사를 실시하여 보았으나 조사항목(item)이 마련되지 않아 제보자로부터 얻는 자료가 극히 제한되었다. 배가 들어오는 시간에 맞추어 나가서 현물과 비교하여 조사하는 것은 생생한 산 어휘의 채록이기는 하지만 짧은 시간의 여유밖에 주어지지 않고 여타의 어류에 대하여는 조사가 거의 불가능하였다. 물론 어물시장이나 횟집 등에 나가 조사의 폭을 넓힐 수는 있었으나 역시 제한되었다.

어류명칭에 대한 조사가 통사적, 문법적 측면에서의 부담이 경감된다 하더라도(조사항목이 마련된 뒤에도) 어려움이 따랐다. 어떻게 조사하려는 물고기의 실상을 그들에게 알려서 거기에 해당하는 방언형을 찾아내는가가 문제였다. 비록 사진 자료를 부분적으로 제시하기는 하였으나 큰 도움이 못되었고 더구나 필자를 포함하여 조사자들이 문외한인 상태여서 더욱 어려움과 오류를 각오했다.

그러나 한편 어장이나 집에서 그물이나 어구를 손질하는 아낙네들, 생선시장, 또는 해변가의 횟집의 주인 또는 손님들을 제보자로 얻을 수 있음을 좋은 점이었다. 특히 경로당에서 쉬고 있는 과거의 어부 경력이 있는 사람들을 만날 수 있었는데 이들은 더없이 좋은 제보자(informant)였다.

---

32) '동해안방언'은 태백산맥 동쪽 해안에 위치한 강원도 동해안지역과 경상북도의 동해안지역, 그리고 경상남도의 울주군, 동래군 등을 포함한 지역의 언어를 총칭한다. 최명옥 (1980).

33) 국어학을 전공하는 국어과 4학년생으로 졸업논문을 이 방면에 뜻을 두었음.

3.1 조사 항목

조사 항목은 두 개를 만들어 보았는데 첫 번째 것은 역사적인 면을 고려하여 문헌에서 추출한 것이고 두 번째 것은 횡적인 면을 고려하여 「어류도감」에서 추출하였었다. 그러나 둘째번 조사표는 지나치게 세분화되어 (854항목) 대부분 제보자들이 모르는 어류여서 실효를 거두지 못하였다. 본 소론에서 둘째번 조사에 의한 어류는 제외하기로 하였다.

첫 번째 항목에 해당하는 조사 항목은 앞에서 언급한 정문기 박사의 "한국산 어류의 연구사"에서 제시한 227종을 그대로 사용하여 작성하였다. 본 논고의 목적이 어류명칭의 변천을 고찰하려는 일면에서도 어류학적인 명칭에 대한 관심은 중요한 것이 못되기에 오히려 문헌어가 조사의 자료로 의미있다고 보아 택하였다. 나아가서 기존의 어류명칭 조사에 대한 것도 본 조사에서는 의도적으로 도외시하였다. 비록 조잡하고 세분화되지 못한 조사가 되어서 물고기의 나이에 따른 명칭 분화들과 같은 것이 나타나지 않았으나 생경한 대로 생활 속에서의 살아있는 민간 언어(folk language)라는 점에 뜻을 두었다.

어느 면에서 이번 조사는 '예비조사의 단계'에 불과하므로 조사 항목의 재조정과 더불어 보완되어야 할 것으로 본다.

별첨 조사 항목의 구성 내역을 살펴보면 연번호⟨1~21⟩ : 「경상도지리지」, ⟨22~28⟩ : 「향약집성방」, ⟨29~53⟩ : 「신증동국여지승람」, ⟨54~124⟩ : 「자산어보」, ⟨125~142⟩ : 「아언각비」, ⟨143~174⟩ : 「해동역사」, ⟨175~216⟩ : 「임원경제지」, ⟨217~227⟩ : 「물명기략」에 나오는 어류 명칭들이다.

이들 어휘에 대한 문헌의 검토는 과제로 남기더라도 위의 조사표는 다음과 같은 문제점을 발견할 수 있었다. 첫째 방언 조사를 위해서는 위와 같은 연대기적인 어휘의 나열은 불필요할 뿐 아니라 비능률적이었다. 같은 종류의 물고기를 조사하는데 여기저기 항목 번호가 떨어져 있어서 오히려 혼란을 가져왔다. 둘째 같은 종류, 같은 명칭이 중복되어 있었다. 셋째 문헌어이기 때문에 현행 통용어(common language) 내지는 표준어, 또는 조사 지방의 방언을 사전에 조사하여 부기하는 것이 필요하였다. 이런 관점에서 조사 항목이 재조정되고 빠진 어류에 대한 조사도 보완시킬 일이다.

전체 227개 조사항목 중 15개의 어휘는 중복되었고, 같은 어류에 대한 방언형의 명칭까지를 제외한다면 조사 항목은 더 줄어든다. 227개 항목 중에서 사전표제어(이희승, 민중서관)로 등장하는 것은 122개에 불과하고 105개의 어휘는 미수록되었는데 이는 이미 소멸된 사어이거나 사전의 불비로 들 수 있다.

현장조사(fieldwork)에서 82개의 어휘는 확인되지 않았는데 이는 15세기 이래의 문헌어에 의한 조사이므로, (1) 이미 물고기가 소멸되어 명칭도 사어화된 경우, (2) 명칭이 바뀌어서 제보자가 모르거나 제보자 자신의 결함이 있을 경우, (3) 조사 항목이 잘못되었을 경우 등을 예측할 수 있다. 여기서 우리가 주의를 기울여야 할 것은 지역방언이든 계층방언이든, (1) 제보자의 오류(error from the informant), (2) 현지조사자의 잘못(error from the fieldworker), (3) 표집 선정상의 잘못(error from sampling technique)의 문제를 상기해야 할 것이다.34)

3.2 조사 방법 및 지점

조사 방법은 현지조사(fieldwork)와 질문지(questionaire)에 의한 방법을 병행하였다. 현지조사의 경우는 조사원을 상기 조사지점에 수차에 걸쳐 미리 조사하게 하고 조사원과 함께 현장에 수차례 다시 나갔다. 질문지일 경우도 제보자(informant)에게 직접 전달하여 채록한 것이 아니고 필자가 재직했던 관동대학의 졸업반 학생들에게 사전교육과 함께 수

---

34) Roger T. Bell(1976), 앞의 책, p.128.

명씩 조를 편성하여 공동조사하게 하였다. 20여 개 조가 편성되었고 1개 조에 2~3명, 많게는 4~5명씩의 제보자가 된 경우도 있으므로 전체적으로 현지 조사까지를 포함하여 100여명의 제보자를 만난 셈이 된다. 제보자들도 주로 이곳 토착인들을 대상으로 하였던 관계로 비교적 지방 순수 어휘의 채록이라 생각된다. 다만 현지 조사원의 미숙, 어휘항목의 불비 등으로 미비한 점이 많음은 시정 보완되어야 할 점이고 음성표기 등의 점이 고려되어 음운론적인 입장의 자료도 활용될 수 있도록 하여야겠다.

조사 지점은 강릉을 중심으로 한 농어촌 지역이었으나 제보자의 경우는 토착인에 한정되지 않았다. 때로 고향이 「원산」, 「영덕」 때로는 「함경도」 등지의 사람을 만난 경우가 있었다. 그러나 이들은 조사지점에 오래 살았기 때문이라 생각되는데, 동석하게 되는 이 고장 출신의 어부들의 언어와 자료면에서 큰 차이를 발견할 수 없었다. 해방 이후 또는 6·25 이후 정착한 이들의 경우는 이미 자기 고향 방언 제보자로서는 그 기능가치를 상실하였다. 어류의 명칭이 지역적인 차이보다는 산지를 중심으로 그 명칭이 유포, 사용되는 것이 일반적이었기 때문이다. 그리하여 타지역에서 생산되는 어류의 경우는 표준어가 통용어(common language)로 사용되고 있음에 반하여, 그곳에서 잡히는 어류들, 때로는 잡어들이 더 발달된 방언형을 가지고 있음도 볼 수 있었다. 앞에서 언급한 바와 같이 어부들의 생활은 농경생활처럼 일정한 지역에 정착하기보다는 물고기를 따라 외지에 장기간 출어하는 관계로 언어적인 측면에서 외적인 변이요인(external variation)을 많이 가졌다고 할 수 있다. 주문진읍 오리(五里)에는 매년 제주도로부터 물질하러 온 해녀가 장기간 머무르고 있다고 현지인은 전한다. 어류명칭이 비교적 넓은 지역에 통용되기는 하나 지역적인 차이를 보이는 것도 많았다.

3.3 조사 결과에 대한 검토

1) 어휘 체계 및 차용어휘의 사회언어학적 특성

어류명칭 어휘의 구성은 대개 어원적으로 보아, (1) 중국으로부터의
차용어휘, (2) 한자로 된 우리말 어휘, (3) 고유어휘, (4) 일본어에서 차
용된 어휘의 4가지 체계를 구분할 수 있다. 첫째 중국으로부터의 차용어
휘로는

石首魚〔조기, 石首魚〕	民魚〔魚免魚, 民魚〕
年魚〔鰱魚〕	方魚〔魴魚〕
大口〔大口魚〕	잉어〔鯉魚〕
黃魚〔黃魚〕	망치〔芒魚〕
黑魚〔黑魚〕	獐口魚〔獐口魚〕
盧魚〔鱸魚〕	鯊魚〔鯊魚, 沙魚〕
烏曾魚〔烏賊魚, 烏鮮魚〕	文魚〔章魚〕

등의 많은 예를 들 수 있다.35) 이외에 많은 어휘들이 있기는 하나 이미
우리말에 동화되어 속명화하고 있다. 예로 우리말에 물고기를 표시하는
대표적인 접사 〈-치〉에 대응하는 한자어미 〈-魚〉는 중국으로부터 차용된
것인데36) 이는 이미 〈-魚〉라고 하는 본래의 기본의미나 음운체계를 상
실하고 우리말의 의미 및 음운체계 속에 동화되었음을 알 수 있다.

먼저 〈-魚〉의 음운가치가 강원도 지역방언에서 변모된 양상을 보면

(1) 〔-ə/-ŋə〕 : čəŋ-ə(청어) / čə-ŋə(처:어)
　　　　　　　saŋ-ə(상어) / sa-ŋə(사:어)
　　　　　　　kodŋ-ə(고등어) / kod-ŋə(고드어)

<hr>

35) 「역어류」 및 「자산어보」의 예 중에서.
36) 이숭녕(1935), "어명잡고", 「진단학보」 2, pp.381~382.

 (2) 〔-e/-ŋe〕: čəŋ-e(청에) / čə-ŋe(처:에)
       saŋ-e(상에) / sa-ŋe(사:에)
       kodŋ-e(고등에) / kod-ŋe(고드에)
 (3) 〔-e/-ɛ〕: čəŋ-ɛ(청애) / čə-ŋɛ(처:애)
       saŋ-ɛ(상애) / sa-ŋɛ(사:애)
       kodŋ-ɛ(고등애) / kod-ŋɛ(고드애)
 (4) 〔-o/-ŋo〕: kodŋ-o(고등오) / kod-ŋo(고드오)
 (5) 〔-u/-ŋu〕: pɛm-caŋ-u(뱀장우) / pɛm-ca-ŋu(뱀자우)

와 같이 /ə/를 기저음운(underlying phoneme)으로 하여 5개의 유형,
즉 10개의 변이음(allophone)이 실현되고 있다. 이는 타지역 방언에서
는 /ə, e, ɛ, o, u/의 5개가 실현되는 예에 비추어 볼 때[37] 강원도 영동
방언의 한 가지 음운론적 특성이 됨을 알 수 있다. 여기서 개인방언
(idiolect)으로 생각되기는 하나 〔은어 → 은이〕, 〔숭어 → 수에〕 등까지
를 고려한다면 더욱 다기해질 것이다.

 둘째 〔-魚〕의 의미체계도 〔-魚〕라는 '물고기' 지칭적 기본의미에서 접
사로서 복합어의 일부를 의미하는 형태적 기능부담으로 해서 변모되었음
을 알 수 있다.

 〔복어 → 복쟁이〕 〔뱀장어 → 배미재이〕
 〔병어 → 병치〕 〔망어 → 망댕이, 망디이, 망두기〕

 이들 중국으로부터 차용된 어휘들도 대부분 속명화되었지만 대부분의
한자어로 된 어류명칭 "高登魚, 道味魚, 銀魚, 夢魚" 등은 자생적인 어
휘임을 알 수 있다.

---

37) 장태진(1973), 앞의책, p.12.

2)

비록 수적으로는 몇 개되지 않지만 일본어에서 차용된 어휘들은 그 의미양상을 달리한다. 일제시대에 차용된 어휘의 대부분이 정치적인 강점으로 인한 이른바 위세동기(the prestige motive)에 의한 것인데 반하여 어류명칭에 대한 차용은 문화적 접촉으로 인한 필요동기(the needfilling motive)의 결과라고 할 수 있다.[38] 물론 어업과 관계 깊은 선체나 어구의 명칭이나 위판용어들은 대부분의 일본어가 현재까지 통용되고 있는데 여타의 직업어(occupational words)에서와 같이 이들은 두 가지 동기(motive)가 함께 작용했으리라 본다. 도서나 어촌에서 발달한 풍명(風名), 호수의 명칭이 일본어의 침식을 받지 않음은 이들 어느 동기에도 속하지 않는 계층어로서의 또다른 일면을 보여준다.

일본어에서 차용된 어휘를 살펴보면

〔상어 → 후까〕   〔도미 → 구로다이, 다까다이〕
〔멸치 → 이루꾸〕   〔방어 → 시라시, 히라시〕
〔가재미 → 아구다리, 아까다리〕   〔바다장어 → 아나고〕
〔성게 → 우니, 은단(雲丹)〕   〔오징어 → 이까〕

등이 널리 쓰이는 말이다. 이들 어휘들은 일본인과의 문화적 접촉 즉 상거래행위에서부터 차용된 것으로 보인다. 이들은 과거에 일본인들이 즐겨하던 물고기 내지는 현재에 상거래 품목이 된다. 「성게」의 경우는 현재 물량의 대부분이 수출된다고 하는데, 「바다밤생이」, 「성게」라는 말 대신에 「雲丹」 → 「은단」, 「우니」로 대부분 사용하고, 종류를 구분하여 부를 때는 「구로성게」, 「아까성게」라는 혼성차용어(loanblends)를 만들어 사용하였다. 「알땅구」라고 하여 작은 「성게」를 구분하여 부르기도 하였다. 「성게」의 경우 많은 물량이 일본에 수출된다고 하는데 다음과 같은 분포

---

38) Hockett(1958), *A Course in Modern Linguistics*, New York, p.405.

를 보였다.

>   (삼척) - '성게', '성에', '은단(雲丹)'
>   (묵호, 강릉) - '성게, 썽기', '구시(검은 성게)', '앙장구(小)'
>   (주문진) - '바다밤송이(밤송이)', '알땅구(小)'
>   (소돌) - '알땅구', '은단', '우니'

　성게 알을 까는 아낙네들이나 어부들의 통용어는 '은단, 우니'가 우세하다. '아까성게', '구로성게'와 같은 혼성차용어(loanblends word)를 만들어 사용함은 사회언어학적인 일면을 보여주는 좋은 예가 된다.

　이와 같은 예로 '오징어'의 예를 살펴보자. '오징어〔烏賊魚, 烏鰂魚〕'는 본디 중국에서 차용된 어휘다. 이들은 '오징어, 이까, 한치, 갑오징어, 쓰루메' 등으로 종류 또는 말린 것을 구분해서 부르고 있는데 이들 중 통용어(common language)는 「오징어」다. 그러나 어부들에게서만은 「이까」가 주언어(Primary language)로 사용되고 통용어인 「오징어」는 보조언어(secondary language)로39) 사용됨을 살필 수 있었다. 이는 어부라는 계층이 일본과의 어업상의 상거래 등과 같은 면에서 일반대중보다는 직접적인 연관을 맺고 있다는 계층 간의 언어(diaglossia)의 시차를 보여주는 예라고 하겠다. 이는 사회계층(어부)적인 측면에서뿐만 아니라 지역적인 면에서도 차용의 양상을 달리 한다. 「이까」란 명칭이 사용되는 지역은 강원, 경북, 경남, 부산 등지의 주로 해안지역에 이르는데 이는 일본과의 접촉지역 특히 산지로서의 의미가 크다. 즉 남해안이나 서해안 지역에서는 「이까」가 어부들의 통용어로 사용되지 않는다. 이는 이른바 일본과 동해안이라는 접합적 차용(intimate borrowing)의 예를40) 보여주는 것이라 할 수 있다.

---

39) Roger T. Bell, 앞의 책, p.117에서의 개념은 bilinguast에 있어서 주·보조언어를 뜻하나 위에서는 단순히 어휘간의 의사소통매체로서의 그 기능부담에 따라 구분하였다.
40) L Bloomfield(1967), *Language*, New York, p.444.

이와는 달리 방언적 차용(dialect borrowing)의 예가 되며 사회언어학적(sociolinguistics) 일면을 보여주는 예로 「우렁쉥이」(Cynthia roretzi)를 들 수 있다. 「우렁쉥이」는 「우렁생이」, 「우렁새이」, 「멍게」, 「행우」 등의 방언으로 사용되는데 중장년층까지는 표준어인 「우렁쉥이」와 방언인 「행우」를 1차 언어(first language)로 습득하였으나 일반인들 특히 타지역에서 온 고객들이 그 어휘에 친숙하지 않으므로 이들에게는 2차 습득언어(secondary language)에 해당하는 「멍게」를 사용하여 의사소통능력(communicative competence)을 높이고 있다. 「바다장어」, 「붕장어」 대신에 「아나고」를 사용하는 예도 언어간의 차용으로 동궤의 것으로 생각할 수 있다.

3)

어류의 명칭에 있어 중국으로부터나 일본에서 차용된 어휘들이 보이기는 하지만 대부분의 어휘들은 고유어체계를 가짐을 알 수 있다. 비록 표기상으로는 대부분의 문헌에서 한자어 표기를 하여 중국계 어휘로 생각하기 쉬우나 이들은 대부분 고유어의 차자표기에 불과하다.

그러므로 어류명칭의 대다수는 자생적인 어휘임에 틀림없다. 비록 한자계 어휘가 많기는 하지만 이도 대부분 차용이 아니고 대개는 고유어를 한자어로 바꾼 예에 불과하다. 표기법과 관련하여 몇 가지 용례만을 제시해 본다.

(1) **고유어를 한자어로 바꾼 예**

넙치〔廣魚〕　　　　　　　누치〔訥峙〕

도미〔都音魚, 道味〕　　　갈치〔刀魚〕

참치〔眞魚〕　　　　　　　삼치〔麻魚〕

눈붉대〔赤魚〕　　　　　　중고기〔僧帶魚, 和尙魚〕

　　　　놀램이〔老南魚〕　　　　　날치〔辣峙魚, 飛魚〕
　　　　물치〔水魚〕　　　　　　　버들치〔柳魚〕
　　　　치리〔鯔魚〕 쥐치〔鼠魚〕
　　　　쥐노램이〔走老南魚〕　　　메기〔迷役魚〕

(2) 고유어의 차자표기
　　　　가물치〔加物致〕　　　　　물가치〔勿加致〕
　　　　복지〔伏只〕　　　　　　　부세우〔富世〕
　　　　놀램이〔老南魚〕　　　　　쥐노램〔走老南〕
　　　　메기〔迷役魚〕　　　　　　까치복〔加齒服〕
　　　　밀복〔蜜服〕　　　　　　　까칠복〔加七服〕
　　　　먹을충〔墨乙蟲〕

(3) 이두표기에 따른 예
　　　　드렁허리〔冬乙藍虛里〕　　닥도미〔多億道味〕
　　　　소꼬돌이〔牛拘泰魚〕　　　애욋〔艾羽叱〕
　　　　꽃제륙〔花折肉〕　　　　　쇠서대〔牛舌鰈〕

어류명칭 전반에 걸친 차용관계를 살핌도 필요한 일이라 생각된다.

3.5 어류명칭의 유연성(motivation)과 의미분화

　　앞서 간략하게 언급하였으나 여기서는 현지 조사한 내용을 가지고 살펴보기로 한다. 「鱝魚」를 俗名「洪魚」일명「邵陽, 荷魚, 鯆魚比魚, 蕃蹋魚, 石礪」등으로, 「河豚」을 일명「鯸鮧, 鮭, 嗔魚, 吹肚魚, 氣包魚」등으로 문헌어에서 지칭한다든지, 또는 물고기 명칭이 여러 가지 방언형으로 쓰이는 것이 기호의 자의성(arbitrary)을 뜻하는 것이기도 하지만 이들 개개의 명칭이 명명과정에서 因而名之(유연성)함을 이미 말하였다. 여기서는 현지조사에서 제보자들이 말한 내용만을 몇 가지 열거하고 그 의미분화의 유형을 보기로 한다.

「넙치(廣魚)」 : 고기가 넓적하다.

「눈치(氷魚)」 : 봄에 아직도 눈이 쌓였을 때 일찍 물길을 따라 올라온다.

「황어(黃魚)」 : 고기가 특히 산란기에 누른빛을 띤다.

「갈치」 : 칼처럼 생겼다.

「눈불대」 : 벌건고기(赤魚)로 눈이 빨갛고 두드러지게 나왔다. 눈이 붉어져 나왔다.

「날치」 : 물 위를 몇 m씩 날아다닌다.

「모래무지」 : 모래에 묻혀 산다.

「대구」 : 입이 크다.

다분히 민간어원적인 것으로는 다음과 같은 예가 있다

「복어」 : 일명 「뽁쟁이」라 하는데 뽁쟁이는 이를 가는데 소리가 '뽁뽁'난다. "이가
　　　　 야무지게 생겨서 五福의 하나이므로 복쟁이라 한다."

「참치」 : 참하게 가만히 있는다.

「우레기」 : 물속에서 자꾸 운다.

「삼숙이」 : 어느 어부의 애인 이름이 「삼숙이」인데 그가 잡은 물고기가 자기애인
　　　　　 처럼 못생겼다.

「임면수어, 이면수」 : 본디 「새치」였는데 제사상에 올려놓으려고 「새치」란 이름
　　　　　 을 바꾸었다.41) "새치껍질로 밥을 싸 먹으면 집안 망한다"는 옛말이 있
　　　　　 다. 옛날에 어느 곳에 임인수라는 부자가 살았는데 새치고기를 무척 좋
　　　　　 아해서 밥상에 늘 새치를 올리게 하였다. 이렇게 몇 년을 하다보니 결국
　　　　　 가난뱅이가 되었다. 이를 경계하기 위하여 세인들이 고기 이름을 「임인
　　　　　 수」라고 불렀다.

「가재미」 : 가재미는 다른 물고기와 달리 등에 두 눈이 나란히 붙어 있어 사시와
　　　　　 같이 보인다. 가재미는 불효하여 항상 부모 말을 안 듣거나, 부모가 이
　　　　　 야기하면 못마땅하여 눈을 흘기다가 벌을 받아 눈이 그렇게 되었다고

____

41) 이름 없는 고기는 먹지 않고, 이름이 있어도 '치'字가 든 이름의 고기는 비늘이 없어 천
　　한 것이므로 제사는 물론 생일에도 쓰지 않는다. 문효근(1963), 한국의 금기어(속), 「인
　　문과학」9, pp.35~36.

하며 요즈음도 눈을 잘 흘기는 사람에게 "가재미눈처럼 될라!"하고 경계한다.

어류명칭의 의미분화는 여러 가지 요인이 있는데 그 대표적인 것으로「명태」를 살펴보자.

「北魚明太 我國元山島所産 而明川地古不捉矣 明川太姓人 以釣得北魚 大而肥美故名明太」(松南雜識 14)

라는 민간어원이 있는데 그 명칭이 여러 가지로 분화된다.

(1) 산지에 따라서
　「선태(鮮太)」 : 한국산
　「북어(北魚)」 : 북한산(보통 말린 것을 말함)
　「강태(江太)」 : 강원도산
　「간태(杆太)」 : 간성산
　「원양태(遠洋太)」 : 원양어업에서 잡은 것
　「연안태(沿岸太)」 : 근해에서 잡은 것

(2) 건조시기에 따라
　「춘태(春太)」 : 봄에 말린 것
　「추태(秋太)」 : 가을에 말린 것
　「동태(冬太)」 : 겨울에 말린 것

(3) 건조 방법에 따라
　「바람태」 : 바람에 말린 것
　「건태(乾太)」 : 단순히 말린 것
　「노랑태, 황태(黃太)」 : 얼리면서 말리되 빛깔이 노랗게 된다.

(4) 잡는 방법에 따라
　「그물태」 : 그물로 잡은 것

「낚시태」 : 낚시로 잡은 것

(5) 상태에 따라
「동태(凍太)」 : 얼려 놓은 것
「생태(生太)」 : 얼리지 않은 것

등과 같이 생산지, 제조방법, 시기, 잡는 방법, 고기의 상태에 따라 여러 가지로 의미가 분화되며 배의성(配意性, motivation)이 주어짐을 알 수 있다.
배의성을 부여하는 데에는 다음과 같이 접사를 붙이거나 복합구조를 만들어서 분화시킴을 볼 수 있다.

(1) 긍정적인 뜻으로 「참-」, 「쌀-」, 「비단-」 등의 어휘를 붙여 「참치」, 「참멍게」, 「참섭」, 「참소라」, 「참방개」, 「쌀방개」, 「쌀미꾸리(기름지이)」, 「비단조개」, 「비단새우」 등의 명칭을 부여한다.

(2) 미흡하거나 부정적인 뜻으로 「개-」, 「수수-」, 「보라-」 등을 붙여 「개숭어」, 「개멍게」, 「개섭」, 「수수꾸러미」, 「보리방개」, 「똥방개」, 「똥가재미(범가재미)」 등의 어휘구성(wordformation)을 한다

(3) 색깔에 따라 배의함은 일반적이다.
「해삼」을 「청해삼」, 「홍삼」, 「도미」를 「아까다이, 赤도미」, 「구로다이, 黑도미」, 「아까성게」, 「구로성게」, 「황열갱이」, 「황우래기」 등

(4) 크고 작음에 따라 「왕-」, 「대-」, 「소-」 등의 접사를 붙인다.
「왕새우」, 「왕조개」, 「대합」, 「소꼬돌이」

(5) 「꽃-」, 「꿀-」을 붙여 역시 긍정적인 뜻을 보인다.
「꽃게」, 「꽃상어」, 「꿀땅갱이」

기타 「털소라」, 「털게(털이 많다)」, 「떡소라(익히면 떡처럼 찐득찐득하다)」, 「매운골방이」, 「고추골뱅이(고추처럼 맛이 맵다)」 등과 같이 의미분화가 이루어지는 것을 볼

수 있다. 이러한 현상은 어휘 일반의 공통적인 특성이기도 하다.

물고기의 명칭을 분화시키는 대표적인 것으로 성어와 치어의 구분인데 이들은 나이에 따라, 크기에 따라서 더 세분화된다.[42) 현지조사에서 밝혀진 예를 열거하면 다음과 같다.

	成魚(大)	稚魚(小)
〔상어〕	생바리	상어
〔멸치〕	앙미리	멸치, 이루꾸
〔이면수〕	새치	가래장이
〔도미〕	도미	남종바리
〔대구〕	대구	목대구
〔붕어〕	붕어	쫄이, 조리
〔숭어〕	숭어	모치, 숭어사리
〔송어〕	송어	송어사리, 송살이
〔전어〕	전어	전어사리
〔가재미〕	가재미	간재미

몇 개의 예를 제시함에 그쳤으나 이들은 더욱 세분화되고 지역에 따른 비교도 앞으로의 과제가 된다.

3.6 음운적인 고찰

어류명칭과 연관된 대표적인 음운론적 특징인 비모음화 현상을 중심으로 살펴보고자 한다.

어류명칭 가운데 가장 일반적으로 나타나는 어미는 「-치」와 「-魚」다. 이 중 차용어미 「-魚」는 국어에서 「魚」에 해당하는 명칭이 폐어화한 시

---

42) 장태진(1973), 앞의책.

기로 추정되는 통일신라 이후에서 고려 중엽 이전에 차용되었을 것으로 본다(이숭녕, 1935).

그러면 차용어미 「魚」의 음가는 국어에서 어떻게 실현되었는가?

「魚」의 음가를 살피기에 앞서 「-魚」는 어떤 음운환경에서 실현되고 있는가를 현재 살아서 쓰이고 있는 말(자연어라 칭하겠음)과 방언조사에서 나타나지 않는 문헌어로 나누어 살펴보기로 한다.

음운환경에 따른 「-魚」의 분포

A. 자연어에서

(1) /ŋ/음 아래

광어, 황어, 상어, 방어, 홍어, 망어, 붕어, 뱅어, 잉어, 웅어, 숭어, 송어, 병어, 농어, 고등어, 장동어, 꺽정어.

(2) 모음 아래

대구어, 도미어, 부세어, 이면수어, 백조어, 울어, 날치어, 초어.

(3) /n/ 아래서

은어, 민어, 전어

(4) /k/ 아래서

석어, 흑어, 복어, 발락어, 동박어, 도로묵어, 울억어

B. 문헌어에서

(1) 모음 아래서

황고어, 경자어, 아어, 제어, 오어, 도귀어, 가계어, 가사어, 야회어, 가어, 나적어, 침작어, 보라어, 무조어, 대사어, 망치어, 무태어, 옥두어, 세미어 등.

(2) /ŋ/ 아래서

황상어, 골망어

(3) /n/ 아래서

독진어, 눌인어, 안반어.

(4) /l/ 아래서

석필어, 문절어, 필어, 밀어.

(5) /m/ 아래서

수염어

(6) /k/ 아래서
국식어, 죽어

에서와 같이 「-魚」가 연결되는 환경조건은 자연어에서나 문헌어에서나 "유성음 아래서나 /k/음 아래서"라는 비교적 단순한 환경을 표시한다.

그러나 이들 두 계층의 언어는 동일한 음운론적 환경을 구성한다 하더라도 분포 양상은 극히 다르다.

첫째, 자연어의 경우는 「-魚」의 선행음이 대부분 /ŋ/이라는 현상인데 반하여 문헌어의 경우는 /모음/이라는 특이한 분포양상을 보인다. 따라서 자연어에서는 모음 뒤에 「-魚」가 연결되는 예가 소수인데 반하여, 문헌어에서는 /ŋ/ 아래 연결되는 예를 몇 개 찾을 수 있을 정도다.

둘째, 자연어의 경우 /ŋ/과 /모음/에서의 연결은 형태음운론적인 구분이 가능하다. /n/ 아래 「-魚」는 형태소경계(morpheme boundary)를 형성하나

광(廣)+魚   홍(洪)+魚
황(黃)+魚   숭(崇)+魚

/모음/ 아래 「-魚」는 단어경계(internal word boundary)를 형성한다.

대구(大口)#魚   도미(道味)#魚
석수(石首)#魚   날치#魚

그러나 문헌어의 경우는 이러한 형태론적인 구분이 모음 아래서건 /ŋ/ 아래서건 구분되지 않는다. 따라서 「-魚」의 연결 조건은 자연어에서는 /ŋ/ 아래이고 문헌어에서는 /모음/ 아래서라는 음운론적 조건(phonemic condiction)을 제시할 수 있다.

그러면 우리는 이런 구어(spoken language)와 문어(written language)

사이의 분리현상에서 통시적(diachronic)인 입장의 /魚/의 기저음가에 대한 시사를 받을 수 있는 것으로 본다.

　「魚」는 語居切(唐韻), 牛居切(集韻, 韻會, 正韻)로 본디 의모(疑母)에 속하던 어운(語韻)이다. 이것은 동음(東音)에 차용되어 유모(喩母)로 실현된 것으로 일반적으로 알려졌다.43) 그러나 모든 의모(疑母)가 동음(東音)에서 유모(喩母)로 구어(colloquial language)나 문어에서 실현되었는가. 여기에 적어도 「魚」가 동음(東音)에 차용되어 구어에서는 의모(疑母)로 상당한 기간 실현되었다가 어두 /ŋ/음의 회피 현상으로 인하여 문헌어에서는 유모화(喩母化)되었고, 구어에서는 앞 음절의 종성으로 굳어진 것이란 가설을 세워보고자 한다. 이같은 견해는 신병균(1927, p.9), 홍순탁(1963, p.92)에서도 보인다. 「魚」가 국어음에서 의모(疑母)로 실현되었음을 암시하는 예로 먼저 「계림유사」의 "嫂曰長漢吟", "女子曰漢吟", "妻曰漢吟"의 예에서 살필 수 있다.

> 吟 : 1) 魚金(廣韻反切)
> 　　 2) 魚音(集韻反切)
> 　　 3) /ŋiəm/(平山久雄 推定音)
> 　　 4) /ngim/(周祖謨 推定音)

에서와 같이 12세기 송대(宋代) 개봉음(開封音)에서는 의모(疑母)에 /ŋ/이 유지되었을 것으로 추정된다. 이것이 고려어 표기에서 사용되고 또한 중세국어의 /ŋ/과 대응이 된다면44) 초성에서 /ŋ/의 실현이 가능하리라 본다.

---

43) "지금껏 「疑母」는 出口音 k-k'-/g-에 대한 出鼻音 -ng로 국어음에는 원래 어두에 오지 않는다" 박병채(1973), p.40. "疑母가 喩音化하는 것은 어두에서 鼻音의 탈락, 즉 ㅇ → ㅇ(零)을 의미하는 것이며 이와 같은 鼻音의 탈락은 당시 북방 중원음을 반영하는 것으로 본다"(박병채, 1980, p.201)

44) 강신항(1980), 「계림유사 고려방언 연구」, 성대출판부, pp.23, 66, 67, 137.

「조선관역어」의 "鯉魚 板果吉 立我"의 예가 "鯉리어리〈훈자상21〉", "魚고기어〈훈자하3〉"와 같이 표기됨도 그 한 예가 되리라 본다.

「홍무정운역훈」에 보이는 疑 ㆁ 顒 魚容切, 魚 牛居切, 皚 魚開切, 吾 訛胡切, 危 吾回切 등의 예나 「동국정운」에서의 의모(疑母)의 반영은 비록 전부가 현실 한자음은 못된다 하더라도 일부 어례들이 두음 아닌 초성에서 실현될 수 있음으로 볼 수 있다.

> 스스올 츠자〈능跋6〉
> 스스이 ᄃ외시고〈法화112〉
> 王이 罪이 야ᅌᅩ로〈석九38〉
> 乎는 아모그에 ᄒᆞ논겨체……〈訓諺〉

등의 수많은 예들과 같이 /ŋ/이 초성에서 실현되는 현상은 15~16세기 국어의 일반적인 현상이다.

이런 의미에서 정다산이 「아언각비」 권3에서

東語鯉魚曰鯉占魚 占音烏陵切응 鮒魚曰鮒占魚 鯽魚也 鱸魚曰鱸占魚 海鱸與江鱸不同 鯊魚曰鯊占魚 海鯊加占字 秀告魚拜占魚 卽魛條 轉甚矣 莫不然者 於是 鱸曰農魚鯊白霜魚 訛誤

라고 한 「占응 : ŋ」이 국어에서 나타나는 것은 한자명의 와전이 아니라 의모(疑母) 「魚」의 /ŋ/이 속음에서 실현된 예라고 해야 한다.

이제(頤齊)의 「화음방언자의해(華音方言字義解)」에서 말한 /ŋ/도 여음이 아니라 마찬가지로 의모(疑母) 「魚」의 실현이라고 보아야 한다.

按今東俗俚言 呼鮒曰붕어〔以부爲붕〕 呼鯉曰링어〔以리爲링〕 呼鮑〔亦韓訛葦〕曰웅어〔以우爲웅〕

呼白魚 曰빙어〔白華音無終聲我語以비빙〕 呼袴曰공이〔以고爲공〕 呼秀魚〔卽魚〕曰슝어〔以슈爲슝〕

呼貂曰당〔貂華音되我東音蘆〕是各字終聲

○者何也 華音各韻無終聲者 並者喉音○以爲餘音 故我口因之耳.

현행에서 /ŋ/을 가진 어명 한글표기 문헌을 보면

훈몽자회(鱗介)
鯔슈어칙, 鰷비어됴, 鱸로어로, 鯉리어리
譯語類解(水族)
魴魚방어, 烏賊魚오증어, 鯊
魚상어, 刀稍魚위어, 魦條魚비어
群都目(魚物)
廣魚광어, 鯉魚이어, 葦魚웅어 등
붕어〈字會上20〉, 부어(鯽)〈物譜, 虫魚〉
부어〈同文下41〉〈漢444a〉, 鯽魚부어〈柳物二鱗〉
고도리(古道魚)〈譯下37〉 고등어〈柳物二鱗〉

와 같이 근래의 문헌에서까지 /ŋ/을 탈락시키고 있는 것은 문자의 보수성에서 살필 수 있다.

　이상에서 살펴본 바와 같이 동음(東音)에서의 「魚」는 기저음이 /ŋə/였으나 그 실현되는 과정에서 국어에서는 /ŋ/이 윗음절 말음으로 고정되고 문어에서는 탈락되어 유모(喩母)로 속음화된 것으로 보인다.

　현행 국어 중에서 모음으로 끝난 말 뒤에 오는 예

　　대구#어, 도미#어, 석수#어

등에서 /ŋ/이 실현되지 못함은 이미 굳어진 어형(word boundary)에 「魚」가 단순한 접사의 구실을 하고 있기 때문이다.

다만 동음(東音)에서 「魚」가 유독 현실음에서 의모(疑母)로 실현되었다는 것은 다른 예들을 대비 검토되어야겠다.

다음은 영동지방에서의 비음화 현상을 어류명칭과 연관시켜 살펴보자.45)

영동방언에서는 /ŋ/으로 끝난 말 뒤에 모음이 연접되면 그 /ŋ/은 약화되어 후행모음의 첫음절로 이동되어 실현되고 선행모음을 장음화시키는 경향을 가진다.

/čaŋə/ → /čə:ŋə/   /homɛŋi/ → /homɛ:ŋi/
청어 → 처:어   호맹이 → 호매:이

이러한 현상은 어류명칭에서 많이 나타나는데 그 유형은 1)에서 살펴본 바와 같다.

청어 → 처:어, 처:애, 처:에
황어 → 화:어, 화:애, 화:에
잉어 → 이:어, 이:애, 이:에

초성에서 /ŋ/음의 현상은 영동방언의 특이한 현상으로 연령층으로 보아 장년 이후의 세대들이 가지는 언어적 특질이다. 이러한 현상은 영동방언 일반에 나타나는 현상인데 특히 어류명칭에서 많이 나타남은 어류명칭이 /ŋ/음을 많이 가지고 있는 때문이다. 이는 비자음이 초성에서 실현되므로 후행모음을 비모음화시키는데 이는 다음과 같은 규칙을 얻을 수 있다.

45) 강원도 영동방언은 다음과 같이 비음화된다. (1) 'ㅇ'의 약화 — "성어집(只의집)", "장(市場)에 갔다" (2) Hiatus 회피 — "생우, 멍우", "모갱이, 호맹이" 등 (3) 'ㄹ'이 약화된다.(이익섭, 1981, pp.90~91.)

$$V \rightarrow [\text{nas}] \,/\, X[V] \left\lceil \begin{array}{c} C \\ +\text{nas} \end{array} \right\rceil V\#/ \atop \left\lfloor +\text{cor} \right\rfloor$$

　이러한 현상은 중세후기국어에서 일반적으로 나타나던 현상인데 조선 중종을 전후하여 문헌어에서 사라진다. 이러한 현상이 지금까지 남아있음 은 영동방언의 보수적 일면을 보이는 결과가 된다.

3.7 지역방언(regional dialect)으로서의 어휘분포

　원칙적으로 타지역 방언과의 대비가 이루어져야 하나 본 항에서는 비 록 접은 조사지역 사이에도 방언형의 분초가 다름을 몇몇 어류의 방언형 을 제시하여 간략히 살피기로 한다.46)

학꽁치(鶴觜魚)
〈주문진〉 - '사여리', '사요리', '종달치', '학꽁치'
〈남애, 소돌〉까지는 종달치, 학꽁치가 같이 쓰이나 〈속초, 묵호, 삼척〉 에서는 사요리, 학꽁치가 쓰이고 '종달치'는 전혀 쓰이지 않음, 즉 '종달치' 강릉을 중심으로 한 지역에서만 쓰임. 이북에서 이주한 소수인들은 '갱미 리'로 부르기도 함.

도미
　대부분 '도미'나 '다이'로서 통용되지만 다음 도표와 같은 지역적 분포를 보이고 있다.

---

46) 본 항에서의 예는 앞서 언급한 조사원의 조사결과에 의거함을 밝혀둔다.

분포지역 어명(방언)	삼 척	묵 호	강 릉	명 주	소 돌	양 양	속 초
남종바리	○				○	○	
돔	○				(개미새끼)		○
맹 이	○				○		
깽 치		○					
열 기		○	○	○	○		
열 갱 이					○		
깜 둥 이				○	○		

숭어

전국적으로 어종도 풍부하고 방언형도 100여 개가 넘는데 강릉에서는 주로 숭어 '새수치'(3치 이내), '모치'(6치 이내)로 불림.

망치어(小口魚)

조사지역 전부에 망둥어로 통함.

〈주문진〉 - 꺽저구, 꾹저구, 뚝저구, 죽장어.

〈소 돌〉 - 꺽다구, 코풀래기(코같은 점액이 표면에 있다)

〈삼 척〉 - 국딸궁이, 코풀래기, 소새끼(옆에서 보면 소처럼 날카로
운 뿔이 있다해서)

몇 개의 예로 줄였으나 좁은 지역 안에서도 각기 다른 지역 방언을 사용함을 알 수 있다.

4. 어류명칭 방언조사 일람표

1. 청어(靑魚) : 청어, 청애, 처어, 청에, 비웃(말린 것), 정어리,

　　　　징어리, 고등어

2. 연어(年魚, 鰱魚) : 연어, 여내

3. 대구어(大口魚) : 대구, 목대구(대구새끼), 복대구

4. 광어(廣魚, 넙치) : 광어, 광애, 말라넙치

5. 은어(銀魚) : 은어, 은에, 으네, 은광, 은구이, 은이, 은구어, 인어

6. 황어(黃魚) : 황어, 화애, 화:애, 황어사이, 설치

7. 상어류(鯊魚) : 상어, 사어, 사애, 서바리(치상어, 귀상어,
　　　　　　　　　 양재상어, 흰상어, 괴상어, 불상어), 훗가

8. 상어류(沙魚) : 상어, 사비(삼척), 교어, 훗가, 교어

9. 방어(方魚) : 방어, 바애, 방애, 바에, 정갱이, 부리, 사백어,
　　　　　　　 존기리, 존가리, 사벡이(예방어, 외방어, 참방어)

10. 홍어(洪魚) : 홍어, 홍에, 호어(도계), 호애, 히어, 요어, 고도무치,
　　　　　　　 가오리, 홍치(강릉), 가우리(박쥐가오리, 재가우리)

11. 도미어(都音魚) : 도미, 되미(양양), 남종발이, 해즉, 꾀곰,
　　　　　　　　　 다이, 빨간도미, 족도미, 동도미

12. 고등어(古都魚) : 고등어, 고등에, 고드에, 고도어, 고도오,
　　　　　　　　　 고드:애, 고돌이, 소고돌이(고등어새끼)

13. 붕어(鮒魚) : 붕어, 붕에, 붕애, 쫄이, 조리(새끼붕어)

14. 뱅어(白魚) : 뱅어, 뱅애, 비어, 벼어, 뱅치

15. 잉어(鯉魚) : 잉어, 잉애, 이어

16. 웅어(葦魚) : 웅어, 드렁허리, 두렁허리, 요치(웅어새끼)

17. 숭어(水魚) : 숭어, 수에, 숭애, 수예, 숫치(묵호), 괴리,
　　　　　　　 묘치(새끼숭어)

18. 조기(石首魚) : 조기, 쪼기, 쪼구, 조고, 쪼우, 종어, 수조어,
　　　　　　　　 석어, 석수어, 전라명태, 굴비(건조시)

19. 전어(錢魚) : 전어, 저너, 즌어, 전어사리, 세 살치, 새살치, 엇사리

20. 송어(松魚) : 송어, 소어, 눈발때기, 참송어, 해송어,

　　　　　　새끼 : 송어사리, 송사리

21. 전자리상어(點察魚)

22. 가물치(加母致, 鱻, 鱧, 鮦) : 가물치, 가마치, 까물치, 가무치,
　　　　　　　　　　　　　　　동어, 수염, 여어, 흑어

23. 멸치(柚, 鯫, 鯷) : 멸치, 메레치(강릉, 양양, 옥계),
　　　　　　　　　　메래치(강릉, 양양), 메리치(삼척),
　　　　　　　　　　며리치, 메루치, 멜치, 미르치,
　　　　　　　　　　이루꾸, 이룩꾸(호산)

24. 드렁허리(冬乙藍虛里, 鱓) : 19번과 같음.

25. 까치복(물까치, 勿乙可致, 海魨魚) : 가치복, 복어, 뽁젱이, 볼까치

26. 강복(복지, 伏只, 河㹠) : 복쟁이, 뽁쟁이, 복젱이, 복제이

27. 뱀장어(蛇長魚, 鰻鱺魚) : 뱀장어, 뱀장우, 뱀자우, 배미재이,
　　　　　　　　　　　　뱀다우, 뱀당구, 배무자어, 뱀당구,
　　　　　　　　　　　　배암자어(삼척, 옥계), 뱀재이(정선),
　　　　　　　　　　　　뱀주이, 뱀댕이, 아나고, 우나기

28. 상어류(鰡魚, 鮫魚) : 상어, 사애, 상애, 사에

29. 누치(訥魚) : 누치, 눈치, 눌치, 늠치, 늡치, 눈퉁기

30. 소가리(錦鱗魚, 鱖魚) : 소가리, 쏘가리, 금전어, 속사리,
　　　　　　　　　　　쇠가리, 쐬가리, 궐어, 치리

31. 밴댕이(蘇魚) : 밴댕이, 빈정어, 반댕이, 빈정이, 밴대기, 밴대이

32. 병어(兵魚) : 뱅어, 병어, 병치, 빙어, 뺑치

33. 참조기(黃石首魚) : 참조기, 참쪼구, 조구, 개조기, 황서리,
　　　　　　　　　　황새기(새끼조기), 황새끼(새끼조기)

34. 농어(盧魚) : 농어, 노어, 깐대기, 깔대기, 갈대기

35. 참치(眞魚) : 참치, 준치, 놀래기

36. 갈치(刀魚) : 칼치, 갈치, 산칼치, 깔치, 모치(도계)

37. 망어(亡魚) : 망챙이, 망둥이, 망디이, 맹어, 맹이, 망등이,

망두기, 망댕이, 망둥어

38. 면어(綿魚) : 면어, 민어

39. 황색이(黃小魚, 강달어의 種) : 황색이

40. 삼치(麻魚) : 삼치, 심치기, 망어, 마어, 마교

41. 세미어(細尾魚)

42. 백조어(白條魚) : 백조어, 백조고

43. 꽁치(釘魚) : 공치, 꽁치, 공미리, 꽁미리, 공매리, 꽁매리, 삼마이

44. 옥두어(玉頭魚) : 옥두어

45. 멸치(行魚) : 23의 답과 같음

46. 눈불대(벌건고기, 赤魚) : 눈불대, 열기(강릉), 눈글댕이,
        눈퉁구리, 눙퉁구리, 눈빨대기, 빨쟁이

47. 쌍발이 : 쌍발이, 생바리

48. 도로묵어(銀魚) : 도로묵어, 도로목, 도루매기, 도루묵,
        도로메기, 도루머기, 은어

49. 방어(爪魚) : 방어, 방에, 마래미, 떡마래미, 시리시, 히라시

50. 필어(筆魚)

51. 임연수어(臨淵水魚) : 임인수어, 이면수, 이민수, 새치,
        〔어린것〕 : 가루쟁이, 갈이제, 가라랭이, 가래쟁이

52. 무태어(無泰魚) : 무태어, 무대장어

53. 세어(細魚) : 새우, 생어, 생우

54. 부세(富世) : 불세우, 부세우, 부생이, 조기

55. 가숭어(사릉假鯔魚) : 가숭어

56. 감성어(감셍이, 甘相魚, 鱴) : 감성동, 흑돔, 남정바리

57. 흑돔(옹이어, 瘤魚, 癯伊魚)

58. 닥도미(外億道味, 骨道魚) : 땀뱅이, 남정바리, 아까도미

59. 북도어(北道魚)

60. 강성어(剛性魚, 赤魚) : 감쟁이

61. 물을중(食鯖) : 물을충, 물충

62. 우동필(假鯖)

63. 기름상어(廩鯊, 膏鯊) : 치상어, 갑상어, 귀상어

64. 참상어(眞鯊, 參鯊) : 참상어

65. 별상어(게상어, 揭鯊, 蟹鯊)

66. 죽상어(竹鯊)

67. 두릅상어(비근상어, 癡鯊, 非動鯊)

68. 전담상어(全淡鯊, 矮鯊, 濟州兒)

69. 행락상어(애락상어, 愛樂鯊, 骿齒鯊)

70. 줄상어(茁鯊, 鐵判鯊) : 줄상어

71. 모돌상어(毛突鯊, 驍鯊)

72. 귀상어(귀안상어, 歸安鯊, 艫閣鯊)

73. 단도령상어(丹徒令鯊, 艫齒鯊)

74. 은상어(銀鯊) : 은상어

75. 환도상어(刀尾鯊) : 환도상어, 환두상어

76. 세우상어(世雨鯊, 戟齒鯊) : 세우상어, 꼽댕이

77. 철갑상어(鐵甲將軍) : 갑상어, 후까

78. 총절립(恩折立, 錦鱗鯊)

79. 금처귀(黔處歸, 黔魚)

80. 발낙어(發落魚, 薄屑魚) : 발낙어

91. 도화볼락(孟春魚, 赤薄屑魚) : 도화볼락, 열개이

82. 북제어(北濟魚, 類魚) : 복쟁이, 북쟁이, 뽁젱이(흑산도)

83. 아구어(餓口魚, 釣絲魚) : 아귀, 아구, 물꿩, 물종,
　　　　　　　　　　　　　　　　낚시대고기, 아끼, 물곰

84. 손치어(遜峙魚, 螫魚) : 손치어

85. 서대어(혜대어, 長鰈, 鞳帶魚)

86. 돌장어(突長魚, 糎鰈) : 돌장어, 칠성뱀장어, 뱀장어, 짱어, 아나고

87. 해풍대(海風帶, 瘦鰈) : 해풍대
88. 각시서대(투주매, 套袖梅, 鯤鰈)
89. 박대어(朴帶魚, 薄鰈)
90. 망치어(望峙魚, 小口魚) : 망챙이(강릉), 물망챙이, 망태이, 망태기, 풍두구
91. 대사어(大斯魚, 黃魚)
92. 승대어(僧帶魚, 靑翼魚)
93. 장대어(將帶魚, 灰翼魚) : 장대이, 장치
94. 날치어(辣峙魚, 飛魚) : 날치
95. 노램이(老南魚, 耳魚) : 노램이, 놀랙이, 놀래기
96. 쥐노램이(走老南, 鼠魚)
97. 멸치(蔑魚, 鯫魚) : 23과 같음
98. 정어리(정어리, 大鯫, 曾蘖魚)
99. 공멸(工蔑, 酥鼻鯫)
100. 말독멸(末獨蔑, 杙鯫)
101. 무조어(無祖魚, 大頭魚)
102. 짱동어(장동어, 長同魚, 凸目漁) : 장동어
103. 수염어(溲髥魚, 螯刺魚) : 퉁가리(자산어보)
104. 발급어(發及魚, 小鱝)
105. 간자(間簪魚, 瘦鱝) : 간재미(홍어새끼)
106. 청가오리(靑加五里, 靑鱝) : 청가오리, 창가오리
107. 묵가오리(墨加五里, 墨鱝) : 묵가오리, 물가오리, 오동메이, 오동맥이, 오둥맥이, 홍어
108. 노랑가오리(黃加五里, 黃鱝) : 노랑가오리, 나무가오리
109. 고동가오리(螺加五里, 螺鱝) : 오동매기, 고동매기, 오동묵
110. 매가오리(每加五里, 鷹鱝)
111. 붕장어(硼長魚, 海大鱺) : 꼼장어

112. 갯장어(介長魚, 大牙鱺) : 갯장어, 아나고

113. 대광어(台光魚, 海細鱺) : 대광어

114. 메기(迷役魚, 海鮎魚) : 메기, 미기, 메어기, 미역추, 메사구,
　　　　　　　　　　　　　　　 며기, 뮈기

115. 홍달어(紅達魚, 紅鮎) : 홍달깽이, 홍달갱이, 다랭이

116. 골망어(骨望魚, 長鮎)

117. 검복(黔服, 黔魨)

118. 까치복(加齒服, 鵲魨) : 복쟁이, 혼복, 가시고기,
　　　　　　　　　　　　　　 꺼끌복쟁이(애코복쟁이, 비단복쟁이)

119. 밀복(密服, 滑魨)

120. 까칠복(加七服, 蝟魨) : 까토리, 꺼끌복장이, 꺼칠복쟁이

121. 졸복(拙服, 魨) : 쫄복

122. 흰복(白魨)

123. 철갑상어(화절육, 花折肉, 牛魚) : 철갑상어

124. 한새치(閑璽峙, 鵲觜魚) : 한새치, 황새치, 가리쟁이

125. 철갑상어(鱣) : 갑상어

126. 철갑상어류(鮪)

127. 범상어(虎沙, 鮫)

128. 줄상어(鋸沙鮫) : 줄상어

129. 사슴상어(鹿沙, 鮫)

130. 눈붉애(鮸, 鱓, 鰌, 鮇魚, 石鮇魚) : 눈발때기

131. 피리(魚條, 白儵, 鮰魚) : 피자미(강릉), 피라지(원성),
　　　　　　　　　　　　　　　 피라미, 피레미, 피라이(도계)

132. 준치(鰣, 鮆, 鮥, 助魚, 勤魚) : 준치

133. 모래무디(鯊, 鮀魚) : 모래무지, 모래무치, 모래마치, 모래미, 물치

134. 돗고기(黑魚茲, 儵魚) : 도치, 도깨비, 도끼기, 신퉁이

135. 열홀티(石斑) : 여물치

136. 밀어(密魚)

137. 밋구리(鰌, 鰍, 鰼魚) : 미꾸라지, 밋구리, 미꾸락지

138. 메기(미유기, 鮎, 鱯, 鮧) : 114와 같음

139. 가재미(가잠이, 鰈魚) : 가자미, 가잠이, 까재미, 까자미,
　　　　　　　　　　　　　　가지미, 도다리, 아구다리, 아까다리,
　　　　　　　　　　　　　　가디끼리, 미지구리

140. 서대(서대, 舌魚)

141. 명태(북어, 北魚) : 명태, 맹태, 밍태, 노가리(새끼), 동태,
　　　　　　　　　　　　황태, 부개

142. 명어(鱠殘魚, 王餘魚, 麵條魚) : 명어, 뱅어

143. 문절이(文節魚)

144. 회회(鮰鮰)

145. 석화돈(石河魨)

146. 보라어(甫羅魚)

147. 침자어(沈子魚)

148. 알(都魚卵, 都卵卵)

149. 말공치(馬紅鮬)

150. 가오리류(閑鯊魚) : 가워리, 홍어, 오동메기, 참가오리,
　　　　　　　　　　　　물가오리, 노랑가오리

151. 방어류(鱶鮀) : 9와 같음

152. 노램이(鱸奴魚) : 95와 같음

153. 메누래비(石首査頓) : 메누래비

154. 수구리류(鯀鰾)

155. 범지(豹魚, 文彪魚)

156. 물워낭(鴛鴦)

157. 鮂鯷

158. 도골(鮠鰭) : 뚜구리

159. 안반어(安鑑魚, 雁飯)

160. 소가리류(可達, 鮁) : 쏘가리 30.

161. 숭어류 : 17과 같음

162. 鰔魛魚

163. 鰊鯣魚(鰜魚牙) : 염장어

164. 망성어(魚星) : 맹어, 망셍이

165. 鱝鮇

166. 鬈鯉

167. 異鯮鮑

168. 매갈이(鮇解) : 매가리, 며갈이

169. 阿只鮃鱠

170. [illegible]魚

171. 용서(鱸鰭)

172. 왜송(矮鮔)

173. 정이(釘鮃)

174. 도다리(鮡達魚) : 도다리, 또다리, 큰가장이, 돌가재미, 빔가재미

175. 백조어(白條魚) : 백조어

176. 물치(水魚) : 물치, 몰곰, 물치다래

177. 선비(鮮白魚)

178. 중고기(和尙魚)

179. 횟대(膾代魚) : 횟대, 홧대기, 홧때기, 홍치, 북달개미,
          달갱이, 혜뗴기

180. 보굴대(寶窟帶魚)

181. 울억어(鬱抑魚) : 우러기, 우레기, 우럭, 울역

182. 열기(悅耆魚) : 열기, 열갱이, 열겡이, 깜바구, 검정열기

183. 나적어(羅赤魚)

184. 가어(加魚)

185. 소꼬돌이(牛拘泰魚) : 소고돌이(고등어새끼), 쇠꼬돌이

186. 잠방어(潛方魚) : 잼베이, 잼뱅이, 잠방이, 방어새끼

187. 굴노고기(軍牢魚)

188. 일의(眠暄魚)

189. 닷벼개(錨枕魚)

190. 쟝슈피(長須平魚)

191. 눌인어(魶魥魚)

192. 콩내(蒸魚)

193. 승어(丹魚) : 승어

194. 날치(文鰩魚) : 날치

195. 쥐치(鼠魚) : 쥐고기, 쥐취

196. 장똥이(彈塗魚)

197. 안진뱅이(청다래, 靑障泥魚) : 다랭이, 잠자리고기

198. 납자루(납작이, 魚節) : 납자루, 납작이

199. 참마자(杜父魚)

200. 깨나리(細魚) : 까나리(53번)

201. 날피리(飛鱧魚) : 피라미, 피파리

202. 불거지(赤鮠魚) : 불거지, 부러지, 개피리

203. 껴격위(木皮魚) : 꺽져구리, 꺽찌, 꺽지, 꺾져구리

204. 살치(箭魚)

205. 야회어(也回魚)

206. 미디(迎魚)

207. 버들치(柳魚) : 버들치, 버들가지, 벌가지, 버들갱이, 버들각지,
　　　　　　　　　버들가예, 버드락지, 벌개지, 버들개지,
　　　　　　　　　버들개이, 버들개치

208. 치리(鰊魚) : 치리

209. 독진어(堰負魚)

210. 가사어(袈裟魚) : 중테기, 중헤기
211. 국식어(菊息魚)
212. 자가사리(黃顙魚) : 자가사리, 빠가사리, 동박어, 탱수
213. 공지(鱠魚) : 43과 같음
214. 자개(醋絲魚)
215. 중고기(僧魚) : 중테기, 뾱조구리
216. 꺽정어(鱸, 丁魚) : 꾸쩌우, 적지, 꺽적구
217. 초어(草魚)
218. 죽어(竹魚)
219. 가계어(家鷄魚)
220. 도귀어(稻畦魚)
221. 오어(吾魚)
222. 제어(鱭魚)
223. 아어(鮨魚)
224. 황상어(黃顙魚) : 212와 같음
225. 경자어(鏡子魚)
226. 석필어(石鮅魚)
227. 황고어(黃鯝魚)

※잘못 조사된 것도 그대로 둠은 Error분석의 자료로 삼고자 한 것임.

5. 결 론

어류명칭에 대한 문헌 및 방언 조사는 국어어휘변천의 일면을 보여주는 작업이다. 언어적 측면에서는 사회현상 및 어부의 생활을 반영하는 계

충어의 연구이기도 하다.

첫째, 문헌 연구에서 여러 가지 어류명칭에 대한 발굴 작업이 있었으나 어학적인 측면에서 재검토되어야 한다. 대표적인 어류연구문헌으로는 「자산어보」가 있는데 여기에 나타난 속어명은 특히 어류관계 언어자료로 귀중하고 어원의 탐구 또한 어학적인 의의가 크다.

둘째, 동해안 지역의 방언조사에서 드러나는 사실은 다른 지역에서도 예상되는 결과이지만 고유어가 대부분이고 어획량이 풍부하고 어류의 방언형이 발달되었고 경제성은 적으나 생활 속에서 접할 수 있는 잡어들의 명칭이 발달되었다. 그리고 일본어에서의 차용어휘가 보이는데 이는 여타의 일본어가 위세동기와 필요동기에 의한 것인데 반하여 이는 순수한 필요동기에 의한 것으로 사회언어학적 의미를 보인다.

차용어미 「-魚」는 국어음에서 반영되는 단계에서 여타의 의모(疑母)가 유모(喩母)로 실현되는데 반하여 의모(疑母)로 실현되다가 윗말의 종성으로 고정되었다.

음운론적 특징으로 동해안 방언은 비모음화 현상을 보이는데 이는 중세어적인 초성에서의 /ŋ/의 실현이다.

어류명칭은 여러 가지 견지(형태, 빛깔, 크기, 산지, 암수 등)에서 배의성을 가지며 또한 접사를 덧붙여 의미를 분화시키고 있다.

본 조사가 강원도 동해안 일부 지역의 조사이기는 해도 어류명칭은 지역방언을 구분하는 어휘자료로도 중요한 구실을 한다.

※ 「경원대논문집」 2집, 1985, 경원대학교

참고 문헌

1. 姜信沆 : (1980)「鷄林類事高麗方言研究」成文出版部.
2. 金敏洙 : (1953) "변말시고"「국어국문학」6. 서울.
　　　　　(1983)「新國語學」일조각, 서울.
3. 金用淑 : (1962) "李朝後期官中語研究" 향토서울13.
4. 金載元外 : (1954)「韓國西海島嶼」乙酉文化社.
5. 金亭奎 : (1974)「한국어방언研究」서울대출판부.
6. 文孝根 : (1963)「韓國의 禁忌語(讀)」人文科學
7. 朴炳목 : (1970)「古代國語의 研究」고대출판부
　　　　　(1980)「洪武正韻譯 訓의 新研究」천풍인쇄.
8. 심우성 : (1969) "건립패의 언어들"「세대」2月
9. 沈在箕 : (1982)「國語語彙論」集文堂, 서울.
10. 李基文 : (1972)「國語史槪說」탑출판사.
11. 李德鳳 : (1963) "鄕樂救急方의 方中鄕樂目 研究"「아세아 연구」11~12.
12. 李崇寧 : (1935) "魚名雜巧"「진단학보」2.
　　　　　(1954) "言語學班 調査報告"「한국도서」
　　　　　(1957) "隱語巧"「이희승선생송수기념 논총」
13. 李翊變 : (1980)「嶺東嶺西地方의 言語分化」서울대출판부.
14. 이종석 : (1966) "기생방은어들"「신동아」6月號.
15. 張泰鎭 : (1969a) "方向에 관한 風名語彙의 研究"「국어국문학」41.
　　　　　(1969b) "潮水語彙의 研究"「아세아研究」36.
　　　　　(1969c) "물고기이름의 어휘연구",「한글」143.
　　　　　(1969d) "제주도 해녀집단의 특수어에 대하여"「김재원박사회갑기념
　　　　　　　　　논총」
　　　　　(1973) "船体船漁? 語彙에 대하여" 어문학29, 대구.
　　　　　(1974) "海간島嶼方言의 言語社會學的 研究(Ⅰ), 조선대문리대.
16. 田相範 : (1982)「生成音韻論」탑출판사.
17. 鄭文基 : (1934)「朝鮮魚名譜」

     (1936) "朝鮮明太魚"「朝鮮之水産」128~129.

     (1942)「압록강어보」

     (1954)「한국어보:Korean Fishes」상공부.

     (1961) "한국산어류연구사"「동물도감·어류」문교부.

     譯(1974)「玆山魚譜」지식산업사, 서울.

18. 정신문화연구원(1979~),「方言」1~6, 정신문화연구원.

19. 천시권 외(1971),「국어의미론」, 형설출판사, 서울.

20. 최명옥(1980),「경북동해안방언의 연구」, 영남대출판부.

21. 홍순탁(1963), '자산어보와 흑산방언',「호남문화연구」1, 광주.

22. 강희자전(中華 中新書局)

23. 군도목(서울대본)

24. 동물도감·어류(문교부)

25. 물명고(유희)

26. 아언학비(정약용)

27. 우해이어보(고려대본)

28. 역어유해(신이행 외)

29. 이조어사전(유창돈)

30. 조선관역어

31. 훈몽자회

32. Hockett(1958), *A Course in Mordern Linguistics*, New York.

33. J .K Chambers & Peter Trudgill(1980),「*Dialectology*」,
       Cambridge University Press.

34. L. Bloomfield(1967), *Language*, New York.

35. R. A Hudson(1980), *Sociolinguistics*,
       Cambridge Textbooks in Linguistics.

36. Roger T. Bell(1976), *Sociolinguistics*,
       ST Martintin's press Nwe York.

37. Sanford A Schane(1973), *Generative Phonology*,
       Prentice-Hall, Inc, Englewood Cliffs New Jersey.

고유어와 한자어의 어휘적 특성

1. 서 론

우리말의 어휘 구성은 크게 고유어, 한자어, 외래어의 3요소로 이루어졌다. 이 중 한자어는 그 비중이 반수 이상을 차지하고 있어 한자어의 어휘 특성을 밝히는 일은 우리말 전체의 특성을 밝히는 데 중요한 일이 될 것이다. 그러나 종전까지 우리말의 연구는 고유어 중심으로 이루어졌고, 한자어에 대한 한자음 내지는 형태론적 고찰 위주이었고 의미론적 고찰은 부분적이었다. 이에 관한 선행연구로는 이용주(1974)가 있는데 이것은 이 방면의 업적이 된다. 또한 심재기(1982)는 국어어휘론의 집대성이자 총정리란 의미에서 부동의 자리를 차지하고 있으며, 유창돈(1980)은 어휘사의 통시적 고찰로 같은 의미를 가진다. 이응백(1988)은 교과서와 사회 일반에서 사용하는 한자어의 실태 파악과 한자 교육의 문제의 필요성 제기라는 면에서 중요한 의미를 가진다.[1] 이들 단행본 외에 어휘론에

---

1) 이용주(1974), '한국한자어의 어휘론적 기능에 대한 연구', 서울대학교 사범대학 국어국문학연구회.
   심재기(1982), 「국어어휘론」, 집문당.

관한 업적으로는 상당히 많은 양이 있다.

이 글에서는 고유어와 한자어의 개괄적인 어휘 특성을 시대의 흐름에 따라 살펴보고 또한 현행 실태의 한 단면도 살펴보고자 한다.

2. 한자의 전래와 우리말의 문화자

15세기에 와서야 고유문자를 갖게 된 우리말은 그 이전에는 한자를 통해 문자화되었고, 동시에 한자의 전래는 외국어인 한자어의 유입을 가져오게 하였다. 간략하게 한자의 전래 과정을 살펴보기로 하자.

한자의 전래시기에 대하여는 명확한 기록은 없으나 대개 기원전 3세기 경인 고조선 시대로 추정된다. 이 시기는 중국의 전국시대(B.C. 403~256)에 해당하는 때이다. 한무제(漢武帝, B.C. 108~A.D. 313)시대를 거쳐 삼국시대로 오는 동안에 더욱 일반화되었을 것으로 본다. 고구려는 건국 초부터 한문을 썼고, 같은 부여계인 백제도 그랬으나 신라는 가장 늦게 지증왕 4년(A.D. 503)에 국호와 왕명을 한자로 바꾸었다.[2] 전래된 한문은 일부 특수층에서 그대로 쓰면서 한자 차용 단계로 들어간다. 제1단계는 음독으로 익힌 한문을 그대로 사용하던 시기로 1세기 경 평남

유창돈(1980), 「국어사연구」, 이우출판사.
이응백(1988), 「한문·한자어의 실태와 그 교육」, 동이출판사.
2) 삼국시대의 발전 대비표, 김민수(1980, p.42)

	사기상(史記上) 존적(存績)	국가형성	최고유문 (最古遺文)	국사	불교공인	학교
고구려	BC 37~668 AD	53~146(태조왕)	357	국초	375	372
백 제	BC 18~663 AD	234~286(고이왕)	369	375	384	(384)
신 라	BC 57~935 AD	356~402(내물왕)	552	545	527	651

용강(龍岡)의 선비문(蟬碑文), 357(영화 : 永和 13)년 황해도 안악의 고구려 동수묘묵명(冬壽墓墨銘) 등 여러 금석문이 전한다. 제2단계는 한자 차용의 첫 단계로 지명, 인명, 관명 등의 고유명사를 차음으로 표기하던 시대이다. 제3단계는 이른바 서기체라 하여 한문 훈독에 따라서 우리말을 한문으로 적던 시대이다.3)

　제4단계는 한자의 차음과 차훈으로 우리말을 표기하던 이두문 시대이다. 경주(慶州) 서봉총은합간(瑞鳳冢銀合杅, 451)과 남산 신성비(南山新城碑, 519), 평창(平昌) 상원사종기(上院寺鍾記, 725) 등의 금석문이 자료로 전해진다. 제5단계는 차자표기의 완성 단계인 향찰문 시대이다. 대표적인 것이 향가 25수이다. 888년(진선여왕 2년)에 엮은 향가집 "삼대목(三代目)"이 전하지는 않으나 이들 작품은 6세기 이후 정착되었을 것으로 생각된다.

---

3) 壬申誓記石

　　(원문) 壬申年六月十六日, 二人幷誓記, 天前誓, 今自三年以後, 忠道執持, 過失无誓若此事失, 天大罪得誓, 若國不安大亂世, 可容行誓之, 又別先辛未年七月廿二日大誓, 時尙書禮傳倫得誓三年.

　　(해석) 임신년 6월 16일에 두 사람이 함께 맹서하여 기록한다. 하느님 앞에 맹서한다. 지금으로부터 3년 이후에 충도를 집지하고, 과실이 없기를 맹서한다. 만약 이 일을 잃으면 하늘에 큰 죄를 얻기를 맹서한다. 만일 나라가 편안치 않고 크게 세상이 어지러우면 가히 모름지기 (충도를) 행할 것을 맹서한다. 또 따로 앞서 신미년 7월 22일에 크게 맹서하였다. 시, 상서, 예기, 좌전을 차례로 습득하기를 맹서하되 삼년으로써 하였다.

〈제망매가〉 월명사 작 경덕왕(742~765)대 10구체 삼국유사

生死路隱	生死路는
此矣有阿米次兮伊遣	이익 이샤민 져흘이고
吾隱去內如辭叱都	나는 가ᄂ다 말ㅅ도
毛如云遣去內尼叱古	몯 다 닐고 가ᄂ닛고
於內秋察早隱風未	어느 ᄀ술 이른 ᄇᄅ미
此矣彼矣浮良落尸葉如	이익 뎌의 뼈딜 닙다히
一等隱枝良出古	ᄒ둔 가재 나고
去奴隱處毛冬乎丁	가논 곧 모ᄃ온뎌
阿也彌陀刹良逢乎吾	아으 彌陀刹애 맛볼 내
道修良待是古如	道 닷가 기드리고다

　　제6단계는 한자 차용의 다섯째 단계로 한문 구절에 토를 붙여서 읽던 것으로 한문의 토착화를 뜻한다. 이는 7세기 이후부터 시작되어 15세기 이후 문헌에서 많이 찾을 수 있다.[4]

3. 고유어의 어휘자료

　　앞에서 살핀 바와 같이 한자 차용을 수단으로 하였거나 훈민정음을 수단으로 하였든 간에 고유어의 어휘 자료를 살펴보면 다음과 같다. 훈민정음 창제 이전까지는 엄밀한 의미의 순수 언어 자료가 전하지 않고 한자 차자에 의한 자료가 전할 뿐이다. 고대 국어의 경우 향가 25수와 "삼국유사", "삼국사기" 등과 그 외 내외의 서적에서 고유명사 몇 개를 찾을 수 있을 정도이다. 그러나, 중세 전기 국어 즉 고려시대의 어휘 자료는 「계림유사」의 355개, 「조선관역어」 596개(실제는 중세 후기 자료임), 「향악

---

4) 이상 한자 차용 단계는 김민수(1980, pp.44~47) 참조

구급방」의 100여 개의 초목물명, 고려가요의 언어 자료가 있어 고대 국어에 비해 한결 많아졌다. 중세 후기 국어는 훈민정음의 창제로 하여 순수 고유어의 언어 자료가 대량 등장하게 되었으니 그 대표적인 것이 훈민정음 해례본의 한글 어휘 119개와 16세기의 자료로「천자문」의 석(釋)과 「훈몽자회」의 3360개의 석과 그 외「용비어천가」를 비롯한 많은 언해류 등이다. 그러나 이것은 어디까지나 고유어가 훈민정음이라는 문자 수단을 통하여 문자화되었다는 것을 뜻하는 것이지 당시의 전체 어휘 체계를 감안하였을 때는 한자어의 대량 침투를 받게 되었다는 것이다. 한 예로 김형규(1962, pp.97~98)의 석보상절(세종조), 월인석보(세조조)의 비교 검토에서 한자어의 침투를 살펴보자.5)

    석보상절 제19권
    쥬의坊이어나, 뷘겨르ᄅ빈싸히어나, 자시어나 ᄀ올히어나, 巷陌이어나 ᄆᆞᅀᆞᆯ히어나, 제ᄃ론야ᅌᆞ로, 어버ᅀᅵ며 아ᅀᆞ미며, 이든벋ᄃ려, 힔ᄀ장불어니러든, 이 사름돌히듣고 隨喜ᄒᆞ야 ⋯⋯

    월인석보 제17권
    僧坊에잇거나, 空閑ᄒᆞᆫ싸히어나, 城邑과 巷陌과, 聚落과 田里예ᄃ룬다비, 父母宗親善友知識爲ᄒᆞ야, 히믈조차불어니러든, 이사름돌히듣고 隨喜ᄒᆞ야 ⋯⋯

전자에서 고유어로 표현되고 후자에서 한자어로 표현된 것을 보면 다음과 같다.

    즁 → 僧, 겨르ᄅ빈 → 空閑ᄒᆞᆫ, 자시어나ᄀ올히어나 → 城邑, ᄆᆞᅀᆞᆯ히어나 → 聚落, 어버ᅀᅵ → 父母, 아ᅀᆞ미 → 宗親, 이든벋ᄃ려 → 善友知識爲ᄒᆞ야

등과 같이 짧은 기간 동안에 한자어의 잠식을 확연히 살필 수 있다. 이

---

5) 김형규(1962, pp.97~98) 및 이용주(1974, p.9) 참조

같은 한자어의 침투는 고대 국어이래 더욱 증가되어 고유어를 사어화시키는 결과를 가져왔으니 그 대표적인 예로

슈룹 〉 雨傘, 온 〉 百, ᄒ다가 〉 萬一에, 바ᄃ랍- 〉 危殆ᄒ-, ᄀ름 〉 江, 겿 〉 吐, 굴외다 〉 對敵하다, 고마ᄒ다 〉 恭敬하다, 가시다 〉 變更하다, 그위 〉 公, 가ᅀ멸다 〉 豊富하다, 기르마 〉 鞍裝, 거웆〉 鬚髥, 기리다 〉 稱讚하다, 겨르롭다 〉 閑暇하다

등을 들 수 있다. 이같이 이미 고유어가 있는 어휘가 침투받는 것 외에 복식(服飾), 포백(布帛), 기명(器皿), 식물(食物) 등 차용 어휘의 증가도 살필 수 있다(남풍현, 1968a, 1968b, 1972). 그 뿐만 아니라 한자어가 분명하나 그것이 중세어 시기에 이미 국어화하여 정음으로 표기한 한자어계 귀화어가 상당히 많다. 석보상절, 월인석보, 내훈 등에 보이는 어휘만도 다음과 같다(최범훈, 1973).

각시 〈 閣氏	녀편 〈 女便	고함 〈 高喊	던디 〈 轉地
간곡 〈 奸曲	노 〈 羅	구경 〈 求景	됴힝 〈 操行
간슈 〈 看守	당당 〈 當當	귀향 〈 歸鄕	디만 〈 遲慢
거동 〈 擧動	대롱 〈 大籠	남진 〈 男人	롱담 〈 弄談
거상 〈 居喪	댱가 〈 丈家	남편 〈 男便	무당 〈 巫堂

근세 국어의 고유어 어휘 자료로는 「노걸대언해(老乞大諺解)」(1670), 「박통사언해(朴通事諺解)」(1677), 「첩해신어(捷解新語)」(1618), 「왜어유해(倭語類解)」(1709), 「역어유해보편(譯語類解補編)」(1775), 「개수첩해신어(改修捷解新語)」(1781), 「청어노걸대언해신석(淸語老乞大諺解新釋)」(1765), 「중간삼역총해(重刊三譯總解)」(1774), 「팔세아(八歲兒)」(1774), 「소아론(小兒論)」(1774), 「동문유해(同文類解)」(1748), 「한청문감(漢淸文鑑)」(1774) 등 많은 자료가 있다. 이들 전반에 대한 어휘론적 고찰은 아직 이루어지지 않았으나, 이 시대 역시 한자어 침식이 더욱

심화되고 "뫼(山), ㄱ롬(江, 湖), 아움(親戚), 오래(門)" 등과 같이 고유어가 한자어로 대체되었다. 실학의 팽창과 더불어 서구의 자연 과학과 기독교 등에 관련된 한자어의 차용이 많아졌다(이기문, 1965).

현대 국어의 어휘 자료집으로는 사전 편찬과 표준어 사정에 따른 어휘집을 살필 수 있다. 최초의 사전 편찬을 위한 작업은 조선광문회(1910, 말모이 고본(稿本))에서 시작되었으나 빛을 보지 못하였고, 「조선어사전」(조선 총독부, 1910), 「조선어사전」(문세영, 1938) 등이 있다. 이 이전의 것으로는 19세기말 외국인 선교사들이 편찬한 「한불자전」, 「노한사전」 등도 꼽을 수 있다. 해방 뒤에는 「우리말 큰 사전」(한글학회, 1957), 「국어사전」(이희승, 1961), 「표준 국어사전」(신기철, 신영철) 등과 「사정한 조선어 표준말 모음」(1936) 등이 그 예가 된다. 그러나, 같은 현대어 자료라 하여도 편집자에 따라서, 또한 편집 의도에 따라서 그 양상을 달리한다. 예를 보이면 다음과 같다(김민수, 1983, p.182).

```
조선총독부, 「조선어사전」(1920.3.)
표제어 ┬ 합계 58,639   본래어 17,178   이두 727   한자어 40,734
       └ 비율 100%              29.29         1.24        69.47
조선어학회, 「조선말 큰 사전」(1947. 10.~1957. 10.)
표제어 ┬ 합계 164,125  본래어 74,612  한자어 85,527  외래어 3,986
       └ 비율 100%              45.46         52.11         2.43
표준말 ┬ 합계 140,464  본래어 56,115  한자어 81,362  외래어 2,987
       └ 비율 100%              39.95         57.92         2.13
이희승, 「국어 대사전」(1961.12.)
표제어 ┬ 합계 225,203  본래어 58,324  한자어 150,935  외래어 15,944
       └ 비율 100%              25.90         67.02          7.08
```

4. 한자어의 전래 및 기원적 계보

한국과 중국의 문화적, 사회적 또는 정치적인 접촉이 언제 시작되어 그 사이에 어떠한 언어적 접촉이 일어났는지는 정확히 밝힐 수도 없고 또한 설명도 불가능한 것이다. 그러나 줄잡아 약 2000여 년 전에 한자가 전래되었으니 그 이후 현재에 이르기까지 한자어는 증가되었고 한자어의 증가는 상대적으로 고유어의 감소를 재촉하는 원인이 되었다. 이는 훈민정음 창제 이후의 자료에서 더욱 두드러지게 나타난다. 남풍현(1972)에서 15세기 국어의 한자어 차용에 대한 몇 가지 예를 살펴보자.

1) 당시 문헌에 사용 빈도가 높고 현전하는 것.

兼ᄒ다	勸-	當-	念-	免-
願-	因-	傳-	取-	貪-
求-	怒-	對-	得-	封-
爲-	避-	行-	許-	請-
醉-	通-	害-	向-	

2) 당시 문헌에 사용 빈도가 높지 않으나 현전하는 것.

減ᄒ다	決-	告-	求-	屬-
關-	達-	面-	命-	反-
發-	罰-	伐-	犯-	變-
辭-	傷-	哀-		

3) 당시 문헌에 사용 빈도가 비교적 높으나 현전하지 않는 것.

帶ᄒ다	亂-	領-	病-	譬-
守-	順-	信-	養-	祭-
證-	現-			

당시에도 고유어와 충동되던 어휘들.

帶ᄒ다~씌다	領ᄒ다~거느리다
病ᄒ다~앓다	守ᄒ다~딕히다

信ᄒ다~믿다   養ᄒ다~치다
現ᄒ다~나타나다

4) 당신 문헌에 사용 빈도도 높지 않고, 현전하지 않는 것.

居ᄒ다	怯–	代–	流–	散–
賞–	涉–	受–	失–	飮–
引–	仍–	違–	積–	轉–
定–	朝–	從–	秦–	住–

위의 예들에서 당시에 한자어의 침투가 얼마나 심각하였나, 또한 이들 예에 해당하는 고유어들이 이미 소멸되었거나 빈사 상태이거나 병립하여 사용되는 것 등을 알 수 있다. 이는 '동사'에 관한 것이고, '형용사' '부사'의 용례도 위 논문에서 살필 수 있다. 그러면 한국어의 어휘 체계에서 과반수 이상을 차지하고 있는 한자어의 기원적인 계보는 어떠한가. 심재기(1971)의 연구를 통하여 간략하게 살펴보기로 하다.

한국어의 한자어 계열은 1) 중국계 2) 자생적인 한국계 3) 일본계의 세 가지로 나눌 수 있다. 이들 중 대부분이 중국계임은 더 말할 나위가 없다. 중국계에서도 가장 많은 것은 경서, 사서, 문집 등을 통하여 전래된 한자어이다.

身體	父母	立身	後世	事親	事君
百姓	四海	富貴	社稷	諸侯	法服
非法	(이상 효경(孝經))				
朝夕	娛樂	反覆	風俗	器械	奇麗
學校	時節	植物	動物	豊年	梗槪
微行	生類	地勢	鮮明	(이상 문선(文選))	
卽位	黃泉	凶事	首領	善隣	同盟
來朝	王室	後嗣	德政	茅屋	五色
文物	聲明	玲瓏	指南	産物	(이상 좌전(左傳))

　이들 중국의 고전을 통하여 우리말에 들어온 어휘들은 현재까지도 대부분 살아서 한국인들의 정신적인 사상 체계를 형성하는 데 많은 기여를 해 온 것도 사실이다.
　다음은 불교계 한자어로 그 기원은 범어(梵語)에서 유래된 것이나 중국을 통하여 차용된 어휘들이다.

伽羅(Kālāguru) 黑이라는 香料
伽摩(Kāma, Kāmadeva) 欲神
伽羅迦(Kālaka) 黑果
伽頻闍羅(Kapiñala) 鳥鳩, 종달새
歌羅分 · 伽羅 · 迦羅(Kalā) 分則, 計分
裂裟, 裂裟野, 迦邏沙曳(Kasāva) 法衣
迦羅越(Kulavat) 有族者, 居士
迦耶(Kāya) 積集(身體)
伽藍 · 僧伽藍摩(Sanāharāma) 寺院
迦絺那(Kathina) 功德衣, 便衣의 一種
迦陵頻伽(Kalavinka) 好聲鳥
伽陀(Gāthā) 偈頌

　이외에 중국에서 차용한 한자어는 서양의 문물이 중국을 통하여 유입될 때 그 어휘도 함께 차용되었고, 중국의 국어 즉 백화문에서 연유된 것도 적지 않다.
　한자어의 또 다른 수입원은 일본이 된다. 일본과의 교섭은 비교적 가까운 근세에 속한다. 갑오경장과 같은 개화의 물결에 따라 서양의 문물을 받아들임에 있어 그 창구 역할을 한 것은 일본이었고, 이들 언어는 중국의 번역어를 참고하면서 독자적으로 만들어낸 일본식 한자이었다. 36년간의 정치적인 강점 아래 이루어진 일이고, 일본어가 국어로 행세하던 시기이었으므로 비판 없이 받아들여졌고 또한 우리말 어휘체계에 깊이 자리하게 되었다. 광복 후 일본어 퇴치 운동으로 일본식 한자어의 추방이 있었으나 아직까지도 우리의 언어 생활 속에 깊이 자리하고 있는 것들을 발견할 수 있다(괄호 안의 것은 전통적인 한국 한자어임).

貸家, 貸店舗(貰家, 貰店舗)	敷地(基地, 基址)
生産高, 殘高(生産額, 殘額)	相互(互相)
相談(相議, 問議, 議論, 協議)	請負(都給)
納得(理解, 諒解)	人口(於口)
約束(言約)	案內(引導)
役割(所任)	調印(締結)
黑板(漆板)	當番(堂直, 上番)

끝으로 한자의 생성의 주체적 역할을 한국이 한 것이다. 어떠한 것이 외래적 한자어이고 어떠한 것이 자생적 한자어인가는 중국과 일본의 한자어를 우리말 한자어와 비교 검토하여 확인하여야 할 것이나, 현재까지 연구에서 다음의 한자어들은 한국식 한자어로 생각한다(심재기, 1982, p.48).

菜毒 感氣 身熱 換腸 苦生 兵丁 寒心 四柱 八字 福德房 片紙 書房 道令 査頓 尊堂 生員 進士 …

이 외에도 자생적인 한자어는 헤아리기 어렵게 많을 것이다.

5. 차용 한자어

중국으로부터의 한자어 차용은 Hockett가 말하는 차용 조건 (1) 위세 동기(the prestige motive)와 (2) 필요동기(the need-filling motive)를 다 갖추고 있고, 또한 2000년이란 긴 기간 동안에 이루어진 것이므로 우리말의 음운 체계 및 의미 체계 속에 완전히 동화되었다. 따라서 한자어는 차용어이라기보다 고유어와 차용어(borrowimg word)의 중간 위치에 있다고 할 만큼 우리말화하였다.

붓(筆), 종이(紙), 베(布), 부처(佛), 절(刹), 누비(衲衣), 무명(木棉), 가난(艱難), 재주(才操), 사냥(山行), 초(燭), 요(褥), 보배(寶貝), 먹(墨), 썰매(雪馬), 미음(米飮), 방망이(棒), 모과(木果), 배추(白菜), 김치(沈菜), 시금치(赤根菜)

위의 단어들이 어원적으로 모두 중국에서 차용한 말인가에 대하여는 일부 의심이 가지만 우리말 어휘로 동화되었음을 알 수 있다.

한자어의 차용은 조어법에도 변화를 가져왔다. 같은 의미의 낱말이 중복되어 새로운 복합어를 만들어 내거나 고유어와 결합시켜 새로운 단어를 만들어 내고 있다(Hockett, 1957, p.404. 천시권 외, 1983, pp.215~224. 박은용, 1968).

초가집(草家), 사기그릇(砂器), 역전 앞(驛前), 당사실(唐絲), 명주베(明紬), 손수건(手巾), 강물(江水), 등불(燈火), 연못(蓮池), 병마개(瓶栓), 산새(山鳥), 색실(色絲), 식칼(食刀), 잡소리(雜言), 향불(香火), 황소(黃牛), 약물(藥水), 윤달(閏月), 가루약(粉藥), 총알(銃丸), 꽃병(花瓶), 달력(月曆), 물통(水桶), 모기장(蚊帳), 밥상(飯床), 발병(足病)

다음은 시대적으로 한자 차용어의 특징을 살펴보기로 한다.

고대 국어의 한자 차용어에 대한 연구에서 이탁(李鐸)은 언어 차용 관계에서 많은 수의 단어가 우리 나라에서 중국으로 건너갔다는 주장이다.

(1) 契(글), 筆(붓), 歲(해), 紙(종이), 律, 呂, 宮商角徵羽
(2) 밥 = 飯, 그릇 = 皿, 솥 = 鼎, 도끼 = 斧, 배 = 舟, 옷 = 衣, 갓 = 冠,
    귀 = 耳, 눈 = 目, 혀 = 舌, 불하 = 肺, 팔 = 臂, 다리 = 腿, 발 = 足,

갗 = 皮, 맞 = 蛤, 벌 = 蜂, 개 = 犬, 돝 = 豚, 나 = 我, 너 = 爾, 딸
= 女

(1)의 예들은 우리 나라에서 건너간 것이고, (2)의 예들은 원시문화에서는 서로 같았다는 것이다. (1)의 예들은 아직 가설적인 단계에 있어 신빙성이 적고, (2)의 예들은 한국어와 중국어가 원시 시대에는 이른바 '원시고립어' 단계를 거치게 되는데 결국 같은 어원에서 출발했다는 가설이다. 이들 가설은 현 단계에서는 쉽게 이해되지 않는 주장이다. 그러나 문화란 일방적으로 흐르는 것이 아니라 비록 그 세력이 비록 약할지라도 역류한다고 하는 것을 고려할 때 이탁의 주장은 문화의 기점을 중국 일변도로 생각하는 풍조에 대하여 경종의 구실도 할 뿐 아니라 그 자체에 의미를 가진다.

김완진(1970)이 제시한 어사 36개는 아래와 같다.

부텨 : 佛, 힝뎍 : 行, 제 : 時, 석(짚세기) : 屧, 격지 : 履, 자 : 尺, 쇼 : 俗, 뎌 : 笛, 뎔 : 邸, 예 : 倭, 살 : 矢, 절 : 齋, 절 : 祇, 톳기 : 兔, 갓 : 芥, ㅈ : 界, 붇 : 筆, 먹 : 墨, 적- : 志, 誌, 닥 : 楮, 스 : 書, 곰·고마 : 熊(한국어에서 차용한 듯), 거위 <*거루, *거로 : 雁(알타이어에서 차용한 듯), 그러기 : 騏(한국에서 차용한 듯), 작-(자갈에서) : 石(알타이어를 중국어가 받아들이고 다시 이를 받아들임), 닭 : 鷄, ㄱ볼 : 群, 수볼(酒) : 水, 이볼 : 萎, 거붑 : 龜(한국에서 차용한 듯), 몰 : 馬, 되 : 斗, 뵈 : 布, 벼 : 稗, 녀믜- : 衽

위의 용례들은 중고한음(中古漢音)에 대한 재구를 통하여 우리말과의 연계를 추정한 것인데, 이미 고대국어 단계에서 문화 접촉으로 언어의 교류가 있었다는 중요한 방증은 된다. 그러나 다분히 추정적인 면이 강하므로 객관성을 얻기 위해서는 먼저 중국 한자음과 한국 한자음의 변화와 이들 상호간 대응 관계가 밝혀져야 할 것이다. 이들 대응 관계를 이탁(1958)은 14종의 음운 법칙으로 수립한 바 있으나 수용하기 어려운 점

이 많다.

심재기(1982)도 Karlgren의 한자고음사전(漢字古音辭典)에서

재(灰) 젺-(折) 확(갑자기:), 딕-(點), 이엉(蓋草), 스미(袖), 쑥(突出貌), 겯
-(編 : 結), 기-(欺), 그(其), 게(蟹), 솔(松, 刷), 닿-(達), 씌·씌-(帶), 재-
(積, 載), 새옴·새오-(猜), 채(鞭:策), 디(落 : 墮), 져미-(鑿), 뛰-(跳), 도·
돝(猪), 대(作), 무늬(紋)

등 23개의 단어들을 제시하고 있는데, 이들은 단지 음의 유사점에 착안
한 것이므로 역시 그대로 수용하기 어렵다. 음운의 대응 관계가 되든 사
료적인 면의 뒷받침이 되든 상당한 근거가 제시되지 않는다면 이는 서구
어 서전을 펴놓고 우리말과 연결하는 행위가 같이 무모한 것이 될 수도
있다.

전기 중세국어 시대인 고려 시대의 차용어는 송대(宋代) 언어가 되는
중국어와 원대(元代) 언어인 몽고어가 대표적이다. 이 시대의 연구는 이
기문(1964, 1966, 1978)으로 대변되는데, 몽고어 관계의 연구가 주가
된다. 후기 중세국어에서 중국어 차용에 대한 연구도 이기문(1965)으로
대표된다. 이들 차용어는 문헌을 통하여 간접적으로 전래된 것과 문물과
함께 직접 차용된 것으로 구분하여 볼 수 있는데, 전자는 한자어라 하여
전통적 한국 한자음으로 불려지는 것이요, 후자는 수입 당시의 중국어 원
음에 가깝게 발음하였던 어사를 가리킨다.

이기문(1965)이 제시한 16세기에서 18세기에 걸친 역학서들에 나타
난 70여 개의 중국어계 차용어 중 일부를 보이면 아래와 같다.

보븨(寶貝), 파란(琺瑯), 퉁(銅), 흉(胸背), 쾌즈(褂子), 탕건(唐巾), 디즈
(帶子), 투구(頭盔), 망·망근(網巾), 훠(靴), 풍즈(柵子), 상투(上頭), 토슈
(套袖), 푼즈(粉子), 로·노(羅), 비단(匹段), 무명(木棉), 다홍(大紅), 산판
(算盤), 사탕(砂糖), 천량(錢粮), 천(錢), 투슈·투셔(圖書), 비치(白菜)

심재기(1982, p.59)는 중국계 차용어로 22개의 어사를 더 들고 있는데, 이 중 정약용(丁若鏞)의 「아언각비(雅言覺非)」와 황윤석(黃胤錫)의 「이수신편(理數新編)」의 용례를 보면 아래와 같다.

대패, 大牌(推鉋) : 나무를 곱게 밀어 깎는 연장
도리, 徒里(托樑) : 기둥 위에 돌려 얹은 나무
대공, 大共(斗拱) : 들보 위에 세운 마룻보를 받치는 짧은 기둥
도이창, 刀伊窓(推窓) : 밀어서 여는 창문
박궁, 박공, 朴宮(薄縫) : 마루머리나 합각머리에 붙인 널
사랑, 斜廊(外舍) : 바깥주인이 거처하며 손님을 접대하는 집
정랑, 精朗(圃廊) : 뒷간
남바위(腦包) : 추울 때 머리에 쓰는 방한구
아얌(額掩) : 추울 때 머리에 쓰는 방한구
조바위(貂包) : 추울 때 머리에 쓰는 방한구

남풍현(1968a)에서는 15세기 언해류에 표시된 어사를 정리하였는데 138개에 달한다.

가(哥), 가난(艱難), 간(肝), 간곡(奸曲), 간슈(看手), 검박(儉朴), 고함(高喊), 공번(公反), 공ᄉ(公事), 귀향(歸鄕), 귓것(鬼物), 근원(根源), 긔롱(欺弄), 긔별(寄別), 긔약(期約), 긔운(氣韻, 氣運), 남진(男人), 내죵(乃終), ᄂ실·니쉴(來日), 녀편(女便), 노(羅), 당(當)ᄒ다, 맛당(當)ᄒ다, 당당(堂堂), 당(螳)이아지벌에, 대가(大家), 뎌답(對答), 대도(大都), 대초(大棗), 댱가(丈家), 댱샹(長常), 비얌댱어(長魚), 뎌(笛), 뎡(頂)바기, 도ᄌᆨ(盜賊), 듀석(鍮鉐), 디만(持慢), 디위(地位), 롱담(弄談), 만일(萬一), 망량(妄量), 미샹·미양(每常), 미혹(迷惑), 바리(鉢), 반(半), 본디(本來), 본증(本證), 부텨(佛體), 분별(分別), 븍(北), 비단(匹段), 비편·피편(彼便), 사모(紗帽), 사발(砂鉢), ᄉ양(辭讓), ᄉᆡᆼ계(生計), 샤공(艄工), 샹(常), 샹녜(常例), 샹자(尙佐), 셩(性)가시다, 쇼(俗), 수(數), 슈고(受苦), ᄉᆼ(僧), 시급(時急)ᄒ다, 시졀(時節), 시죵(侍終), 시혹(時或), 심(甚)히, 쇼(裯), 약대(駝馳), 양ᄌ(樣子), 언

(堰), 역(驛), 요괴(妖怪), 우션(偶然)히, 원(員), 원수(冤讎), 위(爲)ᄒ다, 위
곡(委曲), 위두(爲頭), 위패(位牌) 음담(飮餤), 잔(盞), 잢간·잠깐(暫間), ᄌ
(字), ᄌ갸(自家), ᄌ디(紫的), ᄌ셰(仔細), 졈탁(潛著), 지조(才調), 쟝ᄎ(將
次), 격삼(衫), 젼(前), 젼(全)혀, 젼ᄎ(詮次), 졈졈(漸漸), 조심(操心), 죄
(罪), 죵(從), 죵긔(腫氣), 쥬변(周遍), 쥭(粥), 즁ᄉᆼ(衆生), 즉(卽)자히, 지리
(支離)히, 진딧(眞的), 진실(眞實), 짐쟉(斟酌), 차(茶), 차반(茶飯), 창(窓),
쳔(錢), 쳔량(錢糧), 쵸(燭), 층(層), 칠(漆), 침로(侵惱), 타락(酡酪), 퉁(銅),
편안(便安), 풍류(風流), 하딕(下直), 힝(幸)혀, 힝뎍(行績, 跡), 향(向)ᄒ다,
호병(華瓶), 황당(荒唐)히, 훠(靴)

이들 중 일부는 생소하고 현재 쓰이지 않는 것도 많으나 대부분 고유어
처럼 친숙하게 쓰이는 말이 많다.

진태하(1976)에서는 고유어화 된 중국어 접미사 '지(子)'의 예로 다음
과 같은 것을 들고 있다.

> 가지(茄子), 동지(鍾子, 盅子), 빈지(板子), 쟝지(障子), 단지(團子), 양지
> (樣子), 보지(巴子), 창지(腸子)

18세기 중엽의 국어 어휘의 모습을 보이는 전적(典籍)으로는 이의봉
(李義鳳)의 「고금석림(古今釋林)」으로서, 그 중의 일부인 「동한역어
(東韓譯語)」에 국어 어휘에 대한 설명이 있다. 이에 대한 연구로는 심재
기(1982, pp.81~99)가 있다. 전체 1450단어 및 어구 가운데서 250가
지를 고유어, 한자어, 속담으로 구분하여 설명하고 있다.

6. 현대어 어휘 항목 분포상의 기능

앞에서는 주로 통시적인 입장에서 고유어와 한자어의 어휘적인 특징을

살펴보았다. 이 장에서는 주로 공시적인 입장에서 고유어와 한자어의 어
휘적 특성을 살펴보고자 한다. 우리말의 어휘 및 의미 체계를 살펴본다는
입장에서 한자어를 중심으로 그 기능을 분석 고찰하여 고유어의 영역까
지 확대하기로 한다.

　다음의 내용은 이용주(1974)를 중심으로 요약 소개하는 것이다.6)

　한자어와 비한자어의 분포를 보면 전 조사 대상 56,096항에서 한자어
가 39,563(70.53%)항이고 비한자어가 16,533(29.47%)항이 되어 비
한자어는 30%에 이르지 못한다. 이는 한글학회 큰사전과 소사전의 53%
: 47%의 비율과 비교할 때 큰 차이를 발견할 수 있다. 이는 조사 대상으
로 택한 중등학교 교과서(국어, 가사, 사회생활, 과학, 실업)와 일반 간행
물(문학, 예술류, 신문, 잡지, 방송 원고, 국회 의사록)은 사전에서처럼
잠자고 있는 어휘가 아니라 살아 움직이는 어사이기 때문에 그 활용에 있
어 큰 차이가 나는 것이다. 결과적으로 한자어의 사용 빈도가 훨씬 높다
는 것을 알 수 있다. 품사별 분포를 살펴보면 명사는 전체 어휘 항목의
54% 이상을 차지하고 한자어만을 기준으로 할 때는 77% 이상이 되어
한자어는 주로 명사라는 결론이 된다. 그 외 품사별 분포는 동사(15%),
형용사(14%), 부사(2%), 관형사(1.6%), 수사(0.29%)로 되어 있다.
그런데, 동사와 형용사의 경우 그 어간 부분이 명사인 것을 고려하고 대
부분의 고유명사가 한자어인 것을 감안하면 우리말에서 한자어의 구성
비율은 한층 높아진다. 한자어를 조어면에서 보면 한자어만으로 된 것과
고유어와 결합된 혼합형으로 나눌 수 있다. 명사의 경우 대부분이 한자어
자체만으로 이루어지나, 동사와 형용사의 경우는 '한자어＋고유어'의 구조
로 이루어지는 것이 원칙이다. '-하다', '-되다'꼴의 어휘 구성이 된다. 어

---

6) 먼저 어휘 항목의 자료 선정을 무엇으로 하느냐는 연구 결과에 큰 차이를 가져온다. 이용
　주(1974)의 어휘 자료는 문교부에서 발행한 어휘조사 보고를 대상으로 한 것이다.

휘 사용 빈도 조사 보고서에 따르면 빈도 순위가 1위인 어휘 항목만도 21,760항이 되어 전 어휘 항목의 38.8%에 달하고, 빈도 순위 2위 : 9,052 항목(16.14%), 빈도 순위 3위 : 3,417(6.09%), 빈도 순위 4위 : 2,890(5.15%), 빈도 순위 5위 : 2,105(3.75%) 등으로 점차 감소되는 경향을 보인다. 빈도 순위 1~2,500까지의 한자어와 비한자어의 대비 관계를 대략 살펴보면 빈도 순위 1~100까지는 7 : 93으로 한자어가 7인데 비하여 고유어는 93이나 되어 고유어가 절대적으로 우세함을 알 수 있다. 빈도 순위 101~200사이도 24 : 76으로 고유어가 우세하다. 빈도 순위 2,500까지 가야 전체적으로 1,202 : 1,298이 되어 거의 같아진다. 결국 고빈도어에 해당하는 어휘는 고유어가 우세하고 저빈도 어휘는 한자어임을 알 수 있다. 조어 유형에 따른 한자어의 구성을 살펴보면 '한자어' 단독으로 된 것이 73.54%인 29,092항목이 되고, '한자어+고유어' 형태는 22.82%인 9,030 항목이 된다. 이 두 유형을 합치면 96.36%가 되니 나머지 서양 외래어와 이들의 결합 형태는 수적으로 미미함을 알 수 있다.

7. 동철어 형성상의 기능

국어의 동철어(同綴語)7)는 고유어, 한자어, 혼종어(hybird)의 여러

---

7) 전통적인 의미의 동음이의어(homonym)는 발음이 같고 의미가 다른 둘 이상의 말을 가리키는 것이다. 여기서는 한글로 표기한 자모와 그 배열의 순서가 같은 단어들을 뜻한다. 동음어는 철자와 발음이 같고 의미가 다른 동철(同綴)·동음(同音)·이의(異意)인 homograph와 철자가 다르나 발음은 같고 의미가 다른 이철(異綴)·동음(同音)·이의(異意)인 homophone의 둘을 포괄적으로 일컫는 용어이다. 동일어(homograph)란 homonym의 하나인 동철(同綴)·동음(同音)·이의(異意)인 것과 철자는 같으나 발음이 다르고 의미가 다른 동철(同綴)·동음(同音)·이의(異意)(heteronym)를 포괄적으로 가리키는 말이다.

어종이 얽혀서 다양하게 이루어졌다. 자료로 17,652군을 뽑을 수 있는데 이들은 대체로 다음과 같은 결과를 보인다.

1) 한자어끼리의 동철어가 가장 많아 전체의 82%인 14,503군이 된다. 만일 여기에 고유어 또는 외래어 등을 포함시킨다면 16,508군이나 된다.

2) 한자어와 고유어 사이에 형성된 동철 현상은 전체의 10.2%로 1,812군이 된다.

3) 고유어끼리의 동철어는 5.32%로 945군에 지나지 않는다.

음절별로 이들을 살펴보면 1음절에서부터 6음절까지 동철 현상이 나타난다. 이 가운데 가장 많은 것은 2음절어로 91.37%인 16,129군 되고, 다음은 3음절어(5.09% : 899), 1음절어(2.4% : 423), 4음절어(0.93% : 164), 5음절어(0.20% : 35), 6음절어(0.11%, 2) 등이 된다. 이는 전체 동철어를 기준으로 한 것이지만 고유어를 기준어로 하였을 때도 같은 결과를 보여 2음절어, 3음절어, 1음절어, 4음절어, 5음절어, 6음절어의 순서가 된다. 동철어를 달리 확대 해석하면 그것은 동음이의어(同音異議語) 달리는 다의어(多義語)가 된다. 다의어에 대한 연구는 이숭녕(1962b)에 의해서 시작된 바 있다. 이들 다의어 발생의 원인과 중세어의 예를 간략히 살피기로 한다.

다의어 발생의 첫 번째 원인은 적용의 이동(shifts in application)이다. 중세어에서 어휘 자료를 찾아보면 아래와 같은 예를 찾을 수 있다.

갓, 갗(皮膚, 表面) ; 그슴(拘碍, 線, 期限) ; 빼(隔, 時間) ; 쎄(時, 食事時, 食量) ; 고기(肉, 魚) ; ᄀᆞᄅᆞ(粉, 麵) ; ᄀᆞ롤(脚, 流派) ; 굼(限, 際邊) ; 긴(柱, 柄) ; 김(氣運, 機會, 時期) ; 고ᄒᆞ(鼻, 結頭) ; 글월(文書, 片紙, 冊, 記錄) ; 곡도(幻像, 人形) ; ᄀᆞ만ᄒᆞ다(安靜, 隱密) ; ᄀᆞ리다(分別, 選擇) ; 가리다(選擇, 分岐) ; 가죽다(近, 整齊, 具備) ; ᄀᆞ초다(具備, 保管) ; 굶다(竝行, 競爭) ; ᄌᆞᆺᄌᆞᆺᄒᆞ다(凉, 明, 淸) ; 거슬다(不順, 妄) ; 거흘다(倒, 吸) ; 님(王君, 愛人) ; 날(日, 太陽) ; 니(霧煙, 烟, 霞) ; 마리, 머리(頭, 髮) ; 벗다

(脫, 免) ; 무르(宗, 嶺) ; 말(話, 是非, 吡, 責) ; 바른(正, 右) ; 버으다(塞, 阻, 隔, 離) ; 비다(催, 促, 急, 密) ; 술(肉, 皮膚) ; ᄉᆞ랑(思, 慕, 愛) ; 사오납다(猛, 惡) ; 뒤(後, 北) ; 앏(前, 南) ; 어ᅀᅵ(父母, 母親) ; 어리다(愚, 幼) ; 앗다(奪, 脫皮) ; 어득ᄒᆞ다(暗遠, 渺茫) ; 어엿브다(美, 憐) ; 에다, 애다(包圍, 避) ; 입다(疲勞, 枯) ; 힘(力, 筋, 勸) ; 헐다(破謗, 發腫)

동음어는 흔히 동음이의어(homonym)라 불리는 것으로 둘 이상의 다른 말이 그 의미(signifié)의 차이에도 불구하고 동일한 형태(signifiant)로 나타나는 것을 뜻한다. 수없이 많은 개념을 표현하는 데 있어 제한된 수의 음운 결합을 가지고 나타내야 하기 때문에 동음어 발음은 어느 면에서 보면 필연적인 것이다.

국어에서의 동음어 발생 원인으로는 성조의 소실과 음운론적 환경에 따른 중화 현상을 들 수 있다. 성조가 있을 때에는 각기 독립된 단어로 독자적인 의미를 가졌으나 성조의 소실로 동음어가 되어 버린 결과이다.

밤(栗) / 밤(夜)   날(刃) / 날(日)
눈(眼) / 눈(雪)   솔(松) / 솔(刷子)
줄(線) / 줄(鑢)

등의 예는 현재는 장단에 의해 구분되는 것이나 중세어에서는 성조에 따라 구분되던 어휘들이다.

있다(有) / 잇다(續) / 잊다(忘)
낫(鎌) / 낮(晝) / 낯(面) / 낱(單) / 낟(穀)

등의 예는 후자를 대표하는 예이다. 한자어의 경우에는 합성어가 많아서 동음 현상이 많이 생기는 것은 불가피한 현상이었다. 그 보기를 들어보면

傾斜/慶事/京師, 改選/改善/凱旋, 考査/固辭/告辭/姑捨, 工事/公使
/公司, 公布/恐怖/空砲, 富裕/蜉蝣/腐孺, 附和/浮華/孵化, 社堂/寺黨/
祠堂, 社稷/司直/辭職, 所生/小生/蘇生/甦生, 受賞/殊常/首相, 眞情/
鎭靜/眞正/陳情

등 헤아릴 수 없이 많다. 참고로 중세 및 근세 국어에서 쓰인 동음어의
예를 찾아보면 다음과 같다.

  곱(脂)/곱(倍) ; 구실(官, 職分)/구실 ; 나리(浦, 津)/나리(百合) ; 미, 뫼
(飯)/미, 뫼(野, 山) ; 넋(魂)/넋(물가에 버들이나 숲이 우거져 고기가 많이 숨어 있
는 곳) cf. 등 검고 술진 고기 버들 넉세 올라괴야(兪崇, 時調) ; 뉘(世〈時間〉)/뉘
(累)/뉘(白米에 섞인 벼)/뉘(波浪)/뉘(누구의 略) ; 바람(壁)/바람(風) ; 별(江
邊)/별(星) ; ㅁ른(宗, 旨)/ㅁ른(大廳)/ㅁ른(箇, 벌) ; 칼, 갈(刃)/칼, 갈(形具)
; 걸다(肥沃)/걸다(掛) ; 여믈(實)/여믈(짐승의 먹이) ; 의(單)/의(左) ; 견다
(編)/곁다(競) ; 얼(精神)/얼(티, 허물) cf. 萬古 聖賢 工夫子도 陽虎의 얼을
입어 匡野에 가쳤더니(판본 춘향전) ; 괴다(愛)/괴다(積) ; 외다(遠隔)/외다(誤)/
외다(暗誦) ; 일다(成)/일다(興) ; 좋다(淸)/좋다(好) ; 살다(活)/살다(燃) ; 양
(樣)/양(胃臟) ; 믈고(水門)/믈고(物故)

8. 의미 체계 형성상의 기능

  이 장에서는 한자어계 동사, 형용사, 명사의 의미 체계 형성상의 기능
을 살펴보기로 한다(이용주, 1974, pp.171~174)8). 흔히 동사는 운
동·동작·행위·변이 과정 등 일련의 '움직임'을 나타낸다고 하나 정적이
라 할 수 있는 상태와 사물과 사물의 '관계'를 지시 대상으로 하는 동사도
있다. 또 어떤 경우 언어 형식상으로는 '능동' 표현임에도 불구하고 의미

---

8) 이용주(1974) 결론 부분(pp.171~174)의 내용을 약간 손질하여 옮긴 것이다.

상으로는 '피동'이고 문법적으로는 '사역'이 아닌 언어 형식이 의미적으로는 사역이 되는 예도 많다. 동사의 의미 특성은 관련된 물체와 상관을 가진다. 특히 인간의 행위를 기준으로 분석해 보면 원식적으로 일상생활에 필수적인 행위로 수없이 반복하는 이른바 기초 어휘에 해당하는 동사 체계는 공유어에 의존하고 있고 그 체계도 상당히 정비되어 있어 한자어가 대량으로 또한 깊이 침투할 수 없게 되어 있다. 구체적인 행위에서는 고유어가 우세하나 추상적인 행위에서는 한자어가 우세하다. 즉 문화적인 면에서 고도의 의미적 추상적인 한자어로 표현되는 것이다.

　형용사는 '성질', '상태'를 지시 대상으로 한다는 것이 보편적이나 '관계'나 '결여 개념'을 나타내는 것도 적지 않다. 성질이나 상태를 나타낸다 해도 '정적'인 것만이 아니라 '동적'인 요인이 크게 작용하기도 한다. 기타 '감각'이나 화자의 '주관'이 의미 규정의 요인으로 작용하고 있다. 그런데, 주목할 것을 '결여 개념'의 경우를 제외하고는 대체로 형용사의 기본적인 어휘 체계는 고유어로 형성되었다는 것이다. 특히 색채어의 경우는 한자어가 없다. 이에 비해 명사는 고유어와 한자어의 대응 관계가 성립된다. 온도 형용사는 거의 고유어 체계로 구성되어 있는 것도 특색이다. 한자어로 된 형용사가 몇 개 있기는 하나 수도 적고 사용 빈도도 낮다. 감각어도 고유어가 절대 우세하다. 차원 형용사도 고유어 체계가 확고하고 한자어로 된 경우는 추상성이 높은 어사이다.

　명사는 '실체'를 지시 대상으로 한다는 것이 가장 두드러진 의미 특징이다. 실체가 있는 지시 대상은 '개체'를 위시하여 '집합, 유(類), 부분, 물질' 등이고 '결여 개념, 수, 성질, 상태' 등은 실체가 없는 것들이다. 명사는 이들 모두를 지시 대상으로 하기 때문에 '비실체(非實體)'를 '실체화(hypostasierung)'하고 있는 것이다. 한자어계 동사와 형용사의 어간은 명사로 되어 있고 비록 이들이 구체적인 행위나 상태를 지시한다 하더라도 명사 단계에서는 추상성이 높다는 특징을 가지다. 명사에서도 원시적이고 일상의 기본 생활과 연관된 '개체, 집합, 유별, 성질, 운동, 성질' 등을 지시 대상으로 하는 것들은 고유어로 되어 있고 추상적이고 관념적인 의미 분야는 한자어로 되어 있다. 수(數)에 있어서는 1~99까지는 고유어와 한자어의 대응이 있으나 백, 천, 만 등의 높은 단위 수는 한자어만으로 체계가 확립되어 있다. 그러나 수사 전체를 보면 고유어의 결손 부분을 한자어가 채워 주고 있다.

고유어와 한자어의 관계를 정리하면 다음과 같다.

1) 고유어와 한자어는 각 의미 분야에서 one-two-many correspondence 또는 interlocking correspondence의 대응 관계를 형성하는 일이 많다.

2) 고유어와 한자어는 상·하위 개념 관계가 성립되는 것이 많은데 고유어가 상위어(Superhyponym)로, 한자어가 하위어(Hyponym)가 되는 경우가 많다. 그러나 때로는 고유어끼리 또는 한자어끼리 상하의 관계를 형성하기도 하고 한자어가 상위어, 고유어가 하위어인 경우도 있다.

3) 상위어는 외연(denotation)이 크고, 하위어는 내포(connotation)가 큰데 이런 관계가 고유어와 한자어에서 이루어지는 일이 흔히 있다. 다시 말하면, 고유어는 의미, 영역이 상대적으로 넓은 편이고 한자어는 좁은 편이다. 이는 한자어의 대부분이 2~3개의 어사가 결합된 경우이거나 그 결합을 기반으로 하기 때문에 의미가 정밀하고 구체적인 규제를 당하기 때문이다.

4) 단적으로 말해 한자어는 한국어의 어휘 체계와 의미 체계의 결손 부분을 보충하여 준다고 할 수 있다. 만약 이를 제거한다면 한국어의 체계는 큰 혼란을 면치 못할 것이다.

※ 「국어의미론」(이용주 외), 1990, 개문사.

참고 문헌

김민수(1956), "한국어와 중국어에 공통한 음운법칙", 「한글」 115, 118.

───(1958), 「국어학논고」, 정음사.

───(1965), "근세중국어에 대하여", 「아세아연구」 8-2.

───(1966), "웅골명(鷹鶻名)의 기원적 고찰", 「가람이병기박사송수기념논집」.

───(1968b), "중국어 차용에 있어서 직접차용과 간접차용의 문제에 대하여",
     이숭녕박사송수기념논총.

───(1972), "15세기 국어의 한자어 차용고", 「국문학 논집」 5・6,
     단국대 국어국문학과.

───(1974b), 「한국 한자어의 어휘론적 기능에 대한 연구」,
     서울사대국어국문학 연구회.

───(1978), "어휘차용에 대한 일고찰", 「언어」 3-1, 한국언어학회.

───(1980), 「신국어학사」, 일조각.

───(1982), 「국어어휘론」, 집문당.

───(1983), 「신국어학」, 일조각.

김완진(1970), "이른 시기에 있어서의 韓中言語接觸의 일반에 대하여",
     「어학연구」 6-1, 서울대 어학연구소.

김형규(1962), 「국어사연구」, 일조각.

남풍현(1968a), "15세기 언해문헌에 나타난 정음표기의 중국계 차용어사 고찰",
     「국어국문학」 39・40호, 국어국문학회.

박은용(1968), "중국어가 한국어에 미친 영향", 「동서문화」 2집,
     계명대 동서문화연구소.

심재기(1971), "한자어의 전래와 그 기원적 계보",
     「김형규박사송수기념논문집」, 일조각.

유창돈(1980), 「국어사연구」, 이우출판사.

이기문(1964), 「Mongolian loan words in middle korean」,
     Ural-Altaische Jahrbucher 35, Fase B.

이용주(1974a), "한자어의 의미론적 연구(1)", 「연구논총」 4,
　　　　서울대 교육회.
이응백(1988), 「한자·한자어의 실태와 그 교육」, 아세아문화사.
이　탁(1946~7), "언어상으로 고찰한 선사시대의 환하문화(桓夏文化)의 관계",
　　　　「한글」 101~106.
진태하(1979), "고유어화 된 한어접미사(漢語接尾辭) '지(子)'에 대하여",
　　　　「언어학」 3, 한국언어학회.
천시권 외(1983), 「국어의미론」, 형설출판사.
최범훈(1973), "국어의 한자계 귀화어에 대하여", 「양주동고희기념논문집」.
Hockett(1957), *A course in Modern Linguistics*,
　　　　New York : The Macmilan.

제 **3** 부

민족어의 교육문제

민족어의 분단과 통일과제

1. 서 론

우리의 민족어인 한국어는 역사적으로 수천 년을 단일어로서 어떤 인위적인 제약 없이 자연발생적으로 계승 발전되어 왔다. 역사의 기록 이후인 삼국시대의 언어만 하더라도 비록 그 언어적 차이가 있고, 국가의 형태를 달리하고 있을지라도 인위적인 통제나 정책으로 단일 민족어로서의 본질을 저해하는 행위는 없었다. 오히려 '국경'이란 장벽을 두고 자연스러운 지역방언적 분화와 동시에 다른 국가체제로 말미암아 계층방언적 분화를 꾀하였을 것으로 생각된다. 그런 의미에서 10세기 신라의 통일은 '한반도의 언어통일'이란 의미를 부여할 수 있다.

이후, 고려의 건국은 표준어의 변동이란 지역적 변화만을 가져왔고, 조선을 거쳐 오늘에 이르기까지 경기방언이 표준어로서의 역할을 수행한 지 1,000년의 세월이 흘렀다.

지난 20세기 동안 우리 민족사에 크고 작은 여러 가지 변혁이 있었는데 그 중 가장 큰 사건의 하나가 "일제의 식민지 통치, 민족의 분단, 6·25사변"이란 일련의 사건일 것이다. 1945년은 "민족의 해방"이란 감격의 시점이었다. 그러나 국토를 비롯하여 정치, 문화, 사회, 민족의 전반에 걸쳐 "분단과 이질화"라는 비극의 시발점이 되기도 했다. 언어의 경우도 예외가 아니다.

언어의 변화란 그 자체가 자연스러운 것이다. 개인어(idiolect)의 경우도 하루에 3개정도, 일년이면 약 1,000개의 변화가 이루어진다고 혹자는 말한다.

그러나 남북한의 언어는 지역적, 계층적 차원에서의 자연스러운 변화를 넘어서 급격한 변화를 가져왔다. 이 원인은 더 말할 것 없이 정치적인 요인이다. 이 정치적인 요인은 방언적 변화라는 변화의 정도를 넘어서는 강력한 언어의 이질화를 촉구하였다. 특히 북한의 강력한 언어정책과 반 세기가 넘는 긴 기간의 지배 체제는 다른 분단국가들 보다 더 큰 이질화를 가져올 수밖에 없었다.

제주도와 한반도 사이의 제주해협은 수백 킬로미터 넓은 바다이지만 이것은 한갓 방언경계선(dialect boundary)에 불과하다. 압록강과 두만강은 지호지간(指呼之間)의 가까운 거리이나 한국어와 중국어란 별개의 언어를 구분하는 언어경계선(language boundary)이다. 155마일 휴전선은 중부방언이란 동일 언어권에 인위적으로 그어진 군사분계선에 불과하였지만 지금은 단순한 방언경계선 경지를 넘어선 지 오래라 할 수 있다. 이는 달리 표현하면 한반도는 휴전선을 중심으로 이분화 된 강력한 방언경계선이 그어졌고, 그 하위에 각 지역방언이 구분된다고 할 것이다.

2. 본 론

2.1 이질화의 요인과 북한언어

1) 언어정책과 언어규범

언어변화의 요인은 여러 가지 면에서 고찰할 수 있다. 남북한 언어변화의 요인으로 시간적, 지역적인 요인을 넘어서 언어정책의 차이를 가장 큰 요인으로 꼽을 수 있다. 남북한 정치체제의 대립에서부터 기인한 언어정책의 차이는 언어규범을 바꾸어 놓았고, 결과적으로 이질화된 언어현상을 가져왔다.

먼저 북한의 언어정책을 간략히 살펴보고 언어규범과 언어의 차이를 살펴보기로 한다.

남한의 경우는 분단 후 특기할 만한 언어정책이 제기되지 않았으나, 북한은 언어를 무기로 삼는 주체사상과 막스·레닌 사상의 실현을 위하여 강력한 언어정책을 폈다.

분단 이후 북한의 언어정책이 어떠한 과정을 거쳐 변모되었는가를 김민수(1996)에 의거 살펴보면 다음과 같이 3기로 나눈다.

(1) 김일성 : 1기(1945~63) 주체사상을 구축한 막스 레닌주의[1]

---

[1] "언어는 그 기원이 의식과 마찬가지로 오래이다. 언어는 사람을 위하여 존재하는 또 오직 그럼으로써만이 나 자신을 위하여서만 존재하는 실천적이며 현실적인 의식이다. 그리고 의식과 마찬가지로 언어도 오직 다른 사람들과 접촉하려는 요구, 그러한 간절한 필요로부터서만이 발생한다."**(마르크스 : 1845)**
"언어는 인간교제의 가장 중요한 수단이다. 언어의 통일과 그 자유로운 발전은 현대 자본주의에 상응하는 진실로 자유롭고 광범한 상품유통과 모든 개별적 계급에로의 주민의 자유롭고 광범한 집결의 가장 중요한 조건의 하나이다."**(레닌 : 1914)**
"언어는 민족을 특징짓는 공통성 가운데서 가장 중요한 것의 하나입니다. 피줄이 같고 한 령토안에서 살아도 언어가 다르면 하나의 민족이라고 말할 수 없습니다. 우리는 공산주의

2기(1964~83) 조선로동당의 주체사상을 자기활동의 지도적 지
침으로 삼음
국어순화 -말다듬기
(2) 김정일 : 3기(1984~96) 종전의 주체사상 및 정책을 계승하면서 지양과 반
전을 엿보이는 시기. 김정일 시대의 현실적 반전.

이처럼 북한은 남한과 달리 강력한 언어정책을 바탕으로 하여 언어규
범을 바꾸게 된다. 그 결과 남북한의 언어는 급속히 이질화되었다. 이질
화의 요인은 결국 언어정책의 결과물인 언어규범의 차이 때문이다. 언어
규범이란 넓게는 사전에 수록된 표준어의 어휘로부터 문법교과서, 맞춤
법, 띄어쓰기, 문장부호법, 표준 발음법, 외래어 표기법 등 다양하다.(전
수태·최호철, 1989, p.55)

이러한 북한의 언어정책을 담당하던 최초의 기관은 〈조선어문연구회〉다.
이는 김일성 종합대학 내에 옮겨 설치되고, 어문정책 변화의 기틀을 주도
적으로 마련하게 된다.2) 뒤에는 〈사회교육원〉이 이들 역할을 담당하게
된다.

1960년대 이후 북한의 언어정책의 주도적인 지침 역할을 한 것은 김
일성의 두 번에 걸친 교시다.3) 그의 교시는 문자개혁, 어문정리, 한자어,

자들입니다. 우리는 자기의 말과 글을 발전시키는데서 세계인민들의 언어발전의 공통적인
방향을 고려하여야 합니다. …… 우리의 말과 글은 우리나라 경제와 문화, 과학과 기술의
발전에서, 사회주의 건설의 모든 분야에서 힘있는 무기로 되고있습니다."(김일성 교시 :
1964)

2) 이 기관은 1952년 사회교육원의 설립과 함께 해산이 되는데 그간에 이루어 놓은 대표적
인 것이 「조선어 신철자법」(1950. 4.), 「조선어문법」(1949. 12.)의 간행이다. 특히 「조
선어 신철자법」은 분단 후 처음으로 표기법의 이분화란 의미를 가진다. 이후 철자법의 개
정이 다시 이루어지고 조선말 사전을 고치는 일, 어문교과서 특히 국어문법 교과서의 개
편 등은 한층 심화된 내용적인 이질화를 급속히 하는 요인이 되었다. 이후 사회교육원이
주도하여 이루어낸 것으로 「조선어 철자법」(1954), 「외래어 표기법」(1956. 5.), 「조선말
사전」(1960), 「조선어문법 I」(1960. 7.) 등을 손꼽을 수 있다.
3) 주지하는 바와 같이 김일성의 교시는 북한의 문자정책에 절대적인 지침역할을 한다.

외래어 문제 등 많은 성과가 있었으나 남한의 언어에 대하여는 편견이 심하였다. 즉 그들은 "1) 미제와 그 앞잡이들의 조선말 말살정책으로부터 민족어를 지켜내기 위한 오늘 우리 혁명발전의 합법칙적 요구. 2) 미제와 그 앞잡이들의 조선말 말살정책으로부터 민족어를 지켜내기 위한 우리 당의 지침. 3) 미제와 그 앞잡이들의 조선말 말살정책으로부터 우리말과 우리 글을 지켜낼 데 대한 우리 당 정책의 성과적 실현."이란 강령까지 내세우게 된다.

1980년대 중반 이후 김정일 시대에 들어오면서 북한의 언어는 또 한 차례 변화를 겪게 된다.

이들 전시대를 통하여, 대표적인 언어규범의 변화 양상을 살펴보기로 한다.

2) 언어규범의 차이

남북한의 언어는 1936년에 사정·심의한 〈조선어학회〉의 "조선어 표준말 모음"에 기초한 동일한 기점에서 출발하였다. 표기법 역시 동일한 "한글맞춤법 통일안"(1933. 10.)에서 시작된 것이었다.

그러나 이후 남북한은 각각 다른 정치 체제 속에서 다른 언어정책을 추진하면서 남북의 언어는 점차 달라졌다. 특히 북한에서는 문화어란 이름

1964년 1월(「문화어 학습」, 1968. 2호)과 1966년 5월(「문화어 학습」, 1969. 3호)의 두 가지가 있다. 1964년 교시에서 김일성은 8가지의 문제에 대하여 언급하고 있다.
① 문자개혁의 문제 ② 한자어 문제 ③ 외래어 문제 ④ 한자문제 ⑤ 단어 형태표시 문제 ⑥ 어휘정리문제 ⑦ 언어생활문제 ⑧ 조선어교육 문제.
1966년 김일성 교시는 ① 외래어의 장리 ② 표준어를 문화어로 고쳐 부른다 ③ 글자개혁은 통일 이후로 한다.
이 두 교시의 핵은 고유어에 근거한 주체적인 언어, 사회주의 건설을 위한 전인민의 힘 있는 무기로서의 언어, 국제어에 합류할 수 있을 때까지의 준비단계로서 민족적인 것을 최대한으로 살려나갈 언어로 귀착한다.(강영, 1989)

아래 남한의 표준어와는 많은 차이가 있는 어휘체계를 형성하게 되었다.
여러 가지 변화의 요인 중에서 대표적이라고 할 수 있는 언어규범의 변화를 중심으로 살피되 (1) 철자법, (2) 국어순화 운동의 일환인 문맹퇴치, 한자어 정리, 외래어 정리 등의 순서로 기술하기로 한다.

(1) 철자법(綴字法)

음성언어의 경우는 음운의 변화가 가장 두드러진 언어차이의 지표가 되는데 반하여, 문자언어 이질화의 가장 가시적인 현상은 표기법의 변화다. 남북한의 철자법은 1933년 10월에 제정한 「한글마춤법통일안」에 기초한 것이었다.4) 남한의 경우는 1946년 9월에 그 일부의 개정이 있었을 뿐 1988년까지 큰 변화 없이 그대로 사용하였다. 1988년의 개정의 경우도 언어현실과 철자법 및 표준어의 괴리를 극복하려는 취지에서 마련한 것이 근본취지다. 그러나 북한의 경우는 세 차례에 걸쳐 적극적으로 철자법을 개정한다.

그 동안 개정한 북한의 철자법 변천을 김민수(1991)에 의거 간략히 살펴보기로 한다.5)

제1기 : "통일안"시대(1945~54) - 초창기(草創期)

이 시기는 〈한글맞춤법통일안〉시대로 남북한이 철자법과 표준어에 있어 차이 없이 공통적으로 사용하던 시기다. 그러나 북한은 〈한글맞춤법통일안〉에 대하여 비판을 가하면서 1948년에 「조선어 신철자법」을 제정하고, 2년 후부터 시행했으나 제대로 시행되지 않았다. 이는 6개의 생소한 자모를 추가하는 등 풀어쓰기를 전제한 것이었는데 실패로 끝나고 만다.

1946년에 7월에 발족한 〈조선어문연구회〉는 정부기구가 되어, 1949

---

4) 이 통일안은 1937년 3수정, 1940년 일부개정 등이 있었다.
5) 북한은 언어정책상 세 번의 철자개혁을 단행하는데 이는 북한어 연구사의 시대구분을 할 만큼 의미 있는 비중을 가진다.(김민수, 1991)

년 4월 기관지 「조선어 연구」를 창간하고, 12월에는 최초의 규범문법인 「조선어 문법」을 출간한다. 또한 1950년 4월 「조선어 신철자법」이 출판되고, 10만 어휘의 「조선어사전」을 발간하기 위한 준비를 하나 전쟁으로 허사가 된다. 이때까지 남·북한 언어에는 큰 차이가 없었다.

　제2기 : "철자법"시대(1954~66) - 건업기(建業期)
　이 시기는 1954년 9월 「조선어 철자법」을 제정하여 철자개혁을 단행하고 독자적인 기반을 다져놓은 시기이다. 이른바 주체사상으로의 무장을 획책하는 시기로 독자적인 철자법의 개혁을 했기 때문에 소폭이나마 남북한의 언어 격차가 벌어진다. 1956년 1월 「외래어 표기법」 제정이 있었고, 1958년 12월에 이를 개정하게 되는데 이로 인하여 남북한 언어의 격차가 더 벌어지게 된다.
　1952년 10월에 창설된 과학원에서 언어정책을 전담하게 되는데 과학원의 대표적인 업적은 1960~63년에 완성한 문법 2권과 사전 6권이다. 이들은 다분히 이념적이고 규범적인 내용들이다.

　제3기 : "규범집"시대(1966~87) - 조성기(造成期)
　이 시기는 「조선말규범집」(1966.7.)의 시행으로 다시 철자개혁을 하며, 영생불멸의 주체사상 구현을 위해 이론실천적 연구로 전환하는 시기다. 특히 평양말을 중심으로 한 문화어를 표준어로 정하는 언어정책을 펴게 된다. 국어순화의 일환으로 시행한 말다듬기는 15년에 5만여 개의 낱말을 변화시켰다. 이로 인하여 남북한 언어의 격차를 더욱 크게 벌려 놓는 결과를 가져왔다.
　이 시기의 언어정책은 1964년(1. 4.)과 1966년(5. 14.)의 김일성 교시를 지침으로 사회과학원에서 통제하게 된다.

　제4기 : "새규범"시대(1987~1999, 현재) - 합성기(合成期)

이 시기는 1987년 5월에 수정 보충한 「조선말규범집」 신판(1988. 2.)을 시행하고 연구의 방향을 응용언어학으로 확대하는 시기다. 그 수정은 전면적 조정을 통한 절충적 복귀의 성격을 가진다.

"그처럼 혁명의 방법으로 다우치던 다듬은 말도 1987년에는 파악성 있는 단어라 하여 절반인 2만 5천 개만을 선정했다. 이런 양상은 부분적이나마 협동 없이도 새로 남북의 공통점을 창조하는 희망찬 결과를 빚었다. 그렇다고 이미 벌어진 격차를 근본적으로 해소하리라고 기대하기는 어렵다."(김민수, 1991, p.19)

이 시기에는 실험음성학과 전산언어학의 시설을 설치하고 과학자를 편성하여 응용연구를 꾀하여 많은 성과를 거둔 것으로 평가된다. 1986년 4월 복간한 「조선어문」을 통하여 언어연구에 박차도 가하고 성과도 이루었다.

이상과 같은 북한의 철자법 개정은 남북언어의 이질화를 양산(量産)하는 직접적인 원인이 되었다.

(2) 국어순화

북한의 국어순화는 ① 문맹퇴치 운동에서 발단되어, ② 말다듬기 운동, ③ 어휘정리, ④ 문화어 운동으로 발전된다. 이 운동은 철자법에 못지 않게 남북한 언어를 이질화시키는 요인이 되었다. 이들의 개략적인 내용을 이윤표(1991)와 서태길(1989)을 중심으로 정리해보기로 한다.

① 문맹퇴치사업

북한은 1947년 8월에 1만여 개의 한글학교를 개설하여 12월부터 이듬해 3월말까지 문맹퇴치 사업을 벌리게 된다. 문맹퇴치 사업이 마무리되는 1949년 9월부터는 5년제 의무교육을 실시하게 된다.[6]

---

6) 북한의 의무교육 제도를 보면 1949년 5년제에서, 1958년 11월부터 7년제로, 1967년 4월부터는 9년제로, 1973년 8월부터는 11년제로 확대 실시하게 된다.

해방직후 북한에는 약 230만에 달하는 문맹이 있었다고 추정한다(김일성 전집2권). "언어란 혁명투쟁과 건설사업의 힘있는 무기"라는 언어관을 가지고 있던 그들은 혁명과업을 수행하기 위하여 노동자 농민들의 문맹을 퇴치하는 일이 시급한 지상의 과제였다. 그들은 문맹퇴치 사업의 필요성에 대하여 다음과 같이 역설하고 있다.

첫째, 문맹(文盲)은 봉건사회, 자본주의 사회의 산물이며 그것은 제국주의자들의 식민지통치로 말미암아 더 한층 혹심하게 된 것으로 문맹퇴치는 새 사회 건설을 위해서 반드시 해결해야 할 필수적 요소다.

둘째, 글을 안다는 것은 혁명과 건설에 있어서 주요한 수단으로 근로자들이 하루 빨리 문맹에서 벗어나야만 김일성 교시와 그 구현인 당 정책을 체계적으로 깊이 학습하여 유일사상으로 튼튼히 무장할 수 있다.

셋째, 근로자들 속에 문맹이 남아 있으면 나라의 전반적인 지식수준과 기술수준을 높일 수 없으며 나아가서 과학과 기술을 빨리 발전시킬 수 없게 되므로 문맹퇴치는 나라의 과학과 기술을 발전시켜 나라의 자립적 민족경제를 건설하기 위해서 반드시 해결되어야 할 문제라고 하였다.

그리하여 구체적으로 1946년 11월 북조선인민위원회 제3차 확대위원회에서 문맹퇴치사업을 인민위원회의 당면과제의 하나로 삼았다. 여기에서 의결된 사항은 ① 기간은 1947년 12월부터 1948년 3월말까지 넉 달 동안으로 한다. ② 이 사업은 국가기관이 책임을 진다. ③ 인민위원회와 사회단체, 문화단체, 교육기관, 출판기관들이 선봉적 역할을 수행한다. ④ 교과서와 학용품은 교육국에서 댄다. ⑤ 12살 이상 50살 미만의 남녀 문맹자는 의무적으로 참가한다 등이다.

1947년 12월에는 제5차 북조선인민위원회 결정 83호로 〈문맹퇴치운동에 관한 결정서〉로 채택한다.

제2차로 1948년 12월부터 1949년 3월까지 문맹퇴치운동을 범국민적으로 벌린다. 대상인원은 30만 명이라고 하였다.

1955년 정지동의 보고[7])에 의하면, 북한의 문맹자 수는 230만이 아니라, 237만이었으며 북한인구의 1/3에 해당한다고 하였다. 1947년부터 문맹퇴치 사업을 벌려 매주 8시간, 3~4개월 동안 102시간을 학습하는데 그러면 신문도 보고 편지도 쓸 수 있는 정도가 된다고 하였다. 1946년에서 1949년까지 246만 4천 명의 문맹을 퇴치하였다고 한다. 이후 1955년 조사에 따르면 전쟁시기에 문맹이 된 자, 새로 생긴 문맹자, 해방지구의 문맹자 등 27만 명이 되는데 퇴치에 자신감이 있다고 보고하였다.

문맹퇴치의 대한 자신감은 1949년 9월부터 의무교육을 5년으로 실시하게 되는 원동력이 되었으며, 한자폐지 즉 한글전용이라는 문자정책을 펴게 하는 자신감을 갖게 하였다. 이러한 한자사용의 폐지는 남북한 언어를 이질화시키는데 촉매의 구실을 하게 된다.

② 한자사용 폐지와 한자어 정리

한자에 대한 북한의 기본적인 인식은 한자는 지난 날 봉건통치배들이 사대주의를 하여 들여온 필요 없는 외래적 요소라는 것이다. 이를 없애는 일은 절대적이면서도 중요한 과업이라고 하였다. 즉 한자 폐지는 ① 낡은 사회에 있었던 봉건주의적 잔재를 철저히 뿌리뽑기 위해서 ② 노동자, 농민의 글자생활을 편리하게 하기 위해서 ③ 우리 글자에 의한 인민들의 글자생활을 편리하게 하기 위해서 ④ 인민들이 쉬운 우리 글을 통해서 김일성 교시와 정책을 보다 빨리 연구체득하고 유일사상으로 보다 철저히 무장할 수 있도록 하기 위해서 반드시 필요하다고 역설하였다.(서태길(1989) 재인용, 조선노동당정책사 언어부문)

이러한 인식에서부터 북한은 1946년 말에서 47년 초에는 〈로동신문〉이나 〈근로자〉 같은 출판문에서는 순한글로 표기하다가 괄호 속에 한자를 병기하는 등의 과도기적 단계를 거쳐 1949년 9월 한자 폐지를 단행하게

---

7) 조선방문 중국문화대표단의 일원인 정지동은(1955. 11. 11~12. 11.까지) 북한의 문맹
 퇴치와 교육보급사업, 한자폐지의 성과를 살피러 방문함. ("조선문자의 개혁" 「중국어문」
 7호 게재. 박준영 번역(1957), 「어문연구」)

된다.

그러나 1964년 김일성 교시에서 "한자"는 일정한 시기까지만 써야 하는데 통일문제와 관련시켜 사용해야 한다. 즉 남한에서 계속 한자를 사용하는데 북한에서 사용하지 않으면 남한의 신문 잡지도 읽을 수 없는 일이 벌어지므로 이를 예방하는 차원에서도 당분간 사용해야 한다는 입장을 보였다.

결과적으로 한자는 외국어로서의 위치에서 한자교육이 이루어지고,[8] 한글전용으로 인한 후유증으로 한자어휘의 정리가 절실해지게 된다. 이는 이어서 말다듬기 운동으로 이어진다.

한자어를 과감하게 정리하여, 현재 사용하는 한자어만 국어사전에 올리고 나머지는 우리말 사전에서 빼버리고 한자어 사전에만 올리게 하였다. 어문정책연구기관인 〈어문학연구소〉는 우리말의 새말을 만들어 내는 일을 통제하며, 그전의 말을 잘 다듬는 데만 그치지 말고, 좋은 새말을 자꾸 만들어 내라고 하였다. 물론 한자어를 가지고 새말을 만들어 내는 일은 금지시켰다.

그러나 과학논문이나 정치관계 분야는 기존의 한자어를 그대로 사용하게 하였음은 특이한 일이다. 이는 이 분야의 술어들이 대부분 한자어로 구성되어서, 쉽게 고쳐 쓸 수 없을 뿐 아니라 일시적이나마 혼란을 우려한 것이다.

새로 나오는 말은 우리말 어근에 따라 만드는 원칙을 세우고, 두 체계의 언어는 고유어로 사용하되 이미 굳어진 것은 버리지 않는다고 하였다.

1966년의 교시에서도 어휘정리 문제에 대하여 다시 언급하고 있다. 고유어와 한자어의 뜻이 꼭 같을 때에는 고유어만 쓰도록 하였고, 지명, 어

---

8) 박상준(1949. 6.) 인민학교에서 200자 한자교육을 제시하고, 허용한자로 약 800자(793자)를 제시함. 1953년부터 초급중학교에서부터 한자교육.
한자교육 : 조선어문 1956년 6호, 1957년 1호 참조. 초중에서 600자, 고중에서 1200자를 가르치고, 1953년부터 1955년까지 2400자를 배운다고 기술되어 있음.

린이 이름 등도 고유어를 사용하도록 권장하였다. 또한 신용어 제정과 사용에 있어 신중을 기하도록 하여, 졸속한 제작이나 사용을 금하였다. 우선적으로 5~6천 단어를 먼저 정리하여 보급하도록 하였다.

북한의 한글전용과 한자어휘에 대한 폐지 및 정리, 그리고 고유어로 만들어 낸 새로운 어휘들은 남한의 어휘와 커다란 차이를 가져오게 한 직접적인 원인이 되었다.

③ 외래어의 정리

북한의 외래어 표기법은 1954년의 「조선어철자법」 이전까지는 남한과 같은 원칙에서 표기하였다. 이 1954년 「조선어철자법」의 「조선어 외래어 표기법」은 7장 103항으로 구성된 것으로 1956년에 부분적인 수정이 있었다.

표기법상의 특징이라면 러시아어와 비슷한 것은 가급적 러시아어로 표기한다고 하였다. 그러므로 러시아어의 영향을 많이 받게 되는 결과를 가져왔다. 몇 가지 예를 보이면 다음과 같다.

아스팔트 → 아쓰팔트, 아카데미 → 아까제미야, 아타쉐 → 아따쉐, 앙상블 → 안쌈블 , 뉴앙스 → 뉴안쓰

1958년에 '외래어표기법'이 개정되고 다시 부분 수정을 거치는데 이 '외래어표기법'은 표음주의적 표기에서 음운적 원칙에 입각한 표기로 통일하려고 노력하고 있지만, 인민의 언어생활 속에서 관습화된 단어들의 표기형태를 규정할 때는 표기법보다 전통을 더 중요시한다고 하였다.(권미정, 1991)

음운주의적 표기원칙에 입각하여 바뀐 표기의 예를 보이면 다음과 같다.

○ 독일어 : 나찌스 → 나치스, 나치즘 → 나찌즘, 니흐롬 → 니크롬

○ 노 어 : 모쓰크바 → 모스크바, 모쏠린 → 모슬린, 쏘쁘라노 → 쏘프라노

○ 영 어 : 나이흐 → 나이프, 네크타이 → 넥타이, 뉘켈 → 니켈, 듀스 → 쥬스
　　　　　 로만씨즘 → 로만티즘, 로켓트 → 로케트, 트럭크 → 트럭, 테이프
　　　　　 → 테트

1964년의 김일성 교시는 다른 언어정책의 기준이 되었던 것처럼 외래어 정리의 지침이 되었다. 즉 외래어의 경우도 한자어를 우리말로 고쳐 쓰도록 한 것과 마찬가지로 가능한 한 우리말로 고쳐 쓰게 하였다. 이후에 외래어 표기법에 대한 규정은 다음과 같이 변하였다.

「외국말 적기법」(1969), 수정증보한 「외국말적기법」(1982), 「고친외래어표기」(1984), 「외국말적기법」(1985).

2) 말다듬기 운동

말다듬기 운동이란 한자폐지로 인한 후유증을 최소화하고, 우리말을 쉽고 간결하게 다듬어 쓰자는 언어정화운동이다. 이른바 북한의 국어정화운동인 어휘의 정리가 어떻게 진행되었는가를 주요 저서의 용례를 들어 살펴보기로 한다.

말다듬기의 기본원칙을 처음 제기한 것은 박경출(1949. 3.)이다 "① 한자말과 순 조선어 두 가지로 쓰이는 것은 순 조선말을 쓸 것이며, ② 새말을 만들 경우에는 순 조선말로 만들 것이며, ③ 순 조선말에 없는 한자말도 더 좋은 순 조선말로 고칠 수 있는 것은 고쳐 나간다"고 제시하는데, 이 세 가지 원칙은 이후 조선말 가다듬기의 준칙이 된다.

같은 맥락이지만 리익환(1949. 6.)은 '학술용어는 대중적인 쉬운 말과 내용에 충실한 말로, 조선글자로 표기할 수 있는 말로 제정해야겠다.'고

강조하고 있다.

이윤표(1991)에 의거 몇 가지 예문을 보이도록 한다.

(1) 박상준(1949. 6.)에서는 한자어 정리와 연관하여 가능한한 한자어를 버리고, 고유어로 쓸 것을 주장하고 있다.

① 병행되는 것에서 가능한 한 우리말을 사용하기를 권장한 예 :
곳곳 - 처처(處處), 집집 - 가가(家家), 날마다 - 매일(每日), 끼니 - 조석(朝夕), 물감 - 염료(染料), 푸대접 - 랭대(冷待), 여러번 - 루차(累次), 오늘 - 금일(今日), 키 - 신장(身長), 뒤간 - 변소(便所) 등.
② 순수 조선말처럼 쓰이는 한자어는 조선말과 같이 잡음이 마땅하다고 하다고 한 예 :
문(門), 방(房), 병(瓶, 病), 학교(學校), 원수(怨讐), 적당하다, 억울하다, 번번이, 대체 등

(2) 「조선어문」9)에서는 농업용, 잠업용, 어업용, 임산 부분, 목장용, 기타 술어, 요즈음 쓰이는 농촌용어 등 7개 분야에 걸친 어휘정리를 하고 있다.(이윤표, 1991. p.39)

몇 가지 예를 보이면,

① 농업용 술어 : 대맥 → 보리, 소맥 → 밀, 대두 → 콩, 소두 → 팥 등.
② 잠업용 술어 : 잠견 → 누에고치, 상전 → 뽕밭, 잠사 → 누에고치 → 실 등.
③ 어업용 술어 : 편망 → 그믈뜨기, 어획 → 고기잡이, 조선 → 배짓기, 어로 → 고기잡이 등.
④ 림산부분 술어 : 벌목 → 나무찍기, 침수 → 물에 잠겼다. 위생방풍림 → 바람막이숲 등.
⑤ 목장용 술어 : 오물 → 쓰레기, 사옥 → 우리, 종우 → 종자 소 등.
⑥ 이밖에 쓰이는 어휘들 : 면옥 → 국수집, 제분소 → 가루방아집, 야유회 → 들놀

---

9) 1956년 2월에 창간되어 1960까지 격월간, 1987년 2월 계간으로 복간.

이, 승차 → 차타기, 조립 → 꾸미기, 우칙 → 오른쪽 등.
⑦ 요즈음 쓰이는 농촌용 술어 : 옥분 → 강낭가루, 경작 → 붙임, 발아 → 싹티우기,
천수답 → 비물받이 논, 용수 → 물대기, 우사 → 외양간 등.

한편 구두어에 깊이 침투한 단어까지도 의식적으로 쓰지 않아야 한다
고 하였다. 그 이유는 그 곁뿌리에도 영향을 주기 때문이라고 하였다.

계란 → 닭알, → 그 곁뿌리 : 계란빛, 계란형 → 닭알빛, 닭알형

(3) 「단어 다듬기 연구」(1974)에서 다듬은 몇 예를 보이면 다음과 같다.
마후라 → 머리수건, 작크 → 줄단추, 활주로 → 미끄럼길 등.(일반어)
청진 → 들어보기, 촉진 → 눌러보기, 문진 → 물어보기. (전문용어)
풍년골, 솔골, 뱀골, 꽃핀동, 밝은동, 새날동.(고유명사적 어휘)

(4) 1986년의 「우리나라에서의 어휘정리」는 그간의 국어순화의 총정
리적인 것이다. 몇 가지 예를 보이면 다음과 같다.
① 전문용어 : 가발 → 덧머리, 조립모래 → 굵은모래, 도장 → 헛자라기, 대독교정
→ 맞교정, 절단환톱 → 둥글톱, 무정란 → 홑알.
② 고장이름 : 신파군 → 김정숙군, 성진시 → 김책시, 햇빛동, 금빛동, 충성동.
③ 어린이 이름 : 충성, 충실, 충복, 은덕, 은혜, 영광, 혁신, 전진, 선봉, 세찬, 솔,
솔이, 별, 보람, 억척, 모란, 함박, 동백, 꽃실, 꽃봉, 달매, 달미, 은
별, 별녀.

이상 간략하게 몇 가지 정리된 어휘들을 살펴보았다. 북한의 말다듬기
운동은 초창기의 한자어 정리가 발판이 되어 점차 문화어 운동으로 전개
된다. 이윤표(1991)에 의거 그간의 과정을 간략히 살펴보자.
문화어 운동의 태동은 「말과 글의 문화성」(1963. 11.)이란 단행본에
서 시작되고, 문화어란 이름이 등장하기 시작한 것은 1966년 김일성의
교시에서부터다. 북한은 기존의 서울 중심의 표준어가 사상적으로도 내용

적으로도 불순한 외래적 요소가 산적된 언어라 하여 타기하게 된다. 그리하여 평양을 중심으로 한 공적인 언어생활의 기준이 되는 표준어를 정하였는데, 기존의 서울 중심의 "표준어"와의 혼란을 우려하여 "문화어"라고 부르게 되었다. 이 교시를 바탕으로 북한의 언어 순화사중 가장 활발한 시기가 전개된다. 그리고 여러 종의 단행본도 출간되었고, 「문화어학습」지가 발간되어 문화어 운동을 심화 발전시켰다. 1966년 6월이래 〈국어사정위원회〉와 〈사회과학원 국어사정지도처 및 언어학연구소〉 산하 18개 전문용어 분과위원회의 연구로 말 가다듬기(어휘정리)가 이루어진다. 리근영(1984년 판)에서는 기초학술용어로 다듬은 말이 4만개 정도 다듬어졌다고 했고, 최정휴 「조선어학개론」(1983.6.)은 1964년이래 고쳐 쓰게 된 한자어와 외래어만도 5만개 정도라고 하였다.

말다듬기 운동의 결과물인 사전을 살펴보면 1968년의 「현대조선말 사전」과 1973년의 「조선문화어 사전」이 있다. 「현대조선말 사전」(1968)은 말다듬기에서 정리한 한자어와 외래어는 싣지 않았다. 현대 정치사회에서 쓰이는 한자말이나 외래어의 일부는 그대로 올리었다. 그리고 학술용어, 전문용어 등은 올리지 않는 것을 원칙으로 하였다.

그러나 김정일 시대가 되면서부터 북한의 언어는 또 한번의 반전을 겪게 된다. 1992년에 발간된 「조선말대사전」은 김일성 탄생 80돌, 김정일 탄생 50돌에 즈음하여 충성의 노력적 선물로 출판되었는데 김정일 주도하에 편찬되었다고 하였다.

3) 김정일 시대의 북한언어

1984년 이후 현재에 이르기까지의 북한의 언어는 김정일의 언어정책에 따라 주도되고 있다. 김정일의 언어정책은 대체로 김일성의 주체사상과 언어정책을 계승하고 있는 것으로 보이나 부분적으로 다른 양상을 보

이고 있다.[10)]

　김정일 시대의 언어에 대한 가장 큰 특징은 현실적인 언어로 반전을 꾀하였다는 것이다. 김민수(1997)에 의거 "김정일의 현실적 지양(김정일 어록)"과 말다듬기(김정일 어록)를 간략히 살펴보기로 한다.

　　※ 현실적 지양(김정일 어록)
　　(1) 한자말이나 외래어도 망탕 쓰지 말아야 합니다. 듣기도 좋고 리해하기도 쉬운
　　　　 자기 나라 말을 두고 한자말이나 다른 나라말을 말하는 것은 주체가 서지 않는
　　　　 표현입니다.(최정휴, 1990, p.86)
　　　　 우리말 가운데서 오랜 력사적과정을 거쳐서 고착된 말은 비록 한자에서 온 것
　　　　 이라 하더라도 그대로 두도록 하여야 합니다.(위책, p.60)
　　(2) 지금 말다듬기를 한다고 하면서 이미 굳어진 말까지 쓸데없이 풀어쓰다 보니 뜻
　　　　 이 모호하고 어색한 것이 적지 않습니다. 말을 다듬어 쓴다고 하여 망탕 고쳐서
　　　　 는 안됩니다.(박수영, 1985, p.22)

　　※ 말다듬기의 어록
　　(1) 노래 「당원들은 충성을 맹세다지네」의 노래 말에서 '태산'이란 표현이 나오는데
　　　　 한문투이고 사대주의적인 요소라고 지적(최정휴, 1990, p.87)
　　(2) 지도자 동지께서는 문장성분들인 주어, 술어, 규정어, 보어를 〈세움말, 풀이말,
　　　　 얹음말, 보탬말〉으로 다듬어 쓰는 현상에 대하여 널리 쓰이어 습관화된 것은 고
　　　　 치지 말고 그대로 쓸데 대하여 지적하시었으며 …… 〈까비네트〉를 〈연구실〉이라
　　　　 고 고쳐쓰시도록 하시고 〈아이스크림〉이란 말도 〈얼음보숭이〉라고 다듬어 쓰시도

---

10) 김정일의 어록에 나타난 주체사상 (1) 우리는 민족문제에 대한 해답을 수령님의 로작에
　　서 찾아야 합니다. 수령님의 로작들을 깊이 학습하면 민족문제에 대한 정확한 인식을
　　가질 수 있습니다.(최정휴, 1990. p.27) 수령님의 문풍을 따라 배우는 것이 중요합니
　　다(박수영, 1985. p.118). (2) 언어를 창조하고 발전시키는 것은 인민대중이다. 인민
　　대중이야말로 가장 아름답고 섬세하며 힘있는 말을 창조하고 발전시키는 명수들이다(김
　　정일, 「문화예술론」, p.116). (3) 우리는 언어 생활에서도 주체를 철저히 세워야 하며
　　우수한 우리말을 잘 살려 써야 합니다(최정휴, 1990. p.85).
　　(김민수, 1997에서 재인용)

록 하시었다.(박상훈 외, 1986, pp.36~38)

(3) "영화의 자막에 〈나오는 사람들〉이라고 쓴 것은 뜻이 맞지 않으므로 〈배역〉이
라고 하여야 하겠습니다. 지금 말다듬기를 한다고 하면서 이미 굳어진 말까지
쓸데없이 풀어쓰다 보니 오히려 뜻이 모호하고 어색한 것이 적지 않습니다. 〈인
쇄공장〉, 〈인쇄날자〉라고 하면 될 것도 〈책찍은곳〉, 〈책찍은날〉이라고 하고 있
습니다. 이런 식으로 말을 고치기 시작하면 〈초행길〉이라는 말도 〈처음으로 가
는 길〉이라고 하여야 학 것입니다. 말을 다듬어 쓴다고 하여 망탕 고쳐서는 안
됩니다.(최정휴, 1990, p.61)

위의 어록에서 살필 수 있듯이 김정일 시대의 언어는 최정휴(1990,
p.61)의 지적처럼 과거의 말다듬기에 대한 반성과 함께 새로운 방향을
제시하는 것이다. 한자어나 외래어는 무조건 우리말로 고쳐 써야 하는 것
으로 생각하던 과거의 언어정책을 비판하고 현실적인 언어를 바탕으로
삼으려 한 김정일 시대의 방향전환은 반가운 일이다. 이는 직접적으로는
그 동안 크게 벌어졌던 남북한 언어의 격차를 줄이는 데에 기여하는 것이
고, 인위적인 어휘변경으로 인하여 급속히 벌어지는 남북한 언어의 이질
화를 둔화시키는 요인이 되리라고 본다.

1992년에 발행한 사회과학원 발행 「조선말대사전」 2권은 1986년 「다듬
은 말」에 대한 현실적인 반전을 뜻하는 것인데, 5만개의 어휘 중에서
50%인 25,000개가 폐기되었다. 이중 몇 가지 예를 살펴보도록 하자.

가가호호 → 집집 / 집집마다 → 가가호호
건조 → 마르기 / 말리기 → 건조
고어 → 옛날말 → 고어
노트 → 공책 / 학습장 → 노트
람프 → 등 → 남포,
베달(상품) / 페달 → 디디개 → 베달 / 페달
아이스크림 → 얼음보숭이 → 아이스크림
칼린다 → 달력 → 칼렌더

캇트 → 베기 → 캇트
헤르메트 → 안전모자, 안전모 → 헬메트 / 여름모(각립)
학교 → 배움집 → 학교
삼각형 → 세모뿔 → 삼각형

이상 살펴본 바와 같이 말다듬기에 있어 북한은 인위적이며, 적극적이었던데 비하여, 남한은 1988년에서야 그 동안 혼란되어 사용하던 표준어 1,400개를 추가 사정하였다. 이 변화 또한 남북의 언어 격차를 벌려놓는 부분적인 요인이 되겠지만 이는 가시적인 작은 현상에 불과하고 남한은 남한대로 북에 못지 않을 만큼 자연발생적으로 많은 언어의 변화에 직면해 있다. 북한과 같은 언어정책에 의한 조직적인 변화는 아니더라도, 사회현상의 급변으로 인한 매스미디어를 타고 범람하는 신조어와 외래어의 범람이다. 국어연구원의 조사에 의하면 매년 수천 개의 신어들이 등장하고 있다. 분단이후 남한 자체에서 새로이 등장한 언어들을 계량화한다면 오히려 북한의 5만을 상회할 것이다. 물론 이 가운데에는 50년이란 시간이 가져다준 본질적인 요인도 크다 할 것이다.

이러한 작위적인 요인에 못지 않게 50년이란 긴 시간 동안에 자연스럽게 변화된 언어의 이질성도 크다. 특히 삼국시대 이후 수천 년간 문화적 공동체였던 한민족이 1945년을 기점으로 강력한 이질적인 정치체제로 양분되었다. 이로 인하여 언어의 변이는 단순한 방언적 차이를 능가하는 이질화 현상을 낳게 되었다. 비록 같은 형태의 단어를 사용하고 있다고 하더라도 사회문맥적인 언어의미의 변환은 극심한 것이다.

일제시대 민족혼의 상징이던 "태극기"의 의미가 남북한에서 얼마만큼 차이가 나는가는 쉽게 짐작할 수 있을 것이다. 6·25이후 "붉은 색"과 "푸른 색"에 반응하는 남북한 주민들의 감정가치의 차이나, 과거 우리 역사의 주도적 인물들인 "단군왕검, 을지문덕, 김유신, 세종대왕, 이순신" 등의 가치의미들도 상당히 이질화되었다. 또한 현대사의 정치적 주역이던 김일성, 김정일, 이승만, 박정희, 전두환 등에 대한 감정가치의 차이는 쉽게 설명이 안 될 것이다.

2.2 남북한 언어의 이질화된 내용

지금껏은 북한 언어의 변천의 과정과 변천된 내용을 부분적으로 검토를 하였다. 이들을 종합적으로 음운, 문법, 어휘, 등의 관점에서 간략하게 정리하면 다음과 같다.

1) 음운

남북한의 음운의 차이는 방언적인 차이로 우려할 일이 아니다. 오히려 음운적인 차이에서보다는 음성적인 차이가 두드러지다고 하겠다. 북한은 운율연구에서 소리마디(음절)나 단어의 길이, 높이에 대한 연구와 소리마루(액센트), 억양에 대한 연구가 돋보이며 이를 실용화 한 것이 두드러지다.(홍종선·이봉원, 1998) 즉 방송 등의 화술에 적용하고 있다. 남북한 방송에서 가장 두드러진 차이는 억양이다. 북한은 강약과 장단에도 규정을 두고 있다. 결과적으로 청음적인 측면에서 된소리(ㄲ, ㄸ, ㅃ, ㅉ, ㅆ)를 많이 사용하고 강력한 억양을 동반한 변이형의 성조언어(tone language)가 되었다. 사전에서는 강약을 1. 2. 3으로 규정하여 발음하도록 하였고, 장단도 표시하고 있다. 장단의 경우는 남북한이 실제의 자연언어 상태에서는 크게 변별력을 가지지 못하는 것으로 조사된다. 다만 강약의 문제와 함께 경음으로 발음하려는 북한어의 현상은 청음적인 측면에서 큰 차이를 가져다 준다. 북한은 강약과 고저를 말하기에서 정형화하여 남한과는 다른 강력한 인상을 언어에서 풍기고 있다. 된소리의 경우 특히 "-的"을 "-쩍"으로 발음하는 등이 그 예가 된다.

표기 면에서 가장 두드러진 현상의 하나는 두음법칙의 서로 다른 적용일 것이다. 남북한의 언어에서 두음에 '르' 음을 피하던 현상은 알타이 제어의 공통 특질임과 동시에 15세기 훈민정음 창제 이후 1945에 이르기까지 일관된 표기의 전통이었다. 북한은 이런 제약을 파기함으로 해서 남북한 언어의 큰 차이를 가져오는 요인을 제공하였다. 특히 '르' 음은 사용 빈도도 두드러지고 음색 또한 독특하여 자연언어에서 돌출되어 인식되는 음운이다. 이는 자연스런 발음현상을 인위적으로 변화시킨 현격한 한 가지 예가 될 것이다. 이 문제는 장차 남북한의 협의를 통하여 동질화를 추구하여야 할 과제이며, 가장 어려운 과제의 하나가 될 것이다.

2) 문법

문법이란 본질적으로 쉽게 변하는 것이 아니다. 남북한의 언어가 달라졌다고는 하지만 이는 다만 방언적인 차이이지 언어적인 분화는 아니다. 그러므로 문법의 변화란 차원에서의 우려는 문제가 되지 않는다. 남북한의 경우 단지 규범문법(prescriptive grammar) 즉 학교문법(school grammar)의 경우 차이가 크다. 학교문법 중에서도 특히 토(吐 : 조사)의 처리 방식이 크게 다르다. 용어나 문법기술상의 차이가 있기는 하지만 이것 역시 통일안을 만든다면 크게 문제가 되는 것은 아니다. 다만 미래를 예측하여 통일방안을 마련하는 일은 혼란을 줄이는 예비의 의미를 가질 것이다.

3) 어휘

이미 앞에서 수차 언급된 바와 같이 남북한 언어에서 달라진 어휘는 약 5만여 개로 전체의 약 20%나 되는 방대한 양이었다.

그 주 요인은 주체사상을 바탕으로 한 언어정책으로 문화어의 선정, 한자, 외래어의 우리말로 다듬기 등에서 연유한다.

북한이 국어순화를 하기 위하여 외래어와 한자어를 우리말로 다듬었던 대표적인 예를 보이면 다음과 같다.

> 마키로크롬 → 빨간약, 스레빠 → 끌신, 기생목 → 겨우살이
>
> 포충망 → 후리채, 푸로필 → 옆모습, 핀트 → 맞춤점,
>
> 픽숀 → 꾸밈수, 싼도삐빠 → 갈이종이, 야생과실 → 산과일,
>
> 색맹 → 색못보기, 자크 → 쪼르로기, 쩜프슛 → 뛰며넣기,
>
> 손자(孫子) → 두벌자식, 각선미(脚線美) → 다리매, 노크 → 손기척,
>
> 미혼모 → 해방처녀, 삐삐 → 주머니종 ……

또한 북한은 남한의 표준어와 다른 문화어를 약 4,000개나 되는 어휘를 선정하여 사용하고 있다. 대표적인 예를 보면 아래와 같다.

> 채소 : 남새, 계집아이 : 에미나이,
>
> 아직 : 상기, 다듬잇돌 : 방치돌,
>
> 보충 : 봉창, 대야 : 소래,
>
> 곧 : 인차, 몹시 : 되우 ……

이들 어휘상에서 벌어진 차이는 장차 남북한이 함께 기준이 되는 표준말을 선정할 때에 복수표준어를 인정하는 방안 등을 통해서 해결될 문제들이다.

4) 교과서의 외래어

교과서는 국민교육의 지표가 되는 기본서이기 때문에 그 중대함은 말할 필요가 없다. 그러므로 교과서의 내용을 검토하면 그 국가 사회가 지

향하는 바 목표와 현실을 짐작할 수 있다. 그런 뜻에서 교과서에 나타난 어휘들을 통하여 북한 사회현상을 살펴보고 남한과의 차이를 찾아보는 것은 의미 있는 일일 것이다. 여기에서는 외래어 어휘들에 한정시키어 그 사용 빈도를 통하여 남북한 사회가 지향하는 현실과 이들의 의미적 가치에 대하여 간략히 살피기로 한다.(이하 김희진, 1997 참조)

먼저 초, 중, 고교 국어교과서에서의 외래어 사용실태를 보면 남한은 북한의 126단어보다 2배 이상 사용된다. 남한에서는 일반 언어생활에서 외래어가 범람하듯이 교과서에서도 많은 외래어를 사용하고 있음을 알 수 있다.

남한의 경우 고빈도(高頻度) 30위 이내의 단어로는 정보, 통신, 스포츠 관련 외래어가 많음을 알 수 있다. 이는 교과서에 한정한 것이 아니고 신문·잡지 등에서도 같은 현상인데 다만 신문잡지 등에는 오락 관련 어휘가 많음을 알 수 있다. 이에 반하여 북한은 126단어로 남한에 비하여 월등히 적을 뿐 아니라 고빈도 30위 이내의 어휘로는 군사관련 용어, 이기(利器)건설 관련어휘(땅크, 빨치산, 삐라, 뜨락또르, 세멘트, 아빠트) 등이 절대 다수를 차지하고 있다. 이는 남한 사회와 북한 사회의 교육목표와 사회상을 반영하는 단적인 예라고 할 수 있다.

언어는 사회상의 반영이라 하는데 김일성 사망 이후 오늘의 북한사회 언어에서 쓰이는 "정치사회 분야"의 언어로는 수령에 대한 비통, 추모 및 칭송에 관한 표현들이 많은 것이 특징적이라고 하였다.(태평무, 1998)

교과서와 신문·잡지에 나타난 빈도 30위 이내의 외래어는 아래의 표와 같다.

※ 김희진(1997. pp.106~107) : 상하로 묶은 것은 같은 순위임.

	남한		북한	
순위	1990 교과서	1991 신문·잡지	1990 교과서	1991 신문·잡지
1	텔레비전 (television)	팀(team)	땅크(tank)	메테(meter)
2	스케이트(skate)	달러(dollar)	톤(ton)	유엔(U. N)
3	버스(bus)	아파트(APT)	빨찌산(partisan)	파쇼(Fascism)
4	에너지(energy)	쿠데타 (coup d′e·tat)	뻐스(bus)	에네르기(energy)
5	라디오(radio)	호텔(hotel)	삐라(leaflet)	땅크(tank)
6	리듬(rhythm)	그룹(group)	뜨락또르(tractor)	페지(면, cotton)
7	메리크리스마스 (Merry Christmas)	프로그램, 프로 (program)	트렁크(trunk)	우르과이라운드 (URUGUAY ROUND)
8	컴퓨터 (computer)	서비스(service)	부르죠아 (bourgeois)	이씨(E. C.)
9	피아노(piano)	올림픽(olympic)	중심모멘트 (moment)	텔레비전 (television)
10	미터(miter)	컴퓨터 (computer)	프로(%)	맑스레닌주의 (MAX-RENIN)
11	이미지(image)	프로, 프로페셔날 (professional)	루바슈까(의류)	버스(bus)
12	오엘(O. L.)	버스(bus)	세멘트(cement)	리무진 (limousine)
13	서울 올림픽 (SEOUL OLYMPIC)	유엔(U. N.)	잉크(ink)	키로그람 (kilogram)
14	클로버(clover)	왈츠(waltz)	프랑(franc)	넥타이(necktie)
15	올림픽(olympic)	골프(gulf)	루블리(의류)	뿔럭(black)
16	장애인 올림픽	가스(gus)	불도젤 (bulldogger)	인테리 (intelligentsia)

17	아파트(APT)	센터(center)	아빠트(APT)	쎈터(center)
18	크리스마스 (Christmas)	페놀(phenol)	토마토(tomato)	키로메타 (kilometer)
19	플랫폼 (platform)	홈런(homerun)	라지오(radio)	호텔(hotel)
20	비디오(video)	포스트 모더니즘 (post modernism)	볼쉐위그	뷸레찐
21	스포츠	콜레라	부르죠아사회	뽈라야
22	크레파스	택시	스케트	헥타르
23	킬로미터	시스템	콘베아	가트(GATT)
24	테이프	쿠르드	꼬베이카	그람
25	센티미터	드라마	메터	깜빠니아
26	엘리베이터	세미나	바라크	딸라
27	장르	사이클	뻬치카	미싸일
28	장애인올림픽대회	이미지	콩크리트	엔시엔디(NCND)
29	코스모스	에너지	키로그람	맑스주의
30	트럭	카드	키로메터	뷰로

어느 사회나 마찬가지이겠으나 그 사회의 목표가치에 따라 의미를 상승시키어 사용하는 언어도 있고 대신 비하하여 사용하는 말들이 있다. 북한의 외래어에서 그 의미가치를 높인 예와 낮춘 예들을 김희진(1997)에 의거 몇 가지를 살펴보기로 한다.

① 의미가치를 높인 예

초, 중, 고등학교 교과서의 용례 중에서 이념, 주의, 사상 등을 고취하기 위하여 단어의 의미를 고취시킨 예.

　　○ 빨찌산(빨치산) - 혁명의 전사요, 민족의 구원자로서의 최상의 찬사

　　○ 뜨락또르(트랙터)

　　○ 불도젤(불도저) - 새로운 문물을 이용하고 있음을 과시하는 동시에 새로운 앞

길을 개척한다는 의미까지 포함

○ 삐라 - 혁명사업에서 통신수단이 됨

○ 아스팔트(길) - 시원히 다듬은 길

○ 아빠트(아파트) - 기능적인 거주형태

② 의미 가치를 낮춘 예

북한은 그들과 이념, 주의, 주장이 다른 대상에 대해서는 극도의 증오심을 드러내 놓고 있다. "승냥이 같은 미국놈, 독사같은 일제놈"과 같은 표현이 대표적이다.

북한의 교과서에서 부정적이고, 자극적인 말을 이용하고 극도로 의미 가치를 떨어뜨리는 말로는 다음과 같은 것이 대표적이다.

○ 딸라외교(달러 외교)

○ 부르죠아(부르주아)

○ 푸에블로호 사건(푸에블로호 피랍사건)

○ 테로단(테러단)

북한은 그들의 사회주의 혁명을 이루기 위하여 그들이 지향하는 목표에 따라 언어의 의미를 심하게 왜곡시키고 있다. 이러한 의미 왜곡의 현상은 비단 북한에 한한 것이 아니고 대치상태에 있던 동독에서도 있었던 일이다. 동독은 서구 제국주의의 침입을 우려한 나머지 서독의 언어경향을 "언어의 군대식 오염, 미국식 언어침략, 아메리카니즘의 위장된 전입"이라는 입장에서 "자결" - 반동혁명, "통일" - 서독에 의한 동독의 합병, "자유" - 독점자본의 통치, "민주주의" - 부르조아의 독재, "기업환경" - 생산성 향상에만 관련된 것으로 인간다운 삶을 고려하지 않은 개념 등으로 그 의미를 왜곡시켰었다(정동규, 1998).

5) 최근 출판·보도물에 나타난 북한어의 특징

김일성 사후 김정일 시대의 북한 언어가 어떠한 특징적 현상을 보이는
가를 태평무(1998)에 의거 그 결론 부분을 옮겨 보기로 한다.11)

(1) 수령에 대한 비통과 추모, 충성과 칭송 등의 내용이 많으며 표현 형식이 다양
하다.
(2) 나라 통일과 보위, 사회제도와 이데오르기에 대한 선전 등 내용이 강하게 반
영되어 있다.
(3) 경제회복과 발전에 대한 요구, 갈망, 노력이 눈에 띄게 보이며 그 방면에 대
한 선전, 고등사업이 전투식, 호소식 그리고 돌격식으로 진행되고 있다.
(4) 언어사용에서 보면 말다듬기 사업은 결속되어 실제언어생활에서 확실히 알기
쉽고 통속적인 단어나 단어결합이 많이 쓰이고 있다.
(5) 일상생활에서 쓰이는 외래어휘는 헤아릴 수 있을 정도로 적으며 고유어를 많
이 쓴다.
(6) 한자어휘가 말다듬기 하던 시기보다 좀 늘어나는 듯한 감을 준다. 대중 속에
서보다도 선전매체에 의한 영향이라고 보여진다.
(7) 료해한데 의하면 북한에서는 한자교육을 중시하며 인민학교에서부터 한자교
육을 실시하는데 이로 하여 조선말 어휘에 대한 리해와 언어사용에서 좋은
것으로 보여지고 있다.
(8) 많은 단어결합들이 성구, 속담처럼 굳어진 형식으로 대중 속에서 쓰이며 말
틀을 이루고 있다. 대중들의 구사능력이 강하다.

이상 남북한 언어의 차이를 실태 중심으로 살펴보았다. 그러면 이들을
극복하는 방안은 무엇인가를 다음 결론부분에서 살펴보기로 한다.

---

11) 중국 중앙민족대학 교수로 1997년 5월부터 98년 5월까지 북한에 체류하면서 언어 연
구에 종사함. "이북의 언어실태와 언어정책"이란 주제로 1998년 10월 20일 강남대학
교 주최 학술대회에서 발표한 논문임.

3. 결 론

동질성 회복을 위한 제언

1980년대 후반 이루어진 북한 서적의 해금 조치 이후 북한의 언어에 대한 관심은 한껏 고조되어 관련 연구 논저들이 1996년 현재 400여 편을 훨씬 넘어섰고(최호철, 1996), 이후 1년에도 수십 편의 연구논저가 발표되고 학술대회가 열리고 있다.

첫째, 이제 우리의 관심은 남북한 언어의 이질화에 대한 초기의 호기심적인 차원을 넘어, 그 〈동질성 회복〉에 초점을 맞추어야 한다. 이러한 관점에서 여러 가지 연구와 학술행사가 이어지고 있는 것은 다행한 일이다. 1999년 들어 그 대표적인 학술행사의 하나가 7월에 연세대학에서 개최된 "국제고려학회 서울지회"의 활동이다. 〈국제고려학회 서울지부〉는 "언어분과회", "문학분과회", "사회분과회", "정치분과회"의 4개 분과회를 두어 남북한의 통일에 대비한 영역별 과제를 다루되 종합적인 입장에서 통일에 대비한 우리의 과제를 모색했다는 데에 큰 의미가 있다.12)

둘째, 동질성 회복을 위해서는 인위적인 제약을 가능한 배제하고, 배타적인 입장에서의 힘의 우위를 주장하려는 논리는 불식되어야 한다. 동질성 회복을 위해서는 분단 기간 이상의 시간이 소요된다고 한다. 특히 언어의미의 감정적 가치까지를 회복하자면 경우에 따라서는 그 두 배 이상의 시간이 소요된다고도 한다.

우리는 남북 언어의 동질성 회복을 위한 방법론으로 동서독의 경우에서 교훈을 얻을 수 있다. 동일 민족어이면서 극심한 이질화를 보인 동서

---

12) 국제고려학회 서울지부는 1998년에 결성되었고, 서울지회장은 김민수임. 제1회 전국학술대회에서 1999년 7월 16일 연세대학교에서 개최되었다. 〈언어분과회〉는 "남북한 언어의 통일을 위한 과제"를, 〈문학분과회〉는 "한국문학에 나타난 이상적인 인간형"을, 〈사회분과회〉는 "사회주의 북한에 대한 경험적 평가"를, 〈정치분과회〉는 "한국 경제 위기와 국가·노동·자본"을 공동주제로 설정하여 발표하였고, 추가로 분과별로 개인논문을 발표하여 심도 있는 종합적인 학술대회가 되었다.

독의 예는 우리의 실정과 **흡**사하다.

동서독의 경우 제도와 법령 같은 외형적인 통일은 이루어졌지만 언어를 포함한 문화적 심리적 통일은 상당한 기간이 요구되었다. 서독에서 **환**경보호 관련 문제와 더불어 "무연휘발유, 무공해경작(청정재배), 무공해식품(쌀, 채소 등), 환경마크, 오존파괴범, 산성비, 폐기물" 등 어휘가 범람하고 있을 때 동독에서는 "스모그"라는 표현조차 공적 언어에서 금지시키고 있었다.

북한사회의 언어는 통제된 가운데 김일성, 김정일 부자의 찬양 일색이며, 심지어 순수 학술서적 머리에서조차도 이들 부자의 찬양으로 시작된다. 절대 권력자(대중적인 선전문, 격문, 구호 등 공적언어가 주도적임)가 사라지면 다음 단계의 주도적 역할은 선동적이며 미사여구적이며, 일부 편향된 과장을 즐기는 언론의 폭력이 언어변화의 주역으로 등장한다는 경고도 있다.

구동독 주민의 정서적 이탈을 포용하는 것을 주요 과제로 삼는 독일인의 철학을 우리는 겸허하게 받아 들여야 한다. 구동독 지도부의 강력한 언어정책에 의한 정치적, 이념적인 민족어는 소수의 당지도부나 공적언어 생활에서 강력히 행사되었으나, 대부분의 언중은 이중적 언어생활을 하고 있었음이 드러났다. 이는 반세기 전에 남하한 이른바 실향민들이 아직도 평안도, 함경도 사투리를 일상으로 사용하고 있음에서도 증명되는 바이다. 불행 중 다행한 사실이라고 할 수 있다.

통일된 민족어를 만든다고 인위적으로 규범을 설정하거나 어휘사용을 조절, 통제하려는 새로운 시도는 신종 언어통제가 될 수 있으므로 신중하여야 한다.

셋째, 동질성의 회복을 위하여 신중한 언어정책을 펴되, 소극적이거나 방관적인 입장에서의 통일된 언어를 기다리는 것은 바람직하지 못하다. 통일에 대비하여 교육과 공적 언어의 지침이 되는 표준어, 정서법, 학교문법 등의 통일안을 학술적인 차원에서, 혹은 민간적인 차원에서 마련하는 일은 중요하고 화급을 요구하는 일이다. 동서독의 경우는 통일 이전인 1991년에 강제규범 없이 Duden 제1권 "정서법사전"을 통합 사용하였다. 그들도 우리처럼 체제간의 반목이 심하였으나 이들은 통합하는 과정에서 서두르거나 일방적이지 않았다.

우리의 앞에는 민족어, 민족문화의 동질성 회복이란 민족적 과제가 놓여 있다. 언어부문에서 "문화어"를 표준어의 사생아쯤으로, 정치적 소수집단의 왜곡된 변종쯤으로 생각하는 편향된 시각이 있다면 우리가 먼저 고쳐야 하고, "표준어"는 이 이상 민족어의 표준이 될 자격이 없으며, 침략적 외세로부터 유입된 외래어로 회복할 수 없을 만큼 오염된 "민족어의 수치스러운 부분"이라는 식의 북한인들의 편향된 시각도 마땅히 고쳐져야 한다. 현재 우리 남북한 언어의 현실에 대하여 낙관하는 주장도 있다.13) 즉 우리 남북한 사람들은 서로의 언어를 잘 이해하지 못한 상태에서 이질적인 면을 주로 강조하고 있으나, 남북한의 언어에는 그리 차이가 많지 않다. 방언적인 영향이 크다는 주장이다. 나아가 분화된 국가들의 언어의 예로 영어의 경우, 영국, 미국, 호주, 인도의 영어를 들고, 분단국의 언어로 동서독과 월남과 월맹, 중국어의 경우 중국, 대만, 홍콩의 예를 들어 우리 언어의 현상을 낙관한다. 그러나 우리가 소기하는 바의 목적은 단순한 의사소통의 차원이 아닌 의미 그대로 동질의 언어로서 사회문맥적 가치까지를 포함하는 것이다.

언어의 동질성을 회복하는 일은 민족의 화합과 생존과 번영을 이루는 데 선결할 문제임을 자각해야 한다.

비록 현재의 시점에서 국토통일이라는 외적인 합일은 이루지 못한다 할지라도 그 이전에 우리는 상호교류라는 민족의 통로를 열어야 한다. 정치적인 논리에서 성공하지 못하는 부문은 제외되더라도, 학술적인 차원에

---

13) 수회닌 : 김일성대학 5년 유학 후 북한에 12년 간 근무. 1993년 이후 주한 러시아 대사관에 근무중임. 1998년 강남대학 주최학술대회에서 남북언어의 차이를 극복하는 방안의 하나로 학술공동연구를 통하여 극복하자는 방안을 주장함.

서, 달리는 민간적인 차원에서 시행착오를 거치더라도 거듭 시도되어야
하고 상호교류라는 성과를 추구해야 할 것이다.

※「이철수교수정년기념논문」, 1999

참고 문헌

고영근 편집(1989), 「북한의 말과 글」, 을유문화사.

국어연구소(1989), 「남북한 언어 차이 조사」(고유어 편).

국어연구소(1989), 「남북한 언어 차이 조사」, 국어연구소.

권미정(1991), "북한의 외래어사", 「북한의 조선어 연구사」 2, 녹진.

김민수(1998), "민족어의 통일문제", 「남북한 언어통일의 과제와 전망」,
          강남대학교.

김민수 편저(1989), "북한의 어학혁명", 도서출판 백의.

————————(1991), 「북한의 조선어 연구사」 1~4, 녹진.

————————(1996), 「김정일 시대의 북한언어」, 태학사.

————————(1997), 「김정일 시대의 북한언어」, 태학사.

김원경(1991), "북한의 철자법사", 「북한의 조선어 연구사」 2, 녹진.

김희진 외(1997), 「남북한의 언어 연구」, 박이정.

럽 콘체비치(Lev kontsevich)(1998), "현대 남북 국어발전 이질화의 경향과 극
          복방법에 대하여", 「남북한 언어통일의 과제와 전망」,
          강남대학교.

박경출(1949), 「조선어 연구」 제1호.

박상준(1949), 「조선어 연구」 제3호.

서태길(1989), "북한의 언어정책 고찰", 「북한의 어학혁명」, 도서출판 백의.

송나리(1991), "북한의 표준어사", 「북한의 조선어 연구사」 2, 녹진.

이광정(1990), "조선어리론문법(고신숙)", 「주시경학보」 6, 주시경학회.

————————(1996), "북한문법의 품사론에 관한 연구",
          「화산김은전교수정년퇴임기념논문집」, 서울사대.

이상혁(1991), "북한의 언어 정책사", 「북한의 조선어 연구사」 2, 녹진.

이윤표(1991), "북한의 언어순화사", 「북한의 조선어 연구사」 2, 녹진.

이주행(1998), "남북한의 중·고등학교 국어교과서에 쓰인 언어비교분석연구",

「국어교육」 98, 한국 국어교육연구회.

전수태·최호철(1989), 「남북한 언어비교」, 도서출판 녹진.

정동규(1996), "통일독일의 민족어 통합과정과 표준어 설정연구",
　　　　　「어학연구」 32, 서울대학교.

──(1998), "분단국가의 사회주의 언어와 언어정책 연구",
　　　　　「한국어학」 8, 박이정.

정지동(1957), "조선문자의 개혁", 『중국어문』 7호 게재,
　　　　　박준영 번역, 「어문연구」(1957), 조선로동당정책사,
　　　　　평양, 사회과학출판사(1973).

최정휴(1990), 「친애하는 지도자 김정일 동지의 언어리론 연구」,
　　　　　평양 : 사회과학출판사(7).

최호철(1996), "북한어학에 대한 남한의 연구", 「한국어학」 3, 한국어학회.

태평무(1998), "이북의 최근 언어실태와 언어정책",
　　　　　「남북한 언어통일의 과제와 전망」, 강남대학교.

홍종선·이봉원(1998), "북한언어의 운율 특성 연구",
　　　　　「남북한 언어통일의 과제와 전망」, 강남대학교.

미국에서의 한국어 교육 실태와 발전적 개선안
— 북캘리포니아 지역을 중심으로 —

A Study on the State of Korean Language Teaching and
Developmental Proposition in North California, USA.

1. 서 론

20세기 후반에 들면서 한국어 교육은 비단 국내의 학교 교육의 문제에
서 그치는 것이 아니라 세계 각지에 거주하는 한국인들의 자녀 교육의 문
제로 등장하였다. 나아가서는 한국어를 배우고자 하는 외국인들을 대상으
로 하는 교육 문제로까지 확대되었다.[1)

본고는 재미교포 2세들의 한국어 교육의 실태를 살펴보고, 문제점과
그 해결방안 등 교포 교육의 발전적 방안의 제시를 목적으로 한다. 연구

---

1) 한국어 96년도 상반기 교육부 자료에 의하면 재외동포들이 운영하고 있는 한글학교는 71
개국에 1,294개교가 있는 것으로 집계되고 있다. 또한 한국어 교육을 실시하고 있는 외
국의 대학은 48개국에 272개 대학이 있으며, 앞으로도 계속 그 숫자가 늘어날 것으로
전망되고 있다. 특히 미국의 경우는 SATⅡ에 한국어가 시험과목으로 시행된 이후, 17
개교에 불과하던 고등학교의 한국어반이 33개로 증가하였고 내년까지는 14개교가 더 늘
어날 것으로 전망한다.

대상 지역은 필자가 1997년 한해 동안 참여한 바 있는 미국 서부 지역인 북캘리포니아 특히 샌프란시스코를 중심으로 한 교포들의 한국어 교육문제를 중점적으로 다루기로 한다.[2]

2. 본 론

2.1 한국어 교육의 어제와 오늘

1) 이민의 역사

미국에서의 한국어 교육의 역사는 한국인의 이민의 역사와 더불어 시작된다. 미국 이민의 첫 역사는 1903년 1월 13일 사탕수수 밭에 계약노동자로 첫발을 디디면서부터다. 남자 55명, 여자 21명, 아이 25명 등 모두 101명이었다. 이후 점차 한국 청년들의 이민이 증가되었고 1910년과 1924년 사이에는 이른바 "사진 신부(picture brides)"라 불린 1,100명의 신부들이 한국 청년들과 결혼을 하기 위하여 미국에 왔으니, 이는 두 번째 이민의 물결이 된다. 여기에는 일부 유학생들과 일제의 식민지에 항거하는 독립운동가들도 포함된다. 세 번째의 이민의 물결은 1950년 6·25사변 이후다. 1951년과 1964년 사이에 특이한 두 부류의 이민 집단이 미국에 도착하게 되는데 그 하나는 미국인들에 의해 입양되어 온 전쟁고아이고, 또 다른 하나는 미국 군인들과 결혼한 "전쟁 신부"들이었다 (Mckay and Wong, 1988). 이들 외에 소수의 유학생과 의사들이 대학

---

2) 본고는 1997년 필자의 연구년 기간의 논문임. 필자는 CSUS(캘리포니아 주립 새크라멘토대학)에 적을 두고서 샌프란시스코 가주국제문화대학의 이중언어교사 석사과정 한국어 강좌에 두 학기동안 출강하였음. 수강생들인 한국학교 교사들의 보고서와 함께 논의하였던 사항들을 위주로 정리한 것임.

과 병원에서 공부하기 위하여 도미하였다. 마지막으로 네 번째에 해당하는 이민은 1965년, 이민 및 귀화 법안 이후에 이루어진 사람들로 한국인 교포의 대다수가 된다. 초기 이민의 경우는 소수에 불과하여 미국사회에 빨리 동화되는 것을 삶의 목표로 삼았기 때문에 자녀들의 한국어 교육의 필요성이나 문제의식이 제기되지 않았다. 한국어 교육의 문제가 본격적으로 제기된 것은 1965년 이후의 이민법에 의한 이민자의 2세들이다. 이들의 한국어 교육은 가정에서의 교육, 토요한국학교, 일요일의 교회한글학교, 정규학교 교육의 형태로 이루어지고 있다.

2) 모국어 교육에 대한 의식의 변환

미국 이주 1세들의 이민 목적은 여러 가지가 있지만 그 중에 대표적인 것의 하나는 자녀 교육을 위한 것이다. 1970년대만 하여도 한국인들은 '한국은 후진국'이라는 스스로의 자괴심 때문에 민족의 언어나 문화 등에 별다른 애착이나 관심을 가지지 않았던 것이 일반적 현상이다. 특히 자녀들에게 모국어 교육인 한글 교육을 시킨다는 것은 1990년대의 현실과는 상당한 차이가 있었다. 당시 부모들은 한국어를 사용하는 것을 꺼리어 집 안에서조차 자녀들과 영어로 의사소통 하는 것을 자랑스럽게 여기었다. 모국어인 한국어를 사용하는 것은 주류사회의 일원으로 동화되고 적극 참여하는 데 장애가 되는 것으로 생각하였다. 이런 생각은 현재 히스패닉계 미국 이민자들이 미국의 이중 언어 정책을 반대하는 이유와 맥락을 같이 한다. 즉 멕시코 등지에서 온 많은 이민자의 자녀들을 위하여, 그들의 모국어로 일정 기간 교육을 받도록 마련한 제도적인 장치가 최대 수혜 당사자인 히스패닉들로부터 외면을 당하고 있다. 그 이유는 초기 한국 이민자들과 생각과 같이 미국 주류 사회의 일원으로 동화되는데 자국어는 장애가 된다고 생각하기 때문이다.

　그러나 1988년 특히 서울 올림픽 개최 이후, 교포들 사이에는 많은 의식의 변환이 있었다. 한민족 같은 소수 민족이 미국과 같은 다인종 사회에서 경쟁하고 생존할 수 있는 것은, 주류 사회의 일원으로 흔적 없이 동화되는 것이 아니라 오히려 민족 문화의 정체성을 가지고, 개성 있는 일원으로 존재하는 일이 더 중요하다는 것을 깨달았다. 이는 바꾸어 말하면 서구사회의 터전에서 동양인으로서, 한국인으로서의 한계를 의식하였다는 뜻도 된다. 점차 한국과의 무역량의 증가와 정치적, 경제적, 문화적인 교류의 확대로 인하여, 비단 한국인의 의식 뿐 아니라 미국인들의 한국에 대한 인식도 동시에 변환을 가져왔다(김순희, 1998). 이러한 외부적인 요인과 함께, 이민자들의 개인적인 가정 생활의 변화도 중요한 요인이 된다. 이민 초기의 생활고 등이 해결되고 경제적 안정을 찾게 됨과 동시에 자녀들의 성장으로 인하여 새로운 문제에 부닥치게 되었다. 즉 자녀들의 교포 사회에서의 유대 관계, 이성문 제, 진학 문제, 결혼 문제에서 등에서 한국인으로서의 정체성이 요구되었고, 한국어의 필요성이 절실하게 되었다. 또한 이민 초기 때에, 영어로 대화하던 것을 자랑으로 삼던 가정에서는 부모와 자식간의 대화의 단절이라는 기이한 현상을 가져오기에 이르렀다. 즉 영어로만 살아가는 자식들의 언어수준에 부모는 동참할 수 없는 단계에 이르렀고, 자식들은 부모의 속내 깊은 한국어를 이해하지 못하게 되었다. 이러한 내외의 여건에다가 결정적으로 한국어 교육의 열기를 불어넣은 것은 1996년 SAT Ⅱ에 한국어 과목이 채택되면서부터다. 그러나 아직도 한국어를 배우기보다는 일본어나 스페인어, 또는 중국어를 하나 더 배우는 것이 낫다고 생각하는 부모도 있고, 가정에서는 철저히 한국어만 사용하고, 한국어를 심도 있게 가르치려고 한국 비디오 테이프를 빌려다가 가족 모두 함께 보면서 한국어의 경어법, 촌수 등을 익히게 하는 부모도 있다(김순희, 1998).

3) 한국어 교육과 교회의 역할

한국어 교육의 큰 몫을 담당하고 있는 곳은 교회다. 이민을 간 교포들이 자신의 모국어를 계속 사용하고 한국문화를 유지하는 일은 소수민족으로서의 정체성을 일깨우며, 자신들의 삶에 자긍심을 갖게 하는 중요한 일이다. 먼저 한국 교회가 담당해 온 전반적인 역할을 살펴보고, 한국어 유지와 한국 문화의 전수라는 입장에서 한국 교회는 어떠한 역할을 담당하고 있는지를 살펴보기로 한다. 1900년대 초, 이민 1기에는 교회는 종교적인 면의 욕구 뿐 아니라 정치적, 사회적인 욕구도 충족시켜주어야 했다. 교회는 정신적인 중심지가 되어 독립자금 모집, 정치 토론장 및 사회·문화적인 면까지도 주도해야 했다. 이는 다른 아시아 국가인 중국이나 일본에서는 볼 수 없는 양상이었다. 이후 오늘날 한인 교포사회는 한인회, 교회, 노인회, 동창회, 동향회 등 다양한 사회망(social network)으로 서로 연계되었고, 이들 네트워크의 중심은 한인 교회다. Hurh and Kim(1984)에 따르면 한국 교포의 80%가 주일예배에 참석하며, 이들 중 70%가 기독교 신자라고 밝혔다. 한국 내의 기독교 신자가 20% 남짓 되는 것과 비교하면 아주 많은 숫자다.3) 이것은 다른 이민족이나 미국 교회와 비교해 볼 때도 실로 많은 숫자다. 이런 한국 교회의 고유 기능은 대체로 세 가지 기능을 담당하고 있다. 첫째는, 예배와 교제를 통해서 종교적, 영적인 욕구를 채워주는 것이다. 새롭고 이질적인 문화 속에서 사는 긴장감을 덜어주며, 신도인 동료들과의 교류를 통하여 강한 민족애를 갖게 하는 역할이다. 둘째, 교회는 취직알선, 주택, 교육, 직업 훈련 등의 정보와 실질적인 도움을 교환하는 장소로의 역할을 한다. 그러므로 새로온 이민자가 기독교 신자가 아니라도 교회에 가서 정보를 얻게 된다. 이러한 관점에서 볼 때 한인교회는 한인 이주민들이 미국의 주류 사회에 문

---

3) 1997년 샌프란시스코 근교 bay area 지역인 San Francisco, San Jose, and East Bay에 만도 173개의 한인 교회와 4개의 카톨릭 성당이 공식적으로 등록되었다.

화 적응을 하는데 있어 "편의 매개체(facilitating agent)"의 역할을 한다고 할 수 있다(MaKay and Wong, 1988). 세 번째 역할은 한국의 언어와 문화를 보존하고 전수하는 중요한 역할을 한다고 할 수 있다. 한국어로 행해지는 예배와 교회 행사를 통해서, 대부분의 교포 자녀들은 자신들이 습득한 한국어를 활용하는 계기를 갖게 되며, 보다 다양한 형태의 한국어를 체험하는 기회를 갖게 된다. 교회에서 실시하는 한글 교육은 직접적인 계기가 되기도 한다. 또한 여러 사람들과의 접촉을 통해서 수평적인 동료와의 사귐 뿐 아니라 수직적인 사회 관계, 사회 예절, 관습 등 한국적인 문화를 향수하게 된다.

김영숙(1997)을 중심으로 한국 교회의 세 번째 역할에 해당하는 내용은 살펴보기로 한다. "나이에 따라 영어와 한국어의 숙달 정도를 자가진단"하여 보면 영어의 경우는 나이가 젊을수록 그 유창한 정도가 높으나 한국어의 경우는 이와 반대로 나이가 들수록 유창하다고 진술하고 있다. 좀더 구체적으로 보면 영어의 경우는 50대까지 전반적으로 양호하다고 생각하고 있으나 한국어의 경우는 30대 이상의 경우는 양호하거나 우수한 것으로 자가진단하고 있다. 이는 모국어를 습득한 이후에 이민 온 세대들이기 때문이라고 판단된다. 10대, 20대의 경우에는 다양한 양상을 보이고 있다. 10대들의 경우는 대부분 미국에서 태어난 관계로 영어가 유창하다고 스스로 평가하고 있는 반면 한국어에 대한 능숙도는 "전혀 하지 못하다"는 진술에서부터 "괜찮다"는 진술까지 그 분포가 다양하다. 20대의 경우는 자신들이 어중간한 세대라는 스스로의 생각처럼 영어도 "잘하지 못한다"에서 "유창하다"까지 분포된다. 대신 20대는 한국어의 능숙도는 "전혀 하지 못 한다"에서부터 "유창하다"까지 다양하다. 한국어의 경우는 영어를 많이 쓰기 시작하면서 점점 잊어버리게 된다. 한국어를 쓰는 장소가 집과 교회에 한정되어 있기 때문이다. 한국어가 비교적 유창한 조사자의 경우도 언어혼성(code-mixing)과 언어교체(code-switching)의 특징을 나타낸다. 통계적으로 수치화 하기는 힘들지라도 인터뷰한 자의 소견을 들어보면 유년 시절 미국에 이민 오고서도 비교적 한국어를 유창하게 하는 자들은 교회에 꾸준히 참석하였다는 사실이 밝혀졌다. 비슷한 시기에 이민 온 교회 비출석자 경우는 한국어의 능숙도가 현저하게 떨어졌는데 이는 한국어를 접할 기회를 거의 가지지 못했기 때문이다. 이들이 한국어를 손실한 이유에는 여러 가지가 있겠으나 한인 사회와의 접촉 특히 교회와 같은 한국어 사용 언어집단에 노출되지 못하였다는 이유가 된다.

설문 조사에 의하면 한국어를 사용하는 장소와 학습 장소는 다음과 같았다.

	speaking	Learning
Home, Church	92%	77%
other places	work-places, school, friends ……	

대부분 가정과 교회에서 한국어를 가장 많이 사용하는 것으로 나타났다. 가정에서 한국어의 사용은 부모에 따라 많은 차이를 보이는데 부모가 바쁘거나 한국어의 중요성을 인식하지 못하는 경우는 언어 손실이 크게 나타나는 것으로 조사되었다. 그러한 경우 교회의 역할은 더욱 중요하다고 하겠다. 교회는 한국 교민들이 집단으로 모이는 장소로 일반 가정에서 놓칠 수 있는 언어, 음식, 신앙 등의 핵심적 문화가 지켜지는 곳으로 역할을 하고 있다(Hur and kim 1984). 한국어를 습득하는 곳으로는 한글 학교, 일부 직장 등이 그 일부의 역할을 하지만 한국어를 사용 유지하는데 큰 영향을 미치는 곳은 교회인 것으로 조사되었다. 한국인들은 전통 명절 등을 대부분 교회 식구들과 함께 보낸다. 교회는 확대된 가족 관계 구성의 중심이 된다. 주일 예배와 예배 후의 교제는 "소속감을 가져다주고 개인의 죄의식과 나르시즘을 감소시키며, 신뢰감의 재정립, 자신의 재투자 가치와 문제 해결 능력 신장"을 건설적으로 확립하는데 중요하다고 하였다(Shim, 1977).

이와 같은 한국어 활용의 장으로서의 의미 외에 교회가 마련하고 있는 한글 성경 학교는 한글 교육에 이바지하는 바가 점점 크다고 할 수 있다. 종전의 경우 교회 한글 학교는 교회 내의 학생들에 국한한 대내 모임이었으나 최근 들어 교회 밖의 일반 학생들의 다수 참여는 지축할 만한 일이다.

한국어와 한국 문화 전수의 장은 교회가 주동적인 임무를 맡고 있으나 부차적으로 이일을 담당하는 곳으로는 여러 종류의 한인단체들이다. 각 지역마다 한인 교민회가 주축이 되어 8·15 경축행사와 3·1 독립운동 기념행사 등이 매년 이루어지기도 한다. 샌프란시스코의 경우 가주국제문화대학이 주관하여 여러 종류의 한국 문화 행사 등을 갖는데, 이도 한국어 및 문화 전달의 중요한 계기가 된다.4)

4) 한국어 교육의 실태

(1) 한국어 교육의 형태

미국에서의 한국어 교육은 가정에서의 교육과 학교 교육으로 이루어진다. 학교 교육은 (1) 토요한국학교 (2) 일요교회한글학교 (3) 정규학교 교육의 형태로 이루어지고 있다.

---

4) 캘리포니아 국제문화대학은 "한국의 고유한 문화와 전통"을 널리 알리기 위해 제2회 Korean Folk Festival "민속" : Asian / Pacific Heritage Month(1997)을 5월 24일에 열었다(장소 : Herbst International Exhibition Hall). 한인 전체의 문화축제인 이 행사에는 각종 전시회와 음악 무용 등의 문화행사와 "분단이후의 남·북 문화의 비교"란 제목의 포럼이 있었다. 포럼에는 문학부문에 김운송(시인, 세계시문학회 회원), 언어 이광정(경원대학교 국어국문학), 문화 정대현(Lawrence Lab), 경제 전택수(정신문화원 경제학), 이희돈(U.C San Diego 비교지역 개발학) 등이 참여하였다. 약 2주 일간에 걸쳐 행해지는 일본인 문화축제에 비하면 소규모이나 한국인의 전통문화를 미국에 뿌리내리는 행사로 의미가 크다고 하겠다. 이 외에 한인 행사는 지역마다 다양하게 이루어지고 있음.

(1) 가정 교육 : 가정에서의 한국어 교육은 가장 기본이 되는 교육인 동시에 자아 형성에 가장 중요한 체험이다. 대다수의 부모들은 한국어 교육 및 한국문화에 긍정적일 뿐 아니라, 자녀들에게도 적극적으로 이를 배우도록 권장함은 다행한 일이다. 조사 연구 결과를 보면 대부분의 가정에서 한국어를 주언어로 사용하고 부모들과의 대화를 대부분 한국어로 하고 있음도 다행한 일이고 큰 변화이다. 그러나 자녀들이 부모와 가정에서 만나는 시간이 짧아서 한국어를 깊이 습득하고 사용하는 시간은 매우 제한적이다. 대부분의 부모들이 일터에 나가 있는 시간이 길고, 주말 한국학교에 다닌다 하더라도 3시간을 넘지 않는다. 이런 연유에서 할머니, 할아버지들과 같은 노인들과 함께 사는 아동들이 한국어에 훨씬 능숙하다는 조사 결과가 나온다. 자녀들의 한국어 교육이 성공적이기 위해서는 부모들의 의식과 그 뒷받침이 절대적임은 두 말할 것이 없다. 그러나 아직도 한국어 교육에 소극적이거나 부정적인 사례가 적지 않다.

(2) 학교 교육

① 토요한국학교 : 미국내의 한국 교민들은 동부에서 서부까지, 남부에서 알라스카에 이르기까지 광범위하게 분포되어 살고 있다. 그러나 한국인이 가장 많이 사는 곳은 서부 캘리포니아의 L.A 지역과 동부의 뉴욕 인근의 뉴저지 지역이 된다. 이들 지역에서는 "주말한국학교"가 개설되어 한국어 교육에 크게 기여하고 있다. 이 주말 학교는 정규 수업이 없는 토요일을 이용하여 한글 교육을 하는 교육기관이다. 과거에는 아이들을 맡기는 탁아소 정도로 생각하였고, 교사들을 baby-sitter 정도로 생각했다. 미국에서는 13세 미만의 아동을 혼자 집에 둘 수 없도록 법으로 금하기 때문이다. 그러나 근래 들어 부모들의 의식도 크게 개선이 되었고, 교육 내용도 한국어 교육 뿐 아니라 음악, 미술의 예능 프로그램을 부가하는 등 다양해졌고, 학습 내용도 충실하여 이제는 완전히 사립학교로까지 생각게 됨은 다행한 일이다. 샌프란시스코 소재 토요학교의 사례분석에 의

하면 1996년 SAT Ⅱ에 한국어 과목이 지정된 이후 많은 변화가 왔다. 1995년도의 경우는 저학년 등록생이 대부분이었고, 9학년 이상에는 각 학년당 5명 미만이 등록하는 실정이었으나, 1996년부터는 유치부 등에도 급격히 학생이 증가하였고 5, 8, 9 등에도 많이 증가되었다. 출석률도 현저히 좋아졌고, 교회 인근 학생 뿐 아니라 먼 곳에서부터도 등교하고 있다. 소속 교회 학생과 외부인의 구성비가 40 : 60의 비율이 되어 종전과는 반대의 현상이며 등록 학생수도 배로 증가한 곳도 있다. 이는 SAT Ⅱ의 영향으로 보여진다. 이들 주말한국학교는 1984년의 경우 200여 개에 불과하였으나 1997년 현재 435개이고 증가일로에 있다. 미국 서부지역의 이들 학교와 학생 수를 살펴보면 아래와 같다.

㉮ 미국 서부지역 주말한국학교 현황			
LA지역	280개교 (학생수 : 20,783)	시애틀	87개교 (학생수 : 4,500)
샌프란시스코	61개교 (학생수 : 4,559)	앵컬리지	5개교 (학생수 : 144)
호놀룰루	2개교 (학생수 : 1,135)		
(계 : 435개교. 31,121명. 1997년 6월 LA 총영사관 집계)			

㉯ 북가주지역 주말한국학교			
샌프란시스코	12개교	이스트 베이	16개교
산호세	16개교	머린 카운티	2개교
소노마 카운티	2개교	몬트레이	3개교
새크라멘토	4개교	스탁톤	2개교
(계 : 57개교. 교사 : 451명. 학생 : 3,966명. 1995년 3월)			

전체 교사 수는 451명이고 등록된 학생 수는 3,966명이다. 57개교 중

8개교만 이사회 등에서 개교하여 운영하는 것이고 나머지는 모두 교회 부설로 설립된 것이다. 설립년도를 보면 〈상항한국학교〉가 1973년 5월 개교한 것을 시작으로 하여, 70년대 6개교, 80년대 24개교, 90년대 들어와서 17개교(10개교 미상)가 개교하였다. 80년대 후반부터 급격히 증가했음을 알 수 있다. 그러나 1997년 9월 샌프란시스코 총영사관 교육부 통계에 따르면 주말한글학교는 총 47개교로 교사수는 508명이고, 학생수 4,561명으로 집계되었다.

Sanfrancisco	14개교	East Bay	17개교
San Jose	11개교	Utah	1개교
Sacramento	3개교	Colorado	1개교
(계 : 47개교. 교사: 508명. 학생 4,561명. 1997년 9월)			

　1995년과 대비하여 학교수가 감소한 것으로 나타났으나 이것은 지역적으로 조사 대상에서 제외된 것이 있고, 교사와 학생의 수는 학교수가 적은데도 많이 증가한 것으로 나타났다. 이들의 구체적인 명칭과 교원수 학생수는 주와 같다.5)

---

5) 이들의 구체적인 명칭과 교원수 : 학생수는 아래와 같다(1995년 3월 상항 한국교육원 통계).

　* San Francisco 지역 : 상항 한국학교 교원 11명, 학생 150명. 상항연합감리교회 한글학교 7 : 33. 상항 여호아의 증인 한글학교 3 : 25. 상항 한인천주교회 한글학교 12 : 47. 상항 서부한인교회 한글학교 12 : 43. 상항 한인 반석교회 한글학교 5 : 42. 상항 제일침례교회 한글학교 10 : 78. 상항 영광 장로교회 한글학교 6 : 30. 상항 복음성결교회 한글학교 6 : 36. 산 나파엘교회 한글학교 5 : 35. 상항 연합장로교회 한글학교 6 : 19. 상항 순복음중앙교회 한글학교 9 : 55.

　* East Bay : 지역무궁화 한글학교 10 : 85. 이스트 베이한인봉사회 한글학교 5 : 65. 후리몬트 한글학교 4 : 67. 헤이워드 한글학교 17 : 144. 콘트라코스타 한글학교 10 : 63. 칼보리한인 침례교회 한글학교 4 : 28. 성지교회 한글학교 8 : 34. 오크랜드 한인연합교회 한글학교 6 : 42. 리치몬드 침례교회 한글학교 11 : 102. 콩코드 한인침

㉔ 남가주 지역은 구체적으로 지역별 학교수는 통계 자료를 갖지 못했으나 재적학생 수를 살펴보면 유치원 4,300명, 초등학교 9,900명, 중학교 408명, 고등학교 286명, 성인 346명이 등록하여 총 15,240이나 되어 북가주 지역보다 세 배 이상 많은 숫자임을 알 수 있다.

② 일요교회한글학교

한글 교육에 한 몫을 하는 것으로 일요교회한글학교가 있다. 이는 교회에 참석하는 어린이들을 대상으로 한글 교육을 하는 프로그램이다. 비교적 규모가 큰 교회에서 성인들의 예배 시간 등에 시행하는 프로그램으로, 시간적으로 제한이 되어 있어 큰 실효를 거두기는 어려우나 주말 학교의

례교회 한글학교 11 : 65. 이스트베이 제일침례교회 한글학교 10 : 73. 이스트베이 중앙장로교회 한글학교 4 : 29. 성 김대건천주교회 한글학교 10 : 65. 한아름교회 한글학교 4 : 37. 콘트라스코 한인장로교회 한글학교 6 : 44.

* San Jose지역 : 산호세 한글학교 22 : 355. 순복음산호세교회 한글학교 8 : 77. 산호세 한인중앙교회 한글학교 10 : 26. 산호세 영광교회 한글학교 5 : 41. 산호세 한국인여호아의증인 한글학교 4 : 32. 산타클라라 한인연합감리교회 한글학교 10 : 90. 산호세 한인침례교회 한글학교 13 : 121. 산호세 천주교회 한글학교 15 : 191. 산호세 제일선교교회 한글학교 10 : 56. 산호세 성결교회 한글학교 5 : 34. 안디옥침례교회 한글학교 6 : 52. 산호세 제일침례교회 한글학교 10 : 208. 산호세 소망교회 한글학교 8 : 128. 베델연합감리교회 한글학교 4 : 43. 산호세 세계선교교회침례교회 한글학교 11 : 75. 대성장로교회 한글학교 15 : 74.

* 머린 카운티 : 머린카운티 한글학교 6 : 68. 머린 카운티 노바토선교침례교회 한글학교 8 : 30.

* 소노마 카운티 : 소노마 카운티 한글학교 9 : 56. 소노마 카운티 한인침례교회 한글학교 7 : 35.

* 새크라멘토 : 새크라멘토 한글학교 12 : 96. 유씨 데이비스 대학교회 한글학교 6 : 25. 새크라멘토 한인침례교회 한글학교 7 : 34. 방주선교교회 한글학교 5 : 38.

* 스탁톤 : 스탁톤 감리교회 한글학교 3 : 16.

* 후레즈노 : 한인장로교회 한글학교 4 : 26.

37. 몬트레이 중앙장로교회한글학교 2 : 25.

* 몬트레이 : 몬트레이 한글학교 6 :

* 모데스토 : 한인장로교회 한글학교 8 : 44.

연장선상에서 한글 교육에 이바지하고 있다.

③ 정규한글학교

한국어가 미국의 정규 학교 교육 현장에서 실시된 것은 그리 오래지 않다. 샌프란시스코의 경우를 보면 93년에 알라모초등학교에 한국어가 정식 선택과목으로 채택되었고, 93년 9월 학기에는 로웰고등학교에 한국어가 제2외국어로 개설되었는데 이는 미주 지역 3번째가 된다. 2개 반에 57명의 학생이었다. 93년 여름, 한국어가 초등학교 1~3학년 여름학기 과정에 채택되었고, 94년에도 3개 초등학교에 방과 후 교육프로램으로 한국어를 정식 과목으로 채택하였다. 95년 여름학기에는 공립학교 학생들을 대상으로 한국어 학점인정 "한국어 교육"을 한인센터(가주국제문화대학)에서 실시하였는데 이는 중국어에 이어 두 번째였다. 그 당시 샌프란시스코 교육구 내에는 64개 언어를 사용하는 민족이 살고 있었고, 이 중 8개 국어가 제2외국어로 채택되었다. 한국어가 샌프란시스코 지역의 정규 학교 교육에서 시행되기까지에는 여러 가지 어려움이 있었고 숨은 공로자로 김옥순 장학관이 있다.6)

---

6) 김옥순 : 1930년생. 사대부국. 경기여중고. 서울사대 영문과졸. 서울사대부고 영어교사로 재직중이던 55년 한미재단의 장학금으로 뉴저지주의 Montclaire주립대 Teacher's College에서 석사학위. 뉴저지 여성재단 후원으로 콜롬비아 대학에서 TESOL(외국인을 위한 영어교수학) 석사학위. 1981년 USF에서 교육학 박사학위. 1970년 TESOL 교사로 상항통합교육구에 몸담은 이래 27년간 교사와 행정직을 번갈아 맡으면서 한국어가 초등학교에서부터 고등학교에까지 정규교과로 채택되는데 숨은 산파역을 해 왔음. 40년간의 교육에서 가장 큰 보람은 1993년 로웰고등학교에 한국어 정규과정이 신설된 것이라고 술회함. 이를 바탕으로 95년에 한국어 이멀젼 프로그램, 97년 링컨고등학교에, 98년 웨싱톤고교에 한국어과목 개설. 샌프란시스코 주립대와 협동으로 가주국제문화대학에 96년 가을학기부터 한국어교사 자격과정을 석사과정으로 신설함. 이는 미국내에서 유일무이한 것임. 94년 국방성 연구기금으로 팀장을 맡아 "The Korean Language : Curriculum Guide for High School"을 출간. 99년부터 SSAT 한국어교사시험 승인을 받아 놓았음. 이는 SAT II 승인 못지 않은 한국어 발전의 쾌거가 될 것임. 당년 67세인 그를 두고 로버트 교육담당관은 "한글교육에 대한 열정은 거의 신앙에 가까웠다. - 한글교육에 바친 일생"이라고 평함. "잠자는 시간을 쪼개가며 상항통합교육구내 각급학교에 한국어 과목을 정착시키기 위하여 노력하는 김장학

미국 내에서 한국어를 개설하고 있는 정규학교는 초등학교에서부터 대학에 이르기까지 다양하다. 정규고등학교의 한국어반의 현황을 보면 97년 9월에 총 16개교에 46개 강좌가 개설되어 있고 수강학생 수는 1,201명으로 집계되었다.

> ㉮ 캘리포니아 지역(12개교) : LA한국학교, 노스고교, 사우스고교, 토렌스고교, 웨스트고교(이상 토랜스), 세리토스고교, 휘트니고교, 가아고교(세리토스 소재), 서니힐스고교(홀턴), 에이브라함 링컨고교, 로웰고교(샌프란시스코), 어바인고교
>
> ㉯ 뉴욕지역 4개교 : 뉴톤고교, 프랜시스 루이스고교, 플러싱고교, 칼도스고교

그러나 98년 현재 33개 고교로 확대되었고, 99년에는 14개 학교에 추가인정을 받을 것으로 전망하고 있다.[7]

한국학 강좌가 개설된 대학으로는 하버드, 버클리대학을 위시하여 브리감영 등 많은 대학에 개설되었다. 근래에는 1996년에 미네소타신학대학원에 한국어로서의 학부, 석사, 박사과정이 개설되었고, 학감, 박사위원장, 대학원장, 대학부학장 등 한국교수 30여명으로 구성된 것과 샌프란시스코의 가주국제문화대학에 한국학 석사과정과 샌프란시스코 주립대와 합동으로 이중 언어 교사 양성 석사과정이 개설된 것 역시 특기할 일이다. 그러나 겉으로는 평탄하고 순조롭게만 생각되는 한국어반이 개설 및 진행이 그렇게 순탄한 것은 아니다. 많은 학교에서 한국어반 학생이

관이야말로 북가주교포사회의 가장 큰 보배중의 하나라고 기자는 느꼈다."(1997년 10월 21일 한국일보 한종범기자).

7) 이외에 고등학교과정을 교수하는 교육기관은 더욱 많아져서 뉴욕지역에 베이사이드고교, 벤자만 카도쟈고교, 콜롬버스고교와 아스날 테츠고교(인다아나폴리스), 아바나고교(아바나), 브리안트고교(롱 아일랜드) 등이 있다. 이외에도 서울에 소재하는 서울 외국인 고교(33명), 서울국제학교(37명), 대학에 부설되어 한국어 강좌를 하는 샌프란시스코의 가주국제문화대학 등을 더하면 더욱 많은 교육기관이 있다.

모자라서 학점을 인정받지 못하거나 승인이 취소되는 사례가 빈번하였다. 한 예로 후버중학교와 웨싱톤고교 그리고 링컨고교가 1996년 가을학기부터 실시하려던 정규 한국어반 강좌를 학생수 부족으로 열지 못하였다. 당시 링컨고교에는 60명의 한인 학생이 있었으나 관심부족으로 성원이 안 되어 취소되었다가 이듬해에야 개설되는 등 아직도 이런 현상이 반복되고 있다. 이러한 예는 대학에서도 수강인원 미달로 모처럼 개설한 한국학 강좌가 폐강되기도 한다.

(2) 교육목표 및 교재

한국어 교육이 체계적으로 이루어지기 위해서는 확고한 교육 목표가 수립되고 이에 따라 교육 과정이 단계적으로 조직화되고, 교육 과정을 잘 반영된 교재의 편찬이 뒤따라야 할 것이다.(성기철, 1998) 그러나 교포들의 교육은 이런 면에서 극히 초보 단계다. 일정한 한국어 교육목표가 확립되어 있지 않을 뿐 아니라 교육 과정도 마련되어 있지 않다. 교육 목표라고 하는 것도 학교장의 재량에 따라 각양각색으로 이루어지는 실태다.8)

그러면 학교 교육의 교재로는 어떠한 것들이 사용되고 있으며, 어떠한 문제점을 가지고 있는가를 조신숙(1997)에 의거 살펴보기로 한다.

한국인이 가장 많이 거주하는 남가주 지역에서 사용 중인 교재로는 「재

---

8) 교육목표는 대개 학교장의 교육방침 등의 제시에 그친다. 샌프란시스코 소재 헤이웨드 고등학교(세종고등학교로 명칭변경)의 경우 한창선 교장의 방침에 따라 "아세아 태평양시대에 적합한 지도자 또는 인격자로 키우기 위하여" 1. 올바른 가치관의 확립. 2. 참된 인격자로 배양. 3. 원대한 미래의 꿈을 심어주는 것으로 정하였다. 전신애 일리노이 노동장관은 강연회(97.11.30. 오크랜드)에서 (1) 만년 공부(독서)하는 사람으로 키울 것. (2) "I can do" 의식을 심어줄 것. (3) 항상 웃는 사람으로 키울 것. (4) 자기의사 발표를 명확히 할 것. (5) 자기창조를 하는 사람으로 키울 것. (6) 대인관계 좋은 사람으로 키울 것. (7) 자기관리 할 수 있는 사람으로 키울 것. (8) 됨됨이가 된 사람 - 정직, 책임감, 긍정적인 사람을 키울 것을 강조하였다(김순희, 1997).

미있는 한국어(It's Fun to korean)」(학교법인 남가주 한국학교 발행),
「한국어」 I , II, III(대한민국 교육부 국제진흥원 발행), 「한국어 I ,II
(Learning Korean)」(박경남), 「한글(The Korean Language)」(박희
서) 등 대개 4종이다. 지역에 따라 다소의 차이가 있다.

① 「재미있는 한국어」는 1978년에 처음 발간된 것으로 이후 부분적인
수정이 있었다. 1995년까지는 1~9학년용 교과서와 연습문제집으로 되
었던 것을, 1996년에 SAT II에 대비하여 유치원부터 6학년까지 개정판
을 내었다. 그러나 연습문제집은 변화가 없었다. 이 책의 특징은 그림삽
화가 많고, 본문도 2도로 인쇄를 하여 저학년생들에게 효과적이란 점이
다. 꼭 한국적이어야 하는 그림을 제외하고는 등장 인물을 다인종(多人
種)으로 하였고, 일상 생활을 위주로 편찬 서술한 관계로 외국인에게도
크게 이질감을 주지 않는 장점이 있다. 각과의 끝에는 SAT II에 대비하
여, 4지 선다형 연습문제로 독해력, 문법, 청취력을 실험할 수 있도록 하
였다. 그리고 각과가 끝나면 본문의 연습문제 외에 연습문제집이 별도로
있어 충분히 활용할 수 있도록 한 것도 장점이다.

② 「한국어」 I , II, III은 한국의 교육부산하 "국제진흥원"에서 재외동포
용(영어판)으로 발행한 것으로 미주지역에 1달러씩 받고 공급하는 책으
로 다수의 한국 학교에서 사용하고 있다. 총 6권으로 되었는데, 1996년
개정판, 1학년용 첫머리에는 "한글기본글자 익히기"항을 둔 것이 특징이
다. 이는 한국어의 사용이 제한적인 외국어권 문화에서 한글의 글자체계
를 체계적으로 이해시키는 장점이 있다. "공부할 문제"도 과거에는 1면에
불과하던 것이 3~4면으로 확대된 것도 좋은 점이다. 그러나 현지 실정
을 간과한 내용의 기술이란 것이 가장 큰 결점이라고 할 수 있다.

③ 박경남, 「한국어 I , II(Learning Korean)」는 16년간의 교육경험
을 토대로(오렌지 카운티 한국학교 교장) 1994년에 1권을, 1996년에 2
권을 발행한 것이다. 초등학생으로부터 성인까지를 대상으로 한 것으로
오랜지 카운티 한국학교, ABC교육국, 로렌스 교육구 산하 고교, 어바인

고교, 덴버대학 한국어반 등 다수 사용하고 있다. 1권(초급)은 자음, 모음부터 음절, 받침, 된소리, 이중모음 등 한국어의 음운체계 전반에 대한 설명과 가르치는 방법과 순서 등을 영어와 한국어로 자세히 설명하고 있다. 2권(중급)에서는 각과마다 기본문형과 변형, 대체문형, 회화, 청취력, 독해력 등의 연습문제를 붙여 놓았다. 말하기, 듣기, 읽기, 쓰기를 종합적으로 시행할 수 있게 한 것이 장점이고, 현지의 교육체험을 잘 반영한 교재란 점에 또한 장점이 있다.

④ 박희서, 「한글(The Korean Language)」은 1982년 종합편으로 발간하였다가, 1992년 총 9권으로 개편한 것이다. 초보자부터 SAT Ⅱ 준비생까지 사용할 수 있도록 편찬한 것으로, 미국과 캐나다의 한국학교 일부와, LACC, 하와이대학, 서니힐스고교, 하버드대학, 국방부언어 연구원 등 폭넓게 사용되고 있다. 내용은 (1) 기초1 : 소리와 글자 만들기 중심. (2) 기초2 : 일상생활에서 자주 쓰이는 단어 연습. (3) 초급 : 일상생활의 대화중심. (4) 중급 : 한글문장의 패턴, 연습과 한글의 창의적 활용능력. (5) 고급 : 한국어로만 쓰임. 미국과 한국에서 자주 읽는 동화, 위인전, 교훈 등을 통해 독해력, 언어적 사고력 배양에 힘씀. (6) 종합 : 기초부터 고급까지 포괄적으로 다루는 체제로 구성되었다.

샌프란시스코를 중심으로 한 북가주 지역에서는 "한국국제진흥원" 발행 「한국어」 I, Ⅱ, Ⅲ을 상항총영사관에서 지급을 받아 대부분의 주말한글학교에서 사용하고 있다. 로웰고교와 링컨고교에서는 고려대학교 민족연구소 간행 「한국어, 한국어 회화」를 교재로 사용하고 있는데 지나치게 일상회화 중심이란 것이 단점이다. 그러나 SAT Ⅱ 청취력 부분에는 도움을 주리라 본다. 재외국민용 한국어 교재는 서울대, 연세대, 고려대를 위시하여 국내의 여러 대학에서 각기 교재를 발간하였다. 이들은 각각 장단점을 가지고 있는 바, 상호보완적인 의미에서 완결된 교재의 편찬이 요구된다.9)

이와 같이 한국어 교재는 여러 종류가 있지만 교사용 지도서가 없었던 것이 문제점이었다. 그런데 미국 내 고등학교에서 한국어를 체계적으로 가르칠 수 있는 한국어 교사용 지침서 「The Korean Language : Curriculum Gide for High school」가 1995년에 샌프란시스코 통합교육구 이중언어 교육국(Bilingual Education Department) 주관으로 발간되었다. 제2 외국어로서 한국어를 가르쳐야 할 경우에, 2년간의 수준과 연차별 프로그램과 함께 한국어 교육의 목표, 교수방법, 한국문화의 이해정도, 문법 등 다양한 내용을 수록하고 있다. 이는 한국어교육 지침에 있어 불모지나 다름없는 미국에서 처음 발간된 의미 있는 지도서다.[10]

한국어 교육기관은 증가일로에 있고, 한국어 교육의 중요성도 고조되고 있는 실정이다. 이에 부응하여 적절한 교재 개발이 필요함은 두 말할 것 없다. 그러기 위해서는 교육개발원과 같은 전문교육 연구기관이 주관을 하되 현지교사가 참여하여 현장감을 살려야 살아있는 언어가 될 것이다. 이런 의미에서 국제진흥원의 교재는 실제 상황하고는 거리가 많아 어려움을 겪는다는 것이 현지 교사들의 호소다.

(3) 교사 및 교육환경

교육의 성패를 판가름하는 요소 중의 하나는 교사의 자질이다. 미국의

---

9) 재외국민용 교재에 대한 교재분석과 평가는 노명완(1997)을 참조할 것. "국제진흥원" 『「한국어」중급 I 하』(1997)과 고려대 민연, 「한국어 3, 한국어회화 3」, 연세대학교 한국어학당, 「한국어 3」의 분석비판과 교재 모형에 대한 제언도 있음.

10) 국방부의 예산지원을 얻어 마련된 이 지침서(The Korean Language : Culliculum Guide for High school 1994~1995)는 94년 국방부가 잔 홉킨스 대학에 설치된 국립외국어 센터를 통해 상항통합교육구에 4만 달러를 지원하여 동년 10월부터 이듬해 9월까지 1년에 걸쳐서 제작되었다. 샌프란시스코 상항통합교육구 김옥순 장학관을 팀장으로 하고, UC Berkley의 임정빈, 김경년 교수와 로웰하이스쿨의 조아미 교사가 팀을 이루었다. 총 316페이지에는 대화와 읽기, 쓰기, 한국문화의 이해 정도 등 다양한 내용이 있고, 교사지침에는 한국어 교수법과 아울러 학생들의 숙제에 활용할 수 있는 학생 실습 문 문제도 실려 있다. 미전역에 한국어과가 개설된 고등학교 교사에게 배포하였고, UCLA와 UCS, 메이슨대학 등 교사 양성 프로그램이 있는 대학교에도 배포하였다.

경우 한국어교사 양성기관으로 프로그램이 있는 곳은 UCLA, 메이슨대학, 샌프란시스코주립대와 합동으로 개설한 가주국제문화대학 등에 설치되어 있으나,11) 아직 초보단계다. 정식 한국어 교사자격증을 소지하고 강단에 설 경우는 훗날의 일이다. 이는 한국어 교육기관 대부분이 주말학교 등 비정규학교인 관계도 있지만 한국어 교사자격증 수여를 위한 제도적 장치가 미비하였기 때문이다. 그러나 캘리포니아주에서 미국내 처음으로 SSAT 시험제도가 허가를 받아 99년 후반기에 시행될 예정인데, 이는 SAT II의 한국어 시험 못지 않게 큰 효과와 미국내 한국어에 큰 반향을 불러일으킬 것으로 기대한다.12)

현재 주말학교의 한국어 교사의 실태를 살피는 의미에서 샌프란시스코 소재 헤이워드(세종고등학교)의 한국학교의 예를 보기로 한다. 교사는 총 15명으로, 남자 3명, 여자 12명이다. 구체적으로 몇 가지 살피면 다음과 같다. (1) 연령 : 20대 - 3, 30대 - , 40대 - 6, 50대 - 3. (2) 현직업 : 공무원 - 1, 회사원 - 3, 기타 - 11. (3) 과거의 전공: 언어 - 2, 교육 - 3, 예능 - 2, 기타 - 8. (4) 전직교사 여부 : 가 - 4, 부 - 11. (5) 한국어문학 전공자: 1명뿐. (6) 학력 : 전원 대졸. (7) 처우 : 시간당 20弗

---

11) 1996년 가을 학기부터 가주국제문화대학에는 한국어 교육 석사과정클래스(K710 Materials Development for Teaching Korean)가 개설되었다. 이는 미국 내 최초의 교사 양성기관으로 샌프란시스코 주립대와 연계하여 개설하였다. 주립대에서 취득해야 할 전체학점 30~41학점 중 약 3분의 1에 해당하는 한국어 관계 12학점을 가주국제문화대학에서 취득하게 된다. 이 한국어 석사과정을 이수하기 위해서는 CBEST 시험을 과하고 학사학위가 있어야 하나 주립대 강의를 들을 때까지 유보해준다. 97년 필자는 두 학기간 강의를 하였는데 처음 수강생은 17명이었으나 다소 줄어드는 추세이다.

12) "SSAT(Single Subject Assessment Test) Korean" : 캘리포니아주는 한국어 교사 자격시험을 정식으로 승인하였다. 이는 CCS와 NES(National Evaluation System)와의 지원협조 아래 이루어지게 된다. 이로 인하여 한국어를 가르치는 교사들은 이 시험에 통과되어야 하며, 한국어 교사양성을 위하여 정식으로 미국 대학에서 한국어를 가르쳐야 하는 법적인 근거가 마련되었다. 관계안내 연구 보고서는 1999년 가을에 출간예정인데 그 책임자는 김옥순 장학관과 가주국제문화대학의 학장 신연자이다.

(자료준비, 교구 휴대 등의 노력에 비하여 적다고 생각함).

이상 살펴 본 바와 같이 정규 학교 교육을 담당하고 있는 교사들이 한국어 교육과는 대부분 무관한 사람들이다. 그러나 이 세종고등학교의 경우는 모범적인 사례이고, 특히 일반 주말학교의 교사진은 훨씬 열악하게 구성되었다. 대부분 자원봉사에 의해서 교육이 이루어지고 있기 때문이다. 이러한 약점을 극복하기 위하여 교사들이 자체 연수의 기회를 마련하는 등 자구의 노력을 기울이고 있음은 다행한 일이다.13)

교사 뿐 아니라 교육 환경은 더욱 열악하다. 북가주의 경우 자체 건물이 있는 학교는 하나도 없다. 새크라멘토에서 한국학교 건축기금 마련운동이 활발히 전개되고 있음은 인상적이다. 일요학교는 대개 교회 건물을 사용하고 토요학교는 주말임대나 교회건물을 사용하는 것이 대부분이다. 그러므로 변변한 교육 기자재도 없거니와 녹음기 등 기자재도 교사들이 스스로 마련하여 휴대하고 다니는 실정이다.

2.2 한국어 교육의 당면 2대 과제

미국에서의 한국어 교육에는 최근 크게 두 개의 명암이 교차하고 있다. 밝은 쪽은 SAT Ⅱ한국어시험실시와 SSAT한국어교사 자격시험 실시 예정사항이고, 어두운 쪽은 이중 언어 교육제도의 철폐다. 이들 두 개의 과제를 현지인의 시각에서 간략히 전하기로 한다.

---

13) 미국에는 지역별로 한국학교협의회가 있다. 이들은 한국어 교육의 여러 문제를 합동으로 해결하는 자치단체다. 북가주 한국학교 협의회는 제1기 교사 집중연수회를 97년 7월 12일, 19일, 26일 3일간 리치몬드 한인 침례교회에서 가졌다. 300명에 가까운 교사들이 참석한 이 연수회는 학습지도, 한국어 맞춤법, 표준어, 한국어 문법, 시범수업 등 한국어 교육 전반에 걸친 내용을 담고 있는데, 교사들의 자질 향상을 꾀하는 좋은 계기가 되었을 것으로 본다.

1) SAT II와 한국어 교육

미국의 대학수학능력시험인 SAT(Scholastic Achievement Test)는 I, II로 나누어지는데 SATII의 외국어 과목으로 스페인어, 이탈리아어, 독일어, 프랑스어, 러시아어, 히브리어, 라틴어, 그리스어와 동양어인 중국어(94년), 일본어(95년), 한국어(97년 시행) 등과 함께 선정된 일은 한국어 교육과 한국민의 위상을 높인다는 점에서 높이 평가할 일이다.14)

1990년대 중반기까지의 한국어 교육은 민족의 정체성을 일깨우는 뿌리교육의 단계에서 벗어나지 못하였던 것이 사실이다. 그러나 1996년 한국어가 미국 SAT II의 제2외국어 과목으로 인정됨으로 해서 한국어 교육은 대학입시란 현실적인 목적 아래 활기를 띠게 되었다. 1997년 11월 제1회로 시행한 결과와 앞으로의 전망에 대해서 살펴보기로 한다.

ETS(Educational Testing Service) 관장 아래 97년 11월 1일에 치러진 제1회 SATII 한국어 시험은 결과적으로 성공적이었다. 시험내용은 듣기, 관용어, 독해력의 3부문으로 되었고, 정도는 국내 초등학교 2~3학년 수준으로 예상하였으나 결과적으로 까다로웠다는 후평이다. 당초 2,000명 정도가 응시할 것으로 전망하였으나 2,900이 신청하여, 이중 2,311명(약80%)이 응시하였다. 전체 평균점수는 800점 만점에 631점인데, 이중 대학진학을 목적으로 응시한 12학년 학생은 1,392명이었고

---

14) 미국의 대학수학능력시험인 SAT(scholastic achievement test)는 I,II로 나누어지는데 SAT I은 영어와 수학에 대한 기본적인 소양을 측정하는 수학능력 시험이고, SATII에서는 수학영역, 과학영역, 외국어영역, 예술영역 등의 시험을 치르는데 모두 16과목으로 되었다. 외국어 과목으로는 스페인어, 이탈리아어, 독일어, 프랑스어, 러시아어, 히브리어, 라틴어, 그리스어와 동양어인 중국어(94년), 일본어(95년), 한국어(97년 시행) 등이 있다. 미 대학위원회는 97년에 실시될 SATII한국어 시험 출제위원으로 김옥순(샌프란스코 통합교육구 장학관), 손성옥(UCLA 동아시아 언어문화학과 교수), 이정로(푸로리다 주립대 언어학과 교수), 그레이스 지(서니힐스 고교교사), 피터슨(브리감영대학교 교수), 케롤 슈츠(컬럼비아대 한국어프로그램 교수)를 선정하였다.

평균점수는 650점이었다. 기타 다른 목적으로 응시한 자는 679명으로 평균 595점이었다. 진학을 목적으로 한 "한국어"를 선택한 12학년생은 다른 과목을 선택한 경우보다 40~50정도 높은 것으로 판명되었다. 이는 앞으로도 "한국어"를 시험과목으로 선택하는 학생들이 많을 것이란 전망을 할 수 있다.

시험준비 유형별 SAT Ⅱ 한국어 성적분포

공부기간 및 방법	응시자수(명)	비율(%)	평균점수
2년 미만 준비	1,017	46	651
2년~2년 반	181	8	623
3년~3년 반	112	5	618
3년 반 이상	202	9	666
가정에서 학습	1,374	62	640
한국에서의 생활 경험	668	30	703

SAT Ⅱ 한국어진흥재단 사무국 제공(한국일보 97.12.25.)

그러나 98년 12월 7일 실시될 제2회 시험을 앞두고 한국어교육 관계자들은 부형들에게 잘못 전해진 헛소문 때문에 곤경을 치러야 했다. 즉 "한국계 학생이 한국어 시험을 보면 불리하다"는 엉뚱한 소문이었다. 이 때문에 ETS 직원과 시험출제위원들이 LA로 가서 관계자들에게 설명회까지 가졌다. 이에 대한 김옥순 장학관의 설명을 간추리면 다음과 같다.

"소문과는 반대로 한국계 학생이 한국어를 택하면 유리한 점이 많다. 첫째, SATⅡ한국어에서 높은 점수를 따면 진학하는 대학에서 곧바로 중급반이나 고급반에 들어가게 된다. 다른 외국어로는 고등학교 3~4년을 공부하여도 이 수준에 미치지 못한다. 둘째, 한국계 2세들이 사회에 나가 전문인이 되었을 때, 사회는 그들에게 한국인 1세들과의 전문적인 대화와 상담이 가능할 것으로 기대한다. 그러므로 한국어에 능숙하면 일과 삶의 폭이 넓어진다. 셋째, 사람은 자기의 뿌리를 똑바로 인식하고 그 뿌리의 유산인 언어와 문화를 잘 알고 있어야 남한테서 인정과 존경을 받는다. 그리고 뿌리에 대하여 긍지를 가진 사람은 사회생활에서 성공한다. 넷째, 2세들이 한국 문학 작품을 원문으로 즐길 수 있다면 그들은 인생을 질적으로 그만큼 더 부유한 것이다. 끝으로 언어는 어려서 배우면 누구나 쉽게 배운다. 동시에 두 언어를 배우면 지능의 발달이 더 빨라진다는 연구결과도 있다. 영어와 한국어를 완벽하게 공부한 뒤에 다른 언어를 배우는 것이 바람직하다."

제2회 시험에 앞서 관계자들은 전년도에 까다로웠던 부분들을 최대한 시정하였고, 청취력과 어휘력을 간소화하는데 주력하였다고 하였다. 98년에 응시한 학생수는 2,250명인데 이는 지난 해의 2,900명에 비하여 크게 감소한 것이나 스페인어와 중국어에 이어 세 번째로 많은 숫자다. 또한 일본어에 비하여 1,000명이나 많은 수임을 생각할 때 한국어의 열기를 느끼게 한다. 이에 대하여 한국어 교육의 과열과 "거품빼기"를 주장하는 의견도 있다. 일본어는 700여 정규학교에 개설되었으나 응시생은 1,000여 명에 불과하다. 한국어는 단지 33개교에 불과하나 그보다 1,000명이나 더 많다. 그 이유는 일본어 교실의 80%는 외국인이고 한국어의 경우는 99%가 한국인 응시생이란 것이다. 응시생 확보에 열을 올리기보다는 장기적인 안목에서, 한국계나 비한국계 할 것 없이 한국어 학습에 관심을 가지도록 동기부여를 하고 한국 문화에 대한 보편적 인식을 갖도록 하는 것이 중요하다고 또 다른 관계자는 말한다. 우리는 통계숫자상의 결과에 부침할 것이 아니라 교포 자녀들이 지속적으로 한국어를 제2외국어로 택하도록 하는 배경을 마련하는 일에 힘쓰고 나아가 이민족들이 제2외국어로 선택할 수 있는 여건 마련에 힘써야 할 것이다.

2) 이중 언어 교육 철폐와 한국어 교육

캘리포니아주는 미국에서도 가장 다양한 민족들이 함께 모여 살고 있는 주이다.15) 샌프란시스코 교육구내에만도 64개의 소수민족이 거주하며, 이중 8개 외국어가 제2외국어로 인정되고 있다. 이같은 다수의 인종들을 미국 생활에 적응케 하기 위해서 이중 언어 교육을 실시한 지 이미 30년이나 되고, 많은 성과도 있었던 것으로 평가되었다. 그러나 1997년 들어 이중 언어 교육 철폐안이 찬성과 반대의 주장 속에 뜨겁게 가열되었고, 1998년에 철폐안이 의회를 통과하여 종전과는 다른 형태의 이중언어 교육 시대를 맞이하게 되었다.

이러한 배경과 원인, 그리고 한국어 교육과의 연관 문제를 살펴보기로 한다. 이중 언어 교육 반대의 여론이 거세게 세력을 얻게 된 것은 정치적인 바람을 타면서부터다. 즉 캘리포니아 주지사 선거에 낙선한 실리콘 벨리의 백만장자인 론 운즈 위원은 다수 선거민들의 표를 의식하여 "10세 이하의 이민자의 자녀들은 집중적으로 영어로만 가르치는 반에 들어가야 한다. 만약 이중 언어 교육을 받으려면 10세 이상의 학생으로서 영어를 구사할 수 있어야 하며 매년 학교에 신청서를 제출하여 허락을 받아야 한다. 일년간의 집중 영어 교육이 끝난 뒤에는 일반 정규 영어반으로 올라간다."는 요지의 발의안을 제출하였고, 이에 대한 찬반의 여론이 여러 가지 형태로 나타났다. "이중 언어 교육 철폐안"이 나왔을 때 가장 다수의

---

15) 캘리포니아 공립학교에 한정된 영어를 구사하는 학생 수는 약 20%정도다(identified pupils 중). 아시안 계통만 하더라도 중국어(Manddarin), 일본어, 한국어, 베트남어, 필리핀어, Ilocano, 편잡어, 아르메니아어, 라오스어, 캄보디아어, 사모니안어 등 다양하다. 샌프란시스코 교육구 내에만 하더라도 64개국의 언어를 사용하는 민족이 살고 있으며 이 중 8개 국어가 외국어로 채택되었다. 상항통합교육구 내에는 107개의 공립학교가 있는데(초등75, 중학16, 고등학교 16, 3개의 야간 파트타임 학교 제외), 학생수는 63,961명이고, 교사는 2,804명이다. 이들의 구성을 보면 중국계 25.6%, 히스패닉 20.6%, 흑인 17.7%, 백인 13.1%, 한국계 1.1% 등으로 다양하다(장귀희, 1997).

수혜자인 히스패닉계의 반발이 예상되었으나 오히려 강력한 지지를 받는 실정이다. 언론을 통하여 보도된 찬반의 주장을 살펴보고, 한국어교육과의 문제를 살펴보기로 한다.

(1) 이중 언어 교육제도에 대한 반대

미국에서의 이중 언어 교육제도는 이민자녀들인 학생에게 영어에 숙달하기 전에 일정 기간 그들의 모국어로 제공하는 교육이다. 이 중간단계의 교육은 30년 간 시행되어 왔고, 긍정적으로 평가되던 것도 사실이다. 그러나 최근 들어 사정은 크게 달라져, 반대론자들은 이중 언어반에 배정되는 것은 정규 학급에서 이루어지는 양질의 교육과 영어를 배울 수 있는 기회를 빼앗기는 것이며, 나아가 향후 직장인으로서도 제한을 받는다는 주장을 강력하게 폈다. 반대론자들은 최대수혜자인 히스패닉들이다. 한가지 예로, 봉제업소가 밀집한 LA 다운타운 "9가 초등학교"는 학생 모두가 히스패닉이다. 이 학교는 이중 언어 프로그램을 철저히 지키다가 학부모와 충돌하였다. 70여명의 학부모가 시정을 요구했으나 학교측이 법을 이유로 난색을 표하자 100여명의 자녀들에게 2주간 등교거부를 시키었다. 결과적으로 영어반이 신설되었다. 이와 비슷한 사례가 빈번하게 일어났다. 이들 부모들은 자녀들이 영어 미숙으로 고등학교와 대학에서 어려움을 겪을 뿐 아니라, 중퇴율이 높다는 것이다. 이러한 반대 의견은 소수가 아니라 다수다. 여론 조사 결과 80%의 학부모가 "자녀들이 하루 빨리 영어 학급에 들어가길 바라고, 교과내용을 영어로 가르치길 바란다"고 하였다. 이에 대한 학교측의 반응의 미온적이다. 교육 관계자들과 정치인은 서로 다른 이유로 이 프로그램을 고수한다. 돈과 영향력 때문이다. 캘리포니아주에는 월급 5천 달러를 받는 이중언어 교사가 1만 5천명이나 되고, 여기에 수 천명이 추가될 전망이다. 주정부는 스팬니쉬를 구사하는 교사들을 위한 직업 프로그램에 3억 달러 이상을 투입하고 있다. 예산 절감이란 실리적 차원에서, 연방정부도 이 문제를 적극 검토하게 되었다.

그간 이중 언어 교육 폐지 주장은 "히스패닉 법률구호 및 교육기금"등 단체들의 반대에 좌절되었었다. 그러나 1994년 캘리포니아주지사 선거에서 낙선한 실리콘 밸리의 기업가 론 운즈가 거액의 사재를 들여 반대 운동에 앞장섬으로 해서 학부모들도 힘을 얻어 조직적인 반대를 전개하였다. 민주당 인권운동가 퍼난도 베가는 "미국에서 태어난 손자까지도 히스패닉이란 이유 하나만으로 학교측이 막무가내로 이중 언어 반에 집어넣는 처사를 이해하지 못 한다."고 반발하고 있다. 이중 언어 교육 프로그램 폐지 캠페인을 벌리는 언즈는 98년 6월 주민발의안을 표결에 붙이기 위해 서명운동을 벌렸다. 한편 이러한 문제점들이 제기되자, 주교육위원회는 95년부터 각 교육구에 이중언어 프로그램 운용에 자율권을 부여했다. 오랜지 카운티는 이에 따라 ESL과 유사한 영어 집중프로그램으로 대체했다.

(2) 이중 언어 교육의 찬성

가주 이중 언어 교육협회(CABE)는 97년 10월 샌프란시스코 엘리엇 호텔에서 이중언어교육 철폐를 반대하는 기자 회견 및 성토 대회를 가졌고, "인권법 위반"을 들어 소송을 제기했다. 빌 로하스 샌프란시스코 교육구 교육감은 "수많은 이민자 학생들이 과도기적 상황을 넘기고 정상적인 교육을 받을 수 있는 기회를 빼앗는 이중 언어 교육 폐지는 이곳 샌프란시스코에서는 절대 실행될 수 없을 것"이라 하였고 「공격받는 이중 언어 교육」의 저자 스테픈 크라센은 "이중 언어 교육은 낭비가 아니며 교육은 필요가 있는 학생들을 돕는 것"이라고 주장하고 있다. "갓 이민 온 자들에게 알아듣지 못하는 영어로 수업하는 것은 쇠귀에 경 읽기이며, 이중 언어 교육은 단절되는 세대간의 문화와 정신 정서를 잇게 하는 중요한 가교이며, 교포 사회의 일원이 되게 하며, 고국과의 연대를 갖게 하는 중요한 끈이다" 김옥순 장학관 등의 발언이 대표적이다.

"히스패닉들은 왜 공부를 못하는가? 이중 언어 교육 실패 때문인가?"라는 명제를 내걸고 한국 언론 등에서는 반대론자들을 논박하고 있다.

"히스패닉들은 공부를 못한다. 학교 중퇴율이 백인의 거의 3배, 흑인의 거의 2배 정도다. 지금도 미국공립학교의 과반수가 히스패닉이고 향후 8년 내 히스패닉이 흑인을 제키고 최대 소수 민족이 될 것이란 전망이다. 이들의 교육 실패의 원인은 여러 가지가 제기되나 최근 가장 큰 원인으로 이중 언어 교육 실패에 목소리를 높이고 있다. 현재 캘리포니아는 130만 명이 이중 언어 교육을 받고 있는데 이들 대부분이 히스패닉이다. 이들 가운데 영어를 제대로 하는 학생은 5%에 불과하다. 그러나 언어문제가 히스패닉 학생들이 중퇴하는 가장 큰 원인은 아니다. 미국에서 태어나 자유롭게 영어를 구사하는 히스패닉들도 상당수 학교를 중퇴한다. 더 큰 문제는 극빈층 히스패닉학생들이 전체의 약 33%이고, 이들의 중퇴율은 41%에 달한다. 히스패닉계 학생들은 영어도 자신의 언어도 철저하지 못한 얼충이라고 평가한다.

(한국일보 샌프란시스코 97.10.30.)

이러한 찬반의 대립 가운데 1998년에 이중 언어 교육에 대한 새로운 결정이 났다. 종전과 같은 형태의 이중 언어 교육안이 수정되었다. 주정부에서는 재정적인 지원은 계속하되 학부모가 서명 동의하여야 이중 언어 교실에 들어갈 수 있도록 허락하였고, 1년에 한 번씩 참가여부를 다시 확인하도록 하였으며, 이중 언어 교육제도의 운용도 북가주 지역의 경우는 샌프란시스코, 오크랜드, 산호세의 세 교육구를 통합운영하도록 하였다. 결과적으로 이중 언어 교육제도의 대폭적인 축소라는 절충안적인 결론이 났다고 할 것이다. 결론적으로 이러한 결말이 한국어 교육을 크게 위축시키는 등의 직접적인 영향을 없을 것으로 예상된다.

(3) 이중 언어 교육의 중요성

이중 언어 교육의 중요성을 두 말 할 것이 없다. 특히 성장기에 있는 어린이들에게 이중 언어 교육은 긍정적으로 중대한 영향을 미치고 있음이 여러 가지 연구에서 밝혀졌다. 다른 언어를 배우는 것은 순발력과 두뇌 회전을 오히려 발달시킬 뿐 아니라, 그 문화까지 배운다는 것을 의미한다. 새로운 문화를 배운다는 것은 지구촌 시대에 그의 활동 영역을 넓게 하는 의미가 있다. 이민 온 자녀들에게 모국어 교육을 소홀히 하고 영어 교육만을 철저하게 시킨 경우, 성장하면서 자신감이나 신념이 결여되고 능력이 떨어지는 반면, 양국어로 교육된 자녀들은 거기에 비해 훨씬 긍지와 자신감을 가지고 있으며 동시에 보다 능률적이고 효과적인 능력을 발휘하고 있는 연구 결과도 있다. 이종희(1997)에 의거 그 효능을 살피기로 한다. 97년 10월 30일 샌프란시스코 교육국에서 실시한 District Bilingual Advisory Committee(DBAC)의 모임에는 약 200여명의 다종족의 학부모와 교사들이 만나 토론회를 가졌다. 이들이 내놓은 Bilingual의 효능은 다음과 같다.

"① Retaining Primary language while learning English builds better communication and helps further family ties and respect.(영어를 배움과 동시에 모국어를 keep하면 부모와 자녀 사이의 원만한 의사 소통과 더불어 가족간의 유대 및 존경을 갖게 한다.)

② A good base in 1St language makes it easier to learn English.(모국어 기반이 잘 잡혀 있으면 영어 배우기가 쉽다.)

③ It is important for the parents to be able to express themselves fully to their children in their own mother tongue.(부모가 자기 자녀들에게 자기들 모국어로 자신들이 하고 싶은 말을 충분히 표현할 수 있다는 것이 아주 중요하다.)

④ The children can better understand the culture of their heritage and that builds a strong bridge between the generation.(자녀들이 그들 전통문화를 보다 잘 이해함으로써 그것을 세대적으로 이어 가는 튼튼한 교량 역할을 할 수 있다.)

⑤ Learning two languages expands students'mind and builds confidence.(두 나라 말을 배우면 학생들의 마음을 넓히며 자신감을 갖게 한다.)

⑥ Learning another language develops the brain further to help in other areas of learning.(또 다른 언어를 배우게 되면 다른 분야의 더 많은 배움이 되는 두뇌를 발달시킨다.)

⑦ Two way immersion programs develop both languages at a high level.(양국어 병합 프로그램은 양국어를 모두 높은 수준으로 끌어올린다.)

⑧ In some jobs, a second language is a requirement or a prerequisite and a second language translates into a better salary.(어떤 직업의 경우는 외국어를 필수 혹은 전제조건으로 하며, 더 높은 급료를 받도록 한다.)

⑨ Learning multiple languages gives children another tool to make themselves valuable in the world marketplace.(여러 나라 말을 하는 것이 자녀들에게 그것이 세계시장에서 그들 스스로의 가치를 더하는 도구가 됨을 알게 한다.)

⑩ Learning multiple languages creates a broader understanding of the world and prepares them as caring members of the global community.(여러 나라 말을 배우는 것이 세계를 향한 보다 폭넓은 이해를 창조하며 세계 일원으로서 세계 사회를 돌보게 하는 기틀이 되게 한다.)"

이중 언어 교육의 중요성에 대한 결론을 대신하여 "나의 자녀들을 통한 경험으로 느끼는 Bilingual의 중요성"이란 글 한 편을 소개하기로 한다.16)

"어느 새 미국 온 지도 꼭 30년이 된다. 처음에는 단순히 공부하고 돌아가 고국에서 산다고 생각하며 아이들을 길렀는데 이젠 아예 돌아간다는 생각은 엄두도 내지 못하는 long timer immigrant일 뿐이다. 아이들에게 꼭 한국어를 가르쳐야겠다는 강한 자각을 갖지 못 한 채 기르다 보니 어느 새 다 자라 버린 아이들을 바라보면서 대견함과 동시에 깊이 느끼는 후회가 있으니 바로 나의 아이들이 한국말을 유창히 하지 못하다는 점이다. 뒤늦게 무슨 방법이 없을까 하고 신경을 쓰고 있으나 이미 성인이 된 그들을 이젠 어쩔 수 없어 체념하면서 오히려 이젠 내가 영어를 힘껏 배워 서로 사이의 언어 소통 gap을 메워나가야겠다고 생각한다.

나는 1965년에 이화여자 대학을 졸업하고 고향인 진해에 내려가 교편 생활을 조금 하다가 미국으로 유학을 떠나는 남자를 만나 결혼하고 곧 1967년 초에 미국에 왔다 은근히 나도 공부할 욕심을 가졌지만 남편 공부하는 것만으로도 여러 가지로 어려운 처지

---

16) 이종희는 가주국제문화대학 이중 언어 교사 석사과정 재학생이며, 초등학교 이중언어 지도교사로 수십년간 종사해왔으며, 현재도 히스패닉계 학생들의 가이던스 역할을 맡고 있음.

라 아예 포기하고 아이 낳고 가정을 꾸며 가기로 마음먹었다. 그러면서 67년(男) 첫 아이를 낳고 68년(女) 둘째, 70년(男) 셋째 아이를 낳았다. 비슷한 또래라 서로 그들은 정다운 친구로서 귀엽게 자라 갔다. 아이들은 유치원(Kindergarten : 미국 초등학교 1학년)으로 학교를 시작하면서 거의 한국 사람이 없는 동네 아이들과 잘 어울렸다. 학교의 친구들, 선생님들과도 즐겁고 좋은 관계를 유지하며 그들 피부 색깔이 틀린데 대해 아무런 느낌도 없이 사랑을 듬뿍 받으며 성적도 우수하게 유지하며 자라갔다. 동양인이 많지 않았던 관계로 오히려 많은 humanist들의 사랑을 더욱 받았던 것 같다. 그 당시는 내가 느끼기에도 미국에는 친절하고 소박한 사람들로 가득한 것 같았다. 특별히 선생들은 물론이고 아이들을 따뜻이 살펴주는 사람도 많고 또 아이들을 위한 놀이터나 프로그램이 너무나 잘 되어 있어서 나도 미국을 참 좋은 곳이구나라고 느꼈다. 그 중에서도 첫 아들(Ernie Lee)은 어릴 적부터 운동 신경이 뛰어나서 국민학교 3~4학년 때부터 학교에서나 동네에서 야구게임만 벌이면 4번 타자였다. 그러다 중학생이 되면서는 정식 야구선수로 뽑혀 학교와 동네의 인기를 독차지했는데 특히나 Ernie가 4번 타자로 있던 그 해에 개교이래 처음으로 Championship을 따내어 Ernie는 온 학교에서 이름을 날렸다. 성적 또한 우수해서 그 중학교를 졸업할 때 Ernie는 1st award를 받는 영예를 차지했다. 그러면서 아이 셋은 모두 샌프란시스코의 명문이라는 로웰고등학교로 진학했다. Lowell에서도 Ernie는 단연 4번 타자로서 활동했으며 야구부 주장이었다. 그해 로웰고등학교는 수십년 만에 챔피언 결정전에 나가게 되었다. 챔피언 결정전의 마지막 결승전은 프로야구장인 Candlestick Park에서 하는데 거기서 Ernie가 홈런을 쳐서 "18세 이하 청소년, 프로야구장에서 처음 홈런!!"이라는 제목으로 교내 신문은 물론 S.F Examiner에 까지 실려서 그 기사 때문에 결국 Ernie는 미 육군사관학교인 West Point에 입학하게 되었다. 야구 게임이 있을 때마다 구호에 맞추어 응원단이 Ernie 이름을 불러대고 함성이 오르면 또 Ernie가 쳤구나 싶어 신바람이 나던 나였다. 딸 Grace는 Ernie보다 한 학년 아래인데 졸업하는 해에 Lowell의 Home Coming Queen으로 뽑혀 인기를 독차지하다 Berkeley로 진학했다. 막내 David 또한 형 따라 다니며 배운 야구 실력으로 야구 선수로 활약했으며 역시 좋은 성적으로 Berkeley大에 들어갔다. 아이들은 언제나 나의 자랑과 기쁨이 있으며 아이들을 통해 나야말로 뿌듯한 성공감마저 느끼며 살았다. 그러한 아이들이 대학에 들어가면서부터 이상하게도 미국 아이들과는 점점 멀어지고 한국 아이들과 많이 어울리며 한국음식, 한국문화, 한국말에 깊은 관심을 쏟기 시작했다. 한국서 유학 온 학생들 틈에 끼여 "Where are you from?"의 질문을 타인들로부터 받을 때마다 다 자란 우리 아이들은 본인의 identity와 동양인임을 절감하기 시작했다. 나 역시 아이들이 어릴 때는 어느 날 한국으로 돌아가 산다는 생각 때문에 영어를 유창히 하는 아이들이 되어 나가길 바라는 의미에서 짧은 영어지만 함께 영어로 주고받았던 어줍잖은 일들이, 엄마로서 한국말을 꼭 가르쳐야 한다는 자각과 책임을 느끼지 못했던 일들이, 회한이 되어 밀려오기 시작했다. 이제는 완전히 미국에 뿌리를 내리며 살아갈 수밖에 없는데 내 아이들이 한국말을 잘 하지 못한다는 사실이 그때서야 슬픔이 되어오기 시작했다. 아이들이 어릴 때는 서투른 아이들의 한국말이 애교로 보였다. 예를 들어 내가 여동생 남편을 "박서방" 하고 부르면 아이들은 그것이 그의 이름인 줄 알고 따라서 "박서방, 복서방"해서 웃음이 터지고 할아버지 보고 "할아버지 이리 와 이거 해"해서 "야 이놈아 그러면 욕먹어!"라고 했더니 "야 이놈 욕 받아?"해서 웃고 하면서도 그 후유증이 이렇게 훗날 심각할 줄은 미처 생각지 못했다. 이제는 그들의 서투른 한국말을 애교로 봐 줄 수 없다는 걸 그들도 알기에 친척들이 모인 자리에선 가능한 한 말을 삼가고 저희들끼리 한 귀퉁이에 몰려 영어를 주고받기 일수다. 부모 역시 어릴 적 통하던 영어로는 성인이 된 그들과 이제는 high level 영어를 주고받을 수 없고 편지 역시 그들의 훌륭한 문장에 답을 써 보낼 만큼의 실력이 못 되기에 자연히 속 시원한 대화를 이어 갈 수 없어 영어 때문에 서로의 외로움을 느낄 때가 많다. 뒤늦게 한국 연수원에도 보내보고 한국 책을 사서 가르쳐 보려고 애도 써 보았으나 그들의 한국어는 옛날 미국 선교사들이 한국에 와서 하던 한국말 실력밖에 되지 않는다 미국 학교에서 그렇게 발랄하던 그들이 한국인 모임에서는 언제나 뒷전에서 조용하고 스스로도 답답한 나머지, 한국말을 잘 알아듣고 대답하지 못하는 열등감마저 느끼고 있음을 본다.

이제 큰아들 Ernie는 육군 대위로서 중대장의 책임과 임무를 잘 감당해 가는, 미국 국방의 일익을 담당하고 있고 딸 Grace는 같은 세대의 훌륭한 한국인 의사를 만나 아들 딸 낳아 기르며 행복한 가정을 유지하고 있으며 막내 또한 좋은 Computer Consultant회사의 Manager로 활약하고 있다. 그들을 보며, 잘 자라준 그들과 그들을 오늘까지 지켜주신 하나님께 감사할 뿐이다. 언제나 가슴 한 귀퉁이 부모와 자식간에 언어의 한계를 느끼며 서로 깊이 이해 할 수 없는 아쉬움을 면할 수 없다."

2.3 조사 연구를 통하여 본 한국어 교육

다음은 설문 조사를 통하여 한국어 교육에 대한 여러 가지 문제를 살펴보기로 한다. 첫 번째 조사 연구는 현지인의 연구이고 두 번째 것은 필자가 학생과 학부모를 대상으로 한글 학교 교사에게 조사 의뢰한 것이다.[17)

1) 부모들이 바라는 자녀상

세리토스를 중심으로 한 LA 중부지역 한인 학부모들 150명의 설문조사를 통하여 부모들의 생각을 살펴보면, 첫째 자녀들의 장래 희망 직업을 보면 교사, 교수 : 21.4%, 의사 : 13.3%, 과학자 : 10%, 학자 : 9.2%, 종교인 : 8.7%, 기술자와 변호사 : 각각 6.4%, 사업가 : 5.8%, 예술가 : 4.1%의 순이다. 이것이 한국 내 학부모의 희망과 비교할 수 있는 자료가 없어 어떠한 경향을 말하기는 어려우나 대체로 한국의 학부모들의 희망과 유사하리라고 본다. 특징적인 것은 전문 직종에 종사하기를 원하는 것이 절대 다수이고, 사업가는 5.8%에 불과하다는 것이다. 이는 대부분의 이민자들이 자영업을 하는데 따른 어려움을 간접적으로 반영한 것이라 볼 수 있고, 주류 사회의 일원으로 자리매김하기 위해서는 전문 직종에 종사하는 것이 중요함을 뜻하는 것이라 할 수 있다.[18) 이들 희망은 학생들의 의사와는 무관한 것으로 판단된다. 즉 "본인의 적성을 고려

---

17) 첫 번째 조사연구는 남가주 중부 한국학교교장 이영태가 150명의 학부모에게 조사한 내용이고(97.12.16. 한국일보 참고), 두 번째는 필자가 현지 한글학교 교사에게 의뢰한 것이다. 학생의 경우는 초등학교 2~5학년생 12명과 고등학생 9명이 참여하였고, 학부모는 초등학교와 고등학교 학부모 18명을 조사에 참여하였다. 조사자는 김순희, 장귀회 교사이고, 조사기간 : 97년 12월임. 조사문항은 학생 18개, 학부모 10문항이나, 본고에서는 특징적인 것만 선별하여 기술하였다. 초등학교는 훼이웨드(세종)이고, 고등학교는 Lowell, Lincoln 고등학교 학생을 대상으로 하였다.

18) 쎄크라멘토의 경우 교수, 변호사 등 전문직에 종사하는 사람들끼리 전문인 협회를 조직하여 주류사회인 미국인들과 돈독한 유대를 맺을 뿐 아니라 한인협회와의 협조로 입양아 문제, 한국문화행사 초청 공연, 8·15광복절, 삼일절 기념행사 같은 교포사회의 지도적인 역할을 담당하고 있다.

하여"는 1.2%에 불과하고, "본인이 원하는대로 하겠다."도 2.3%에 불과하다. 자녀의 결혼상대는 "꼭 한국 사람이어야 한다"가 60.9%이고, "자식이 원하면 어느 나라 사람이건 상관없다."가 20%다. 이것은 이민간 학부모들이 한국에서의 경우와 같이 다수가 보수적임을 보여주는 것이며, 나아가서 자식들과의 갈등의 원인이 될 수 있는 한 단면이기도 하다. 그러나 한국에서의 경우처럼 공부 잘 하는 곳은 최우선으로 삼지 않고 그보다는 인간성을 갖추기(52.1%)를 바라고, 신앙 속에서 감사하는 마음을 갖기(39%)를 바라는 것을 더 중요시하는 의식을 살필 수 있다. 대부분의 학부모들은 자녀들에게 뿌리의식을 심어주기 위하여 부단히 노력하고 있다. 적극적인 경우는 한국에 직접 보내어 한국의 모습을 직접 눈으로 확인시켜 관심을 갖도록 해주고, 대부분의 경우는 한국 학교에 보내어 한국어를 가르치고 있다. 주말 한국학교에 대한 반응도 긍정적이다. 주말한국학교에 보내는 이유로 한국인이라는 것을 확인시키려고가 53.2%이고, 동질성 확인도 33.4%다. 주말학교에 대하여 부정적인 견해를 보이는 경우는 다만 5.4%에 불과하다. 같은 맥락에서 미국에서 한국어를 가르쳐야 하는 이유로 "한국인의 자손이기 때문에 조상들의 언어를 꼭 알아야 한다."가 83.6%나 되었다. SATⅡ를 시험과목으로 선택하는데 대하여 81.7%의 학부모가 지지를 하였는데 그 이유는 한국인이 한국어 시험을 보는 것은 당연하기 때문이고(62.0%), 좋은 점수를 얻을 수 있기 때문(21.5%)이라고 대답한 것으로 미루어 한국어 교육은 차차 더 깊은 뿌리를 내릴 뿐 아니라 좋은 성과가 있을 것으로 기대된다.

2) 학생들의 생각

조사대상 학생들은 미국에서 산 지 7년에서 10년 정도 되고, 출생지별로는 한국이 15명이고 미국에서 태어난 학생은 7명이었다. 그러므로 의

사소통이 용이한 언어는 72%가 영어라고 하였고, 한국어는 29%다. 즉 영어가 대부분 1차 언어의 역할을 담당하고 있었다. 그러나 이들이 가정에서 사용하는 언어는 영어 33%(한국어와 혼용), 한국어 67%로 대부분 한국어로 부모와 자식간에 대화가 이루어진다는 바람직한 현상을 엿볼 수 있다. 이는 이민 초기의 의식에 비교할 때 대단한 의식의 변화이며 진전이랄 수 있다. 한국어를 배우는 곳도 대부분 부모나 조부모와 같은 식구들인 것은 바람직한 일이라고 할 수 있다.(부모 52%, 조부모 29%, 교사 19%) 학교에서 한글 교육의 정도에 대하여는 "쉽다"와 "어렵다"를 정점으로 정상분포 곡선을 보였고, "한국어를 배우게 된 동기"는 대부분 부모의 권유에서이지만, 고등학생의 경우 "자기 스스로(33%)"와 "친구의 권유(22%)"에 의해서 배우게 되었다는 것은 의미 있는 답변이라 하겠다. 고등학생이 되면서 자기 스스로의 정체성에 대해서 관심을 갖고 한국어를 배우기로 결심한 경우가 55%나 된다는 말이다. 한국어를 배우는 이유에서 이는 더 한층 극명하게 나타난다. "한국어를 배우는 가장 큰 이유는?"로는 (가) "미국계 한국인으로서의 정체성을 찾기 위하여"란 항에 답한 초등학생은 한 사람도 없었으나 고등학생의 경우는 78%나 되었다. (나) 부모나 친지들과의 자유로운 의사소통을 위하여 : 초등학생 75%, 고등학생 22%이다. 고등학생의 경우는 자기의 정체성을 찾기 위한 것이 다수임에 반하여 초등학생은 아직 이런 의식은 없고 자유로운 의사소통을 위해서라고 반대의 대답을 하고 있다. SATⅡ 시험 준비를 위해서라는 실질적인 목적을 가진 학생은 경우는 단 한 명에 불과하지만 학부모들의 조사에서 81.7%인 것과 비교할 때 학생과 부모와의 의식의 차이를 알 수 있다. 대부분의 학생들(95%)이 한민족의 후손임에 자긍심을 가지고 있음도 다행한 일이다. 다른 민족에게 열등감을 가진다고 가정할 때 백인보다는 중국계에 있다고 하는 것도 시사하는 바 크다. 이는 샌프란시스코의 공립학교의 인원구성의 경우 전체의 40%가 중국계이고 백인계는 10여%에 불과한 현상에서 원인을 찾을 수 있을 것이다. 학급에서 주도권을 중국학생들이 장악하고 있는 실정이다. 한국사람들의 단점으로 "물질, 권력지향적 52%, 자기중심적 28%, 협동심 부족 14%, 봉사하는 박약 19%라고 대답하였다. "Studying Koran"의 만족스러운 점은? * We get to read, write, talk. * She does Orgami. * I like I get to play. * She teach me lots of stuff. * Learning Korean words, story book. * She's nice. Learning culture, language. 등을 말하였고, "Studying Korean"에 대하여 불만이나 바라는 바는? * Study very hard. * Less time no class. * Everyone talks in English too much. * Exciting game more. * Hate home work. * I can't speak Korean very well. * She doesn't pay attention to me. 등이라고 말하였다.

3) 부모들의 생각

조사에 응한 학부모(18명)들은 대개 십 년 이상 20년까지 오랜 미국생활을 하였지만 아직도 61%가 언어에 불편을 느낀다고 대답하였고, 이중에 약 20%가 매우 불편을 느낀다고 하였다. 자녀들과의 가정에서 대화는? (가) 한국어 39% (나) 영어 11% (다) 반반 : 50%로 조사되어 학생들의 조사 결과와 유사하다. 다만 영어로만 대화하는 가정이 있음에 유의할 필요가 있다. 이런 경우는 대개 아버지가 외국인인 경우다. 자녀에게 한국어 교육이 필요한 이유는(복수응답)? (가) 한국인의 후예로서 한국이 대한 이해를 돕기 위해 : 83% (나) 한국인으로의 정체성을 일깨우기 위해 : 78% (다) SATⅡ등 진학에 대비하기 위해 : 78% (라) 한국 및 교포 사회에서의 조화를 위하여 : 56% 등으로 답하여 건전하고 긍정적인 모국어관을 가지고 있음을 살필 수 있다. 같은 맥락에서 한국인으로서의 자의식은? 대부분 자랑스럽다고 하였고, 그 이유는? (가) 문화 민족의 후예 : 30% (나) 경로효친의 사상 : 25% (다) 우수한 두뇌, 근면

성실 : 20% (라) 자녀들의 교육열 : 15% 등으로 대답하였다. 대신 한국인의 결점으로는 협동심 부족을 첫째로 꼽았고, 조급하다, 파벌의식, 자기중심적, 남에 대한 비방 등의 순으로 답하였다. "이민을 온 이유"는? (가) 자녀교육 : 35% (나) 부모를 따라서 : 24% (다) 이상실현 : 18% (라) 경제적 부 : 18% (마) 현실도피 : 6% 등 다양하게 대답하였으나 역시 자녀 교육에 문제를 크게 생각하고 있음을 알 수 있다. 그리하여 그들이 기대하는 미래상도 "(가) 자녀들의 성공 : 43% (나) 종교적 귀의와 평안 : 26% (다) 사회봉사 : 17% (라) 자신의 영달과 공명 : 13%"로 답하여 자식에게 헌신하는 한국인의 부모상을 읽을 수 있게 한다. "한글학교 교사에게 만족한 점은"? ㅇ열성적이다. ㅇ수업준비 철저함. ㅇ결강이 없고 시간준수 철저하다. ㅇ한국말로 의사소통을 할 수 있어 좋다. ㅇ교사 자질이 우수하다. "한글학교나 교사에게 바라는 바 개선점"은? ㅇ교육환경 개선(교실협소. 춥다.) ㅇ교사에 비하여 학생이 많다.(21명) ㅇ우리생활, 전통문화에 적응할 수 있는 교육. ㅇ우리 민족의 우수성, 한국인임을 자랑스럽게 여길 수 있는 정신교육. ㅇ학생끼리 한국어만 사용하였으면. ㅇ재미있고 흥미로운 학습 프로그램이 많았으면 등을 요청하였다.

한국 학교 교사들의 의견을 들어보면, 2세들에게 중요한 민족정신을 가르치기 때문에 한국어 교사로서 긍지를 가진다고 하였다. 한국어 교육에서 선결되어야 할 점으로 (1) 교육환경. (2) 교사자질향상. (3) 교재개발. (4) 교사의 처우 개선 등을 꼽았다. 그리고 아직도 부분적이긴 하나 모국어 교육의 중요성에 대한 인식이 확고하지 못함을 지적하였다.

3. 결 론 : 발전적 개선안

해외동포들의 한국어 교육에 대한 열기는 조국에 대한 뜨거운 애정과 관심을 뜻하는 것이지만 내면적으로는 여러 가지 어려움과 희생이 뒤따르고 있다. 이들 문제점에 대한 몇 가지 발전적 제안을 하여 보면 다음과 같다.

3.1 한국어 교육에 대한 바른 인식

해외에서의 한국어 교육이 성공하기 위해서는 국내외 국민 모두에게 대한 바른 인식이 요구된다. 첫째, 내국인의 입장에서는 이는 재외국민들의 자녀교육일 뿐이란 소극적인 사고에서 벗어나 적극적인 지원을 아끼지 말아야 한다. 해외 동포들의 모국어 교육은 선택의 문제의 차원이 아니라 필연적이어야 함을 자각하여야 할 것이다. 특히 재외 동포들의 경우 모국어를 가르치려는 부모나, 배우려는 학생이 바른 의식을 갖지 않으면 성공하기 어렵다.19) 모국어 교육의 중요성을 최꽃답이(1997)에 의거 간략히 살펴보면 첫째, 사회적 주변성(social marginality)의 극복을 위해 한국어 교육은 필요하다. 이민 2세를 포함한 재외 한국인이 해외에서 살아갈 때 한국말을 모르면 주체성의 결핍과 자존심의 상실로 말미암아 사회의 중심부에서 능동적인 역할을 담당할 수 없고 주변인화 되어 간다. 둘째, 행복한 한국계 현지인이 되기 위하여 한국어 교육은 필요하다. 셋째, 해외 한민족에 대한 시각 확립과 언어적 문화적 자기발현을 위해 한국어 교육은 필요하다. 넷째, 경제적으로 우리는 상호의존적 지구마을 시

---

19) 해외에 사는 한민족은 이민 일세나 후세를 막론하고 '왜 한국말과 문화를 알아야 하는가?'하는 물음을 가지고 있어야 하며, 이에 대한 해답을 가지고 있어야 한다. 우리의 자녀들이 자라면서 부모님에게서 듣는 말은 '밥 먹어, 공부해, 숙제했니?', '한글학교 가야 해', '뿌리를 알아야 해' '한국인으로서 자부심을 가져야 해' 등등이라고 통계가 나와 있다. 먹고, 공부하고, 뿌리를 알아야 한다는 이유는 자명하지만, 한국말을 배워야 할 이유가 무엇이며, 한국인의 프라이드가 무엇인지는 그들이 잘 모르고 있다. 우리들의 자녀들에게 납득이 갈 만한 이유를 부모님과 교사가 먼저 파악하고 있지 않으면 한글교육이나 자부심을 길러주는 일이 힘들 것이다. 한글교육의 필요성을 알려주고, 한국인의 긍지가 무엇인가를 알려주는 일은 부모와 교사가 해야 할 중요한 일이다. (최꽃답이, 1997).

대에 살고 있기에 한국어 교육은 필요하다. 다섯째, 한국인은 지구마을 곳곳에 있기 때문에 '소한국'을 심어주기 위해 한국어 교육은 필요하다. 여섯째, 말은 존재의 집이라고 말한다. 말이 없어지면 한민족의 얼도 긍지도 사라지게 되어 한국어교육은 필요하다. 일곱째, 교포사회 및 가족 사이의 의사소통을 통한 갈등과 마찰의 해소를 위하여 한글 교육은 필요하다.20) 여덟째, 우리 민족 문화사상 가장 빛나는 업적인 우리 고유의 글인 훈민정음이 누구에 의해 어떠한 발명 동기와 제자원리에 의하여 창제되었고, 그것의 문자발달성의 위치와 그 특성 및 우수성 독창성 과학성이 어떠한지 가르쳐 주어서 우리의 자녀들이 자기 뿌리에 대한 분명한 자각과 아울러 그것에 대한 긍지를 가지고 살 수 있도록 도와주어야 한다는 요지의 제언을 하였다. 요는 자녀들에게 한국어를 가르치려는 부형의 바른 의식과 이를 따르는 자녀들의 행동이 가장 중요한 선결 요소다.

3.2 교육 과정과 교재 개발

현재에 국가는 국제진흥원을 통하여 중국 교포의 경우는 현지와의 합동으로 교재개발을 하여 많은 성과를 거두었고, 미주 지역에도 교재를 개발하여 공급하고 있다. 현지 대사관이나 영사관 등에서도 한국어 교육문제에 많은 관심을 기울이고 있다. 그러나 아직 현지교민들의 입장에서 볼 때는 미흡하다. 해외동포들의 교육을 현지교포에게만 맡기는 일은 그들에

---

20) 이종희(1997)는 한국어 교육의 필요성을 1. Better Sense of our's own identity. 2. He(or She) can be more intelligent than only one language speaking. 3. Cultural Diversity. 4. Better Relation with parents and relatives. 5. Better Job Opportunity. 한국어 교육의 방안 1. Early Childhood Parenting. 2. Participating in Korean Educational Program. 3. Community and Government support 4. Cultural Exchange Program. 5. Promoting self Interest in Learning Korean Language and Culture.

게 벅찬 일이다. 비교적 여건이 좋다고 하는 미국에서조차 수많은 어려운 과제가 있다. 캐나다. 남미 등의 지역은 훨씬 어려운 실정이다. 가장 시급한 일은 현지실정에 맞는 교재 개발과 지원이다. 여기에서 하나 유의해야 할 점은 이제 해외에서의 한국어 교육은 한민족 자기네들끼리만의 "뿌리 교육"의 차원을 벗어나 범인류적인 차원에서 한국어 교육을 열어놓아야 한다. 그 좋은 예가 일본어의 경우다. 일본어를 공부하는 학생 중 80%가 외국인인데 반하여 한국어의 경우는 99%가 한국인이다. 이런 의미에서도 교재 개발은 범인류적으로 개방적이며 또한 현장감을 살릴 수 있도록 하여야 한다. 그러기 위해서는 교재 개발에 현지인들이 참여하여 현장감을 살린 살아있는 언어가 되도록 하여야 한다. 교재 개발에 앞서 선행되어야 할 점은 교육 목표의 확립과 교육 과정의 수립이다.

3.3 교사양성과 연수

현재 한글 학교의 한국어 교육을 담당하고 있는 사람은 거의 자원봉사자들에 의거하고 있어 한국어 교사 양성과 교사의 질적인 행상을 위한 체계적인 조치가 있어야 한다. 미국의 경우 SSAT 한국어 교사자격시험제도가 99년 실시될 예정으로 되었음은 다행한 일이고, 가주국제문화대학에 한국어 이중 언어 교사 양성의 석사과정이 설치운영되고 있음은 고무적이다. 그러나 아들은 아직 시작의 단계에 있어 성과가 나타나려면 아직 많은 시간이 필요하다. 그 과도기적인 방안으로 교사 연수 등을 통하여 일정기간의 한국어 교육에 대한 연수를 마친 사람에게 자격증을 수여하는 방안 등도 한가지 방안이 될 것이다. 국내에서도 영어교사자격증을 가진 자들에게 일정량의 "한국어와 한국문화"를 이수케 한 뒤 이중 언어 교사 자격증을 주는 것도 한 방안이라고 할 수 있겠다.

3.4 교육환경의 개선

현재 한국 학교의 교육 환경은 열악하기 짝이 없다. 북가주의 경우 독자적인 건물을 가진 곳은 한 군데도 없고 주말에 건물을 임대하거나 교회 건물을 이용하고 있다. 여러 가지 자구적인 노력을 하고 있으나 쉽지 않다. 이에 대한 가장 손쉬운 해결책의 하나는 한국어 교육을 정규교육 속으로 끌어드리는 일이다. 그러게 되면 건물은 물론 교육 기자재, 교사들의 처우문제 등이 일시에 해결된다. SATⅡ의 실시이후 정규 고등학교의 한국어 반이 급증하는 것은 바람직한 추세다. 정규 교실이 못될 경우는 학점인정이라도 되어 학생들에게 학습동기를 부여하는 일이 필요하다.

3.5 교수 방법의 개발

해외에서의 한국어 교실이 성공적이기 위해서는 적절한 교수 방법이 개발되어야 한다. 모국어로의 습득과 제2외국어로서 한국어 학습은 본질적으로 다르기 때문이다. 이를 위한 교재 개발과 교수법에 대한 지속적인 연구와 투자가 따라야 할 것이다. 또한 재미없는 한국 학교가 아니라 재미있는 한국학교를 운영하기 위해 다양하고 창의적인 한국어 교육법이 개발되어야 할 것이다. 그것을 위하여 학습지도한 작성법, 시청각 교육법, 율동을 통한 학습지도, 동기부여를 주는 교육법, 학급 운용법, 학습평가 등에 대한 다각적인 연구와 투자와 또한 계몽이 끊임없이 요구되고 있다. 겸하여 SATⅡ 한국어 시험에 따른 지도 방법의 개발도 한국어 교육의 방향을 바로잡는 중요한 과제가 될 것이다.

※ 「이중언어학」 18호, 1999, 이중언어학회.

참고 문헌

김순희(1997), 「미국에서의 한국어 교육의 실태와 개선안」.

김영숙(1997), 「한국어 유지와 한국교회」.

노명완(1998), "한국어 교육자료의 개발실태와 평가",
　　　　「외국어로서의 한국어교육 평가의 제문제」, 이중언어학회.

성기철(1998), "한국어 교육의 목표와 내용",
　　　　「외국어로서의 한국어교육 평가의 제문제」, 이중언어학회.

육완영(1997), 「해외동포 및 외국인에 대한 한국어교육문제」.

이상억(1983), 「해외교포자녀를 위한 국어교육의 효율적 방안(미국편)」,
　　　　이중언어학회지.

이익섭(1996), 「한국의 언어」, 서울대학교 한국문화연구소.

이재신(1997), 「한국어 교육활동을 돕는 노래자료」.

이종희(1997), 「나의 자녀들을 통한 경험으로 느끼는 Bilingual의 중요성」.

조신숙(1997), 「미국서부지역 한국학교 현황 및 한글교재분석」.

최꽃답이(1997), 「재외 한국인에 대한 한국어 교육의 필요성과 방안」.

허병렬(1998), 「한국문화교육의 이론과 실제」, (뉴욕 한국학교 교장·교사)

LA 총영사관 교육부 집계 한국학교 자료.

SF 총영사관 교육부 집계 한국학교 자료.

남가주발행 〈한국일보〉

북가주발행 〈한국일보〉, 〈중앙일보〉

SF 링컨고교, 로웰고교 한국어반 현황

SF 통합구 교육부 산하 정규초등학교 현황

SF 통합구 교육부 산하 After School 현황

「재미있는 한국어」 : 학교법인 남가주 한국학원 발행

「한국어」 : 대한민국 교육부 국제진흥원

「한국어 Ⅰ, Ⅱ」 : 박남경 저.

「한글(The Korean Language)」: 박희서 저
「한국어 한국어 회화」: 고려대학교 민족문화연구소
샌프란시스코 한국일보. 중앙일보.
Hurh, Won Moo and Kim, Kwang Chung.(1984), *Korean immigrants in America*, Associated University Presses, Inc.
Kim bok Lim.(1978), The Asian Americans, University of Illinoisis.
──────────(1980), The Korean ─ American Child at School and at Home, University of Illinoisis.
Sandra L. Mckay and Sau-ling C. Wong.(1988), *Language Diversity : Problem or Resource?* Newbury House/harper & Row.
Shim, Steve S.(1977), *Korean Immigrant Churches Today in Southern California*, R and E research Associates.
Sucheng, chan.(1991), *Asian Americans*, Twayne Publishers.

찾아보기

강매 31, 32, 145, 147
겹월 20
경상도속찬지리지 262
경상도지리지 261, 262, 286
「-게」 175, 176, 177, 178, 181, 182, 183,
  184, 185, 186, 187, 189, 190, 192, 193
계림유사 132, 137, 217, 301, 324
고나 13, 33, 131, 153
고대국어학사 125
고려사 262
고사신서 263
고유어 196, 198, 200, 219, 227, 228, 229,
  230, 231, 232, 233, 234, 236, 237, 238,
  240, 241, 242, 243, 244, 248, 252, 253,
  258, 282, 293, 294, 317, 321, 322, 324,
  325, 326, 327, 328, 329, 332, 336, 337,
  338, 339, 342, 343, 352, 359, 360, 362,
  375
구문 도해 20, 32, 33
국문연구의정안 167
국어문법 12, 17, 20, 29, 30, 116, 130,
  131, 132, 134, 142, 143, 145

국어학자료선집 139, 140, 153
근대국어 219, 223, 247

근대국어학사 126, 128
근세국어학사 126
금이듬 19, 20
기 17
기난갈 12, 15, 73
김규식 30, 31, 42, 133, 135, 145, 152
김두봉 20, 21, 31, 32, 72, 104, 145
김민수 11, 12, 13, 16, 17, 29, 54, 73, 74,
  121, 122, 125, 127, 129, 131, 134, 136,
  137, 138, 139, 140, 142, 143, 144, 145,
  146, 147, 152, 154, 164, 165, 166, 168,
  169, 170, 187, 195, 203, 204, 322, 324,
  327, 351, 354, 356, 365, 376
김병제 40, 45, 54
김진호 31, 145
김희상 30, 31, 133, 136, 142, 144, 145,
  147, 152

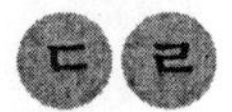

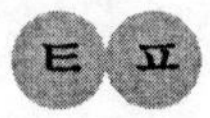

기　타

■ **이광정**(李光政)

· 경기도 화성 출신
· 서울대학교 사범대학 국어과 졸업, 동대학원 석사
· 고려대학교 대학원 문학박사
· 관동대학교 전임강사 및 조교수
· 미국 캘리포니아 주립 새크라멘토대학(CSUS) 객원교수 역임
· 현재 경원대학교 국어국문학과 교수

【주요논저】
· 「국어품사분류의 역사적 발전에 관한 연구」
· "한국어의 보어설정과 그 문형 연구"
· "전통문법에서의 격연구"
· "학교문법에서의 품사분류"
· "북한문법의 품사론에 관한 연구" 등 다수

국어문법연구 Ⅱ: 국어학사 외

인 쇄	2003년 03월 06일
발 행	2003년 03월 14일
지은이	이광정
펴낸이	이 대 현
편 집	이은희 · 안현진 · 조유미 · 박진희
펴낸곳	도서출판 역락 / 서울 성동구 성수2가 3동 301-80
	(주) 지시코 별관 3층 (우133-835)

Tel 대표 · 영업 3409-2058 편집부 3409-2060 FAX 3409-2059

E-mail yk3888@kornet.net / youkrack@hanmail.net

등 록 1999년 4월 19일 제2-2803호

ISBN 89-5556-190-3-93710

　　　89-5556-188-1(세트)

가격 20,000원

*잘못된 책은 교환해 드립니다.